CB045632

Simone de Beauvoir

Memórias de uma moça bem-comportada

TRADUÇÃO **Sérgio Milliet**
PREFÁCIO **Lilia Moritz Schwarcz**

9ª edição

EDITORA
NOVA
FRONTEIRA

Título original: *Mémoires d'une jeune fille rangée*
Copyright © Éditions Gallimard, 1958
Venda proibida em Portugal.

Direitos de edição da obra em língua portuguesa no Brasil adquiridos pela EDITORA NOVA FRONTEIRA PARTICIPAÇÕES S.A. Todos os direitos reservados. Nenhuma parte desta obra pode ser apropriada e estocada em sistema de banco de dados ou processo similar, em qualquer forma ou meio, seja eletrônico, de fotocópia, gravação etc., sem a permissão do detentor do copirraite.

EDITORA NOVA FRONTEIRA PARTICIPAÇÕES S.A.
Av. Rio Branco, 115 — Salas 1201 a 1205 — Centro — 20040-004
Rio de Janeiro — RJ — Brasil
Tel.: (21) 3882-8200

Tradução do texto da p. 5 de Alcida Brant

Imagem de capa: Tallandier Bridgeman Images

DADOS INTERNACIONAIS DE CATALOGAÇÃO
NA PUBLICAÇÃO (CIP)

B385m

Beauvoir, Simone de,
    Memórias de uma moça bem-comportada / Simone de Beauvoir; traduzido por Sérgio Milliet. - 9. ed. - Rio de Janeiro: Nova Fronteira, 2025.

Título original: *Mémoires d'une jeune fille rangée*

ISBN: 978.65.5640.628-2

1. Literatura francesa. I. Milliet, Sérgio. II. Título

CDD: 843
CDU: 8821.133.1

André Felipe de Moraes Queiroz – Bibliotecário – CRB-4/2242

Conheça outros livros da autora:

Simone de Beauvoir, em suas memórias, nos dá a conhecer sua vida e sua obra. Quatro volumes foram publicados entre 1958 e 1972: *Memórias de uma moça bem-comportada*, *A força da idade*, *A força das coisas* e *Balanço final*. A estes, se uniu a narrativa *Uma morte muito suave*, de 1964. A amplitude desse empreendimento autobiográfico encontra sua justificativa numa contradição essencial ao escritor: a impossibilidade de escolher entre a alegria de viver e a necessidade de escrever; de um lado, o esplendor do contingente, do outro, o rigor salvador. Fazer da própria existência o objeto de sua obra era, em parte, solucionar esse dilema.

Simone de Beauvoir nasceu em Paris, a 9 de janeiro de 1908. Até terminar a educação básica, estudou no Curso Désir, de rigorosa orientação católica. Tendo conseguido o certificado de professora de filosofia em 1929, deu aulas em Marseille, Rouen e Paris até 1943. *Quando o espiritual domina*, finalizado bem antes da Segunda Guerra Mundial, só veio a ser publicado em 1979. *A convidada*, de 1943, deve ser considerado sua estreia literária. Seguiram-se então *O sangue dos outros*, de 1945, *Todos os homens são mortais*, de 1946, *Os mandarins* — romance que lhe valeu o Prêmio Goncourt em 1954 —, *As belas imagens*, de 1966, e *A mulher desiludida*, de 1968.

Além do famoso *O segundo sexo*, publicado em 1949 e desde então obra de referência do movimento feminista mundial, a obra teórica de Simone de Beauvoir compreende numerosos ensaios filosóficos, e por vezes polêmicos, entre os quais se destaca *A velhice*, de 1970. Escreveu também para o teatro e relatou algumas de suas viagens ao exterior em dois livros.

Depois da morte de Sartre, Simone de Beauvoir publicou *A cerimônia do adeus*, em 1981, e *Cartas a Castor*, em 1983, o qual reúne uma parte da abundante correspondência que ele lhe enviou. Até o dia de sua morte, em 14 de abril de 1986, colaborou ativamente para a revista fundada por ambos, *Les Temps Modernes*, e manifestou, de diferentes e incontáveis maneiras, sua solidariedade total ao feminismo.

Nota do tradutor
— (1968) —

Embora se trate de uma autobiografia escrita com simplicidade e num estilo direto, o próprio pensamento da autora apresenta dificuldades que poderiam ser esclarecidas fugindo-se um pouco de sua maneira. Preferi permanecer o mais fiel possível à sua sintaxe, lembrando-me da frase de Cocteau em *Potomak*: "Se te deparares com uma frase que te irrite, coloque-a assim, não como um recife para que soçobres, e sim para que — como uma boia — por ela verifiques meu percurso." O modo de dizer, por vezes obscuro, de Simone de Beauvoir comporta, parece-me, uma significação e tem um alcance exigente de grande humildade por parte do tradutor.

Sérgio Milliet

Um mundo de escolhas e de responsabilidades

— LILIA MORITZ SCHWARCZ —

Este é um livro de memória de si. Entretanto, tendo em vista quem assina a obra, não pode deixar de ser, também, uma memória dos outros — uma memória de nós.

Estou me referindo a Simone Lucie Ernestine de Marie Bertrand de Beauvoir, mais conhecida como Simone de Beauvoir, imortalizada como feminista, filósofa de nosso tempo, autora de livros que fizeram o século XX, como *O segundo sexo* (de 1949), e editora, junto com Maurice Merleau-Ponty e Jean-Paul Sartre, da revista *Les temps modernes* — publicação que durante 25 anos virou vitrine da intelectualidade francesa e mundial.

Mas a beleza desta obra está na revelação de uma outra Simone de Beauvoir, sendo ela, com certeza, a mesma. *Memórias de uma moça bem-comportada* foi publicado pela primeira vez em 1958, inaugurando uma série de livros autobiográficos escritos pela filósofa. Quem o narra já é, pois, uma autora consagrada e reconhecida internacionalmente. Uma pessoa comprometida com o existencialismo e seu suposto básico da responsabilidade individual.

Por isso mesmo, é de se perguntar o motivo de, em vida, no auge da vida, Simone de Beauvoir se debruçar sobre seu passado. Se a resposta virá da leitura desse e dos outros três volumes que compõem sua autobiografia, não sabemos. Mas podemos ter confiança de que a feminista já está inteira e pronta nesses escritos. Talvez mais inteira do que nos demais.

Nele, ficamos conhecendo a infância, a juventude e a formação escolar de Simone — certamente, períodos menos divulgados da trajetória desta intelectual, que ganhou o mundo com suas ideias críticas ao patriarcado e que explorou com originalidade os dilemas existencialistas da liberdade, da responsabilidade ética e da ação.

Neste primeiro volume, porém, nos deparamos muito mais com a subjetividade e a intimidade da filósofa: as frustrações diante da família, suas relações com a escola e os colegas, os desafios do colégio e da universidade, seus amigos e amigas e as primeiras impressões ao lado de Sartre — seu companheiro de vida.

Explica ela logo no início da obra: "... não pretendo dizer tudo. Contei minha infância e minha juventude sem nada omitir, mas se pude sem embaraço nem demasiada indiscrição pôr a nu meu longínquo passado, não experimento em relação à minha idade adulta o mesmo desapego, não disponho da mesma liberdade."

É esse "desapego" que a faz tratar desse período não de maneira fácil ou evolutiva — do tipo "assim foi, pois dessa maneira seria". Aqui encontramos uma Simone mais desarmada, que se encanta e se desaponta com a família burguesa em que nasceu e foi criada, que reage aos desafios do período das duas guerras mundiais que afetaram fortemente o cotidiano francês.

Simone descreve com sensibilidade seu apartamento da meninice, onde predominava o vermelho, tão adequado para salientar o luxo dos móveis elegantes — a sala de jantar Henrique II, a seda estampada, as cortinas de veludo. A memória tem sabor e saber de infância, mas a narrativa é da escritora incisiva, que sabe bem como usar as palavras ao se lembrar desse ambiente aconchegante: vermelho, preto e quente.

Enquanto da mãe guardamos a sensação do colo, o toque do piano de cauda, o som do vestido de tule e "a doçura perfumada", é o pai que mais marca intelectualmente as duas filhas, Simone e Popette — a irmã mais nova, "cúmplice, serva, minha criatura". Um pai que não gostava da solidão, preferia a sociedade vestindo-se à maneira de dândi e que cultivava a vida dos salões. Um pai católico, que fez Simone participar dos rituais da igreja e acreditar estritamente "em bem e mal". As meninas também estudavam em um colégio católico, o Désir, que parecia ser o mais adequado para controlar essa menina que se descrevia como "mimada e dada a ataques de fúria".

Ainda assim, conforme o título deste livro revela, ela se definia como "uma menina bem-comportada, feliz e passavelmente arrogante", concentrada nos seus livros e brinquedos. "Curiosa dos outros não sonhava com um destino diferente do meu", explica a escritora.

No entanto, a serenidade dessa vida tão bem preservada seria abalada pelos conflitos internacionais; sobretudo em 1918, último ano da sangrenta Primeira Guerra Mundial, e quando a própria escola de Simone fazia as vezes de hospital. A menina inocente achava, então, que de sua convicção religiosa dependia a sorte da França e de seu pai, que havia sido convocado para o combate.

Simone de Beauvoir

No entanto, suas certezas religiosas são chocalhadas, paradoxalmente, por uma preleção de um padre sobre uma menina que havia lido livros profanos e se suicidado. O efeito do discurso do religioso, porém, foi o oposto do pretendido, e a jovem Simone distanciou-se da fé católica.

Na verdade, nesse contexto, tudo parecia mudar. As amizades, a tia Lili, os livros, a primeira menstruação, tudo é narrado como se a vida corresse e escapasse dos dedos da menina, que ia ganhando o mundo por meio das mãos dos escritores que lia.

Sozinha, ela se muda para Paris, a fim de frequentar as classes elementares, e assim conhece a liberdade. "Minha vida seria uma bela história que se tornaria verdadeira à proporção que a contasse a mim mesma", escreve ela. Criou intimidade com as ruas de Paris. Ganhou gosto pelos cafés, fez amizades para além de seu circuito estrito, bem como sofreu com alguns episódios de assédio. "Amava as lágrimas, a esperança, o medo (...) De uma hora para outra eu passava do abatimento ao orgulho (...) Essas oscilações me enlouqueciam; o tédio me sufocava e tinha o coração em carne viva."

Em meio à descoberta de Paris, Simone vai percorrendo seu caminho intelectual: da literatura rumo à filosofia. Na opinião da jovem estudante, a filosofia não se distinguia da revolução, e nesta residia a única esperança da humanidade. Sua primeira afeição continuava a ser, entretanto, a irmã menor, que seguia nessa época o curso de arte publicitária. Já a segunda era Zaza, Elizabeth Mabille, sua amiga de infância com quem nunca perdera o contato — mesmo que epistolar. Conhece também Sartre, que logo lhe disse que "cuidaria dela". Desde que se encontraram, os dois não se desgrudaram mais, dividindo amigos, sessões nos cinemas e o curso na Sorbonne. Com sua "teoria da contingência", ele a convenceria de que a geração deles era a mais infeliz, mas também a mais simpática.

O certo é que, pela primeira vez, a jovem Simone se sentia intelectualmente desafiada e amada — sentimento que ficará ainda mais em evidência no próximo volume de sua autobiografia. Pois essa que vocês têm nas mãos, acaba com a morte da amiga Zaza, aos vinte anos. Era com ela que "tinha conversas de verdade", com essa amiga loura, sorridente e rosada que se tornara uma moça bonita com pele de porcelana, que tocava bem piano e violino. Mas uma febre alta a consumiu, e com ela termina também esse capítulo da mocidade de Simone de Beauvoir.

Memórias de uma moça bem-comportada

Livros deste gênero por vezes são demasiadamente centrados nas pessoas que as escrevem, e com isso perdem a graça e o interesse mais geral. Quando escritos em vários volumes, não raro tornam-se apenas uma introdução para o que vem à frente, não guardando interesse em si mesmos. *Memórias de uma moça bem-comportada*, porém, desmente qualquer um desses pressupostos. A experiência da jovem Simone marca, de forma fundamental e inesperada, a história desta intelectual que simboliza a emergência de um existencialismo feminista, o qual, no limite, realiza uma verdadeira revolução moral e ética, central na cena democrática da modernidade. Nesta obra, e a partir da trajetória da personagem, aprendemos muito sobre a responsabilidade de si para o mundo e a obrigação de defender as próprias escolhas para assim alcançar a liberdade.

Como escreveu Guimarães Rosa: sentido a gente encontra é no percurso. E esse livro é uma espécie de elegia do percurso. Aqui está uma menina/moça que não cessa de se reinventar, e, junto com ela, o mundo inteiro passa pela revolução do seu olhar.

Primeira parte

Nasci às quatro horas da manhã, a 9 de janeiro de 1908, num quarto de móveis laqueados de branco e que dava para o bulevar Raspail. Nas fotografias de família, tiradas no verão seguinte, veem-se senhoras de vestidos compridos e chapéus enfeitados de plumas de avestruz, senhores de chapéus de palha e panamás sorrindo para um bebê: são meus pais, meu avô, meus tios, minhas tias, e sou eu. Meu pai tinha trinta anos, minha mãe vinte e um, e eu era sua primeira filha. Viro uma página do álbum; mamãe carrega nos braços um bebê que não sou eu; estou vestida com uma saia de pregas, uma boina, tenho dois anos e meio, e minha irmã é recém-nascida. Fiquei, ao que parece, com ciúmes, mas durante pouco tempo. À medida que me lembro, afundando no passado mais remoto, orgulhava-me de ser a mais velha: a primeira. Fantasiada de Chapeuzinho Vermelho, carregando no meu cestinho bolo e pote de manteiga, sentia-me mais interessante do que uma criança de peito pregada ao berço. Eu tinha uma irmãzinha: aquela pequerrucha não me tinha.

Dos meus primeiros anos, ficou-me, por assim dizer, apenas uma impressão confusa: algo vermelho, e preto, e quente. O apartamento era vermelho, vermelhos o tapete de lã, a sala de jantar Henrique II, a seda estampada que mascarava as portas envidraçadas e, no escritório de papai, as cortinas de veludo. Os móveis desse antro sagrado eram de pereira escura; eu me encolhia no nicho cavado sob a escrivaninha e envolvia-me nas trevas; estava escuro, quente, e o vermelho do tapete berrava a meus olhos. Assim passei minha primeira infância. Olhava, apalpava, aprendia o mundo, de dentro de meu abrigo.

Foi a Louise que devi a segurança cotidiana. Vestia-me pela manhã, despia-me à noite e dormia no mesmo quarto que eu. Jovem sem beleza, sem mistério, pois que só existia — assim eu o pensava, pelo menos — para tomar conta de minha irmã e de mim, nunca erguia a voz, nunca ralhava sem razão. Seu olhar tranquilo protegia-me enquanto eu fazia bolos de areia no jardim de Luxemburgo, enquanto eu embalava minha boneca Blondine, caída do céu numa noite de Natal com a maleta que continha seu enxoval. Ao escurecer, Louise sentava-se a meu lado e mostrava-me figuras, contando-me histórias. Sua presença era-me tão necessária e parecia-me tão natural quanto a do chão a meus pés.

Minha mãe, mais distante e mais caprichosa, inspirava-me sentimentos amorosos; eu me instalava no seu colo, na doçura perfumada de seus braços, cobria de beijos sua pele de mulher jovem; ela aparecia, por vezes, à noite, junto à minha cama, linda como uma imagem, no seu vestido de um verdor esfuziante, ornado com uma flor malva, ou no seu vestido cintilante de azeviche. Quando estava zangada, "olhava-me feio"; eu temia aquele relâmpago tempestuoso que lhe enfeava o rosto; precisava do sorriso dela.

Quanto a meu pai, via-o pouco. Saía pela manhã para o foro, carregando uma pasta cheia de coisas intocáveis chamadas processos. Não tinha barba nem bigode, seus olhos eram azuis e alegres. Quando voltava à noite, trazia violetas de Parma para mamãe, beijavam-se e riam. Papai ria também comigo: fazia-me cantar: "C'est une auto grise..." ou "Elle avait une jambe de bois";[1] espantava-me, arrancando moedas de cinco francos de meu nariz. Divertia-me e eu me sentia contente quando se ocupava comigo; mas ele não desempenhava um papel bem definido em minha vida.

A principal função de Louise e de mamãe consistia em alimentar-me: nem sempre a tarefa era fácil. Pela boca, o mundo entrava em mim mais intimamente do que pelos olhos e pelas mãos. Não o aceitava por inteiro. A sensaboria dos cremes de trigo verde, dos mingaus de aveia, dos caldos de miolo de pão arrancava-me lágrimas; a untuosidade das gorduras, o mistério viscoso dos mariscos e ostras revoltavam-me; soluços, gritos, vômitos, minhas repugnâncias eram tão obstinadas que renunciaram a combatê-las. Em compensação, beneficiei-me apaixonadamente do privilégio da infância, para a qual a beleza, o luxo, a felicidade são comestíveis; diante das confeitarias da rua Vavin, eu me petrificava, fascinada pelo brilho luminoso das frutas cristalizadas, pelos reflexos amortecidos das geleias, pela floração multicor dos confeitos acidulados: verdes, vermelhos, alaranjados, roxos. Cobiçava as próprias cores tanto quanto o prazer que me prometiam. Tinha muitas vezes a sorte de ver minha admiração acabar em prazer. Mamãe triturava amêndoas torradas num pilão, misturava a um creme amarelo o pó

---

[1] Canções populares: "Um automóvel cinzento..." e "Ela tinha uma perna de pau". (N.T.)

granulado; o rosado dos confeitos desmanchava-se em matizes deliciosos: eu mergulhava a colher num pôr do sol. Nas noites em que meus pais recebiam visitas, os espelhos do salão multiplicavam as luzes de um lustre de cristal. Mamãe sentava-se ao piano de cauda, uma senhora de vestido de tule tocava violino e um primo, violoncelo. Eu fazia estalar entre os dentes a carapaça de um fruto recheado, uma bolha de luz rebentava-se de encontro ao céu da boca, com um gosto de groselha preta ou abacaxi; eu possuía todas as cores e todas as chamas, os lenços de gaze, os diamantes, as rendas; possuía toda a festa. Os paraísos onde correm leite e mel nunca me seduziram, mas eu invejava o quarto de dormir de biscoito da senhora "Fatia-de-pão-com-manteiga": este universo que habitávamos, como o possuiríamos se fosse todo inteiro comestível! Adulta, eu gostaria de poder mastigar as amendoeiras em flor, morder os confeitos do crepúsculo. Projetando-se no céu de Nova York, os anúncios de néon pareciam guloseimas gigantescas e eu me senti frustrada.

Comer não era apenas uma exploração e uma conquista, mas também o mais sério dos meus deveres: "Uma colher para mamãe, uma para vovó... Se você não comer não vai crescer." Encostavam-me à parede do vestíbulo, riscavam rente à minha cabeça um traço que confrontavam com outro mais antigo: crescera dois a três centímetros, felicitavam-me e eu me empertigava toda; às vezes, entretanto, tinha medo. O sol acariciava o assoalho encerado e os móveis laqueados de branco. Eu olhava a poltrona de mamãe e pensava: "Não poderei mais sentar-me no seu colo." Subitamente o futuro existia; ele me transformaria em outra pessoa que diria eu e não seria mais eu. Pressenti todas as frustrações, as renúncias, os abandonos e a sucessão de meus mortos. "Uma colher para vovó..." Comia, contudo, e tinha orgulho de crescer; não ambicionava permanecer um bebê para sempre. É preciso que tenha vivido esse conflito com intensidade para recordar tão minuciosamente o álbum em que Louise me lia a história de Charlotte. Certa manhã, Charlotte encontrou, sobre uma cadeira à cabeceira da cama, um ovo de açúcar cor-de-rosa, quase do mesmo tamanho que ela: ele me fascinava também. Era o ventre e o berço e, no entanto, podia ser comido. Recusando qualquer outro alimento, Charlotte diminuía dia a dia, ia se tornando minúscula. Por pouco não se afogava numa caçarola; a cozinheira jogava-a, por distração, na lata de lixo, um rato a carregava. Salvavam-na; apavorada, arrependida, Charlotte fartava-se tão vorazmente que inchava como uma bola de borracha: a mãe levava a um médico aquele monstro intumescido. Eu contemplava com apetite moderado as imagens que ilustravam o regime prescrito pelo doutor: xícara de chocolate, ovo quente, costeleta *dorée*. Charlotte recuperava suas dimensões normais e eu emergia sã e salva da aventura que sucessivamente me reduzia a um feto e me transformava em matrona.

Continuava a crescer e sabia-me condenada ao exílio: busquei socorro em minha imagem. Pela manhã, Louise enrolava meus cabelos num bastonete e eu olhava com satisfação, no espelho, meu rosto emoldurado de cachos: as morenas de olhos azuis não são comuns, tinham me dito, e eu já aprendera a considerar preciosas as coisas raras. Achava-me agradável e procurava agradar. Os amigos de meus pais encorajavam minha vaidade: lisonjeavam-me cortesmente, mimavam-me. Eu me acariciava às peles, às blusas acetinadas das mulheres; respeitava mais os homens, com seus bigodes, seu cheiro de fumo, suas vozes graves, seus braços que me erguiam do chão. Desejava, particularmente, interessá-los: dizia bobagens, agitava-me, à espreita da palavra que me arrancaria do limbo e me faria existir verdadeiramente no mundo deles. Uma noite, diante de um amigo de meu pai, recusei obstinadamente um prato de salada cozida. Num cartão-postal enviado durante as férias, ele perguntou com humor: "Simone continua a gostar de verdura cozida?" A coisa escrita tinha a meus olhos maior prestígio ainda do que a palavra: exultei. Quando encontramos de novo o M. Dardelle no adro de Notre-Dame-des-Champs, fiquei à espera de deliciosos gracejos; tentei provocá-los; não houve eco. Insisti: mandaram calar-me. Descobri com despeito como é efêmera a glória.

Esse tipo de decepção me era em geral poupado. Em casa, o mais insignificante incidente suscitava amplos comentários; ouviam de bom grado minhas histórias, repetiam minhas palavras. Avós, tios, tias, primos, uma família abundante assegurava minha importância. Além disso, todo um povo sobrenatural debruçava-se sobre mim com solicitude. Logo que aprendi a andar, minha mãe me levou à igreja; mostrou-me, em cera, em gesso, pintados nos muros, retratos do Menino Jesus, de Deus, da Virgem, dos anjos, um dos quais, como Louise, se achava especialmente a meu serviço. Meu céu estrelava-se com miríades de olhos benevolentes.

Na terra, a mãe e a irmã de mamãe ocupavam-se ativamente comigo. Vovó tinha faces rosadas, cabelos brancos, brincos de diamantes; chupava pastilhas de goma, duras e redondas como botões de botina e cujas cores transparentes me encantavam; gostava dela porque era velha e gostava de tia Lili porque era jovem; ela vivia com os pais, como uma criança, e parecia-me mais próxima de mim do que os outros adultos. Vermelho, de crânio lustroso, o queixo sujo por uma espuma grisalha, vovô conscienciosamente fazia-me pular na ponta de seu pé, mas sua voz era tão áspera que nunca se sabia se ele brincava ou ralhava. Eu almoçava na casa deles todas as quintas-feiras: pastelão, ensopado de vitela, ovos nevados; vovó regalava-me. Depois da refeição, vovô cochilava numa poltrona de tapeçaria e eu ficava brincando embaixo da mesa, sem fazer barulho. Ele saía. Então vovó tirava do aparador o pião metálico no qual a gente enfiava rodelas multicores de papelão enquanto girava; no traseiro de um boneco de chumbo que chamava "papai dor de barriga", ela acendia uma cápsula branca da qual saía uma serpentina escura. Jogava comigo partidas de dominó, de batalha, de palitinhos. Eu sufocava um pouco nessa sala de jantar mais entulhada do que uma loja de antiquário; nenhum vazio nas paredes: tapeçarias, pratos de faiança, quadros de colorido esfumado; uma perua morta jazia num monte de couves verdes; as mesinhas eram cobertas de veludo, de pelúcia, de bordados; as plantas verdes, encarceradas em vasos de cobre, entristeciam-me.

Tia Lili passeava comigo de quando em quando; não sei por que acaso levou-me várias vezes a um concurso hípico. Certa tarde, sentada ao lado dela numa arquibancada de Issy-les-Moulineaux, vi balançarem-se nos céus biplanos e monoplanos. Entendíamo-nos bem. Uma das minhas recordações mais remotas e agradáveis é a dos dias que passamos em Châteauvillain, na Haute-Mame, em casa de uma irmã de minha avó. Tendo perdido há muito a filha e o marido, a velha tia Alice vegetava, sozinha e surda, num casarão cercado por um jardim. A cidadezinha, com suas ruas estreitas, suas casas baixas, parecia copiada de um de meus livros de imagens; as janelas, com trevos e corações recortados na madeira, prendiam se às paredes por meio de dobradiças, imitando pequenas personagens; as aldrabas tinham forma de mãos; uma porta monumental abria-se para um parque em que corriam veados; eglantinas enrolavam-se num torreão de pedra. As velhas solteironas do lugar me faziam festa. D. Elisa me dava pães de mel em forma de corações. D. Marthe possuía um camundongo mágico, preso numa caixa de vidro. A gente introduzia por uma fenda um papelzinho em que se escrevia uma pergunta; o camundonguinho dava voltas e apontava o focinho para um escaninho onde se encontrava a resposta impressa numa folha de papel. O que mais me maravilhava eram os ovos decorados a carvão, que as galinhas do dr. Masse botavam; ia buscá-los no ninho, com minhas próprias mãos, o que me permitiu retorquir, mais tarde, a uma amiguinha cética: "Eu mesma os peguei." Eu gostava, no jardim de tia Alice, das coníferas bem aparadas, do cheiro adocicado dos buxos, e, sob um caramanchão, de um objeto deliciosamente equívoco, como se fosse um relógio de carne: um rochedo que era um móvel, uma mesa de pedra. Certa manhã houve uma tempestade; divertia-me com tia Lili na sala de jantar, quando um raio caiu na casa; era um acontecimento sério e que me encheu de orgulho: cada vez que me ocorria alguma coisa eu tinha a impressão de ser alguém. Conheci um prazer mais sutil. Havia clematites nos muros da casa dos empregados; uma manhã tia Alice chamou-me com voz seca: uma flor jazia no chão. Acusou-me de tê-la colhido. Tocar nas flores do jardim era um crime cuja gravidade eu não desconhecia; mas eu não o cometera e protestei. Tia Alice não acreditou. Tia Lili defendeu-me com ardor. Era a representante de meus pais, meu único juiz. Tia Alice, com seu rosto velho e sarapintado, assemelhava-se às fadas más que perseguem as crianças; assisti complacentemente ao combate que, em meu benefício, as forças do bem travavam contra o erro e a injustiça. Em Paris, meus pais e meus avós tomaram meu partido com indignação e eu saboreei o triunfo de minha virtude.

Protegida, mimada, divertida com a incessante novidade das coisas, eu era uma menina muito alegre. No entanto, havia algo errado, pois crises furiosas jogavam-me ao chão, roxa e convulsa. Estou com três anos e meio, almoçamos no terraço ensolarado de um grande hotel — era em Divonne-les-Bains; dão-me uma ameixa vermelha e começo a descascá-la: "Não", diz mamãe, e eu caio no cimento, berrando. Berro através do bulevar Raspail inteirinho, porque Louise me arrancou da praça Boucicaut, onde eu estava fazendo bolos de areia. Nesses momentos, nem o olhar tempestuoso de mamãe, nem a voz severa de Louise, nem as intervenções extraordinárias de papai me atingiam. Berrava tão alto e durante tanto tempo que no jardim de Luxemburgo tomavam-me, às vezes, por uma criança mártir. "Coitadinha!", disse uma senhora, oferecendo-me uma bala. Agradeci com um pontapé. O incidente provocou muito barulho; minha tia obesa e bigoduda, que costumava escrever, contou-o em *La Poupée modèle*. Eu partilhava o respeito que o papel impresso inspirava a meus pais: através da narrativa que Louise lia para mim, sentia-me alguém; pouco a pouco, entretanto, fui ficando incomodada. "A pobre Louise chorava muitas vezes amargamente, lastimando suas ovelhas", tinha escrito minha tia. Louise não chorava nunca; não possuía ovelhas, gostava de mim; como podiam comparar uma menina a carneiros? Nesse dia fiquei suspeitando que as relações entre a literatura e a verdade são pouco precisas.

Interroguei a mim mesma muitas vezes acerca da razão e do sentido de minhas fúrias. Creio que elas se explicam, em parte, por uma vitalidade fogosa e por um extremismo a que nunca renunciei completamente. Levando minhas repugnâncias até o vômito, meus desejos até a obsessão, um abismo separava as coisas de que gostava das de que não gostava. Não podia aceitar com indiferença a queda que me precipitava da plenitude no vácuo, da beatitude no horror. Resignava-me, se a julgava fatal; nunca me enfureci contra um objeto. Mas recusava-me a ceder ante essa força impalpável: as palavras. O que me revoltava era que uma frase dita descuidadamente: "É preciso... não deve..." arruinasse em um instante meus empreendimentos e minhas alegrias. A arbitrariedade das ordens e das proibições com as quais me confrontava denunciava-lhes a inconsistência; ontem descasquei um pêssego, por que não a ameixa? Por que largar meu brinquedo exatamente neste momento? Por toda parte encontrava o constrangimento, nunca a necessidade. No fundo da lei que me esmagava com o implacável rigor das pedras, eu entrevia um vazio vertiginoso; nesse abismo é que eu sumia, a boca rasgando-se em gritos. Agarrando-me ao solo, esperneando, opunha o peso de minha carne à força imaterial que me tiranizava: obrigava-a a se materializar; pegavam-me, fechavam-me no quarto escuro entre vassouras e espanadores; eu podia então bater com os pés e as mãos em paredes de verdade em lugar de me debater contra vontades impalpáveis. Sabia que a luta era vã; a partir do momento em que mamãe me arrancara da mão a ameixa sanguinolenta, em que Louise guardara no seu cesto minha pá e minhas forminhas, eu estava vencida; mas não me rendia. Cumpria a tarefa da derrota. Meus sobressaltos, as lágrimas que me cegavam, quebravam o tempo, apagavam o espaço, aboliam ao mesmo tempo o objeto de meu desejo e os obstáculos que me separavam dele. Eu submergia na noite da impotência; nada mais sobrava senão minha presença nua e que explodia em demorados urros.

Não somente os adultos freavam minha vontade, como ainda me tornavam — eu o sentia — a presa das suas consciências. Estas desempenhavam por vezes o papel de um espelho amável; tinham também o poder de lançar sortilégios: transformavam-me em bicho, em coisa: "Que lindas pernas tem essa menina", disse uma senhora que se inclinou para apalpá-las. Se eu pudesse dizer a mim mesma: "Como essa mulher é tola! Toma-me por um cachorrinho", estaria salva. Mas com três anos não tinha defesa contra essa voz que abençoava, esse sorriso guloso; o único recurso era jogar-me na calçada, uivando. Mais tarde aprendi algumas reações, mas aumentei minhas exigências: bastava para ferir-me que me tratassem como uma criancinha; limitada nos meus conhecimentos e nas minhas possibilidades, nem por isso deixava de me considerar uma pessoa de verdade. Na praça Saint-Sulpice, dando a mão a minha tia Marguerite, que não tinha muito jeito para falar comigo, imaginei subitamente: "Como será que ela me vê?" e experimentei um agudo sentimento de superioridade: eu conhecia meu foro íntimo e ela o ignorava. Enganada pelas aparências, não suspeitava, vendo meu corpo inacabado, que nada faltava dentro de mim; prometi a mim mesma não esquecer, quando crescesse, que com cinco anos já somos um indivíduo completo. É o que negavam os adultos ao se mostrarem condescendentes comigo; me ofendiam com isso. Eu tinha suscetibilidades de inválido. Se vovó fazia trapaça no jogo de cartas para que eu ganhasse, se tia Lili me apresentava uma charada fácil demais, eu caía em transe. Frequentemente eu suspeitava que os adultos representavam comédias; dava-lhes demasiado crédito para imaginar que se iludissem; supunha que faziam de propósito para zombar de mim. No fim de um banquete de aniversário, vovô quis que eu brindasse; tive um verdadeiro ataque epiléptico. Um dia que eu correra muito, Louise pegou um lenço para enxugar-me a testa suada: debati-me com raiva, o gesto me parecera falso. Sempre que pressentia, com ou sem razão, que abusavam de minha ingenuidade a fim de me manobrarem, eu me revoltava.

Minha violência intimidava. Ralhavam comigo, castigavam-me um pouco; era raro que me batessem. "Quando se toca em Simone, ela fica roxa de raiva", dizia mamãe. Um de meus tios, exasperado, não se conteve uma vez; fiquei tão atônita que a crise estancou de imediato. Talvez me tivessem domado facilmente, mas meus pais não encaravam tragicamente meus furores. Papai, parodiando não sei quem, divertia-se em repetir: "Essa menina é insociável." Diziam também, não sem uma pitada de orgulho: "Simone é cabeçuda como uma mula." Tirei vantagem disso. Tinha caprichos, desobedecia simplesmente pelo prazer de não obedecer. Nas fotografias de família, eu mostro a língua, viro as costas, e em torno de mim os outros riem. Essas pequenas vitórias animavam-me a não considerar insuperáveis as regras, os ritos, a rotina;

constituem as raízes de certo otimismo que devia sobreviver a todos os processos de adestramento.

Quanto a minhas derrotas, não engendravam em mim nem humilhação nem ressentimento; quando, ao fim das lágrimas e dos gritos, eu capitulava, estava por demais exausta para ruminar lamentações; não raro esquecia, até, o objeto de minha revolta. Envergonhada de um excesso cuja justificação não encontrava mais em mim, só sentia remorsos; dissipavam-se depressa, pois não tinha dificuldade em obter perdão. Em suma, minhas cóleras compensavam a arbitrariedade das leis que me escravizavam; evitavam que me consumisse com rancores silenciosos. Nunca pus seriamente em dúvida a autoridade. A conduta dos adultos só me parecia suspeita à medida que refletia o equívoco de minha condição de criança; contra esta é que me insurgia, mas aceitava, sem a menor hesitação, os dogmas e os valores que me eram propostos.

As duas categorias maiores segundo as quais o meu universo se ordenava eram o Bem e o Mal. Eu habitava a região do Bem onde reinavam — indissoluvelmente unidas — a virtude e a felicidade. Tinha a experiência de dores injustificadas; acontecia-me dar uma topada, arranhar-me; uma doença da pele desfigurara-me; um médico queimara-me as pústulas com nitrato de prata e eu gritara. Mas tais acidentes eram rapidamente resolvidos e não abalavam o meu credo: as alegrias e as tristezas dos homens correspondem a seus méritos.

Vivendo na intimidade do Bem, logo vim a saber que ele comportava matizes e graduações. Eu era uma boa menina e cometia faltas; minha tia Alice rezava muito, iria seguramente para o céu, no entanto mostrara-se injusta comigo. Entre as pessoas que eu devia amar e respeitar havia algumas que, de certos pontos de vista, meus pais censuravam. Mesmo vovô e vovó não escapavam da crítica: estavam de mal com uns primos que mamãe visitava amiúde e eu achava muito gentis. A palavra desavença, que evocava meadas inextricavelmente misturadas, desagradava-me: por que as pessoas têm desavenças? Como ocorre isso? Parecia lamentável ter desavenças. Tomei abertamente o partido de mamãe. "Em casa de quem estiveram ontem?", perguntava tia Lili. "Não digo, mamãe me proibiu." Ela trocava um olhar demorado com a mãe. Acontecia-lhes fazer reflexões desairosas: "Então sua mãe anda sempre a passear?" A hostilidade delas as desconsiderava sem atingir mamãe. Não alterava, de resto, a afeição que eu lhes dedicava. Achava natural e em certo sentido útil que essas personagens secundárias fossem menos irrepreensíveis do que as divindades supremas: Louise e meus pais detinham o monopólio da infalibilidade.

Uma espada de fogo separava o Bem do Mal; este, eu nunca vira de frente. Por vezes, a voz de meus pais fazia-se mais dura; ante a indignação e a cólera deles, eu adivinhava que mesmo no seu próprio círculo de relações havia almas realmente negras; não sabia quais e ignorava-lhes os crimes. O Mal guardava suas distâncias. Só imaginava seus sequazes através de personagens míticas: o diabo, a bruxa, as irmãs de Cinderela; por não as ter encontrado em carne e osso, reduzia-as à sua essência; o Mal pecava como o fogo queima, sem desculpa nem remorso; o inferno era seu *habitat* natural, a tortura seu destino, e me teria parecido sacrílego apiedar-me de seus tormentos. A bem dizer, as botinas de ferro em brasa com que os anões calçavam a madrasta de Branca de Neve, as labaredas em que Lúcifer cozinhava nunca evocavam em mim a imagem de uma carne sofredora. Ogros, feiticeiras, demônios, madrastas e carrascos, esses seres simbolizavam uma força abstrata e seus suplícios ilustravam abstratamente sua justa derrota.

Quando parti para Lyon com Louise e minha irmã, acalentei a esperança de enfrentar o Inimigo de rosto descoberto. Fôramos convidadas por primos remotos que residiam nos arrabaldes da cidade, numa casa cercada por um grande parque. Mamãe advertiu-me de que os pequenos Sirmione não tinham mais mãe, que nem sempre eram bem-comportados, e não faziam direito suas orações: eu não deveria perturbar-me se rissem de mim quando fizesse as minhas. Imaginei que o pai deles, velho professor de medicina, zombava de Deus. Envolvi-me na branca túnica de santa Blandina, entregue aos leões; fiquei decepcionada, pois ninguém me atacou. Tio Sirmione, ao sair de casa, murmurava por entre as barbas: "Até logo, Deus vos abençoe." Não era, portanto, um pagão. Meus primos — eram sete, de dez a vinte anos de idade — conduziam-se, por certo, de maneira insólita: jogavam pedras nos moleques da rua através das grades do parque, brigavam, atormentavam uma pequena órfã idiota que vivia com eles; à noite, no intuito de aterrorizá-la, tiravam do escritório do pai um esqueleto que cobriam com um lençol. Embora me desconcertassem, essas anomalias pareceram-me benignas; não descobri nelas o insondável negror do mal. Brinquei tranquilamente entre as moitas de hortênsias e o reverso do mundo continuou escondido a meus olhos.

Uma noite, entretanto, acreditei que a terra tivesse ruído sob meus pés.

Simone de Beauvoir

Meus pais tinham vindo juntar-se a nós. Uma tarde Louise levou-me com minha irmã a uma quermesse em que nos divertimos muito. Quando saímos da festa, a noite caía. Tagarelávamos, ríamos, eu roía um daqueles falsos objetos que tanto me apeteciam — um martelinho de alcaçuz — quando mamãe surgiu numa curva da estrada. Trazia à cabeça um lenço de musselina verde e tinha o lábio superior inchado: a que horas iríamos voltar? Ela era a mais velha e era "madame", tinha o direito de ralhar com Louise, mas não gostei da cara que fez nem da voz; não gostei de ver acender-se nos olhos pacientes de Louise algo que não era amizade. Nessa noite — ou noutra, mas em minha lembrança os dois incidentes estão estreitamente ligados — encontrava-me no jardim com Louise e com outra pessoa que não consigo identificar; estava escuro; na fachada sombria uma janela se abria para um quarto iluminado; viam-se duas silhuetas e ouviam-se vozes agitadas: "Eis o patrão a brigar com a patroa", disse Louise. Foi então que o universo afundou. Era impossível que papai e mamãe fossem inimigos, que Louise fosse inimiga deles; quando o impossível acontece, o céu mistura-se ao inferno, as trevas confundem-se com a luz. Eu mergulhei no caos que precedeu a Criação.

Esse pesadelo não durou: na manhã seguinte meus pais tinham o sorriso e a voz de todos os dias. O escárnio de Louise amargurou-me, mas esqueci: enterrava assim na bruma muitos pequenos fatos.

Essa aptidão de não trazer à tona novamente acontecimentos de que eu me ressentia, no entanto, bastante vivamente para nunca os esquecer, é um dos traços que mais me impressionam quando rememoro meus primeiros anos. O mundo que me ensinavam assentava harmonicamente em torno de coordenadas fixas e de categorias bem definidas. Deles tinham sido banidas as noções neutras; não havia meio-termo entre o traidor e o herói, o renegado e o mártir; todo fruto não comestível era venenoso; asseguravam-me de que eu "amava" todos os membros de minha família, inclusive minhas tias-avós mais desfavorecidas. Desde os meus primeiros balbucios, minha experiência desmentiu esse essencialismo. O branco só raramente era inteiramente branco, o negror do mal dissimulava-se: eu percebia unicamente cinzentos. Logo que tentava apreender os matizes indecisos, precisava apenas empregar palavras e me via rejeitada para o universo dos conceitos, de duras arestas. O que enxergava com meus olhos, o que sentia realmente, devia entrar de qualquer maneira nesses quadros. Os mitos e os clichês primavam sobre a verdade: incapaz de fixá-la, deixavam-na integrar-se na insignificância.

Memórias de uma moça bem-comportada

Como eu não conseguia pensar sem o auxílio da linguagem, supunha que esta cobrisse exatamente a realidade. Era nela iniciada pelos adultos que eu considerava depositários do absoluto: ao designar uma coisa, eles exprimiam-lhe a substância no sentido em que se espreme o suco de uma fruta. Entre a palavra e seu objeto não concebia, portanto, nenhuma distância dentro da qual o erro pudesse penetrar. Assim se explica que me tenha submetido ao Verbo sem crítica, sem exame, ainda que as circunstâncias me incitassem à dúvida. Dois de meus primos Sirmione chupavam pirulitos: "É um purgante", disseram-me em tom de mofa; seu riso irônico revelava que zombavam de mim, contudo a palavra incorporou-se aos pirulitos; perdi o desejo porque surgiam agora como um ambíguo compromisso entre a guloseima e o medicamento.

Lembro-me, entretanto, de um caso em que a palavra não acarretou minha convicção. No campo, durante as férias, levavam-me por vezes para brincar com um priminho afastado; residia numa bela casa no meio de um grande parque, e eu me divertia bastante com ele. "É um pobre idiota", disse uma noite meu pai. Muito mais velho do que eu, Cendri parecia-me normal pelo fato de me ser familiar. Não sei se me haviam mostrado ou descrito idiotas; eu os imaginava com um sorriso babão e olhos inexpressivos. Quando revi Cendri procurei em vão colar essa imagem ao seu rosto; talvez dentro de si mesmo, sem o aparentar, se assemelhasse aos idiotas, mas repugnava-me acreditar nisso. Impelida pelo desejo de tirar tudo a limpo, e também por um obscuro rancor contra meu pai, que tinha insultado meu companheiro de brincadeiras, interroguei a avó dele: "É verdade que Cendri é idiota?", perguntei. "Claro que não!", respondeu-me com ar ofendido. Ela conhecia bem o netinho. Seria possível que papai se tivesse enganado? Fiquei perplexa.

Não ligava muito para Cendri, e o incidente, embora me houvesse surpreendido, não me impressionou. Só descobri a negra magia das palavras quando me feriram o coração.

Mamãe acabava de estrear um vestido vermelho-vivo. Louise disse à criada do vizinho da frente: "Viu como madame se emperequetou? Uma excêntrica!" De outra feita, Louise conversava no saguão do prédio com a filha da zeladora; no segundo andar, mamãe, sentada ao piano, cantava. "Ah!", disse Louise, "lá está madame a berrar como um cabrito". Excêntrica, cabrito. A meus ouvidos essas palavras soavam horrivelmente: em que se aplicavam a mamãe, que era bela, elegante, musicista? No entanto, fora Louise que as pronunciara; como contestá-las? Contra as outras pessoas eu sabia defender-me: mas ela era a justiça, a verdade, e meu respeito proibia-me de julgá-la. Não bastava contestar-lhe o gosto; para neutralizar sua hostilidade, deveria atribuí-la a uma crise de mau humor e por conseguinte admitir que ela não se entendia bem com mamãe. Nesse caso, uma das duas cometera faltas. Não. Eu as queria ambas sem máculas. Apliquei-me em tirar a substância das palavras de Louise: sons estranhos tinham-lhe saído da boca por motivos que me escapavam. Não o consegui completamente. Aconteceu-me desde então, quando mamãe se vestia de cores vivas, ou quando cantava em voz alta, sentir uma espécie de mal-estar. Por outro lado, ciente agora de que não devia levar em conta todas as palavras de Louise, não a ouvi mais com a mesma docilidade de antes.

Pronta a esquivar-me desde que minha segurança me parecesse ameaçada, aprofundava de bom grado os problemas em que não pressentia perigos. O do nascimento inquietava-me pouco. Contaram-me, primeiramente, que os pais compravam os filhos; o mundo era tão grande e tão cheio de maravilhas desconhecidas que podia muito bem haver um entreposto de crianças. Pouco a pouco, essa imagem apagou-se e me contentei com uma solução mais vaga: "É Deus quem cria as crianças." Ele tirara a terra do caos, Adão do barro, nada tinha de extraordinário que fizesse surgir um bebê dentro de um cestinho. O recurso à vontade divina tranquilizava minha curiosidade: *grosso modo*, explicava tudo. Quanto aos pormenores, dizia a mim mesma que os descobriria aos poucos. O que me intrigava era a preocupação que tinham meus pais de evitar certos assuntos diante de mim: ao aproximar-me, baixavam a voz ou se calavam. Havia, então, coisas que eu teria podido compreender e não devia saber: quais? Por que as escondiam de mim? Mamãe proibia a Louise que me lesse um dos contos de Mme De Ségur: ele me daria pesadelos. Que acontecia então com aquele menino vestido de peles de animais que eu via nas imagens? Interrogava-os em vão. "Ursinho" parecia-me a própria encarnação do segredo.

Os grandes mistérios da religião eram demasiado longínquos e difíceis para me surpreenderem. Mas o milagre familiar do Natal me fez refletir. Achava incongruente que o todo-poderoso Menino Jesus se divertisse em descer nas lareiras como um vulgar limpador de chaminés. Remoí o problema na cabeça durante muito tempo e acabei abrindo-me com meus pais, que concordaram em confessar. O que me causou espanto foi ter acreditado tão solidamente numa coisa que não era verdadeira, foi que pudesse haver certezas falsas. Não tirei disso conclusões práticas. Não disse a mim mesma que meus pais me haviam enganado, que poderiam enganar-me novamente. Não lhes teria sem dúvida perdoado uma mentira que me tivesse frustrado, ou ferido em minha carne; me revoltaria, teria me tornado desconfiada. Porém não me senti mais lesada do que o espectador a quem o ilusionista revela um de seus truques; aliás, experimentara tal encanto ao descobrir, perto de meu sapato Blondina e sentada em sua maleta que era, antes, grata a meus pais pela trapaça. Talvez os tivesse culpado também se não tivesse sabido da verdade por eles próprios: reconhecendo que me haviam iludido, convenceram-me de sua franqueza. Falavam-me agora como a um adulto; orgulhosa de minha nova dignidade, aceitei que tivessem enganado o bebê que eu já não era; pareceu-me normal que continuassem a mistificar minha irmãzinha. Eu passara para o lado dos grandes, e presumi que doravante a posse da verdade me estava assegurada.

Meus pais respondiam sem relutância a minhas perguntas: minha ignorância dissipava-se a partir do momento em que a formulava. Havia, entretanto, uma deficiência de que eu tinha consciência: aos olhos dos adultos as manchas pretas alinhadas nos livros transformavam-se em palavras. Eu as olhava: eram visíveis, mas eu não sabia vê-las. Desde cedo tinham-me feito brincar com letras. Aos três anos eu repetia que o "o" se chamava o; o "s" era um s como uma mesa é uma mesa; conhecia mais ou menos o alfabeto, mas as páginas impressas continuavam mudas. Um dia deu-se um estalinho na minha cabeça. Mamãe abrira o método Regimbeau sobre a mesa da sala de jantar: eu contemplava a imagem de uma chave[2] e as duas letras "c" e "h" pronunciavam-se ch. Compreendi subitamente que elas não possuíam um nome como os objetos, mas que representavam um som: compreender o sinal não significou compreender a convenção. Não demorei em aprender a ler. Entretanto, meu pensamento deteve-se a meio caminho. Eu via na imagem gráfica a reprodução exata do som correspondente: emanavam juntos da coisa que exprimiam, de maneira que sua relação mútua nada comportava de arbitrário. Compreender o sinal não significou compreender a convenção. Eis por que resisti vivamente quando vovó quis ensinar-me as notas musicais. Indicava-as com uma agulha de tricô na pauta, explicando-me que se referiam a tal ou qual tecla do piano. Por quê? Como? Não via nada em comum entre o papel riscado e o

---

[2] No original, o exemplo é dado com a imagem da vaca (*vache*). Usou-se outra que tivesse os mesmos sinais "c" e "h". (N.T.)

teclado. Quando pretendiam impor-me constrangimentos injustificados eu me revoltava: recusava-me igualmente a aceitar verdades que não refletissem um absoluto. Só queria ceder ante a necessidade; as decisões humanas decorriam mais ou menos do capricho, não pesavam suficientemente para forçar minha adesão. Obstinei-me durante dias. Acabei capitulando: de repente aprendi a escala, mas tive a impressão de ter aprendido as regras de um jogo e não de haver adquirido um conhecimento. Em compensação, aceitei sem dificuldade a aritmética, pois acreditava na realidade dos números.

No mês de outubro de 1913 — tinha cinco anos e meio — decidiram matricular-me num curso de nome atraente: Curso Désir. A diretora das classes primárias, Mlle Fayet, recebeu-me num gabinete solene, de portas acolchoadas. Falando com mamãe, acariciava-me os cabelos: "Não somos professoras primárias, somos educadoras", explicava. Usava blusa de gola alta e saia comprida e pareceu-me por demais untuosa: eu gostava do que resistia um pouco. Entretanto, na véspera de minha primeira aula, pulei de alegria no vestíbulo: "Amanhã vou para a escola." "Isso não a divertirá sempre", disse Louise. Por uma vez ela se enganava, eu tinha certeza. A ideia de entrar na posse de uma vida pessoal embriagava-me. Até então eu crescera à margem dos adultos: dali por diante teria minha pasta, meus livros, meus cadernos, minhas tarefas; minha semana e meus dias se dividiriam segundo meus próprios horários. Entrevia um futuro que, em vez de me separar de mim mesma, se depositaria na minha memória: de ano para ano eu me enriqueceria, embora permanecendo fielmente essa escolar cujo nascimento eu celebrava naquele instante.

Não me decepcionei. Cada quarta-feira, cada sábado, participava durante uma hora de uma cerimônia sagrada cuja pompa transfigurava toda a minha semana. As alunas sentavam-se em volta de uma mesa oval; troando numa espécie de cátedra, Mlle Fayet presidia: do alto de suas funções, fiscalizava-nos Adeline Désir, uma corcunda que procuravam beatificar na alta sociedade. Nossas mães, instaladas em sofás de pano-couro preto, bordavam e tricotavam. Davam-nos notas segundo o nosso comportamento, notas que no fim da aula proclamávamos em voz alta. *Mademoiselle* inscrevia-as no seu registro. Mamãe dava-me sempre 10 sobre 10; um 9 nos teria desonrado. *Mademoiselle* distribuía "*satisfecit*" que no fim do trimestre trocávamos por livros de corte dourado. Depois, ela se postava à soleira da porta, dava-nos um beijo na testa e bons conselhos aos nossos corações. Eu sabia ler, escrever e contar um pouco: era a vedete da elementar. Nas vésperas do Natal enfiaram-me um vestido branco bordado com alamares dourados e eu desempenhei o papel de Menino Jesus: as outras meninas ajoelhavam-se diante de mim.

Mamãe controlava minhas lições e fazia-me repeti-las cuidadosamente. Eu gostava de aprender. A História Sagrada parecia-me mais divertida ainda do que os contos de Perrault, pois os prodígios que relatava tinham ocorrido de verdade. Encantava-me também com as ilustrações de meu atlas. Comovia-me com a solidão das ilhas, a ousadia dos cabos, a fragilidade dessas línguas de terra que ligam as penínsulas aos continentes; conheci novamente esse êxtase geográfico quando, adulta, vi de avião a Córsega e a Sardenha inscreverem-se no azul do mar, quando encontrei em Cálcis, iluminada por um sol verdadeiro, a ideia perfeita de um istmo estrangulado entre dois mares. Formas rigorosas, histórias talhadas com firmeza no mármore dos séculos: o mundo era um álbum de imagens de cores brilhantes que eu folheava com encanto.

Se senti tanto prazer no estudo foi porque minha vida cotidiana não me satisfazia mais. Morava em Paris num cenário criado pela mão do homem e perfeitamente domesticado: ruas, casas, bondes, lampiões, utensílios. As coisas, chatas como conceitos, reduziam-se às suas funções. O Luxemburgo de moitas intocáveis, de gramados proibidos era, para mim, apenas um lugar de folguedo. Por vezes, um rasgão permitia entrever, atrás da tela pintada, profundezas confusas. Os túneis do metrô fugiam para o infinito em direção ao coração concreto da terra. No bulevar Montparnasse, no local em que hoje se situa La Coupole, erguia-se um entreposto de carvão "Juglar", donde saíam homens de rostos muito sujos e com sacos de juta cobrindo a cabeça: em meio aos montões de coque e antracito, tal qual na fuligem das chaminés, rondavam aquelas trevas que Deus separara da luz. Mas eu nada podia em relação a eles. No universo policiado em que me achava confinada pouca coisa me espantava, porque eu ignorava onde começava e onde acabava o poder do homem. Os aviões, os dirigíveis, que por vezes cruzavam o céu de Paris, maravilhavam muito mais os adultos do que a mim mesma. Quanto às distrações, não me ofereciam muitas. Meus pais levaram-me a ver o desfile dos soberanos ingleses no Champs-Élysées; assisti a alguns desfiles de "Mi-carême" e mais tarde aos funerais de Gallieni. Acompanhei procissões, visitei sacrários. Quase não ia ao circo, raramente ao teatro de fantoches. Possuía alguns brinquedos que me divertiam; poucos me cativaram. Gostava de colar os olhos no estereoscópio que transformava duas fotografias chatas em uma cena de três dimensões, ou ver girar noutro aparelho uma fita de imagens imóveis que com a rotação engendravam o galope de um cavalo. Deram-me álbuns que se animavam com um simples movimento do polegar: a menina parada nas folhas punha-se a pular, o pugilista a dar murros. Jogos de sombra, projeções luminosas: o que me interessava em todas as miragens ópticas era o fato de se comporem e se decomporem diante dos meus olhos. No conjunto, as parcas riquezas de minha existência urbana não podiam rivalizar com aquelas encerradas nos livros.

Tudo mudava quando eu deixava a cidade e era transportada para a Natureza, com seus inumeráveis retiros e esconderijos, em meio aos animais e às plantas.

Passávamos o verão no Limousin com a família de papai. Meu avô fora morar perto de Uzerche, numa propriedade adquirida por seu pai. Usava suíças brancas, um boné, legião de honra, e cantarolava o dia inteiro. Dizia-me os nomes das árvores, das flores e dos pássaros. Pavões exibiam suas caudas em frente da casa coberta de glicínias e begônias; no viveiro, eu admirava os cardeais de cabeça vermelha e os faisões dourados. Entrecortado de cascatas artificiais, cheio de nenúfares, o "córrego inglês", em que nadavam peixes vermelhos, encerrava uma ilha minúscula que duas pontes de paus roliços ligavam à terra. Cedros, faias encarnadas, salgueiros, árvores anãs do Japão, chorões, magnólias, araucárias, folhas persistentes e folhas caducas, pequenos bosques e capoeiras: o parque, cercado de cercas brancas, não era grande, mas era tão variado que eu não acabava nunca de explorá-lo. Nós o deixávamos no meio das férias pela casa da irmã de papai, que casara com um fidalgote da região: tinham dois filhos. Vinham buscar-nos numa carruagem grande, puxada por quatro cavalos. Depois do almoço em família, instalávamo-nos nos bancos de couro azul que cheiravam a poeira e sol. Meu tio escoltava-nos a cavalo. Ao cabo de vinte quilômetros alcançávamos a Grillère. O parque, maior e mais selvagem que o de Meyrignac, e mais monótono, cercava um castelo feio, com torreões e coberto de ardósias. Tia Hélène tratava-me com indiferença. Tio Maurice, bigodudo, calçado de botas, chicote na mão, ora silencioso, ora carrancudo, amedrontava-me um pouco. Mas eu me comprazia na companhia de Robert e Madeleine, mais velhos do que eu cinco e três anos. Em casa de minha tia como em casa de vovô, deixavam-me correr à vontade nos gramados e podia bulir em tudo. Raspando o chão, amassando barro, amarrotando folhas e corolas, polindo as castanhas-da-índia, fazendo estalar, com o salto, vagens cheias de ar, aprendia o que não ensinavam os livros nem a autoridade; aprendia o botão de ouro e o trevo, o flox adocicado, o azul fluorescente das campânulas, a borboleta, a vaquinha-de-deus, o vaga-lume, o orvalho, as teias e os fios soltos das aranhas; aprendia que o vermelho do azevinho é mais vermelho que o do loureiro-cereja ou o da sorveira, que o outono doura os pêssegos e torna cor de cobre a folhagem, que o sol sobe e desce no céu sem que jamais a gente o veja mexer-se. A abundância de cores e odores exaltava-me. Por toda a parte, na água verde dos pesqueiros, na ondulação dos prados, sob os fetos cortantes, no fundo dos bosques escondiam-se tesouros que ansiava por descobrir.

Desde que eu ia à escola, meu pai interessava-se pelos meus êxitos, meus progressos, e contava mais na minha vida. Parecia-me ser de uma espécie mais rara do que o resto dos homens. Nessa época de barbas e suíças, seu rosto glabro e de mímicas expressivas espantava: seus amigos diziam que se assemelhava a Rigadin.[3] Ninguém no meu meio era tão brilhante; ninguém lera tantos livros, ninguém sabia de cor tantos versos, ninguém discutia com tanto ardor. Encostado à lareira, falava muito e com muitos gestos: ouviam-no. Era a vedeta das reuniões familiares: recitava monólogos, ou "Le Singe" de Zamacois, e todos aplaudiam. Sua maior originalidade consistia em representar nas horas de lazer. Quando eu o via em fotografia, fantasiado de pierrô, de garçom de café, de soldado, ou atriz trágica, julgava-o uma espécie de mágico. Fez-me morrer de rir, envergando vestido e avental brancos, touca na cabeça e esbugalhando os olhos azuis, no papel de uma cozinheira idiota que se chamava Rosalie.

Todos os anos meus pais passavam três semanas em Divon-ne-les--Bains com um elenco de amadores que se exibiam no palco do Casino: distraíam os hóspedes, e o diretor do Grande Hotel recebia-os de graça. Em 1914, Louise, minha irmã e eu fomos esperá-los em Meyrignac. Aí encontramos tio Gaston, irmão mais velho de papai, tia Marguerite, cuja palidez e magreza me intimidavam, e minha prima Jeanne, um ano mais moça do que eu. Moravam em Paris e nós nos víamos frequentemente. Minha irmã e Jeanne suportavam com docilidade a minha tirania. Em Meyrignac, eu as atrelava a um carrinho e elas me puxavam

---

[3] Cômico francês. (N.T.)

trotando pelas aleias do parque. Dava-lhes aulas, carregava-as em escapadas que terminavam prudentemente no meio da avenida. Certa manhã, brincávamos no monte de lenha com a serragem fresca quando dobraram os sinos: a guerra fora declarada. Ouvira pela primeira vez a palavra um ano antes em Lyon. Em tempo de guerra, tinham me dito, os indivíduos matam outros indivíduos: para onde fugiria eu? No correr do ano papai explicara-me que a guerra significa a invasão de um país por estrangeiros e eu pus-me a temer os numerosos japoneses que então vendiam leques e lanternas de papel nas praças. Mas não eram eles. Nossos inimigos eram os alemães, de capacetes pontudos, que já nos haviam roubado a Alsácia e a Lorena e cuja grotesca feiura eu descobri nos álbuns de Hansi.

Sabia agora que durante uma guerra só os soldados se trucidam e conhecia suficientemente geografia para situar a fronteira muito longe do Limousin. Ninguém a meu lado parecia temeroso e eu não me preocupei. Papai e mamãe chegaram de improviso, cobertos de poeira e falantes: tinham passado 48 horas no trem. Afixaram nas portas das cocheiras ordens de requisição e os cavalos de vovô foram conduzidos a Uzerche. A agitação geral, os títulos garrafais do *Courrier du Centre* estimulavam-me; sentia-me sempre satisfeita quando acontecia alguma coisa. Inventei jogos adequados às circunstâncias: encarnava Poincaré; minha prima, Jorge V; minha irmã, o czar. Tínhamos conferências sob os cedros e liquidávamos os prussianos a golpes de sabre.

Em setembro, na Grillère, aprendi a cumprir meus deveres de francesa. Ajudei mamãe a fabricar ataduras para ferimentos e tricotei um cachecol. Tia Hélène atrelava a charrete inglesa e íamos à estação vizinha distribuir maças a indianos enormes de turbantes que nos davam punhados de trigo mourisco; levávamos sanduíches de queijo e patê para os feridos. As mulheres da aldeia apinhavam-se ao longo dos comboios com os braços carregados de mantimentos. "Lembrança, lembrança", reclamavam, e os soldados davam-lhes botões, cápsulas de balas. Uma delas ofereceu certa vez um copo de vinho a um ferido alemão. Houve murmúrios. "Que é que há!", disse, "são homens também". Murmuraram mais alto ainda. Uma santa cólera iluminou os olhos distraídos de tia Hélène. Os boches eram criminosos de nascença; suscitavam ódio, mais do que indignação: ninguém se indigna contra Satanás. Mas os traidores, os espiões, os maus franceses escandalizavam deliciosamente nossos corações virtuosos. Encarei com cuidadoso horror aquela que desde então se chamou "a alemã". Finalmente o Mal encarnara-se.

Memórias de uma moça bem-comportada

Abracei a causa do Bem com entusiasmo. Meu pai, reformado anteriormente por causa de perturbações cardíacas, foi "recuperado" e incorporado aos zuavos. Fui vê-lo, com mamãe, em Villetaneuse, onde estava aquartelado: deixara crescer o bigode e a gravidade de seu rosto sob a *chéchia* impressionou-me. Era preciso mostrar-me digna dele. Eu dera desde logo uma prova de patriotismo exemplar pisoteando uma boneca de celuloide *made in Germany* que, de resto, pertencia a minha irmã. Tiveram dificuldade em me impedir de jogar pela janela porta-talheres de prata marcados com o mesmo sinal infamante. Plantei bandeiras aliadas em todos os vasos; brinquei de zuavo valente, de criança heroica. Escrevi com lápis de cor: "Viva a França." Os adultos recompensaram meu servilismo. "Simone é terrivelmente chauvinista", diziam com certo orgulho divertido. Suportei o sorriso e saboreei o elogio. Não sei quem deu de presente a mamãe uma peça de casimira de oficial azul-horizonte. Uma costureira fez para mim e minha irmã mantôs exatamente iguais aos capotes militares. "Olhem, tem até o cinto", dizia mamãe a suas amigas admiradas e espantadas. Nenhuma criança usava vestimenta tão original, tão francesa quanto a minha. Senti-me uma predestinada.

Não é preciso muita coisa para que uma criança se transforme em macaco; antes eu me exibia com prazer, mas recusava tomar parte nas comédias dos adultos; grande demais, agora, para ser acarinhada e mimada por eles, sentia uma necessidade, cada dia mais aguda, de sua aprovação. Propunham-me um papel de fácil desempenho e dos mais bonitos: levei-o a sério. Vestida com o mantô azul-horizonte, colhi donativos nos grandes bulevares, na frente da porta do Centro de Socorro franco-belga dirigido por uma amiga de mamãe. "Para os pequenos refugiados belgas!" Choviam moedas no meu cesto florido e os sorrisos dos transeuntes me asseguravam de que eu era uma adorável pequena patriota. Contudo uma senhora de preto mediu-me com o olhar: "Por que refugiados belgas? E os franceses?" Fiquei desnorteada. Os belgas eram nossos heroicos aliados, mas, afinal, se éramos orgulhosos chauvinistas devíamos preferir os franceses; senti-me batida no meu próprio terreno. Tive outros malogros. Quando ao cair da noite voltei ao centro, felicitaram-me com condescendência: "Vou poder pagar meu carvão", disse a diretora. Protestei: "O dinheiro é para os refugiados." Tive dificuldade em admitir que seus interesses se confundissem: sonhara com caridades mais espetaculares. Além disso, Mlle Fevrier prometera a uma enfermeira a totalidade da receita e não confessou que ficava com a metade. "Doze francos, é magnífico!", disse-me cortesmente a enfermeira. Eu recolhera vinte e quatro; fiquei com raiva; não me davam o devido valor; ademais, eu tinha me considerado uma estrela e não passara de um acessório: tinham me enganado.

Conservei, contudo, dessa tarde uma recordação gloriosa e perseverei. Passei pela basílica do Sacré-Coeur com outras meninas, agitando auriflamas e cantando. Recitei ladainhas e desfiei rosários em prol de nossos queridos soldados. Repeti todos os slogans, obedeci a todas as ordens. No metrô e nos bondes lia-se: "Calai-vos, desconfiai, os ouvidos inimigos vos escutam." Falavam de espiões que enfiavam agulhas nas nádegas das mulheres e de outros que distribuíam confeitos envenenados às crianças. Decidi-me pela prudência. À saída de uma aula, a mãe de uma colega ofereceu-me jujubas: recusei-as; ela recendia a perfume, tinha os lábios pintados, usava grandes anéis e por cúmulo chamava-se Mme Malin.[4] Eu não acreditava realmente que suas balas fossem mortíferas, mas parecia-me meritório exercitar-me na suspeição.

Parte do Curso Désir fora adaptada para servir de hospital. Nos corredores, um odor edificante de farmácia misturava-se ao cheiro de cera. Com suas toucas brancas manchadas de vermelho, as enfermeiras pareciam santas, e eu me comovia quando me tocavam a testa com os lábios. Uma pequena refugiada do Norte entrou na minha classe: o êxodo a abalara seriamente: tinha cacoetes e gaguejava; falavam muito dos pequenos refugiados e eu quis contribuir para amenizar-lhes as desgraças. Inventei de guardar numa caixa todas as guloseimas que me ofereciam: quando a caixa se encheu de doces envelhecidos, chocolates mofados, ameixas ressecadas, mamãe ajudou-me a empacotá-la e eu a entreguei às enfermeiras. Evitaram congratular-me demasiado, mas houve murmúrios elogiosos.

Era conquistada pela virtude. Nem cóleras mais, nem caprichos: tinham me explicado que dependia de meu bom comportamento e de minha devoção que Deus salvasse a França. Quando o capelão do curso se encarregou de minha educação religiosa, tornei-me uma menina-modelo. Ele era jovem, pálido, infinitamente suave. Admitiu-me no catecismo e iniciou-me nas doçuras da confissão. Ajoelhei-me diante dele numa pequena capela e respondi com zelo a todas as perguntas. Não sei mais o que lhe contei, mas perante minha irmã, que repetiu tudo, ele felicitou mamãe pela minha bela alma. Afeiçoei-me a essa alma que

---

[4] Maligno, denominação dada ao Diabo. (N.T.)

imaginava branca e radiosa como a hóstia em sua custódia. Acumulei méritos. O padre Martin distribuiu-nos, no início do Advento, imagens do Menino Jesus; tínhamos de perfurar com uma agulha os contornos do desenho traçados com tinta violeta cada vez que fazíamos uma boa ação. No dia de Natal, devíamos depositar nossos cartões no presépio que brilhava no fundo da grande capela. Inventei toda espécie de mortificações, de sacrifícios, de condutas edificantes a fim de que o meu ficasse crivado de buracos. Essas proezas irritavam Louise. Mas mamãe e as enfermeiras encorajavam-me. Entrei para uma confraria infantil, a dos "Anjos da Paixão", o que me deu direito de usar um escapulário e o dever de meditar sobre as sete dores da Virgem. De acordo com as recentes instruções de Pio X, preparei minha comunhão individual: fiz um retiro. Não compreendi bem por que os fariseus, cujo nome se assemelhava de modo perturbador ao dos habitantes de Paris,[5] se haviam encarniçado contra Jesus, mas apiedei-me de suas desgraças. Vestida de tule, com uma coifa de rendas irlandesas, engoli minha primeira hóstia. Desde então mamãe levava-me três vezes por semana para comungar em Notre-Dame-des-Champs. Gostava do ruído de nossos passos sobre as lajes na manhã brumosa. Aspirando o odor do incenso, o olhar enternecido pela fumaça dos círios, achava gostoso cair aos pés da cruz, sonhando vagamente com a xícara de chocolate que me esperava em casa.

Essas piedosas cumplicidades estreitaram minha intimidade com mamãe; ela assumiu nitidamente o primeiro lugar em minha vida. Louise voltou para casa dos pais a fim de ajudá-los na lavoura, pois seus irmãos haviam sido mobilizados. De cabelos crespos, afetada, pretensiosa, Raymonde, a nova criada, inspirou-me apenas desdém. Mamãe quase não saía mais, recebia pouco e ocupava-se enormemente de mim e de minha irmã: associava-me à sua vida mais do que minha irmã menor; ela era também uma irmã mais velha, e todos diziam que eu parecia muito com ela: eu tinha a impressão de que mamãe me pertencia de uma forma privilegiada.

Papai partiu para a frente de batalha em outubro; revejo os corredores do metrô e mamãe andando a meu lado, de olhos úmidos; tinha belos olhos cor de avelã e duas lágrimas correram-lhe pelas faces. Fiquei muito comovida. Entretanto nunca me compenetrei de que meu pai estivesse em perigo. Tinha visto feridos; sabia que havia relações

---

[5] *Pharisiens* e *parisiens*. (N.T.)

entre a guerra e a morte. Mas não concebia que essa grande aventura coletiva pudesse dizer-me respeito diretamente. E depois devo ter-me convencido de que Deus protegeria muito particularmente meu pai; era incapaz de imaginar uma desgraça.

Os acontecimentos confirmaram meu otimismo: em consequência de um ataque cardíaco, meu pai foi evacuado para o hospital de Coulommiers e em seguida designado para o Ministério da Guerra. Mudou de uniforme e raspou o bigode. Mais ou menos nessa época, Louise voltou para nossa casa. A vida retomou seu curso normal.

Eu me metamorfoseara definitivamente em menina bem-comportada. No início, criara artificialmente a personagem: valera-me tantos elogios, de que tirei tão grandes satisfações, que acabei me identificando com ela: tornou-se minha única verdade. Tinha o sangue menos ardente do que antes: o crescimento, o sarampo tinham me enfraquecido. Tomava banhos de enxofre, fortificantes; não incomodava mais os adultos com minha turbulência; por outro lado, meus gostos acomodavam-se à vida que levava, de modo que não me contrariavam muito. Em caso de conflito, eu era capaz, agora, de interrogar, discutir: contentavam-se não raro com me responder: "Isso não se faz. Quando digo não, é não." Mesmo então eu não me julgava mais oprimida. Convencera-me de que meus pais só desejavam meu bem. E depois era a vontade de Deus que se exprimia pela boca deles; ele me criara, morrera por mim, tinha direito a uma submissão absoluta. Sentia sobre meus ombros o jugo confortador da necessidade.

Com isso, abdiquei da independência que minha primeira infância tentara salvaguardar. Durante muitos anos, fui o reflexo dócil de meus pais. Chegou o momento de dizer, à medida que o sei, quem eram.

Possuo poucas informações acerca da infância de meu pai. Meu bisavô, que era fiscal de impostos em Argenton, devia ter legado aos filhos uma honesta fortuna, já que o mais moço pôde viver de rendas; o mais velho, meu avô, entre outros bens, herdou uma propriedade de duzentos hectares; desposou uma jovem burguesa de uma família abastada do Norte. Entretanto, por vocação ou porque tivesse três filhos, entrou na administração da Cidade de Paris; aí fez longa carreira, terminando chefe de serviço e condecorado. Seu padrão de vida era mais brilhante do que sua situação. Meu pai passou a infância num belo apartamento do bulevar Saint-Germain e conheceu o conforto, se não a opulência. Tinha uma irmã mais velha do que ele e um irmão também mais velho, que era malandro, barulhento, não raro brutal e que o atormentava. Frágil, detestando a violência, empenhou-se em se tornar sedutor a fim de compensar a fraqueza física. Foi o preferido de sua mãe e de seus professores. Seus gostos opunham-se sistematicamente aos do irmão mais velho; refratário ao esporte, à ginástica, apaixonou-se pela leitura e pelo estudo. Vovó o estimulava: ele vivia à sua sombra e só procurava agradar-lhe. De austera família burguesa, que acreditava firmemente em Deus, no trabalho, no dever, no mérito, ela exigia que um estudante cumprisse perfeitamente seus deveres de estudante: Georges conquistava os prêmios de excelência no Colégio Stanislas. Durante as férias aliciava autoritariamente os filhos dos camponeses e dava-lhes aulas: uma fotografia representa-o no pátio de Meyrignac cercado por uma dezena de alunos, meninos e meninas. Uma criada de touca e avental branco segura uma bandeja cheia de copos de laranjada. A mãe deles morreu no ano em que ele completou treze anos. Não somente sentiu violenta tristeza como também se achou bruscamente entregue a si mesmo. Minha avó encarnava a lei para ele. Meu avô não era muito capaz de desempenhar esse papel. Pensava corretamente, por certo: detestava os *communards* e declamava Déroulède. Mas tinha mais consciência de seus direitos do que de seus deveres. A meio caminho entre o aristocrata e o burguês, entre o proprietário rural e o funcionário, respeitando a religião sem praticá-la, não se sentia nem solidamente integrado na sociedade, nem sobrecarregado de responsabilidades sérias: professava um epicurismo de bom-tom. Dedicava-se a um esporte quase tão distinto quanto o da esgrima: o "bastão", e obtivera o título de instrutor, de que muito se orgulhava. Não apreciava nem as discussões, nem as preocupações, e deixava os filhos de rédeas soltas. Meu pai continuou a brilhar nas disciplinas de sua predileção: latim, literatura; contudo, não conquistou mais o prêmio de excelência: deixara de se sacrificar.

    Mediante algumas compensações financeiras, Meyrignac devia caber a meu tio Gaston: este, satisfeito com esse futuro garantido, entregou-se ao ócio. A condição de caçula, a afeição pela mãe, os êxitos escolares tinham levado meu pai — cujo futuro não se achava assegurado — a reivindicar sua individualidade: conhecia seus dons e queria tirar proveito deles. Pelo aspecto oratório, a profissão de advogado agradava-lhe, pois já era bem falante. Matriculou-se na faculdade de direito. Mas repetiu-me muitas vezes que, se as conveniências não lhe houvessem proibido, teria entrado no conservatório. Não era um dito espirituoso: nada em sua vida foi mais autêntico do que seu amor pelo teatro. Durante seus estudos, descobriu com júbilo a literatura que agradava na época: passava as noites a ler Alphonse Daudet, Maupassant, Bourget, Marcel Prévost, Jules Lemaitre. Mas sentia alegrias mais vivas ainda quando se sentava na plateia da Comédie-Française ou do Variétés. Assistia a todos os espetáculos: apaixonava-se por todas as atrizes e idolatrava os grandes atores. Era para assemelhar-se a eles que raspava o rosto. Nessa época cultivavam muito o teatro de salão: tomou lições de dicção, estudou a arte da maquiagem e filiou-se a um grupo de amadores.

A insólita vocação de meu pai explica-se, creio, pela sua situação social. O nome, certas relações familiares, relações de infância, amizades de rapaz convenceram-no de que pertencia à aristocracia; adotou-lhe os valores. Apreciava os gestos elegantes, os sentimentos bonitos, a desenvoltura, o garbo, o brilho, a frivolidade, a ironia. As virtudes sérias que a burguesia respeita o aborreciam. Graças a uma memória muito boa, passou nos exames, mas dedicou sobretudo seus anos de estudos aos prazeres: teatros, corridas, cafés, salões. Interessava-se tão pouco pelos êxitos plebeus que, após a obtenção de seus primeiros diplomas, não se deu ao trabalho de defender uma tese: inscreveu-se no foro e entrou como secretário no escritório de um advogado de nomeada. Desprezava os êxitos que se alcançam pelo trabalho e pelo esforço; a seu ver, quando se é "bem-nascido" tem-se qualidades irredutíveis a qualquer mérito: espírito, talento, encanto, raça. O diabo é que, no seio dessa casta a que pretendia pertencer, ele não era nada: tinha um nome, mas obscuro, que não lhe abria nem os clubes nem os salões elegantes; para viver como um grande senhor, carecia de meios. Ao que podia ser no mundo burguês — um advogado distinto, um pai de família, um cidadão respeitável — não dava valor. Entrava na vida de mãos vazias e desdenhava os bens que se adquirem. A fim de dissimular essa indigência só lhe restava uma saída: aparecer.

Para aparecer é preciso plateia. Meu pai não gostava da natureza nem da solidão: só se comprazia na sociedade. Sua profissão divertia-o à medida que um advogado, ao defender ou acusar, dá-se em espetáculo. Moço, tinha para com sua maneira de vestir cuidados de um dândi. Acostumado desde a infância a exibir sedução, angariou uma reputação de conversador brilhante, encantador. Mas esses êxitos deixavam-no insatisfeito; só lhe concediam um lugar medíocre nos salões em que contavam, antes de tudo, a fortuna e os graus de nobreza. Para recusar as hierarquias aceitas em seu meio, era preciso contestá-lo, logo situar-se fora dele, desde que a seus olhos as classes baixas não contassem. A literatura permite vingar-se da realidade, escravizando-a à ficção; mas, embora tenha sido um leitor apaixonado, meu pai sabia que escrever exige virtudes rebarbativas, esforço, paciência; é uma atividade solitária em que o público só existe como esperança. O teatro, em compensação, oferecia a seus problemas uma solução privilegiada. O ator foge às angústias da criação: oferecem-lhe, inteiramente constituído, um universo imaginário em que um lugar lhe está reservado; nele se move em carne e osso perante uma audiência de carne e osso; reduzida ao papel de espelho, esta lhe devolve docilmente a imagem. No palco, ele é soberano e existe de verdade: sente-se realmente rei. Meu pai experimentava um prazer especial em se caracterizar: ajustando peruca e suíças, escamoteava-se a si próprio. Assim se esquivava a qualquer confronto. Nem senhor, nem plebeu: essa indeterminação transmudava em plasticidade; tendo deixado radicalmente de ser, tornava-se quem quisesse: dominava-os a todos.

Compreende-se que nunca tenha pensado em desprezar os preconceitos de seu meio e abraçar a profissão de ator. Dedicou-se ao teatro porque não se resignava à modéstia de sua posição; não encarava a possibilidade de descer na escala social. O golpe deu duplo resultado. Procurando um recurso contra uma sociedade que só se abria a ele com reticências, ele forçou-lhe as portas. Graças a seu talento de amador, teve, com efeito, acesso a círculos mais elegantes e menos austeros do que o meio em que nascera; esses círculos apreciavam as pessoas espirituosas, as mulheres bonitas, o prazer. Ator e mundano, meu pai encontrara seu caminho. Consagrava à comédia e à pantomima todos os lazeres. Na véspera de seu casamento ainda apareceu no palco. Logo que regressou da viagem de núpcias, fez com que mamãe, cuja beleza compensava a inexperiência, também representasse. Já contei que todos os anos, em Divonne-les-Bains, eles participavam de espetáculos dados por um grupo de amadores. Iam muito ao teatro. Meu pai lia *Comœdia* e estava a par de todos os mexericos dos bastidores. Entre seus amigos íntimos figurava um ator do Odéon. Durante sua estada no hospital de Coulommiers, escreveu e representou uma revista, em colaboração com outro enfermo, o jovem cançonetista Gabriello, que ele convidou algumas vezes para vir à nossa casa. Posteriormente, quando não teve mais meios para levar uma vida mundana, ainda achou jeito e oportunidade para subir ao palco, nem que fosse em festas de beneficência.

Resumia-se nessa obstinada paixão a sua singularidade. Pelas suas opiniões, meu pai pertencia à sua época e à sua classe. Considerava utópica a ideia de uma restauração da monarquia; mas a república só lhe inspirava repugnância. Sem ser filiado à *Action Française*, tinha amigos entre os "Camelots du roi", e admirava Maurras e Daudet. Proibia que se pusessem em dúvida os princípios do nacionalismo; se alguém, imprudentemente, pretendia discuti-los, ele se recusava, rindo, a fazê-lo: seu amor à pátria situava-se muito além dos argumentos e das palavras: "É minha única religião", dizia. Detestava os gringos, indignava-o que se permitisse aos judeus envolverem-se na administração do país e estava tão convencido da culpabilidade de Dreyfus quanto minha mãe da existência de Deus. Lia *Le Matin* e se encolerizou uma vez porque um dos primos Sirmione introduzira *L'Œuvre* — "essa imundície" — em nossa casa. Considerava Renan uma grande mente, mas respeitava a Igreja e tinha horror às leis Combes. Sua moral privada baseava-se no culto da família; a mulher era sagrada, como mãe; exigia fidelidade das esposas e inocência das jovens, mas consentia em que os homens gozassem de grandes liberdades, o que o induzia a encarar com indulgência as mulheres da vida, como dizem. Como ocorre normalmente, o idealismo aliava-se nele a um ceticismo muito próximo do cinismo. Vibrava com *Cyrano*, apreciava Clément Vautel, deleitava-se com Capus, Donnay, Sacha Guitry, Flers e Caillavet. Nacionalista e *boulevardier*, apreciava a grandeza e a frivolidade.

Na minha primeira infância, ele me subjugara pela sua alegria e sua lábia; ao crescer, aprendi a admirá-lo mais seriamente: maravilhei-me com sua cultura, sua inteligência, seu infalível bom senso. Em casa, sua preeminência não era discutida: minha mãe, mais moça do que ele oito anos, reconhecia-a de bom grado; fora ele que a iniciara na vida e nos livros. "A mulher é o que o marido faz dela: cabe-lhe formá-la", dizia ele constantemente. Lia-lhe em voz alta *Les Origines de la France contemporaine*, de Taine, e *L'Essai sur l'inégalité des races humaines*, de Gobineau. Não exibia presunçosas pretensões; ao contrário, vangloriava-se de conhecer seus limites. Trouxe, da frente de batalha, assuntos de novelas que minha mãe achou encantadores e que ele não se arriscou a escrever com receio da mediocridade. Com essa modéstia, manifestava uma lucidez que o autorizava a dar, em cada caso particular, julgamentos sem apelação.

À medida que eu crescia, ele se ocupava mais comigo. Cuidava muito especialmente de minha ortografia. Quando eu lhe escrevia, devolvia-me as cartas corrigidas. Durante as férias, ditava-me textos difíceis, tirados em geral de Victor Hugo. Como eu lia muito, cometia poucos erros e ele dizia com satisfação que eu tinha o instinto da ortografia. Para formar meu gosto literário, organizava num caderninho de damasco preto uma pequena antologia: um *Evangile*, de Coppée, *Le Pantin de la petite Jeanne*, de Banville, *Hélas! si j'avais su!*, de Hegésippe Moreau e mais alguns outros poemas. Ensinou-me a recitá-los com expressão. Leu-me em voz alta clássicos, Ruy Blas, Hernani, as peças de Rostand, *L'Histoire de la Littérature française*, de Lanson, as comédias de Labiche. Eu lhe fazia muitas perguntas e ele respondia com complacência. Não me intimidava, pois nunca senti diante dele o menor embaraço; mas não tentei suprimir a distância que o separava de mim; havia bom número de assuntos acerca dos quais eu não pensava sequer em lhe falar; eu não era para ele um corpo ou uma alma, era um espírito. Nossas relações situavam-se numa esfera límpida em que não podia haver choque. Ele não se inclinava sobre mim, erguia-me ao seu nível e eu tinha então orgulho de me sentir adulta. Quando tornava a descer ao nível habitual, era de mamãe que eu dependia; papai deixara-lhe, sem reserva, o cuidado de velar sobre minha vida orgânica e orientar minha formação moral.

Minha mãe nasceu em Verdun, no seio de uma família burguesa, piedosa e rica; o pai, banqueiro, estudara com os jesuítas, a mãe, num convento. Françoise tinha um irmão e uma irmã mais jovens do que ela. Devotada de corpo e alma ao marido, vovó só dedicava aos filhos uma afeição distante; e a preferida de vovô era Lili, a caçula. Mamãe sofreu com essa frieza. Semi-interna no convento Des Oiseaux, encontrou consolo na calorosa estima com que a cercavam as religiosas. Entregou-se ao estudo e à devoção; obtido seu diploma elementar, aperfeiçoou sua cultura sob a orientação da Madre Superiora. Outras decepções entristeceram-lhe a adolescência. Infância e juventude deixaram-lhe no coração um ressentimento que nunca se acalmou totalmente. Com vinte anos, o pescoço enterrado em golas de barbatanas, habituada a reprimir seus impulsos e a mergulhar no silêncio amargos segredos, sentia-se só e incompreendida: apesar de sua beleza, carecia de segurança e de alegria. Sem entusiasmo é que foi encontrar em Houlgate um rapaz desconhecido. Gostaram-se. Conquistada pela exuberância de papai, fortalecida pelos sentimentos que ele lhe testemunhava, minha mãe desabrochou. Minhas primeiras recordações são de uma jovem mulher risonha e divertida. Havia nela também algo inteiriço e imperativo que se desenvolveu livremente após o casamento. Meu pai gozava de grande prestígio a seus olhos e ela pensava que a mulher deve obedecer ao homem. Mas com Louise, minha irmã e comigo ela mostrava-se autoritária, até o exagero às vezes. Se um de seus íntimos a contrariava ou a ofendia, ela reagia não raro com cólera e violentos rompantes de franqueza. Na sociedade, entretanto, permaneceu sempre tímida. Bruscamente transplantada para um meio muito diferente de seu círculo provinciano, não se adaptou facilmente. Sua mocidade, sua inexperiência, seu amor a meu pai tornavam-na vulnerável; temia as críticas e, a fim de evitá-las, tudo fez para "ser como todo mundo". Seu novo meio não respeitava inteiramente a moral do Des Oiseaux. Ela não quis passar por carola e renunciou a julgar de acordo com seu próprio código: tomou o partido de respeitar as conveniências. O melhor amigo de papai vivia maritalmente, isto é, pecaminosamente; isso não o impedia de vir muitas vezes a nossa casa, mas não se recebia a concubina. Minha mãe nunca pensou em protestar — num sentido ou noutro — contra uma inconsequência que os costumes mundanos sancionavam. Aceitou muitos outros compromissos que nunca chegaram a abalar seus princípios; por isso mesmo, sem dúvida, para compensar essas concessões, foi que ela preservou, interiormente, uma intransigência rigorosa. Embora tenha sido, certamente, uma jovem esposa feliz, mal distinguia o vício da sexualidade: associou sempre estreitamente a ideia da carne à do pecado. Como as convenções a obrigavam a perdoar os deslizes dos homens, concentrou sua severidade nas mulheres. Não concebia algo intermediário entre as "mulheres honestas" e as "da vida". As questões "físicas" repugnavam-lhe tanto que nunca as ventilou comigo; não me advertiu sequer das surpresas que me aguardavam no limiar da puberdade. Em todos os demais terrenos, partilhava as ideias de meu pai, sem parecer encontrar dificuldade em conciliá-las com a religião. Meu pai espantava-se com os paradoxos do coração humano, da hereditariedade, dos absurdos dos sonhos; nunca vi minha mãe espantar-se com o que quer que fosse.

Compenetrada assim de responsabilidades de que meu pai se achava isento, tomou a sério a tarefa de educadora. Pediu conselhos à confraria das "mães cristãs" e conferenciou muitas vezes com as professoras. Conduzia-me pessoalmente ao curso, assistia às aulas, controlava meus trabalhos e lições. Aprendeu inglês e principiou a estudar latim para seguir-me. Orientava minhas leituras, levava-me à missa e à bênção do Santíssimo; dizíamos juntas — ela, minha irmã e eu — as orações da manhã e da noite. A todo instante, até no fundo secreto de meu coração, era minha testemunha, e eu não via, por assim dizer, grande diferença entre seu olhar e o olhar de Deus. Nenhuma de minhas tias

Memórias de uma moça bem-comportada

— nem mesmo tia Marguerite, que fora educada no Sacré-Coeur — praticava a religião com tamanho zelo. Ela comungava seguidamente, rezava com assiduidade, lia numerosas obras devotas. Sua conduta estava de acordo com suas crenças: sempre disposta a sacrificar-se, dedicava-se inteiramente aos seus. Não a considerava uma santa porque me era demasiado familiar e se zangava com exagerada facilidade; nem por isso seu exemplo me parecia menos convincente: eu podia, logo devia, igualar-me a ela em devoção e virtude. O calor de sua afeição resgatava as mudanças bruscas de gênio. Mais impecável e mais longínqua, não teria atuado tão profundamente sobre mim.

Sua ascendência decorria, com efeito, em grande parte de nossa intimidade. Meu pai tratava-me como um adulto; minha mãe cuidava da criança que eu era: demonstrava maior indulgência para comigo do que ele; ela achava natural ouvir-me dizer tolices ao passo que ele se irritava com isso; ela se divertia com gracinhas e garranchos que ele não achava engraçados. Eu queria ser considerada, mas tinha necessidade essencial de que me aceitassem dentro de minha verdade, com as deficiências de minha idade; com sua ternura, minha mãe assegurava-me uma justificação total. Os elogios mais lisonjeiros eram os que me fazia meu pai, mas, se recriminava por eu ter posto em desordem sua escrivaninha ou se reclamava: "Essas crianças são estúpidas!", eu não ligava muito para essas palavras a que visivelmente ele dava pouco valor. Ao contrário, qualquer censura de minha mãe, um simples franzir de sobrancelhas, punham em perigo minha segurança. Privada de sua aprovação, não me sentia mais com o direito de existir.

Se suas reprimendas me magoavam tanto é porque eu contava com sua benevolência. Com sete ou oito anos, não me constrangia diante dela, falava-lhe com grande liberdade. Uma recordação precisa prova-me isso. Depois de ter tido sarampo, fiquei com uma ligeira escoliose. O médico traçou uma linha na minha coluna vertebral como se minhas costas fossem um quadro-negro e prescreveu-me exercícios de ginástica sueca. Tomei algumas lições particulares com um professor alto e louro. À espera dele, uma tarde, exercitei-me em subir na barra fixa; em cima, senti uma estranha comichão entre as coxas; era agradável e decepcionante. Recomecei, repetiu-se o fenômeno. "Engraçado", disse para mamãe, e descrevi-lhe o que sentira. Com ar de indiferença, ela mudou de assunto e eu imaginei ter dito uma dessas coisas inúteis que dispensam resposta.

Simone de Beauvoir

Mais tarde, entretanto, minha atitude mudou. Quando me interroguei dois anos depois acerca dos "laços de sangue", tantas vezes invocados nos livros, e "do fruto de vosso ventre" da Ave-Maria, não lhe comuniquei minhas suspeitas. É possível que entrementes ela tenha oposto, a perguntas minhas, resistências que esqueci. Mas meu silêncio decorria de determinação mais geral: eu me controlava. Minha mãe castigava-me raramente e, conquanto estivesse pronta para me bater, seus tapas não doíam muito. Entretanto, embora não a amasse menos do que antes, pusera-me a temê-la. Uma frase que empregava quase sempre paralisava-nos, a mim e a minha irmã: "É ridículo." Nós a ouvíamos muitas vezes pronunciar esse veredicto quando criticava com papai o comportamento de alguém; dirigido contra nós, precipitava-nos do céu familiar nos abismos em que apodrecia o resto do gênero humano. Incapazes de prever que gesto, que palavra podia desencadeá-lo, qualquer iniciativa comportava um perigo para nós: a prudência nos aconselhava a ficar quietas. Lembro-me de nossa surpresa quando, ao solicitarmos autorização para levar conosco nossas bonecas nas férias, respondeu-nos: "Por que não?" Durante anos tínhamos refreado esse desejo. A primeira razão de minha timidez era certamente a preocupação de evitar seu desprezo. Mas quando um brilho tempestuoso lhe iluminava o olhar ou quando, simplesmente, ela franzia os lábios, creio que eu receava também, tanto quanto minha própria diminuição, o redemoinho que eu lhe provocava no coração. Se ela me tivesse pegado em flagrante de mentira, eu teria sentido sua sensação de escândalo mais vivamente do que minha vergonha; essa ideia me era de tal modo intolerável que eu dizia sempre a verdade. Evidentemente não percebia que minha mãe, apressando-se em condenar a diferença e a novidade, evitava a confusão que toda contestação desencadeava nela: mas eu sentia que as palavras insólitas, os projetos imprevistos lhe perturbavam a serenidade. Minha responsabilidade aumentava a minha dependência.

Vivíamos assim, ela e eu, numa espécie de simbiose, e, sem me esforçar por imitá-la, fui por ela moldada. Ela inculcou-me o sentido do dever, assim como princípios de abnegação e austeridade. Meu pai não detestava aparecer, exibir-se, mas eu aprendi com mamãe a encolher-me, a pôr-me de lado, a controlar minha linguagem, a censurar meus desejos, a dizer e fazer exatamente o que devia ser dito e feito. Não reivindicava nada e ousava pouco.

O entendimento reinante entre meus pais fortalecia o respeito que eu dedicava a cada um deles. Permitiu-me contornar uma dificuldade que poderia ter me embaraçado consideravelmente; meu pai não ia à missa, sorria quando tia Marguerite comentava os milagres de Lurdes; não acreditava. Esse ceticismo não me atingia, a tal ponto eu me sentia tomada pela presença de Deus. No entanto, meu pai não se enganava nunca: como explicar a mim mesma que ele se mantivesse cego à mais evidente das verdades? Encarando as coisas de frente, era um incompreensível mistério. Entretanto, como mamãe, tão devota, parecia achá-la natural, aceitei tranquilamente a atitude de papai. Consequentemente, habituei-me a considerar que minha vida intelectual — encarnada por meu pai — e minha vida espiritual — orientada por minha mãe — eram dois terrenos radicalmente heterogêneos entre os quais não podia ocorrer nenhuma interferência. A santidade era de ordem diferente da inteligência; e as coisas humanas — cultura, política, negócios, usos e costumes — nada tinham a ver com a religião. Desse modo, coloquei Deus fora do mundo, o que iria influir profundamente no processo de minha evolução.

Minha situação familiar lembrava a de meu pai; ele se encontrara mal-instalado entre o ceticismo desenvolto de meu avô e a seriedade burguesa de minha avó. No meu caso também, o individualismo de papai e sua ética profana contrastavam com a severa moral tradicionalista que mamãe me ensinava. Esse desequilíbrio que me impelia à contestação explica em grande parte que eu tenha me tornado uma intelectual.

No momento, sentia-me protegida e guiada, a um tempo, sobre a terra e nas vias celestes. Felicitava-me, demais, por não estar entregue sem recursos aos adultos; não vivia sozinha minha condição de criança: tinha uma companhia, minha irmã, cujo papel se tornou considerável lá pelos seis anos.

Chamavam-na Poupette; tinha dois anos e meio menos do que eu. Diziam que se parecia com papai. Loira, de olhos azuis, nas fotografias da infância seu olhar aparece como que molhado de lágrimas. Sua vinda ao mundo decepcionou, porque todos esperavam um menino; ninguém demonstrou, por certo, algum rancor, mas talvez não seja indiferente terem suspirado junto ao seu berço. Esforçavam-se por tratar--nos com justiça absoluta; vestiam-nos de maneira idêntica, saíamos quase sempre juntas, tínhamos uma vida só para as duas; como mais velha, eu gozava, entretanto, de certas vantagens. Tinha um quarto que partilhava com Louise e dormia numa cama grande, falsamente antiga, de madeira esculpida e com uma reprodução da *Assunção*, de Murilo. Para minha irmã, armava-se uma cama portátil num corredor estreito.

Simone de Beauvoir

Durante o serviço militar de papai, eu é que acompanhava mamãe quando ela ia vê-lo. Colocada em lugar secundário, a "menorzinha" sentia-se quase supérflua. Eu era para meus pais uma experiência nova, minha irmã tinha muito maior dificuldade em embaraçá-los ou espantá-los; não me tinham comparado a ninguém e, sem cessar, comparavam-na comigo. No Curso Désir, as professoras tinham o hábito de apontar as mais velhas como exemplo às mais jovens. O que quer que Poupette fizesse, à distância no tempo, as sublimações da lenda determinavam que eu o fizera melhor: nenhum esforço, nenhum êxito lhe permitia ultrapassar esse limite. Vítima de uma obscura maldição, sofria com isso e muitas vezes à noite chorava sentada na sua cadeirinha. Censuravam-lhe o gênio rabugento: era mais uma inferioridade. Poderia ter se voltado contra mim; paradoxalmente só a meu lado se comprazia. Confortavelmente instalada na posição de mais velha, eu não me prevalecia de nenhuma superioridade a não ser da que me concedia o fato de ser mais velha; julgava Poupette muito viva para sua idade, e a tratava como devia ser: como uma semelhante um pouco mais jovem do que eu. Ela me era grata por essa estima e correspondia com uma devoção absoluta. Era minha vassala, minha sombra, meu duplo: não podíamos viver uma sem a outra.

Eu tinha pena dos filhos únicos; os divertimentos solitários pareciam-me insossos: uma forma de passar o tempo simplesmente. Com dois, uma partida de bola ou de amarelinha tornava-se um empreendimento; uma corrida com arco, uma competição. Mesmo para fazer decalcomanias ou para colorir um álbum eu precisava de uma associada: rivalizando, colaborando, a obra de cada uma de nós encontrava na outra seu destino, fugia da gratuidade. Os divertimentos que eu preferia eram aqueles em que eu encarnava personagens: exigiam um cúmplice. Não possuíamos muitos brinquedos; os mais bonitos — o tigre que pulava, o elefante que erguia as patas — nossos pais os guardavam à chave; exibiam-nos por vezes aos convidados para que os admirassem. Isso não me aborrecia. Sentia-me lisonjeada por possuir objetos que divertiam os adultos; preferia que fossem preciosos e não familiares. Os acessórios — vendinha, bateria de cozinha, uniforme e instrumentos de enfermeira — não ofereciam senão parcos recursos à imaginação. Era-me indispensável uma parceira para gostar das histórias que eu inventava.

Boa parte das anedotas e das situações que encenávamos era de uma banalidade de que tínhamos consciência; a presença dos adultos não nos perturbava nos nossos brinquedos de vender chapéus ou desafiar as balas alemãs. Outros roteiros — de nossa predileção — exigiam a clandestinidade. Eram aparentemente de uma perfeita inocência, mas, sublimando a aventura de nossa infância ou antecipando o futuro, acariciavam algo íntimo e secreto em nós. Falarei adiante dos que, de meu ponto de vista, me pareciam mais significativos. Era principalmente eu, em verdade, que me exprimia através deles, posto que os impunha à minha irmã, designando-lhe papéis que ela aceitava docilmente. Na hora em que o silêncio, a escuridão, o tédio das casas burguesas invadem o vestíbulo, dava rédeas a minhas fantasias; nós as materializávamos, com gestos e palavras, e por vezes enfeitiçando-nos, conseguíamos evadir-nos deste mundo, até que uma voz imperiosa nos chamasse à realidade. Recomeçávamos no dia seguinte. "Vamos brincar *disto*", dizíamos. Ocorria um dia não mais inspirar-nos o tema rebatido: escolhíamos então outro a que permanecíamos fiéis durante algumas horas ou algumas semanas.

À minha irmã foi que devi a possibilidade de acalmar, representando-os, muitos sonhos; ela me permitiu também salvar do silêncio minha vida cotidiana: junto dela adquiri o hábito da comunicação. Em sua ausência oscilava entre dois extremos. A palavra era ou um ruído ocioso, quando o produzia com minha boca, ou um ato sério quando me dirigia a meus pais. Quando Poupette e eu conversávamos, as palavras tinham um sentido e não pesavam demais. Não conheci com ela os prazeres da permuta porque tudo nos era comum, mas, comentando em voz alta os incidentes e as emoções do dia, multiplicávamos o seu valor. Nada havia de suspeito em nossas conversas; entretanto, pela importância que mutuamente lhes dávamos, criavam entre nós uma conivência que nos isolava dos adultos: juntas, possuíamos nosso jardim secreto.

Este nos era muito útil. As tradições nos escravizavam a um número bastante grande de tarefas, principalmente no momento do Ano-Novo: era preciso assistir a refeições que não tinham fim, em casa de tias mais ou menos afastadas, e visitar velhas senhoras antiquadas. Muitas vezes salvamo-nos do aborrecimento refugiando-nos em vestíbulos e brincando "*disto*". Durante o verão, vovô gostava de organizar de bom grado expedições aos bosques de Chaville ou Meudon; para conjurar o tédio dessas jornadas não tínhamos outro recurso senão nossas conversas. Fazíamos projetos, trocávamos nossas recordações. Poupette perguntava-me coisas; eu contava-lhe episódios da história romana, da história da França ou de minha invenção.

O que eu mais apreciava em nossas relações era ter sobre ela ascendência real. Os adultos tinham-me em suas mãos. Eu extorquia-lhes lisonjas, mas eram ainda eles que as resolviam conceder. Certas maneiras de me conduzir afetavam diretamente minha mãe, mas sem nenhuma relação com minhas intenções. Entre mim e minha irmã, as coisas aconteciam de verdade. Brigávamos, ela chorava, eu me irritava e jogávamos à cara uma da outra o supremo insulto: "Burra!" E depois reconciliávamo-nos. As lágrimas dela não eram fingidas e, se ria de uma brincadeira, fazia-o sem complacência. Somente ela reconhecia minha autoridade. Os adultos cediam por vezes; ela me obedecia.

Um dos laços mais sólidos que se estabeleceram entre nós foi o que prende a professora à aluna. Eu gostava tanto de estudar que achava apaixonante ensinar. Dar aulas às minhas bonecas não podia em absoluto satisfazer-me; não se tratava de parodiar gestos, e sim de transmitir autenticamente minha ciência.

Ensinando minha irmã a ler, escrever, calcular, senti, já na idade de seis anos, o orgulho da eficiência. Gostava de rabiscar frases e desenhos numa folha branca: mas, então, não sabia fabricar senão falsos objetos. Quando eu transformava a ignorância em saber, quando imprimia verdades num espírito virgem, criava algo real. Não imitava os adultos, igualava-me a eles, e meu êxito desafiava sua arbitrariedade. Esse êxito satisfazia em mim aspirações mais sérias que a vaidade. Até então eu me limitara a fazer frutificar os cuidados de que era alvo. Pela primeira vez, eu também servia. Escapava à passividade da infância, entrava no grande círculo humano em que, pensava eu, cada um é útil a todos. Desde que trabalhava seriamente, o tempo não fugia mais, inscrevia-se em mim: confiando meus conhecimentos a outra menina, salvava-os duplamente.

Graças a minha irmã — minha cúmplice, minha serva, minha criatura — afirmava a minha autonomia. Claro está que só lhe reconhecia "a igualdade na diferença", o que constitui uma maneira de aspirar à preeminência. Sem contudo formular, supunha que meus pais admitiam essa hierarquia e que eu era a predileta. Meu quarto dava para o corredor onde minha irmã dormia e ao fim do qual se encontrava o escritório; da minha cama, eu ouvia à noite meu pai conversar com minha mãe e esse murmúrio sereno me embalava. Certa vez meu coração quase parou de bater; com voz calma, apenas curiosa, mamãe indagava: "Qual das meninas é que preferes?" Esperei que papai pronunciasse meu nome, mas durante um instante que me pareceu infinito ele hesitou: "Simone é mais refletida, mas Poupette é tão carinhosa." Continuaram a pesar os prós e os contras, dizendo o que lhes passava pela cabeça; finalmente concordaram em nos amar a ambas sem preferência; estava de conformidade com o que se lê nos livros: os pais amam os filhos igualmente. Senti, contudo, algum despeito. Não teria suportado que um deles preferisse minha irmã e, se me resignava a uma partilha equitativa, era porque me persuadi que essa partilha redundava em meu proveito. Mais velha, mais sabida, mais instruída do que minha irmã, se meus pais tinham por nós a mesma ternura, deviam, ao menos, considerar-me mais e sentir-me mais próxima de sua maturidade.

Julgava uma sorte insigne ter-me dado o céu precisamente aqueles pais, aquela irmã, aquela vida. Sem dúvida, tinha motivos para me felicitar. Além disso, eu era dotada disso que chamam temperamento feliz: sempre achei a realidade mais nutritiva do que as miragens. Ora, as coisas que existiam para mim com mais evidência eram as que eu possuía. O valor que lhes dava defendia-me contra as decepções, as nostalgias, as saudades; meus apegos eram muito mais fortes do que meus desejos. Blondine estava velha, desbotada, malvestida; não a teria trocado, entretanto, pela mais suntuosa das bonecas que se exibiam nas vitrinas das lojas: o amor que lhe dedicava tornava-a única, insubstituível. Não trocaria tampouco por nenhum paraíso o parque de Meyrignac, nem por nenhum palácio o nosso apartamento. A ideia de que meus pais, Louise, minha irmã pudessem ser diferentes do que eram não me vinha à mente. Eu mesma não me imaginava com outra fisionomia nem outra pele: comprazia-me com o que era e tinha.

Não vai grande distância do contentamento à suficiência. Satisfeita com o lugar que ocupava no mundo, julgava-o privilegiado. Meus pais eram seres excepcionais e eu considerava exemplar o nosso lar. Papai gostava de caçoar e mamãe de criticar: poucas pessoas usufruíam a benevolência deles ao passo que eu nunca ouvia alguém denegri-los; logo, seu modo de viver obedecia à norma certa e absoluta. A superioridade deles projetava-se em mim. No Luxemburgo, proibiam-nos de brincar com meninas desconhecidas: era, evidentemente, por não sermos da mesma classe. Não tínhamos o direito de beber, como toda a gente, nas canecas penduradas às fontes; vovô dera-me uma concha de madrepérola, diferente de tudo, como nossos casacos azul-horizonte. Lembro-me de uma terça-feira de Carnaval em que nossos saquinhos estavam cheios de pétalas de rosas em vez de confetes. Mamãe era freguesa de determinadas doceiras; os doces do padeiro me pareciam tão pouco comestíveis como se fossem feitos de gesso: a delicadeza de nossos estômagos distinguia-nos do vulgo. Enquanto a maioria das crianças de nossas relações recebia *La Semaine de Suzette*, eu assinava *L'Étoile Noëliste*, que mamãe julgava de nível mais elevado. Não estudava em liceu e sim em instituto particular, que revelava sua originalidade por muitos pormenores; as salas de aula, por exemplo, eram curiosamente numeradas: zero, primeira, segunda, primeira-terceira, segunda-terceira, primeira-quarta etc. Fazia meu catecismo na capela do curso, sem me misturar ao bando de crianças da paróquia. Pertencia a uma elite.

Entretanto, nesse meio selecionado, certos amigos de meus pais gozavam de sérias vantagens: eram ricos. Como soldado de segunda classe, meu pai ganhava cinco soldos por dia e vivíamos apertados. Acontecia sermos convidadas, eu e minha irmã, para festas de um luxo perturbador. Em apartamentos imensos, cheios de lustres, cetins, veludos, bandos de crianças empanturravam-se de sorvetes e biscoitos; assistíamos a um espetáculo de fantoches ou a mágicas de um prestidigitador, brincávamos de roda em volta de uma árvore de Natal. As outras meninas usavam vestidos de seda brilhante, de rendas; nós tínhamos roupas de lã, de cores apagadas. Eu sentia algum mal-estar, mas no fim do dia, cansada, suada, com o estômago revirado, voltava meu desgosto contra os tapetes, os cristais, os tafetás; ficava contente quando me reencontrava em casa. Toda a minha educação me assegurava de que a virtude e a cultura contam mais do que a fortuna: meus gostos induziam-me a acreditá-la. Aceitava por isso com serenidade a modéstia de nossa condição; fiel a meu *parti pris* de otimismo, convenci-me até de que era invejável: vi em nossa mediocridade um justo meio-termo. Os miseráveis, os delinquentes, eu os considerava excluídos da sociedade; mas os príncipes e os milionários achavam-se também separados do mundo verdadeiro: sua situação insólita os afastava dele. Quanto a mim, acreditava ter acesso às mais altas como às mais baixas camadas sociais; na verdade, as primeiras estavam fechadas para mim e estava cortada radicalmente das segundas.

Pouca coisa perturbava minha tranquilidade. Encarava a vida como uma aventura feliz. Contra a morte, defendia-me a fé: fecharia os olhos e numa onda de luz as mãos de neve dos anjos me transportariam ao céu. Num livro de corte dourado, li um apólogo que me encheu de certeza: uma larva que vivia no fundo de uma lagoa inquietava-se; uma após outra suas companheiras perdiam-se na noite do firmamento aquático; desapareceria ela também? Subitamente se encontrava do outro lado das trevas: tinha asas, voava, acariciada pelo sol, entre flores maravilhosas. A analogia pareceu-me irrefutável: uma camada delgada de azul separava-me dos paraísos onde brilha resplandecente a verdadeira luz. Muitas vezes deitava-me no tapete, de olhos fechados, e ordenava a minha alma que fugisse. Era apenas um brinquedo; se houvesse pensado que minha última hora estava chegando, teria gritado de terror. A ideia da morte não me apavorava, pelo menos. Uma noite, entretanto, o nada deixou-me perturbada. Estava lendo: à beira-mar uma sereia morria; pelo amor de um belo príncipe renunciara à sua alma imortal, transformava-se em espuma. Aquela voz que repetia sem cessar dentro dela: "Eu estou aí" calara-se para sempre. Pareceu-me que o universo inteiro mergulhava no silêncio. Não. Deus prometia-me a eternidade; nunca eu deixaria de ver, de ouvir, de falar. Não haveria fim.

Houvera um começo: isso perturbava-me às vezes. As crianças nasciam, pensava, de um *fiat* divino. Mas contra todas as ortodoxias, eu limitava as capacidades do Todo-Poderoso. Essa presença em mim, que me afirmava que eu era eu, não dependia de ninguém; nada a atingia nunca, era impossível que alguém, mesmo que fosse Deus, a tivesse fabricado; ele tinha se restringido a fornecer o invólucro. Num espaço sobrenatural flutuavam, invisíveis, impalpáveis, miríades de pequenas almas que aguardavam o momento de se encarnar. Eu fora uma delas e tudo esquecera; elas rondavam entre o céu e a terra e nunca se lembrariam de nada. Percebia com angústia que essa ausência de memória equivalia ao nada; tudo se passava como se, antes de aparecer em meu berço, eu não tivesse existido em absoluto. Era preciso preencher essa lacuna: captaria, ao passar, os fogos-fátuos cuja luz ilusória nada clareava, lhes emprestaria meu olhar, dissiparia sua noite e as crianças que nascessem depois iriam se lembrar... Perdia-me até a vertigem nesses devaneios ociosos, negando em vão o escandaloso divórcio de minha consciência e do tempo.

Eu, pelo menos, emergira das trevas; mas as coisas ao redor de mim nelas permaneciam enterradas. Gostava dos contos que atribuíam à grande agulha pensamentos em forma de agulha, ao aparador, pensamentos de madeira. Mas eram contos; os objetos de coração opaco pesavam sobre a terra sem o saber, sem poder murmurar: "Eu estou aí." Contei em outro lugar como em Mevrignac contemplei estupidamente um paletó velho abandonado no espaldar de uma cadeira. Tentei dizer por ele: "Sou um velho paletó cansado." Era impossível e fiquei tomada de pânico. Nos séculos idos, no silêncio dos seres inanimados, pressentia minha própria ausência: pressentia a verdade, falazmente conjurada, de minha morte.

Meu olhar criava luz; nas férias eu me embriagava de descobertas, mas, por momentos, uma dúvida me corroía: longe de revelar-me o mundo, minha presença o desfigurava. Não acreditava por certo que enquanto eu dormia as flores da sala iam ao baile, nem que nas vitrinas havia idílios entre os bibelôs. Mas suspeitava por vezes que o campo familiar imitasse as florestas encantadas que se disfarçam quando um intruso as viola: miragens nascem sob seus passos, ele se perde, clareiras e moitas escondem-lhe seus segredos. A espreita atrás de uma árvore, procurava em vão penetrar a solidão dos bosques. Uma narrativa intitulada *Valentin, ou le démon de la curiosité* impressionou-me muito. Uma fada madrinha passeava com Valentin de carruagem; fora havia paisagens maravilhosas, dizia-lhe ela, mas as cortinas tapavam os vidros e ele não devia erguê-las. Instigado pelo seu demônio tentador, Valentin desobedecia; só percebia trevas: o olhar matara seu objeto. Não me interessei pela continuação da história; enquanto Valentin lutava contra seu demônio, eu me debatia angustiadamente contra a noite do não saber.

Agudas às vezes, minhas inquietações dissipavam-se depressa. Os adultos me garantiam o mundo e só raramente tentei penetrá-lo sem o auxílio deles. Preferia acompanhá-los nos universos imaginários que haviam criado para mim.

Instalava-me no vestíbulo, diante do armário normando e do relógio de madeira esculpida que encerrava em seu ventre duas pinhas cor de cobre e as trevas do tempo; a boca de um aquecedor abria-se na parede: através da grade dourada eu respirava um sopro nauseabundo que subia dos abismos. Aquela voragem, o silêncio escandido pelo tique-taque do relógio intimidavam-me. Os livros davam-me segurança: falavam e nada dissimulavam; na minha ausência calavam-se. Abria-os e então eles diziam exatamente o que diziam. Se o sentido de uma palavra me escapava, mamãe o explicava. Deitada de bruços sobre o tapete vermelho lia Mme De Ségur, Zénaïde Fleuriot, os contos de Perrault, de Grimm, de Mme D'Aulnoy, do cônego Schmidt, os álbuns de Töpffer, Bécassine, as aventuras da família Fenouillard, as do soldado Camember, *Sans famille*, Jules Verne, Paul d'Ivoi, André Laurie e a série dos livros cor-de-rosa editados por Larousse, que contavam as lendas de todos os países do mundo e histórias heroicas durante a guerra.

Só me davam livros infantis escolhidos com circunspeção; admitiam as mesmas verdades e os mesmos valores propostos por meus pais e minhas professoras. Os bons eram recompensados, punidos os maus. Somente a pessoas ridículas e estúpidas aconteciam desventuras. Bastava-me ver salvaguardados esses princípios essenciais; em geral não buscava quase nenhuma correspondência entre as fantasias dos livros e a realidade; divertia-me com elas como ria no teatro de fantoches, à distância. Foi por isso que, apesar dos recônditos sentidos que lhes emprestam os adultos, nunca me espantei com os romances de Mme De Ségur. Mme Bonbec, o general Dourakine, assim como o M. Cryptogame, o barão de Crac, Bécassine tinham apenas uma existência de títeres. Uma história era um belo objeto que se bastava a si mesmo, como um espetáculo de marionetes ou uma imagem. Eu era sensível à necessidade dessas construções que têm um princípio, uma ordem, um fim, em que as palavras brilham pelo seu próprio brilho, brilham como as cores de um quadro. Por vezes, porém, o livro falava-me mais ou menos confusamente do mundo que me cercava ou de mim mesma; fazia-me sonhar, então, ou refletir, e amiúde abalava minhas convicções. Andersen ensinou-me a melancolia; nos seus contos os objetos sofriam, quebravam-se, consumiam-se sem que merecessem a desgraça. A pequenina sereia, antes de se aniquilar, sofria a cada passo que dava como se andasse sobre brasas e, no entanto, não cometera nenhuma falta; suas torturas e sua morte transtornaram-me. Um romance que li em Meyrignac e se chamava *Le Coureur des jungles* me abalou. O autor contava aventuras extravagantes com suficiente habilidade para que delas eu participasse. O herói tinha um amigo, apelidado Bob, corpulento, jovial, dedicado, e que granjeou de imediato minha simpatia. Encerrados juntos na cela de uma prisão indiana, descobriam um corredor subterrâneo em que um homem podia introduzir-se rastejando. Bob passava em primeiro lugar; de repente dava um grito horrível: encontrava um píton. Eu assistia ao drama, de mãos úmidas e coração aos saltos: a serpente o devorava. Essa história obcecou-me durante muito tempo. A simples ideia da cobra engolindo Bob bastava para gelar-me o sangue, mas eu teria ficado menos profundamente comovida se detestasse a vítima. A morte horrorosa de Bob contradizia todas as regras: tudo podia acontecer.

Apesar de seu conformismo, os livros alargavam-me o horizonte. Além disso, encantava-me como um neófito da feitiçaria que transforma sinais impressos em narrativas. Tive o desejo de inverter essa mágica. Sentada diante de uma mesinha, decalquei, no papel, frases que serpenteavam em minha cabeça: a folha branca cobria-se de manchas violeta que contavam uma história. Ao redor de mim, o silêncio era solene; parecia-me que eu estava oficiando. Como não buscava na literatura um reflexo da realidade, nunca me passou tampouco pela cabeça transcrever minhas experiências ou meus sonhos; o que me divertia era organizar objetos com palavras, como antes os construía com cubos; os livros sozinhos, e não o mundo em sua crueza, podiam fornecer-me modelos. Copiava-os, imitava-os. Minha primeira obra intitulou-se *Les Malheurs de Marguerite*. Uma heroica alsaciana, órfã ainda por cima, atravessava o Reno com uma ninhada de irmãos e irmãs a fim de alcançar a França. Soube com tristeza que o rio não corria por onde seria necessário e meu romance fracassou. Plagiei então *La Famille Fenouillard*, de que em casa todos gostavam muito. O sr. e a sra. Fenouillard eram, com suas duas filhas, o negativo de nossa própria família. Mamãe leu uma noite, para papai, *La Famille Cornichon* em meio a risos aprovadores. Ele sorriu. Vovô fez-me presente de um volume brochado de capa amarela e páginas em branco. Nele, tia Lili copiou o meu manuscrito numa bela caligrafia escolar. Olhei com orgulho aquele objeto que era quase verdadeiro e devia sua existência a mim. Compus duas ou três obras que tiveram menor êxito. Contentava-me, às vezes, em inventar títulos. No campo, brincava de livreiro. Dei o título de Rainha do Azul à folha prateada da bétula, de Flor de Neve à folha envernizada da magnólia, e organizei mostruários eruditos. Não sabia muito bem se desejava escrever livros mais tarde, ou vendê-los, mas, a meus olhos, o mundo não comportava nada mais precioso. Mamãe estava inscrita numa biblioteca de empréstimo da rua Saint-Placide. Barreiras intransponíveis defendiam o acesso aos corredores atopetados de livros até o infinito, como os túneis do metrô. Eu invejava as solteironas de blusas de gola alta que manipulavam interminavelmente os volumes pretos, cujos títulos se destacavam num retângulo alaranjado ou verde. Mergulhadas no silêncio, escondidas atrás da monotonia sombria das capas, ali estavam as palavras todas, à espera de que as decifrassem. Eu sonhava em me fechar naqueles corredores empoeirados e nunca mais sair.

Uma vez por ano, mais ou menos, íamos ao Châtelet. O conselheiro municipal Alphonse Deville, de quem meu pai fora secretário quando exerciam ambos a profissão de advogado, punha à nossa disposição o camarote reservado à cidade de Paris. Vi assim *La Course au bonheur*, *Le Tour du monde en quatre-vingt jours* e outros espetáculos mágicos. Admirei o pano de boca vermelho, as luzes, os cenários, os bailados de mulheres-flores. Mas as aventuras que ocorriam no palco me interessavam mediocremente. Os atores eram demasiado reais e ao mesmo tempo não o eram suficientemente. Os adornos mais suntuosos brilhavam menos do que as pedras preciosas dos contos. Eu batia palmas, exaltava-me, mas no fundo preferia o tranquilo diálogo com o papel impresso.

Quanto ao cinema, meus pais julgavam-no um divertimento vulgar. Achavam Carlitos por demais infantil, mesmo para crianças. Entretanto, tendo um amigo de meu pai arranjado um convite para uma projeção privada, vimos *L'ami Fritz* certa manhã, numa sala dos bulevares. Todos concordaram ao achar a fita deliciosa. Algumas semanas depois, assistimos, em idênticas condições, ao *Roi de Camargue*. O herói, noivo de uma camponesa suave e loira, passeava a cavalo à beira-mar. Encontrava uma cigana nua, de olhos faiscantes, que esbofeteava o animal. Ele ficava olhando meio abobado durante alguns momentos. Mais tarde, encerrava-se com a bela moça morena num casebre no meio do pantanal. Verifiquei que mamãe e vovó trocavam olhares apavorados: a inquietação delas acabou alertando-me e adivinhei que a história não era para mim. Mas não compreendia por quê. Enquanto a loura corria desesperadamente pelo pântano e nele submergia, eu não percebia que o mais terrível dos pecados estava sendo perpetrado. O altivo despudor da cigana deixara-me fria. Conhecera em *La Légende dorée*, nos contos do cônego Schmidt, nudezas mais voluptuosas. Não voltamos ao cinema, porém.

Não o lamentei. Tinha meus livros, meus brinquedos e por toda parte ao redor de mim objetos de contemplação mais dignos de interesse que imagens chatas: homens e mulheres de carne e osso. Dotadas de consciência, as pessoas, ao contrário das coisas mudas, não me inquietavam: eram iguais a mim. Na hora em que as fachadas se tornam transparentes, eu espreitava as janelas iluminadas. Não acontecia nada de extraordinário; mas, se uma criança se sentava diante de uma mesa e lia, eu me comovia vendo minha própria vida transformar-se em espetáculo. Uma mulher punha a mesa, um casal conversava; representadas à distância sob a luz dos lustres e das luminárias, as cenas familiares rivalizavam em brilho com as fantasmagorias do Châtelet. Eu não me sentia excluída delas; tinha a impressão de que, através da diversidade dos cenários e dos atores, se desenvolvia uma história particular e única. Infinitamente repetida, de casa em casa, de cidade em cidade, minha existência participava da riqueza de seus inúmeros reflexos; abria-se para o universo inteiro.

À tarde, ficava sentada durante muito tempo no balcão da sala de jantar à altura da folhagem que sombreava o bulevar Raspail e seguia com os olhos os transeuntes. Conhecia muito pouco os hábitos dos adultos para tentar adivinhar em direção a que encontros se apressavam. Mas os rostos deles, suas silhuetas, o ruído de suas vozes me cativavam. Em verdade, hoje explico mal a mim mesma essa felicidade que me davam. Mas lembro-me de meu desespero quando meus pais resolveram instalar-se em um quinto andar da rua de Rennes: "Não verei mais a gente que anda na rua." Separavam-me do mundo, condenavam-me ao exílio. No campo, pouco se me dava ser relegada numa ermida: a natureza satisfazia-me. Em Paris, tinha fome de presenças humanas. A verdade de uma cidade são os habitantes; na falta de maior intimidade era preciso que os visse. Já me acontecia desejar transgredir o círculo em que me achava confinada. Uma forma de andar, um gesto, um sorriso me comoviam. Desejava correr atrás do desconhecido que virava a esquina e com o qual eu nunca mais cruzaria. No Luxemburgo, uma tarde, uma moça grande, de *tailleur* verde-maçã, fazia as crianças pularem corda. Tinha as faces rosadas, um riso brilhante e terno. À noite declarei a minha irmã: "Sei o que é o amor." Tinha, com efeito, entrevisto algo novo. Meu pai, minha mãe, minha irmã, os que eu amava, eram meus. Pressentia pela primeira vez que a gente pode ser atingida no próprio coração por uma irradiação vinda de *outro lugar*.

Esses curtos impulsos não me impediam de me sentir solidamente presa a meu pedestal. Curiosa dos outros, não sonhava com um destino diferente do meu. Não lamentava, em particular, o fato de ser menina. Evitando, já disse isso, perder-me em desejos vãos, aceitava alegremente o que me era dado. Por outro lado, não via nenhuma razão positiva para me julgar mal aquinhoada.

Não tinha irmão. Nenhuma comparação me revelou que certas licenças me eram negadas por causa de meu sexo. Só imputava à minha idade as limitações que me infligiam. Senti vivamente a minha infância, nunca a minha feminilidade. Os meninos que conhecia nada tinham de prestigioso. O mais vivo era o pequeno René, admitido excepcionalmente no Curso Désir para suas primeiras letras. Eu conseguia notas melhores do que ele. E minha alma não era menos preciosa aos olhos de Deus que a dos meninos. Por que os teria invejado?

Se atentava para os adultos, minha experiência era ambígua. Em certos terrenos, papai, vovô, meus tios pareciam-me superiores às mulheres deles. Mas, na vida cotidiana, mamãe, Louise, as professoras desempenhavam os principais papéis, Mme De Ségur, Zénaide Fleuriot escolhiam crianças para heróis e a eles subordinavam os grandes: as mães ocupavam, portanto, nesses livros um lugar preponderante. Os pais vinham depois. Eu mesma só considerava essencialmente os adultos nas suas relações com a infância. Desse ponto de vista, meu sexo assegurava-me a preeminência. Nos meus brinquedos, nas minhas ruminações, nos meus projetos nunca me transformei em homem. Toda a minha imaginação era empregada em antecipar meu destino de mulher.

Esse destino, eu o acomodava a meu modo. Não sei por quê, mas o fato é que os fenômenos orgânicos muito cedo deixaram de me interessar. No campo, ajudava Madeleine a alimentar os coelhos, as galinhas, mas essas tarefas me aborreciam logo e eu era pouco sensível à doçura de uma pele ou de uma plumagem. Nunca apreciei os animais. Avermelhados, enrugados, os bebês de olhos leitosos me importunavam. Quando me fantasiava de enfermeira, era para recolher os feridos nos campos de batalha, mas não tratava deles. Um dia, em Meyrignac, administrei com uma seringa de borracha um simulacro de lavagem na minha prima Jeanne, cuja sorridente passividade incitava ao sadismo. Não encontro mais nenhuma recordação que se aparente a essa. Em meus folguedos, só aceitava o da maternidade com a condição de negar-lhe os aspectos nutrientes. Desprezando as outras crianças que brincavam incoerentemente com suas bonecas, eu e minha irmã tínhamos um modo particular de encarar as nossas; elas sabiam falar e raciocinar, viviam conosco, no mesmo ritmo, envelhecendo vinte e quatro horas diariamente. Eram nossos duplos. Na realidade eu me mostrava mais curiosa do que metódica. Mas comprazia-me muitas vezes em devaneios esquizofrênicos de rigor e economia: utilizava Blondine para satisfazer essa mania. Mãe perfeita de uma menina-modelo, dispensando-lhe uma educação ideal de que ela tirava o máximo proveito, recuperava minha existência cotidiana sob a égide da necessidade. Aceitava a discreta colaboração de minha irmã, a quem ajudava imperiosamente a educar seus próprios filhos. Mas não admitia que um homem frustrasse minhas responsabilidades. Nossos maridos viajavam. Na vida, eu o sabia, outras são as realidades: uma mãe de família tem sempre a seu lado um esposo. Mil tarefas fastidiosas a atormentam. Quando evoquei meu futuro, essas servidões me pareceram tão pesadas que renunciei a ter filhos: o que me importava era formar espíritos e almas; serei professora, resolvi.

Entretanto, o ensino, tal qual o praticavam minhas professoras, não dava ao mestre ascendência bastante sobre o aluno. Era preciso que este me pertencesse exclusivamente: planejaria seus dias com todas as minúcias, deles eliminaria qualquer influência do acaso. Combinando com engenhosa exatidão ocupações e distrações, exploraria todos os instantes sem nada desperdiçar. Só vi um meio de levar a cabo essa aspiração: seria governanta numa família. Meus pais protestaram. Eu não imaginava que um preceptor fosse um subalterno. Observando os progressos realizados por minha irmã, conhecia a alegria soberana de ter mudado o vazio em plenitude: não concebia que o futuro pudesse oferecer-me empreendimento mais elevado que moldar um ser humano. Não, aliás, qualquer um. Compreendo hoje que, na minha futura criação, como na minha boneca Blondine, era a mim mesma que eu projetava. Tal era o sentido de minha vocação: adulta, tomaria minha infância e faria dela uma obra-prima sem falhas. Sonhava-me o alicerce absoluto de mim mesma e minha própria apoteose.

No presente e no futuro, eu me gabava assim de reinar sozinha sobre minha própria vida. Entretanto, a religião, a história, as mitologias sugeriam-me outro papel. Imaginava muitas vezes que era Maria Madalena e enxugava os pés de Cristo com meus cabelos compridos. A maior parte das heroínas reais ou lendárias — santa Blandina, Joana D'Arc na fogueira, Grisélidis, Geneviève de Brabant — só alcançavam a glória e a felicidade, neste mundo ou no outro, por meio de provações dolorosas infligidas pelos homens. Eu me fazia de vítima, de bom grado. Por vezes enfatizava seus triunfos: o carrasco não passava de um insignificante mediador entre o mártir e seus louros. Assim é que fazíamos, eu e minha irmã, concursos de resistência: nos beliscávamos com a pinça do açucareiro, nos arranhávamos com os cabos de nossas bandeirinhas; era preciso morrer sem abjurar. Eu trapaceava vergonhosamente, pois expirava ao primeiro arranhão, e enquanto minha irmã não cedesse, eu sustentava que ela sobrevivia. Religiosa encerrada numa cela, zombava do carcereiro cantando hinos. A passividade a que meu sexo me condenava, eu a convertia em desafio. Muitas vezes, porém, eu principiava por comprazer-me nisso: saboreava as delícias da desgraça, da humilhação. Minha devoção dava-me disposições para o masoquismo; prostrada aos pés de um jovem Deus louro, ou na noite do confessionário diante do suave padre Martin, experimentava êxtases deliciosos: lágrimas corriam-me pelo rosto, desmaiava nos braços dos anjos. Levava minhas emoções ao paradoxismo quando, vestindo a camisa ensanguentada de santa Blandina, me expunha às garras dos leões e aos olhares da multidão. Ou então, inspirando-me em Grisélidis ou Geneviève de Brabant, punha-me na pele de uma esposa perseguida. Minha irmã, habituada a encarnar os Barbas-Azuis, expulsava-me cruelmente de seu palácio, eu me perdia em florestas selvagens até o dia em que minha inocência se revelava. Por vezes, modificando esse libreto, eu me sonhava culpada de um erro misterioso, e tremia de arrependimento aos pés de um homem belo, puro e terrível. Vencido pelos meus remorsos, minha abjeção, meu amor, o justiceiro pousava a mão em minha cabeça inclinada e eu me sentia desmaiar. Certas fantasmagorias não suportavam a luz; só as evocava em segredo. Fiquei extraordinariamente comovida com o destino do rei cativo que um tirano oriental utilizava como banquinho para montar a cavalo. Acontecia-me substituir, toda trêmula e seminua, o escravo cuja coluna era ferida por uma espora dura.

A nudez interferia, com efeito, mais ou menos claramente nessas encantações. A túnica rasgada de santa Blandina revelava a alvura de seus flancos: somente a cabeleira cobria Geneviève de Brabant. Eu só vira os adultos hermeticamente vestidos; eu mesma, fora do banho — e então Louise friccionava-me com tamanho vigor que me vedava qualquer complacência —, tinha sido ensinada a não olhar o meu corpo, a trocar de roupa sem me descobrir. No meu universo, a carne não tinha direito à existência. Entretanto, eu conhecera a doçura dos braços maternos; na abertura de certas blusas, nascia um sulco sombrio que me perturbava e atraía. Não fui bastante engenhosa para reeditar os prazeres entrevistos durante o curso de ginástica, mas, por vezes, um contato sedoso sobre a pele, uma mão roçando-me o pescoço davam-me arrepios. Ignorante demais para inventar a carícia, usava outros expedientes. Pela imagem do homem-banquinho, operava a metamorfose do corpo em objeto. Eu a realizava em mim mesma ao cair de joelhos aos pés de um soberano senhor. Para absolver-me ele pousava em minha nuca sua mão justiceira: implorando seu perdão, eu alcançava a volúpia. Mas, quando me abandonava a essas requintadas humilhações, não esquecia nunca que se tratava de um brinquedo. De verdade, não me submetia a ninguém: era e permaneceria sempre senhora de mim mesma.

Tinha a tendência de me considerar, pelo menos no nível da infância, a Única. Sociável, encontrava com prazer algumas colegas. Jogávamos partidas de "Nain jaune" ou de loto, trocávamos livros. Mas, de modo geral, não estimava muito nenhum de meus amiguinhos, meninos ou meninas. Queria que brincássemos seriamente, respeitando as regras do jogo, lutando asperamente pela vitória; minha irmã satisfazia essas exigências; mas a futilidade habitual de meus outros parceiros me impacientava. Suponho que devo também tê-los irritado mais de uma vez.

Simone de Beauvoir

Houve uma época em que eu chegava ao Curso Désir meia hora antes da aula; misturava-me às semi-internas no recreio. Vendo-me atravessar o pátio, uma menina esfregou o queixo num gesto expressivo: "Lá vem a chata!"[6] Ainda por cima, era feia, tola e usava óculos: surpreendi-me, mas não fiquei vexada. Um dia fomos à casa de amigos de meus pais, num subúrbio; as crianças possuíam um jogo de croqué; na Grillère, era esse jogo nosso passatempo predileto; durante a merenda da tarde, durante o passeio, não parei de falar nisso. Estava louca de impaciência. Nossos amigos se queixaram a minha irmã: "Como ela é enjoada com seu croqué!" Quando à noite minha irmã me repetiu essas palavras, acolhi-as com indiferença. Não podia sentir-me magoada por crianças que manifestavam sua inferioridade não apreciando o croqué tão ardorosamente quanto eu. Obstinadas em nossas preferências, nossas manias, nossos princípios e valores, combinávamos, minha irmã e eu, ao criticar a burrice das outras crianças. A condescendência dos adultos transforma a infância numa espécie em que todos os indivíduos se equivalem: nada me irritava tanto. Na Grillère, como eu estivesse comendo avelãs, a solteirona que servia de governanta para Madeleine declarou doutamente: "As crianças adoram as avelãs." Caçoei dela com Poupette. Meus gostos não eram ditados pela idade; eu não era "uma criança": era eu.

Minha irmã aproveitava, como vassala, a soberania que eu me atribuía: não disputava comigo. Eu pensava que, se tivesse de reparti-la com alguém, minha vida não teria mais sentido. Na minha classe, havia duas gêmeas que se davam maravilhosamente bem. Eu me perguntava como era possível resignar-se a viver desdobrada: eu não seria mais do que meia pessoa, parecia-me; e tinha até a impressão de que, repetindo-se identicamente em outrem, minha experiência deixaria de pertencer-me. Uma gêmea teria tirado de minha existência o que lhe dava valor: sua gloriosa singularidade.

Durante meus oito primeiros anos só conheci uma criança cuja opinião me interessasse. Tive a sorte de não ser desprezada por ela. Minha tia-avó bigoduda valia-se de seus netinhos Titite e Jacques como heróis em *La Poupée modèle*. Titite era três anos mais velha do que eu e Jacques seis meses. Tinham perdido o pai num acidente de automóvel; a mãe, que tornara a casar-se, residia em Châteauvillain. No verão de meus oito anos passamos uma temporada bastante prolongada na casa de tia

---

[6] *La barbe!* A cacete, a chata, o que se exprime passando a mão no queixo, na barba. (N.T.)

Alice. As duas casas eram quase vizinhas. Eu assistia às lições que uma jovem loira dava a meus primos; menos adiantada do que eles, fiquei deslumbrada com a redação brilhante de Jacques, seu saber, sua segurança. Com sua tez avermelhada, seus olhos dourados, seus cabelos brilhantes como a casca de uma castanha-da-índia, era um menino muito bonito. No patamar do primeiro andar, havia uma biblioteca na qual ele escolhia livros para mim. Sentados no degrau da escada, líamos, um ao lado do outro. Eu, as *Viagens de Gulliver*; ele, uma *Astronomie populaire*. Quando descíamos para o jardim, ele é que inventava os brinquedos. Decidira construir um avião que, de antemão, batizara de Charles, em homenagem a Guynemer. Para fornecer-lhe materiais, juntava todas as latas de conserva que eu encontrava na rua.

O avião não foi sequer esboçado, mas o prestígio de Jacques não sofreu com isso. Em Paris, ele não morava num imóvel comum e sim numa casa velha do bulevar Montparnasse em que se fabricavam vitrais. Os escritórios eram embaixo; em cima destes o apartamento, mais acima as oficinas, e no sótão as salas de exposição. Era sua residência e ele fazia-nos as honras da casa com a autoridade de um jovem patrão. Explicava-me a arte do vitral e o que o distingue do simples vidro pintado. Falava com os operários com um tom protetor; eu ouvia de boca aberta aquele menino que já parecia, a meus olhos, dirigir uma equipe de adultos; impressionava-me. Tratava de igual para igual os grandes, e me escandalizava um pouco quando se mostrava áspero com a avó. Geralmente desprezava as meninas e por isso mesmo eu apreciava mais ainda sua amizade. "Simone é uma criança precoce", havia ele declarado. A palavra me agradou muito. Um dia, fabricou ele próprio um vitral autêntico cujos losangos azuis, vermelhos e brancos se engastavam em chumbo. Inscreveu na peça uma dedicatória em letras pretas: "Para Simone." Eu nunca recebera presente tão lisonjeiro. Decidimos que "éramos casados por amor". E eu chamava Jacques de "meu noivo". Fizemos nossa viagem de núpcias nos cavalinhos de pau do Luxemburgo. Levei a sério nosso compromisso. Entretanto, em sua ausência, quase não pensava nele. Todas as vezes que o via ficava contente, mas ele nunca me fazia falta.

A imagem que tenho de mim na memória, por volta da idade da razão, é pois a de uma menina bem-comportada, feliz e passavelmente arrogante. Duas ou três recordações desmentem esse retrato e fazem-me supor que bastava bem pouca coisa para abalar minha segurança. Com oito anos eu não era tão robusta como na primeira infância: era magrinha e timorata. Durante as aulas de ginástica a que me referi, vestira um maiô apertado demais e uma de minhas tias dissera a mamãe: "Parece um macaquinho." Ao chegar ao fim do tratamento, o professor juntou-me aos alunos de um curso coletivo, um bando de meninos e meninas acompanhados por uma governanta. As meninas usavam vestidos de jérsei azul-claro com saias curtas e graciosamente pregueadas. Tudo nelas era impecável: as tranças lustrosas, a voz, as maneiras. No entanto, corriam, pulavam, davam cambalhotas, riam com a liberdade e a ousadia que eu imaginava serem apanágio dos moleques. Senti-me repentinamente desajeitada, medrosa, feia: um macaquinho. Era sem dúvida assim que aquelas lindas crianças me viam. Desprezavam-me; pior ainda, ignoravam-me. Contemplei, desamparada, o triunfo delas e o meu aniquilamento.

Alguns meses depois, uma amiga de meus pais, cujos filhos não me divertiam muito, levou-me a Villers-sur-Mer. Era a primeira vez que me separava de minha irmã e me senti mutilada. Achei monótono o mar; os banhos foram um suplício; a água tirava-me o fôlego, eu tinha medo. Certa manhã solucei na cama. Mme Rollin pôs-me no colo, embaraçada, e indagou a razão das lágrimas; pareceu-me que representávamos, ambas, uma comédia e só soube responder que ninguém havia ralhado comigo e todos eram gentis. Na verdade, separada da família, privada das afeições que me convenciam de meus méritos e das instruções e referências que definiam meu lugar no mundo, não sabia mais como me situar, nem o que viera fazer na Terra. Precisava dos limites cujo rigor justificava minha existência. Percebia isto, pois receava a mudança. Não conheci lutos nem desenraizamentos: é uma das razões que me permitiram perseverar bastante tempo nas minhas pretensões pueris.

Minha serenidade sofreu, no entanto, um eclipse durante o último ano de guerra.

Fez muito frio naquele inverno e havia falta de carvão: no apartamento mal-aquecido, colava em vão meus dedos cheios de frieiras ao aquecedor. Iniciara-se a era das restrições. O pão era cinzento ou branco demais. Em lugar de chocolate, tomávamos sopas insossas pela manhã. Minha mãe fazia omeletes sem ovos e sobremesa com margarina, nas quais a sacarina substituía o açúcar. Servia-nos carne congelada, bifes de cavalo e legumes sem graça: acelga, mangarito etc. Para economizar vinho, tia Lili fabricava com figos uma abominável bebida fermentada, que chamávamos "figueta". As refeições tinham perdido a antiga alegria. Não raro as sirenes uivavam à noite; fora, lampiões e janelas apagavam-se, ouviam-se passos apressados e a voz irritada do chefe do quarteirão, M. Dardelle, gritando: "Luz!" Duas ou três vezes mamãe mandou-nos descer ao porão, mas como meu pai se obstinava em permanecer na cama, ela resolveu finalmente não se mexer mais. Certos inquilinos dos andares superiores vinham se refugiar no nosso vestíbulo; instalávamos umas poltronas e eles cochilavam. Por vezes amigos nossos, retidos em casa por causa do alerta, prolongavam até horas insólitas uma partida de *bridge*. Eu apreciava essa desordem com o silêncio da cidade por trás das janelas calafetadas e seu brusco despertar ao soar o sinal de que passara o perigo. O que nos aborrecia era nossos avós, que moravam num quinto andar, perto do Lion de Belfort, levarem a sério os aviões. Corriam precipitadamente para o porão e no dia seguinte de manhã tínhamos de ir verificar se estavam sãos e salvos. Quando dos primeiros tiros da "Grosse Bertha", vovô, convencido da chegada iminente dos alemães, mandou a mulher e a filha para La Charité-sur-Loire: ele próprio, ao amanhecer, fugiria a pé para Longjumeau. Vovó, esgotada com o vigoroso desnorteamento do marido, caiu doente. Para tratar dela foi necessário trazê-la de volta a Paris, mas, como não era mais capaz de descer de seu quinto andar em caso de bombardeio, instalaram-na em nossa casa. Quando chegou, acompanhada por uma enfermeira, o avermelhado do rosto e seu olhar vazio amedrontaram-me; ela não podia falar e não me reconheceu. Ficou no meu quarto e nós fomos acampar no salão, Louise, minha irmã e eu. Tia Lili e vovô faziam as refeições em nossa casa. Este, com sua voz grossa, profetizava desastres ou anunciava subitamente que a sorte lhe caíra do céu. Seu catastrofismo combinava-se, na verdade, com um otimismo extravagante. Banqueiro em Verdun, suas especulações tinham redundado numa falência em que sumiram seu dinheiro e o de muitas outras pessoas. Mas nem por isso deixara de confiar na sua estrela e no seu faro. Naquele momento, dirigia uma manufatura de calçados que, graças às encomendas do exército, ia bastante bem; essa modesta empresa não lhe acalmava o desejo de meter-se em negócios. Infelizmente para ele, não podia mais dispor de quaisquer fundos sem o consentimento da mulher e dos filhos: tentava conseguir o apoio de papai. Trouxe-lhe certo dia uma pequena barra de ouro que um alquimista tirara diante dele de um pedaço de chumbo; o segredo devia nos tornar milionários, contanto que concordássemos em adiantar alguma coisa ao inventor. Papai sorria, vovô congestionava-se, minha mãe e tia Lili davam palpites, todo mundo gritava. Esse tipo de cena repetia-se constantemente. Exausta, mamãe e Louise discutiam; chegavam a dizer grosserias, acontecia até mamãe brigar com papai, ela ralhava comigo e com minha irmã e estapeava-nos por qualquer motivo, segundo seu estado de nervos. Eu não tinha mais cinco anos. Passara-se o tempo em que uma disputa entre meus pais fazia com que eu sentisse o céu tremer. Não confundia tampouco impaciência com injustiça. Entretanto, quando à noite, através da porta envidraçada que separava a sala de jantar do salão, ouvia o tumulto detestável da cólera, eu me escondia embaixo das cobertas com um nó no coração. Lembrava o passado como um paraíso perdido. Voltaria? O mundo não me parecia mais um lugar seguro.

O que o tornava sombrio era principalmente o fato de que minha imaginação amadurecia. Através dos livros, dos "comunicados", das conversas que ouvia, a verdade da guerra vinha à luz: frio, lama, medo, sangue, dor, agonia. Tínhamos perdido amigos e primos na frente de batalha. Apesar das promessas do céu, eu sufocava de horror pensando na morte que separa na terra, para sempre, as pessoas que se amam. Diziam por vezes diante de mim e de minha irmã: "Elas têm sorte de serem crianças. Não percebem..." Eu protestava em meu foro íntimo: "Decididamente, os adultos não nos entendem." Acontecia-me ser submergida por algo tão amargo, tão definitivo, que ninguém, tinha certeza, podia sentir maior desespero. Por que tantos sofrimentos?, indagava a mim mesma. Na Grillère, prisioneiros alemães e um jovem refugiado belga excluído das fileiras por obesidade comiam na cozinha com os operários franceses. Entendiam-se todos muito bem. Em suma, os alemães eram, na verdade, homens; sangravam também e morriam. Por quê? Pus-me a rezar desesperadamente para que a desgraça terminasse. A paz tinha maior importância para mim do que a vitória. Subindo uma escada eu falava com mamãe, ela dizia-me que a guerra iria, talvez, acabar logo. "Sim", disse eu num assomo, "que acabe. Não importa como: mas que acabe!" Mamãe parou bruscamente e olhou-me apavorada: "Não digas uma coisa dessas! A França deve vencer." Tive vergonha, não somente de ter deixado escapar uma enormidade como também de a ter concebido. No entanto, custava-me admitir que uma ideia pudesse ter culpa. Embaixo de nosso apartamento, em frente ao Dôme tranquilo, onde o M. Dardelle jogava dominó, acabavam de abrir um café barulhento, La Rotonde. Víamos entrar ali mulheres pintadas, de cabelos curtos, e homens estranhamente vestidos. "É um antro de gringos e derrotistas", dizia papai. Perguntei-lhe o que era um derrotista. "Um mau francês, que acredita na derrota da França", respondeu-me. Não compreendi. Os pensamentos vão e vêm como bem entendem dentro de nossa cabeça, não acreditamos propositadamente no que acreditamos. Em todo caso, o tom ultrajado de meu pai, a fisionomia escandalizada de minha mãe confirmaram-me que não se devem formular em voz alta todas as palavras inquietas que a gente murmura baixinho.

Meu pacifismo hesitante não me impedia de me orgulhar do patriotismo de meus pais. Intimidadas com os aviões e a "Grosse Bertha", as alunas do instituto, em sua maioria, desertaram de Paris antes do fim do ano escolar. Fiquei só na minha classe com uma bobona de doze anos. Sentávamo-nos na grande mesa vazia diante de Mme Gantran; ela ocupava-se sobretudo de mim. Experimentei um prazer todo especial nessas aulas solenes como cursos públicos, íntimas como aulas particulares. Um dia, ao chegar com mamãe e minha irmã à rua Jacob, encontramos o prédio vazio: todo mundo descera para o porão. A aventura nos fez rir. Decididamente, com nossa coragem e nosso entusiasmo, demonstrávamos que éramos gente de uma categoria à parte.

Vovó recuperou-se e voltou para a sua casa. Durante as férias e no reinício das aulas, ouvi falarem muito de dois traidores que tinham tentado vender a França à Alemanha: Malvy e Caillaux. Não os fuzilaram como o deveriam ter feito, mas os planos deles foram frustrados. No dia 11 de novembro eu estava estudando piano sob as vistas de mamãe quando se ouviram os sinos do armistício. Papai voltou a usar suas roupas de civil. O irmão de mamãe morreu, logo depois de desmobilizado, de gripe espanhola. Mas eu o conhecia pouco, e, depois que as lágrimas de mamãe secaram, a felicidade, para mim pelo menos, ressuscitou.

Em casa, nada se perdia: nem uma côdea de pão, nem um pedaço de barbante, nem uma entrada de teatro gratuita, nem qualquer oportunidade de consumir de graça. Minha irmã e eu usávamos nossos vestidos até o fim e mesmo um pouco além. Minha mãe não desperdiçava um segundo sequer; tricotava enquanto lia; cosia, consertava ou bordava quando conversava com meu pai ou com amigos; no metrô e no bonde confeccionava quilômetros de rendas para nossas anáguas. À noite fazia suas contas; há anos cada centavo que lhe passa pelas mãos é anotado num livro grande e preto. Eu pensava que, não somente em minha família mas em toda parte, o tempo e o dinheiro eram estreitamente medidos, que era preciso administrá-los com exatidão e rigor. Essa ideia era-me conveniente, pois sonhava com um mundo sem caprichos. Poupette e eu brincávamos muitas vezes de exploradores perdidos no deserto, de náufragos perdidos numa ilha; ou então resistíamos à fome numa cidade sitiada; ou despendíamos tesouros de engenho para tirar o máximo proveito dos mais ínfimos recursos; era esse um dos nossos temas prediletos. Tudo utilizar. Pretendi aplicar seriamente esse princípio. Pus-me a escrever com letras minúsculas e sem deixar espaço nos cadernos de notas de meus cursos: as professoras, espantadas, perguntaram a minha mãe se eu era avarenta. Renunciei logo a essa mania: fazer economias gratuitas é uma contradição, não é divertido. Mas fiquei convencida de que é preciso empregar tudo a fundo, inclusive a própria pessoa. Na Grillère havia muitas vezes horas mortas, antes ou depois da refeição, ou à saída da missa. Eu me agitava: "Essa menina não pode ficar um instante sossegada?", indagou meu tio Maurice; meus pais riram comigo dessa observação. Eles condenavam a ociosidade; eu a julgava ainda mais censurável porque ela me aborrecia. Meu dever confundia-se, pois, com meus prazeres. É por isso que minha existência foi tão feliz nessa época: bastava-me obedecer a minhas inclinações para que todos se achassem satisfeitos comigo.

 O Instituto Adeline Désir tinha internas, semi-internas, externas sob controle e outros que, como eu, se limitavam a seguir os cursos. Duas vezes por semana havia aulas de cultura geral, que duravam cada uma duas horas; além disso eu aprendia inglês, piano e catecismo. Minhas emoções de neófita não se tinham embotado: a partir do momento em que a professora entrava, o tempo tornava-se sagrado. Nossas professoras não nos contavam nada muito palpitante; recitávamos nossas lições, elas corrigiam nossos trabalhos; mais não queria delas senão que sancionassem publicamente minha existência. Meus méritos inscreviam-se num registro que os eternizava. Eu precisava sempre me ultrapassar ou igualar-me a mim mesma, pelo menos; a partida recomeçava permanentemente; perder me teria consternado, a vitória exaltava-me. O ano era balizado por esses momentos fulgurantes; cada dia conduzia a algum lugar. Tinha pena dos adultos cujas semanas iguais são apenas um pouco coloridas pela insipidez dos domingos. Viver sem nada esperar parecia-me horroroso.

 Eu esperava, era esperada. Sem cessar respondia a uma exigência que me poupava a pergunta: por que estou aqui? Sentada diante da escrivaninha de papai, traduzindo um texto em inglês ou recopiando uma composição, ocupava meu lugar na Terra e fazia o que devia ser feito.

O arsenal de cinzeiros, tinteiros, corta-papéis, lápis, canetas, espalhados em redor do mata-borrão cor-de-rosa, participava dessa necessidade que atingia o mundo inteiro. De minha poltrona estudiosa, ouvia a harmonia das esferas.

Não cumpria, entretanto, com o mesmo entusiasmo todas as tarefas. Meu conformismo não matara em mim desejos e repugnâncias. Quando tia Hélène servia, na Grillère, um prato de abóbora, preferia sair da mesa debulhada em lágrimas a tocar naquilo. Nem ameaças nem pancadas me teriam forçado a comer queijo. Tinha obstinações mais sérias. Não tolerava o tédio: ele logo virava angústia. Eis por que, já o disse, detestava a ociosidade. Mas os trabalhos que me paralisavam o corpo sem me absorver o espírito deixavam o mesmo vazio dentro de mim. Vovó conseguiu interessar-me na tapeçaria e no bordado sobre tela: era preciso escravizar a lã ou o algodão ao rigor de um risco e essa obrigação entretinha-me suficientemente. Fabriquei uma boa dúzia de capas de bule e recobri com uma horrível tapeçaria uma das cadeiras de meu quarto. Mas sabotava as bainhas, as emendas, os festões, o ponto de cruz, o ponto cheio, o macramê. Para incentivar-me, Mme Fayet contou-me uma anedota; louvavam, perante um rapaz desejoso de casar, os méritos de uma jovem musicista erudita e cheia de dotes: "sabe costurar?", indagou ele. Apesar de todo o meu respeito, julguei estúpido que pretendessem submeter-me às fantasias ridículas de um moço desconhecido. Não me corrigi. Qualquer que fosse o terreno, tão grande era meu desejo de instruir-me quanto fastidioso o dever de executar. Quando abria meus livros de inglês, parecia-me que partia para uma viagem, estudava-os com paixão, mas nunca me esforcei por adquirir uma pronúncia correta. Decifrar uma sonatina divertia-me; aprendê-la me enfadava. Tocava às pressas minhas escalas e exercícios de piano de modo que me classificava sempre entre as últimas nos concursos. Em solfejo, só sabia a teoria: desafinava e errava lamentavelmente os ditados musicais. Minha caligrafia era tão informe que tentaram em vão corrigi-la com aulas particulares. Se era preciso desenhar o curso de um rio ou os contornos de um país, minha inabilidade desencorajava qualquer censura. Esse traço se perpetuaria. Tropeçava em todos os trabalhos práticos e nunca tive muita queda para fazer coisas com esmero.

Não constatava sem despeito minhas deficiências; teria desejado brilhar em tudo, mas as causas dessas deficiências eram demasiado profundas para que um efêmero impulso da vontade as corrigisse. Logo que soube refletir, descobri um poder infinito e irrisórios limites dentro de mim. Quando eu dormia, o mundo desaparecia: este precisava de mim para ser visto, conhecido, compreendido. Sentia-me encarregada de uma missão que desempenhava com orgulho; mas não supunha que meu corpo imperfeito devesse participar disso, ao contrário, se ele interviesse, corria o risco de estragar tudo. Provavelmente, para fazer uma música existir em sua verdade, era necessário exprimir-lhe os matizes e não massacrá-la. De qualquer maneira, não alcançaria com meus dedos seu mais alto grau de perfeição: então por que me esforçar tanto? Desenvolver capacidades que permaneceriam fatalmente limitadas e relativas era um esforço cuja modéstia me desgostava, a mim, a quem bastava olhar, ler, para atingir o absoluto. Traduzindo um texto inglês, descobria-lhe o sentido universal, total e único, ao passo que o "th" não passava, na minha boca, de uma modulação entre milhões de outras: desdenhava preocupar-me com isso. A urgência de minha tarefa proibia que eu me detivesse nessas futilidades: tantas coisas exigiam minha participação! Era preciso despertar o passado, iluminar os cinco continentes, descer ao centro da Terra e girar em torno da Lua. Quando me constrangiam a executar exercícios ociosos, meu espírito gritava de insatisfação e eu imaginava estar perdendo um tempo precioso. Sentia-me frustrada e culpada; apressava-me em acabar com tudo. Toda obrigação quebrava-se de encontro a minha impaciência.

Acho também que considerava sem importância o trabalho do executante porque me parecia produzir somente aparências. No fundo, eu pensava que a verdade de uma sonata estava no pentagrama, imutável, eterno como a de Macbeth no livro impresso. Criar era outra coisa. Admirava que se fizesse surgir no mundo algo real e novo. Só podia experimentá-lo num único terreno: o da literatura. Desenhar para mim era copiar, e isso não me interessava muito porque não o fazia bem; reagia ao conjunto do objeto sem prestar atenção ao pormenor de minha percepção. Não era capaz de reproduzir a flor mais simples. Em compensação, sabia servir-me da linguagem e, como exprimia a substância das coisas, iluminava-as. Tinha uma tendência espontânea para contar tudo o que me acontecia; falava muito, escrevia de bom grado. Se relatava numa composição um episódio de minha vida, ele passava a interessar outras pessoas, estava definitivamente salvo. Gostava também de inventar histórias. Justificavam minha experiência na medida em que nela se inspiravam. Em certo sentido não serviam para nada, mas eram únicas, insubstituíveis, existiam e eu me orgulhava de tê-las tirado do nada. Cuidava sempre com carinho de minhas "composições francesas" a ponto de copiar algumas no "livro de ouro".

Em julho, a perspectiva das férias permitia-me despedir-me sem saudades do Curso Désir. Entretanto, de volta a Paris, aguardava febrilmente o reinício das aulas. Sentava-me na poltrona de couro, ao lado da biblioteca de pereira escura, fazia estalar nas mãos os livros novos, respirava-lhes o cheiro, olhava as figuras, os mapas, lia uma página de história: teria gostado de animar todos os personagens de uma só vez, todas as paisagens escondidas na sombra das folhas brancas ou pretas. Meu domínio sobre isso tudo me embriagava tanto quanto sua presença surda.

Fora de meus estudos, era a leitura a coisa mais importante de minha vida. Mamãe estava inscrita, agora, na Biblioteca Cardinale, na praça Saint Sulpice. Uma mesa sobrecarregada de revistas ocupava o centro de uma grande sala de onde se irradiavam corredores atopetados de livros. Os interessados tinham o direito de passear por eles. Experimentei uma das maiores alegrias de minha infância no dia em que minha mãe me comunicou que me oferecia uma inscrição pessoal. Plantei-me em frente da prateleira reservada às obras para a juventude e na qual se alinhavam centenas de volumes: "Tudo isso é meu", disse a mim mesma, encantada. A realidade ultrapassava meu sonho mais ambicioso: abria-se diante de mim o paraíso, até então desconhecido, da abundância. Trouxe para casa um catálogo; auxiliada por meus pais, fiz uma escolha entre as obras assinaladas por um J e organizei listas: hesitava deliciosamente, todas as semanas, entre múltiplos desejos. Além disso, mamãe levava-me por vezes a uma pequena livraria próxima do curso para comprar romances ingleses: duravam muito porque eu os decifrava lentamente. Sentia um grande prazer em levantar o véu opaco das palavras com a ajuda de um dicionário. As descrições e narrativas retinham um pouco de seu mistério: encontrava nelas mais encanto e profundidade do que se as lesse em francês.

Nesse ano, papai deu-me de presente *L'Abbé Constantin* numa bela edição ilustrada por Madeleine Lemaire. Um domingo, ele levou-me à Comédie-Française para ver a peça tirada do romance. Pela primeira vez eu era admitida num teatro de verdade, frequentado por adultos. Sentei-me comovida no meu banquinho vermelho e ouvi religiosamente os atores; desiludiram-me um pouco. Os cabelos pintados, o tom afetado de Cécile Sorel não convinham à imagem que eu criara de Mme Scott. Dois ou três anos mais tarde, chorando com *Cyrano*, soluçando com *L'Aiglon*, fremindo com *Britannicus*, entreguei-me de corpo e alma aos sortilégios do palco. Mas, naquela tarde, o que me entusiasmou foi menos a representação do que a companhia de meu pai, a sós. Assistir sozinha com ele a um espetáculo que ele escolhera para mim criava entre nós uma tal cumplicidade que durante algumas horas tive a impressão embriagante de que ele pertencia somente a mim.

Nessa época, mais ou menos, meus sentimentos por meu pai se exaltaram. Ele andava constantemente preocupado. Dizia que Foch se deixara manobrar, que devia ter entrado em Berlim. Falava muito dos bolcheviques, cujo nome se assemelhava muito perigosamente ao de boches e que o tinham arruinado. Estava tão pessimista em relação ao futuro que não ousou reabrir seu escritório de advocacia. Aceitou um cargo de codiretor na fábrica do sogro. Já tivera desventuras: em consequência da falência de vovô, o dote de mamãe nunca foi pago. Agora, com a carreira perdida, com a derrocada das ações russas, que constituíam a maior parte de seu capital, ele se incluía, suspirando, entre os "novos-pobres". Conservava, entretanto, seu bom humor, atribuía os desastres à própria situação do mundo e não se apiedava de si próprio. Comovi-me vendo um homem tão superior acomodar-se com tanta simplicidade à mesquinhez de sua condição. Vi-o uma vez representar *La Paix chez soi*, de Courteline, em benefício de uma instituição. Desempenhava o papel de um pobre escritor de folhetins, esmagado por preocupações econômicas e atormentado pelos caprichos custosos de uma mulher infantil. Esta não se assemelhava em nada a mamãe. Identifiquei, contudo, meu pai ao personagem que encarnava. Emprestava-lhe uma ironia desiludida que me comoveu até as lágrimas. Havia melancolia em sua resignação: a chaga silenciosa que eu adivinhava nele deu-lhe novo prestígio a meus olhos. Amei-o com romantismo.

Nos dias bonitos de verão, ele nos levava, às vezes, para darmos uma volta pelo Luxemburgo, depois do jantar; tomávamos sorvete num terraço da praça Médicis e atravessávamos de novo o jardim, cujo fechamento era anunciado por um toque de corneta. Eu invejava os devaneios noturnos dos habitantes do Senado nas aleias desertas. A rotina de meus dias tinha o rigor do ritmo das estações; o menor desvio jogava-me no extraordinário. Andar na doçura do crepúsculo, na hora em que geralmente mamãe fechava o ferrolho da porta de entrada, era tão surpreendente, tão poético quanto um pilriteiro florido no coração do inverno.

Memórias de uma moça bem-comportada

Houve uma tarde inteiramente insólita em que tomamos chocolate no terraço do Prévost, em frente ao prédio do *Matin*. Um jornal luminoso anunciava as peripécias da luta que se realizava em Nova Iorque entre Carpentier e Dempsey. Havia uma imensa multidão nas esquinas. Quando Carpentier foi posto a nocaute, houve homens e mulheres que se debulharam em lágrimas; eu voltei para casa muito orgulhosa de ter assistido a um tal acontecimento. Mas não me agradavam menos nossas noitadas no escritório calafetado: meu pai lia-nos *Le Voyage de M. Perrichon* ou líamos, lado a lado, cada um para si. Eu contemplava meus pais, minha irmã, e sentia um calor no coração. "Nós quatro!", dizia a mim mesma, extasiada. E pensava: "Como somos felizes!"

Uma só coisa por momentos me perturbava o espírito: sabia que esse período da vida acabaria. Isso não parecia verossímil. Quando a gente amou os pais durante vinte anos, como se podia, sem morrer de dor, abandoná-los para acompanhar um desconhecido? E como era possível que, tendo vivido sem ele durante vinte anos, se pudesse amar de um dia para outro um homem que não é nada da gente? Interroguei a papai: "Um marido é outra coisa", respondeu-me, com um ligeiro sorriso que não me esclareceu. Considerei sempre com desprazer o casamento. Não via nele uma servidão, porque mamãe nada tinha de oprimida: era a promiscuidade que me repugnava. "Não se pode sequer chorar tranquilamente à noite na cama se se tem vontade", pensava com pavor. Não sei se minha felicidade era entrecortada por crises de tristeza, mas muitas vezes, à noite, eu chorava por prazer. Obrigar-me a refrear essas lágrimas seria recusar a mim mesma esse mínimo de liberdade de que tinha necessidade imperiosa. Durante o dia todo, sentia os olhares fixos em mim; gostava dos que me cercavam, mas, quando me deitava à noite, experimentava um vivo alívio à ideia de viver afinal uns instantes sem testemunhas. Podia então interrogar-me, recordar, comover-me, prestar atenção a esses rumores tímidos que a presença dos adultos abafa. Teria sido odioso para mim que me privassem dessa trégua. Era preciso escapar, ao menos durante alguns momentos, a qualquer solicitação e falar a mim mesma em paz, sem que ninguém me interrompesse.

Era muito devota. Confessava-me duas vezes por mês ao padre Martin, comungava três vezes por semana, lia todas as manhãs um capítulo da *Imitação*. No intervalo das aulas, ia à capela do Instituto e rezava longamente, com a cabeça nas mãos. Muitas vezes, durante o dia, elevava minha alma a Deus. Não me interessava mais pelo Menino Jesus, mas adorava Cristo perdidamente. Lera, como complemento dos Evangelhos, romances perturbadores de que ele era o herói e contemplava com olhos amorosos seu belo rosto terno e triste. Seguia através das colinas de oliveiras o brilho de sua túnica branca e molhava de lágrimas seus pés nus; e ele me sorria como sorrira para Madalena. Depois de lhe ter abraçado os joelhos e chorado sobre seu corpo ensanguentado durante um tempo suficientemente longo, deixava-o subir novamente ao céu. Aí ele se fundia com o ente mais misterioso a quem eu devia a vida e cujo esplendor me extasiaria um dia, para sempre.

Que reconforto sabê-la presente! Tinham-me dito que ele amava cada uma de suas criaturas como se fosse única; nem um só instante seu olhar me abandonava e todos os outros estavam excluídos de nossa presença. Eu os apagava, só havia nós dois no mundo e eu me sentia necessária à sua glória. Minha existência tinha um valor infinito. Nada dela lhe escapava. Meus atos, meus pensamentos, meus méritos inscreviam-se nele para a eternidade, mais definitivamente do que nos registros das professoras. Minhas fraquezas também, evidentemente, mas tão bem lavadas pelo meu arrependimento e por sua bondade que brilhavam tanto quanto minhas virtudes. Não me cansava de me admirar nesse espelho límpido sem começo nem fim. Minha imagem, radiante da alegria que suscitava no coração de Deus, consolava-me de todas as desventuras terrestres; salvava-me da indiferença, da injustiça e dos mal-entendidos humanos; porque Deus tomava sempre meu partido; se tivesse qualquer culpa, no instante em que Lhe pedia perdão, Ele soprava em minha alma e ela recobrava seu brilho. Mas, habitualmente, dentro de Sua luz, os erros que me imputavam dissipavam-se; julgando-me, Ele me justificava. Era Ele o lugar supremo onde eu tinha sempre razão. Amava-O com toda a paixão que tinha pela vida.

Anualmente, fazia um retiro; ouvia durante o dia inteiro as instruções de um pregador, assistia aos ofícios, debulhava rosários, meditava; almoçava no curso e durante a refeição uma inspetora lia-nos a vida de uma santa. À noite, em casa, minha mãe respeitava meu recolhimento silencioso. Eu anotava num caderno as efusões de minha alma e minhas resoluções de santidade. Aspirava ardentemente aproximar-me de Deus, mas não sabia como fazê-lo. Minha conduta deixava tão pouco a desejar que eu não podia melhorá-la muito; aliás, eu não procurava indagar a mim mesma em que medida ela se relacionava com Deus. As faltas pelas quais minha mãe nos repreendia, a mim e a minha irmã, eram em sua maioria travessuras ou leviandades. Poupette foi duramente repreendida e castigada por ter perdido uma gola de pele. Quando caí na água, pescando lagostins com meu tio Gaston no "córrego inglês", o que me apavorou foi o barulho que eu previa, e que de resto me pouparam. Essas faltas nada tinham a ver com o pecado, e evitando-as eu não me aperfeiçoava. O que havia de embaraçoso era que Deus proibia muitas coisas, mas não exigia nada de positivo, a não ser algumas orações, algumas práticas que não modificavam o curso dos dias. Eu achava mesmo estranho que, logo após haver comungado, as pessoas tornassem a mergulhar tão depressa no seu modo de vida habitual. Fazia como elas, mas sentia-me incomodada. No fundo, os que acreditavam e os que não acreditavam levavam quase a mesma existência. Persuadi-me cada vez mais de que, no mundo profano, não havia lugar para a vida sobrenatural. E no entanto esta é que contava: ela só! Pareceu-me bruscamente evidente, certa manhã, que um cristão convicto da beatitude futura não deveria dar o menor valor às coisas efêmeras. Como aceitavam eles, em sua maioria, viver na vida terrena? Quanto mais refletia, mais me espantava. Concluí que, em todo caso, não os imitaria. Entre o infinito e o finito, minha escolha estava feita. "Entrarei num convento", decidi. As atividades das irmãs de caridade ainda me pareciam demasiado fúteis: não podia haver ocupação mais razoável do que contemplar sem cessar a glória de Deus. Seria carmelita. Não revelei a ninguém esse meu projeto; não o teriam levado a sério. Contentei-me em declarar com um ar de entendida: "Quanto a mim, não me casarei." Meu pai sorria: "Voltaremos ao assunto quando ela tiver quinze anos." Interiormente devolvia-lhe o sorriso. Sabia que uma lógica implacável me destinava ao claustro: como podiam preferir nada a tudo?

Esse futuro constituiu um álibi cômodo para mim. Durante vários anos, permitiu-me desfrutar sem escrúpulo todos os bens deste mundo.

Minha felicidade atingia o apogeu durante os dois meses e meio que, todo verão, eu passava no campo. Minha mãe mostrava-se de humor mais sereno do que em Paris; meu pai consagrava-se mais a mim; eu dispunha de imensos lazeres para ler e brincar com minha irmã. Não sentia falta do Curso Désir: essa necessidade que o estudo conferia à minha vida projetava-se em minhas férias. Meu tempo não era mais regulado por exigências precisas, mas a ausência destas era largamente compensada pela imensidade dos horizontes que se abriam para a minha curiosidade. Explorava-os sem auxílio de ninguém: a mediação dos adultos não se interpunha mais entre mim e o mundo. Embriagava-me com a solidão e a liberdade que só parcimoniosamente me ofereciam durante o ano. Todas as minhas aspirações se conciliavam; minha fidelidade ao passado, meu gosto pela novidade, meu amor por meus pais, e meus desejos de independência.

De costume passávamos inicialmente algumas semanas na Grillère. O castelo parecia-me imenso e antigo; tinha apenas cinquenta anos mas nenhum dos objetos que nele entraram nesse meio século jamais saiu. Nenhuma mão se aventurava a varrer as cinzas do tempo: respirava-se o odor de velhas vidas extintas. Suspensas às paredes do vestíbulo ladrilhado, uma coleção de trombetas de cobre brilhante evocava — falaciosamente, creio — os faustos de antigas caçadas a cavalos. Na "sala de bilhar", onde nos reuníamos habitualmente, raposas e gaviões empalhados perpetuavam essa tradição sangrenta. Não havia bilhar na sala, o que havia era uma lareira monumental, uma biblioteca cuidadosamente fechada à chave, uma mesa coberta de números do *Chasseur Français*; fotografias amareladas, feixes de penas de pavão, pedras, terracotas, barômetros, relógios silenciosos, lâmpadas sempre apagadas enchiam os aparadores. Com exceção da sala de jantar, os demais cômodos eram raramente utilizados; um salão recendendo a naftalina, uma sala de estar, outra de estudo, uma espécie de escritório, de janelas sempre fechadas e que servia de quarto de despejo. Num armário com cheiro de couro repousavam gerações de botas e botinas. Duas escadas davam acesso aos andares superiores, cujos corredores serviam uma dúzia de quartos em sua maioria desocupados e cheios de bugigangas empoeiradas. Partilhava um deles com minha irmã. Dormíamos em camas de colunas. Imagens tiradas da *Illustration* decoravam as paredes.

O local mais vivo da casa era a cozinha, que ocupava metade do subsolo. Ali fazia minha refeição da manhã: café com leite e pão preto. Pelo respiradouro, viam-se passar galinhas, angolinhas, cães, às vezes pés humanos. Eu gostava da madeira maciça da mesa, dos bancos, dos baús. O fogareiro de ferro flamejava; as vasilhas de cobre faiscavam: caçarolas de todos os tamanhos, caldeirões, escumadeiras, tachos, aquecedores; divertia-me com a alegria dos pratos de esmalte de cores vivas, com a variedade das tigelas, das xícaras, dos copos, das gamelas, das terrinas, dos potes, das moringas, dos pichéis. De ferro fundido, de barro, de grés, de porcelana, de alumínio, de estanho; quantas marmitas, frigideiras, panelas; quantos braseiros, sopeiras, pratos, peneiras, cutelos, moinhos, formas, pilões! Do outro lado do corredor, onde as rolas arrulhavam, situava-se a leiteria. Jarras e gamelas envernizadas, barricas de madeira polida, torrões de manteiga, queijos frescos de massa lisa sob as musselinas brancas: essa nudez higiênica e esse cheiro de bebê faziam-me fugir. Mas eu me comprazia na frutaria onde as maçãs e as peras amadureciam nas armações de vidro entrelaçado, em meio aos tonéis, às garrafas, aos presuntos, às salsichas, aos rosários de cebolas e aos cogumelos secos. Nesses subterrâneos concentrava-se todo o luxo da Grillère. O parque era tão pobre quanto o interior da casa: nenhuma moita de flores, nenhuma cadeira de jardim, nenhum recanto em que fosse agradável ou cômodo ficar. Diante da escadaria de entrada havia um pesqueiro onde as criadas lavavam roupa batendo-a com pás de madeira. Um gramado descia em rápido declive até um casarão mais antigo do que o castelo; era a "casa de baixo", cheia de arreios e teias de aranha. Três ou quatro cavalos rinchavam nas estrebarias vizinhas.

Meu tio, minha tia, meus primos levavam uma existência de acordo com o cenário. Tia Hélène inspecionava seus armários desde as seis da manhã. Servida por numerosos criados, não arrumava a casa, cozinhava raramente, não costurava nem lia nunca, e no entanto queixava-se de não ter um minuto para si; sem cessar, mexia e remexia da adega ao sótão. Meu tio descia lá pelas nove horas; lustrava as botas e ia selar o cavalo. Madeleine tratava de seus animais. Robert dormia. Almoçava-se tarde. Antes de sentar à mesa, Maurice temperava meticulosamente a salada com espátulas de madeira. No início da refeição discutia-se com ardor a qualidade dos melões; no fim comparava-se o sabor das diferentes espécies de peras. Entrementes, comia-se muito e falava-se pouco. Minha tia retornava a seus armários, meu tio à sua estrebaria, fazendo estalar o chicote. Madeleine vinha jogar croqué comigo e com minha irmã. Em geral Robert não fazia nada; às vezes ia pescar trutas; em setembro caçava um pouco. Velhos professores mal pagos tinham tentado inculcar-lhe noções rudimentares de aritmética e ortografia. Posteriormente uma solteirona de pele amarelada dedicou-se a Madeleine, menos arisca, e que era a única a ler de toda a família. Empanturrava-se de romances e sonhava se tornar muito bonita e amada. À noite, todo mundo se reunia na sala de bilhar; papai reclamava luz. Minha tia protestava: "Está claro ainda!" Resignava-se finalmente em colocar um lampião de querosene em cima da mesa. Nós lhe ouvíamos os passos largos, depois do jantar, pelos corredores escuros. Robert e meu tio, imóveis em suas poltronas, olhar parado, aguardavam a hora de dormir. Excepcionalmente um deles folheava durante alguns minutos o *Chasseur Français*. Tudo recomeçava no dia seguinte, menos no domingo, quando, depois de trancar todas as portas, íamos de charrete inglesa assistir à missa em St. Germain-les-Belles. Minha tia nunca recebia, nem fazia visitas.

Eu me dava muito bem com esses hábitos. Passava boa parte dos dias na quadra de croqué com minha irmã e minha prima, e lia. Por vezes íamos as três juntas colher cogumelos nos bosques de castanheiros. Desprezávamos os insossos cogumelos do prado, as barbas-de-capuchinho, os tortulhos de pregas; evitávamos, com cuidado, os boletos-do-diabo, de rabo vermelho, os falsos boletos que reconhecíamos pela cor sem brilho e pela rigidez. Desdenhávamos os cogumelos maduros demais cuja consistência principiava a amolecer e se revestiam de pelos esverdeados. Só colhíamos os novos de cabo elegante e cuja cabeça se cobria de um belo veludo cabeça-de-negro ou violáceo. Procurando no musgo, afastando as avencas, amassávamos, com o pé, os bexigas-de--lobo que ao estourar soltavam um pó imundo. Por vezes íamos pescar lagostins com Robert; ou então, para dar comida aos pavões de Madeleine, escavávamos formigueiros com uma pá e transportávamos num carrinho de mão as cargas de ovos esbranquiçados.

O trole grande não saía mais da cocheira. Para ir a Meyrignac, rodávamos durante uma hora num trenzinho que parava a cada dez minutos. Colocávamos as malas numa charrete puxada a burro e, através dos campos, alcançávamos a propriedade a pé. Eu não podia imaginar que existia no mundo lugar mais aprazível para morar. Num certo sentido, nossa vida diária era, ali, austera. Não possuíamos, Poupette e eu, nem croqué, nem jogo algum que pudéssemos jogar ao ar livre; mamãe não deixara meu pai comprar-nos bicicletas; não sabíamos nadar, e, de resto, o Vézère não era muito perto. Quando por acaso se ouvia um automóvel na avenida, mamãe e tia Marguerite deixavam precipitadamente o parque e iam arranjar-se; entre os visitantes nunca havia crianças. Mas eu dispensava as distrações. A leitura, os passeios, os brinquedos que inventava com minha irmã bastavam-me.

Minha primeira alegria consistia em surpreender, bem cedinho, o despertar dos prados. Com um livro na mão, deixava a casa adormecida, empurrava a porteira: era impossível sentar no capim embaçado de geada; andava pela avenida, ao longo do gramado plantado de árvores escolhidas e que meu avô chamava "o parque-paisagem". Lia, a passos miúdos, e sentia a friagem do ar enternecer-se sobre a minha pele. A camada fina de gelo que cobria a terra fundia devagar. A faia púrpura, os cedros azuis, os álamos prateados brilhavam com um brilho tão novo quanto na primeira manhã do paraíso; e eu carregava sozinha a beleza do mundo, e a glória de Deus, com um sonho de chocolate e pão torrado no estômago vazio. Quando as abelhas zumbiam, quando as janelas verdes se abriam para o odor ensolarado das glicínias, eu já partilhava, com esse dia que para outros mal se iniciava, um longo passado secreto. Após as efusões familiares e a refeição da manhã, eu sentava-me embaixo da catalpa, diante de uma mesa de ferro, e fazia minhas "lições das férias"; gostava desses momentos em que, falsamente ocupada com uma tarefa fácil, embevecia-me com os ruídos do verão: o zumbido das vespas, o cacarejar das galinhas-d'angola, o chamado angustiado dos pavões, o murmúrio das folhagens. O perfume dos flox misturava-se aos odores de caramelo e chocolate que me chegavam, por baforadas, da cozinha. Manchas de sol dançavam no meu caderno. Cada coisa, e eu mesma, tinha seu lugar certo aqui, agora e para sempre.

Vovô descia por volta de meio-dia, de queixo escanhoado entre as suíças brancas. Lia *L'Echo de Paris* até o almoço. Apreciava pratos fortes: perdiz com repolho, torta de galinha, pato com azeitonas, lombo de lebre, patês, tortas, pastelões, paneladas. Enquanto a caixinha de música do "dissous-de-plat" tocava uma ária das *Cloches de Corneville*, ele brincava com papai. Durante toda a refeição arrancavam-se mutuamente a palavra, riam, declamavam, cantavam. Esgotavam as recordações, as anedotas, as citações, as piadas, as histórias do folclore familiar. Geralmente, eu ia, depois, passear com minha irmã; arranhando as pernas nos juncos, os braços nas sarças, explorávamos quilômetros de bosques de castanheiros, de campos, de pântanos. Fazíamos grandes descobertas: lagoas, uma cascata; no meio de uma moita de urzes, blocos de granito cinzento que escalávamos para divisar de longe a linha azul das Monédières. No caminho colhíamos avelãs e amoras das cercas vizinhas, medronhos, cornisolos, bagos de uva-espim; provávamos as maçãs de todas as macieiras, mas evitávamos chupar o leite dos eufórbios e tocar nas espigas encarnadas a que dão o nome altivo e enigmático de "selo-de-salomão". Aturdidas com o odor do restolho recém-cortado, das madressilvas, do trigo-mourisco em flor, nos deitávamos no musgo ou na relva e líamos. Às vezes, também, eu passava a tarde sozinha no parque-paisagem e embriagava-me de leitura, vendo a sombra alongar-se e as borboletas voarem.

Nos dias de chuva, ficávamos em casa. Mas, se sofria com as limitações que as vontades humanas me infligiam, não detestava aquelas que as coisas me impunham. Sentia-me bem no salão de poltronas recobertas de pelúcia verde, de portas-janelas veladas de musselina amarela; no mármore da lareira, nas mesas e aparadores, numerosas coisas mortas acabavam de morrer; os pássaros empalhados perdiam as penas, as flores secas desfaziam-se em pó, as conchas escureciam. Subia num banquinho, explorava a biblioteca; descobria sempre algum Fenimore Cooper ou algum *Magasin Pittoresque* de páginas manchadas de ferrugem e que eu não conhecia ainda. Havia um piano com várias teclas mudas e sons desafinados; mamãe abria a partitura do *Grand Mogol* ou a das *Noces de Jeannette* e cantava as árias prediletas de vovô; ele nos acompanhava no refrão.

Quando fazia bom tempo, eu ia, depois do jantar, dar uma volta no parque. Respirava sob a via-láctea o odor patético das magnólias, à espreita das estrelas cadentes. Depois, de vela na mão, subia para deitar-me. Tinha um quarto para mim. Dava para o pátio, de frente para o depósito de lenha, a casa de barrela, a cocheira que encerrava, obsoletas como carruagens antigas, uma vitória e uma berlinda. A exiguidade do cômodo encantava-me: uma cama, uma cômoda e sobre uma espécie de baú a bacia e o pote de água. Era uma cela à minha medida, como outrora o nicho em que me encolhia embaixo da escrivaninha de papai. Embora a presença de minha irmã não me pesasse habitualmente, a solidão exaltava-me. Quando eu me achava com disposição à santidade, aproveitava para dormir no chão. Mas, principalmente, gostava de atardar-me à janela antes de me deitar, e não raro tornava a levantar-me para respirar o sopro sereno da noite. Debruçava-me, mergulhava as mãos no frescor de um maciço de louro-cereja, a água da fonte corria murmurejante sobre uma pedra esverdeada; às vezes, uma vaca batia com o casco à porta do estábulo: eu adivinhava o odor da palha e do feno. Monótono, obstinado como um coração pulsando, um gafanhoto cantava, no silêncio infinito, dentro do infinito do céu; parecia que a terra fazia eco a essa voz que dentro de mim cochichava sempre: "eu estou aí." Meu coração oscilava entre seu calor vivo e a luz gelada das estrelas. No céu, havia Deus, e ele me via; acariciada pela brisa, embriagada de perfumes, essa festa no meu sangue dava-me a eternidade.

Havia uma palavra que os adultos empregavam constantemente: inconveniente. O conteúdo dela era algo impreciso. Atribuíra-lhe a princípio um sentido mais ou menos escatológico. Em *Les Vacances*, de M.me De Ségur, um dos personagens contava uma história de fantasma, de pesadelo, de lençol manchado que me chocava tanto quanto a meus pais; eu ligava então a indecência às baixas funções do corpo; aprendi depois que o corpo participa por inteiro da grosseria de tais funções: era preciso escondê-lo. Pôr à mostra a pele — salvo em algumas partes bem definidas — era uma incongruência. Certos pormenores do vestuário, certas atitudes eram tão repreensíveis quanto uma indiscreta exibição. Essas interdições visavam principalmente à espécie feminina; uma senhora "direita" não devia nem se decotar demasiado, nem usar saias muito curtas, nem tingir os cabelos, nem cortá-los, nem se pintar, nem se jogar num sofá, nem beijar o marido nos corredores do metrô: se transgredia essas leis, era pouco recomendável. A inconveniência não se confundia inteiramente com o pecado, mas suscitava censuras mais severas do que o ridículo. Minha irmã e eu sentíamos que, sob suas aparências anódinas, algo importante se dissimulava e, para nos proteger contra esse mistério, nos apressávamos em zombar dele. No Luxemburgo, nos dávamos cotoveladas ao passar diante dos casais de namorados. A inconveniência tinha em meu espírito uma relação, embora extremamente vaga, com outro enigma: o das obras proibidas. Às vezes, antes de me entregar um livro, mamãe prendia algumas folhas com um alfinete. Assim foi que achei todo um capítulo condenado na *Guerra dos mundos*, de Wells. Eu nunca tirava o alfinete, mas perguntava a mim mesma muitas vezes: de que se pode tratar? Era estranho. Os adultos falavam com liberdade diante de mim; eu circulava no mundo sem encontrar obstáculo; entretanto, nessa transparência alguma coisa se escondia: o quê? Onde? Em vão meu olhar escrutava o horizonte, buscando situar a zona oculta que nenhum véu ocultava e permanecia, no entanto, invisível.

Um dia em que trabalhava sentada diante da escrivaninha de papai, deparei, ao alcance da mão, com um romance de capa amarela: *Cosmopolis*. Cansada, com a cabeça oca, abri-o num gesto maquinal. Não tinha intenção de lê-lo, mas parecia-me que, sem reunir em frases as palavras, um simples olhar no interior do volume me revelaria a cor de seu segredo. Mamãe surgiu atrás de mim: "Que estás fazendo?" Eu balbuciei. "Não deves. Não deves nunca mexer nos livros que não são para ti." A voz suplicava e havia em seu rosto uma inquietação mais convincente do que uma censura: entre as páginas de *Cosmopolis* um grande perigo me ameaçava. Confundi-me em promessas. Minha memória ligou indissoluvelmente esse episódio a um incidente mais antigo: quando pequena, sentada na mesma poltrona, eu enfiara o dedo no buraco escuro da tomada de eletricidade; o choque fizera-me gritar de surpresa e dor. Teria olhado o buraco escuro, no centro da rodela de porcelana, enquanto minha mãe me falava, ou só terei aproximado uma coisa da outra mais tarde? Em todo caso tinha a impressão de que um contato com os Zola e os Bourget da biblioteca provocaria em mim um choque imprevisível e fulminante. E, como o trilho do metrô que me fascinava porque o olho deslizava sobre a superfície polida, sem lhe perceber a energia homicida, os velhos volumes de lombadas gastas intimidavam-me ainda mais porque nada assinalava seu poder maléfico.

Durante o retiro que precedeu minha comunhão solene, o pregador, a fim de nos alertar contra as tentações da curiosidade, contou-nos uma história que aguçou a minha. Uma menina, espantosamente inteligente e precoce, mas criada por pais pouco vigilantes, fora um dia confessar-se a ele; entregara-se de tal modo às más leituras que perdera a fé e ficara com horror à vida. Ele tentou devolver-lhe a esperança, mas ela estava gravemente contaminada; pouco tempo depois, ele teve notícia do seu suicídio. Meu primeiro impulso foi de admiração invejosa por aquela menina, mais velha do que eu um ano apenas e que conhecia tanto a vida. Depois caí num estado de perplexidade. A fé era a garantia contra o inferno; temia-o demais para cometer algum dia um pecado mortal. Mas, quando se deixava de crer, todos os abismos se abriam: uma tal desgraça podia ocorrer sem que a vítima a tivesse merecido? A pequena suicida nem sequer pecara por desobediência: ela apenas se expusera, sem precaução, a forças obscuras que lhe tinham destruído a alma. Por que Deus não a havia socorrido? E como palavras feitas pelo homem podem destruir as evidências sobrenaturais? O que eu menos compreendia era que o conhecimento conduzisse ao desespero. O pregador não dissera que os maus livros pintam a vida com cores falsas: nesse caso teria destruído as mentiras com facilidade. O drama da criança que ele não conseguira salvar provinha de ter ela descoberto prematuramente a autêntica expressão da realidade. De qualquer modo, eu me dizia, eu também a veria um dia, de frente, e não morreria por isso; a ideia de que há uma idade em que a verdade mata repugnava o meu racionalismo.

Não era somente a idade, aliás, que se levava em conta: tia Lili só tinha direito às obras "para moças"; mamãe arrancara das mãos de Louise *Claudine na Escola* e à noite comentara o incidente com papai: "Felizmente ela não entende nada!" O casamento era o antídoto que permitia absorver sem perigo os frutos da árvore da ciência: eu não podia explicar-me por quê. Nunca pensei em ventilar tais problemas com minhas colegas. Uma aluna fora expulsa do curso por "conversas impróprias" e eu dizia a mim mesma, virtuosamente, que se ela houvesse tentado tornar-me sua cúmplice eu não lhe teria dado ouvidos.

Minha prima Madeleine lia tudo, entretanto. Papai indignara-se ao vê-la mergulhada nos *Três mosqueteiros* aos doze anos: tia Hélène dera de ombros distraidamente. Apesar de empanturrada de romances "acima de sua idade", Madeleine nem por isso parecia pensar em suicídio. Em 1919, tendo encontrado um apartamento, na rua de Rennes, mais barato do que o do bulevar Montparnasse, meus pais nos deixaram, minha irmã e eu, na Grillère durante a primeira quinzena de outubro, a fim de executar a mudança tranquilamente. Ficávamos sozinhas com Madeleine da manhã à noite. Um dia, sem premeditação, entre duas partidas de croqué, eu lhe perguntei de que tratavam os livros proibidos. Não tinha a intenção de fazer com que me revelasse o conteúdo, queria apenas compreender por que razões eram proibidos.

Tínhamos largado os martelos e estávamos sentadas, as três, no gramado, à beira do terreno com os arcos. Madeleine hesitou, desatou a rir e pôs-se a falar. Mostrou-nos seu cão e fez-nos verificar que tinha duas bolas entre as pernas. "Pois bem", disse, "os homens também têm." Lera uma história melodramática numa coletânea intitulada *Romances e novelas*: uma marquesa com ciúmes do marido mandara cortar-lhe as "bolas" durante o sono. Ele morria. Achei inútil a lição de anatomia e, sem perceber que iniciara uma "conversa imprópria", insisti: que havia mais? Ela me explicou então o que queriam dizer as palavras amante no masculino e no feminino. Se mamãe e tio Maurice se amassem, seriam amantes. Não precisou o sentido da palavra *amar*, de modo que a hipótese inconveniente me desconcertou sem me instruir. Seus propósitos só começaram a interessar-me quando ela me informou de que maneira nascem as crianças; o recurso da vontade divina não me satisfazia mais porque eu sabia que, fora dos milagres, Deus opera por meio das casualidades naturais: o que ocorre na Terra exige uma explicação terrena. Madeleine confirmou minhas suspeitas: os bebês formam-se nas entranhas da mãe. Dias antes, limpando uma coelha, a cozinheira encontrara seis coelhinhos dentro. Quando uma mulher espera um filho, dizem que está grávida e o ventre incha. Madeleine não nos deu mais pormenores. Continuou anunciando-me que dentro de um ano ou dois aconteceriam coisas no meu corpo: teria "flores-brancas" e depois sangraria todos os meses e teria de usar uma espécie de atadura entre as coxas. Perguntei se a esse derramamento davam o nome de "flores-vermelhas" e minha irmã inquieta quis saber como a gente se arranjava com as ataduras: como fazia para urinar? A pergunta irritou Madeleine; disse que éramos bobas, deu de ombros e foi tratar das galinhas. Talvez tenha medido nossa infantilidade e nos tenha julgado indignas de uma iniciação mais aprofundada. Fiquei muito espantada; imaginara que os segredos dos adultos fossem de uma importância bem maior. Por outro lado, o tom confidencial e zombeteiro de Madeleine combinava mal com a insignificância barroca de suas revelações. Algo estava errado, eu não sabia o quê. Ela não ventilara o problema da concepção, acerca do qual meditei nos dias seguintes; tendo compreendido que a causa e o efeito são necessariamente homogêneos, não podia admitir que a cerimônia do casamento fizesse surgir um corpo de carne no ventre da mulher; alguma coisa de orgânico devia acontecer entre os pais. O procedimento dos animais teria podido esclarecer-me. Eu vira Criquette, a cadelinha fox de Madeleine, colada a um grande cão pastor, e Madeleine tentava separá-los chorando: "Os filhotes serão grandes demais, Criquette vai morrer da cria." Eu não ligava essas brincadeiras — tampouco as das aves e moscas — aos costumes humanos. As expressões "laços de sangue", "filhos do mesmo sangue", "reconheço meu sangue" sugeriram-me que no dia do casamento — e uma vez por todas — procedia-se à transfusão de um pouco de sangue do marido nas veias da mulher; imaginava os casados de pé, o punho direito do homem preso ao punho esquerdo da mulher; era uma operação solene a que assistiam o padre e algumas testemunhas escolhidas.

Embora decepcionantes, as tagarelices de Madeleine devem ter-nos agitado, pois, desde então, minha irmã e eu nos entregamos a grandes orgias verbais. Gentil, pouco moralista, tia Hélène com seu ar sempre distante não nos intimidava. Pusemo-nos a dizer diante dela coisas "inconvenientes". Tia Hélène sentava-se às vezes ao piano no salão de móveis cobertos de capas brancas, para cantar conosco cançonetas de 1900. Possuía toda uma coleção e nós escolhemos as mais suspeitas e as cantarolamos com prazer: "Teus seios brancos, para minha boca ávida, são melhores do que o morango do bosque — e o leite que neles bebo..." Esse início de canção intrigava-nos muito: devíamos entendê-la literalmente? Acontece o homem beber o leite da mulher? É um rito amoroso? Em todo caso essa estrofe era sem dúvida "inconveniente". Nós a escrevíamos com a ponta dos dedos nos vidros embaçados, a recitávamos em voz alta na frente de tia Hélène, a importunávamos com perguntas inconvenientes, dando a entender que não nos deviam mais contar lorotas. Penso que nossa exuberância desordenada era, na verdade, dirigida: não tínhamos o hábito de clandestinidade, queríamos advertir os adultos de que havíamos desvendado seus segredos. Mas carecíamos de ousadia e tínhamos necessidade de nos atordoar; nossa franqueza assumiu ares de provocação. Atingimos nosso alvo. De retorno a Paris, minha irmã, menos inibida do que eu, ousou interrogar mamãe; perguntou-lhe se os filhos saíam pelo umbigo. "Por que essa pergunta?", disse mamãe algo secamente. "Vocês sabem tudo!" Tia Hélène pusera-a evidentemente a par de tudo. Aliviadas em ter dado esse primeiro passo sem tropeço, fomos além. Mamãe deu-nos a entender que os recém-nascidos saíam pelo ânus, e sem dor. Falava com displicência, mas a conversa não teve seguimento. Nunca mais toquei com ela nesses problemas, e ela nunca mais se referiu a eles.

Não me lembro de ter ruminado os fenômenos da gravidez e do parto, nem de os haver integrado no meu futuro; era refratária ao casamento e à maternidade, e não me sentia, por certo, visada. Foi por outro viés que essa iniciação abortada me perturbou. Ela deixava sem solução vários enigmas. Que relação havia entre essa coisa séria — o nascimento de uma criança — e as coisas inconvenientes? Se não havia relação, por que o tom de Madeleine e as reticências de mamãe faziam supor que houvesse? Minha mãe só falara instigada por nós: falara sumariamente e sem nos explicar o casamento. Os fatos fisiológicos pertencem à ciência como a rotação da Terra; o que a impedia de nos informar a respeito com a mesma simplicidade? Por outro lado, se os livros proibidos só continham, como sugerira minha prima, indecências ridículas, de onde lhes vinha o veneno? Não me fazia tais perguntas explicitamente, mas elas me atormentavam. Era preciso que o corpo fosse, em si mesmo, um objeto perigoso para que qualquer alusão, austera ou frívola, à sua existência parecesse arriscada.

Presumindo que por trás do silêncio dos adultos algo se escondia, não os acusei de complicar tudo inutilmente. Perdera, entretanto, minhas ilusões acerca da natureza dos segredos deles; não tinham acesso a esferas ocultas onde a luz seria mais ofuscante, o horizonte mais amplo que o do meu próprio mundo. Minha decepção reduzia o universo e os homens à sua trivialidade cotidiana. Não o percebi de imediato, mas o prestígio dos grandes diminuiu consideravelmente.

Tinham-me ensinado a que ponto a vaidade é vã e a futilidade, fútil; teria tido vergonha de dar valor ao adorno e de me contemplar longamente ao espelho; contudo, quando as circunstâncias o autorizavam, considerava minha imagem com benevolência. Apesar de minha timidez, aspirava, como outrora, a papéis de vedete. No dia de minha comunhão solene, exultei; familiarizada, há muito, com o altar, apreciei sem escrúpulos as belezas profanas da festa. Meu vestido, emprestado por minha prima, nada tinha de extraordinário; mas em lugar da clássica touca de tule usava-se, no Curso Désir, uma coroa de rosas; esse pormenor indicaria que eu não pertencia ao rebanho vulgar das crianças paroquianas. O padre Martin administrava a hóstia a uma elite selecionadíssima. Além disso, fui escolhida para renovar, em nome de minhas companheiras, os votos com os quais tínhamos renunciado, no dia do batismo, a Satanás, suas pompas e suas obras. Tia Marguerite ofereceu em minha honra um grande almoço, a que presidi; à tarde, houve, em casa, um lanche e eu exibi sobre o piano de cauda os presentes que recebera. Felicitavam-me e eu me achava bonita. À noite, larguei com melancolia meus adornos. Para me consolar, converti-me durante alguns instantes ao casamento: dia viria em que na brancura dos cetins, ao som dos órgãos e no brilho dos círios, eu me transformaria novamente em rainha.

No ano seguinte, desempenhei com grande prazer o papel mais modesto de dama de honra. Tia Lili se casou. A cerimônia foi simples, mas minha roupa me encantou. Gostava da carícia macia de meu vestido de seda azul; uma fita de veludo preto amarrava-me os cachos e eu usava um chapéu de palha escura, ornado de papoulas e flores azuis. Meu cavalheiro era um belo rapaz de dezenove anos e que falava comigo como se eu fosse uma moça; eu estava convencida de que ele me achava encantadora.

Comecei a interessar-me pela minha imagem futura. Além das obras sérias e das narrativas de aventuras que tirava do gabinete de leitura, lia também os romances da "Biblioteca de minha filha", que haviam distraído a adolescência de minha mãe e ocupavam toda uma prateleira de meu armário. Na Grillère, tinha direito ao *Veillées de Chaumières* e aos volumes da "Coleção Stella", com os quais Madeleine se deleitava. Delly, Guy Chantepleure, *La Neuvaine de Colette*, *Mon oncle et mon curé*: esses virtuosos idílios não me divertiam muito. Julgava as heroínas tolas e insossos seus namorados. Mas houve um livro em que acreditei reconhecer minha imagem e meu destino: *Little Women*, de Louisa Alcott. As meninas March eram protestantes, o pai delas era pastor e a mãe lhes dera como livro de cabeceira, não a *Imitação de Cristo*, mas *The Pilgrim's Progress*; essa distância ressaltava ainda os traços que nos eram comuns. Comovi-me ao ver Meg e Joe enfiarem pobres vestidos de popelina cor de avelã para ir a uma matinê em que todas as crianças estavam vestidas de seda. Ensinavam a elas, como a mim, que a cultura e a moralidade primam sobre a riqueza; seu lar modesto tinha, como o meu, algo excepcional. Identifiquei-me apaixonadamente com Joe, a intelectual. Brusca, angulosa, Joe subia à copa de uma árvore para ler; era mais masculina e mais ousada do que eu, mas eu compartilhava seu horror à costura, aos trabalhos caseiros e seu amor aos livros. Ela escrevia: para imitá-la, reatei com o passado e compus duas ou três novelas. Não sei se sonhava em ressuscitar minha antiga amizade por Jacques, ou se, mais vagamente, desejava que se apagasse a fronteira que me fechava ao mundo dos rapazes, o fato é que as relações de Joe com Laurie me comoveram. Mais tarde, tinha certeza, eles se casariam; era portanto possível que a maturidade realizasse promessas da infância, em vez de renegá-las: essa ideia enchia-me de esperança. O que mais me encantou, porém, foi a decidida parcialidade que Louisa Alcott manifestava por Joe. Como já disse, detestava que a condescendência dos adultos nivelasse a espécie infantil. As qualidades e os defeitos que os autores atribuíam a seus jovens heróis pareciam, geralmente, acidentes sem consequências: crescendo, se tornariam gente direita; aliás, não se distinguiam uns dos outros senão pela moralidade, nunca pela inteligência. Pode-se dizer que, desse ponto de vista, a idade os igualava. Joe, ao contrário, ganhava das irmãs, mais virtuosas ou mais bonitas, pelo ardor de saber, pelo vigor de seus pensamentos. Sua superioridade, tão brilhante quanto a de certos adultos, assegurava-lhe um destino insólito: estava marcada. Acreditei-me autorizada, eu também, a considerar meu gosto pelos livros, meus êxitos escolares, como o penhor de um valor que meu futuro confirmaria. Tornei-me a meus próprios olhos um personagem de romance. Como toda intriga romanesca exigia obstáculos e fracassos, inventei-os. Uma tarde, jogava croqué com Poupette, Jeanne e Madeleine; vestíamos aventais de pano pardo, com festões vermelhos e cerejas bordadas. Os tufos de loureiro brilhavam ao sol, a terra estava perfumada. Repentinamente imobilizei-me; estava vivendo o primeiro capítulo de um livro em que eu era a heroína; esta mal saía da infância, mas íamos crescer. Mais bonitas, mais graciosas, mais doces do que eu, minha irmã e minhas primas agradariam mais, eu decidira; encontrariam maridos, eu não. Não ficaria amargurada; seria justo que as preferissem a mim, mas alguma coisa ocorreria que me exaltaria acima de qualquer preferência. Ignorava de que maneira e por quem, mas seria reconhecida. Imaginei que um olhar já abarcava o terreno do croqué e as quatro meninas de avental pardo; detinha-se em mim e uma voz murmurava: "Esta não é igual às outras." Era, na verdade, irrisório comparar-me tão pomposamente a uma irmã e a primas isentas de quaisquer pretensões, mas, através delas, eu visava todas as outras. Afirmava que eu seria, que já era, diferente.

Eu só me entregava, aliás, raramente a essas reivindicações orgulhosas: a estima que me demonstravam bastava-me. E se por vezes me julgava excepcional, nunca chegava a acreditar-me única. Minha suficiência passara a ser temperada pelos sentimentos que outra pessoa me inspirava. Tivera a sorte de encontrar a amizade.

No dia em que entrei na classe de primeira-quarta — tinha mais ou menos dez anos — o banco ao lado do meu estava ocupado por uma caloura: uma moreninha, de cabelos curtos. Conversamos, enquanto esperávamos *Mademoiselle*, à saída da aula. Chamava-se Elizabeth Mabille, era de minha idade. Seus estudos, iniciados em casa, tinham sido interrompidos por um acidente grave: ao cozinhar batatas, no campo, pusera fogo no vestido. Com queimaduras de terceiro grau na coxa, berrara noites a fio e ficara deitada durante um ano. Sob a saia de pregas, a carne ainda continuava inchada. Nunca me acontecera coisa tão importante e desde logo encarei-a como uma personagem. Sua maneira de falar às professoras surpreendeu-me: seu natural contrastava com a voz estereotipada das outras alunas. Durante a semana seguinte, ela acabou de me seduzir: imitava maravilhosamente Mme Bodet; tudo o que dizia era interessante ou engraçado.

Apesar das lacunas devidas à sua ociosidade forçada, Elizabeth integrou-se logo entre as primeiras da classe; na composição eu ganhava por pouco. Nossa emulação agradou às professoras: encorajavam nossa amizade. Na sessão recreativa, que se realizava anualmente às vésperas de Natal, fizeram-nos representar um ato juntas. Com um vestido cor-de-rosa, o rosto emoldurado por cachos, eu encarnava Mme De Sévigné em criança; Elizabeth desempenhava o papel de um jovem primo turbulento; sua roupa de menino ficava-lhe bem e ela encantou o auditório pela vivacidade e pela naturalidade. O trabalho dos ensaios, nossa presença a sós sob as luzes da ribalta consolidaram mais ainda nossos laços: apelidaram-nos desde então "as inseparáveis".

Meu pai e minha mãe interrogaram-se durante muito tempo acerca dos diferentes ramos das diversas famílias Mabille de que tinham ouvido falar; chegaram à conclusão de que tinham, com os pais de Elizabeth, vagos parentes comuns. O pai dela era engenheiro de estrada de ferro, muito bem colocado. A mãe, uma Larivière, pertencia a uma dinastia de católicos militantes, tinha nove filhos e ocupava-se ativamente com as obras beneficentes de são Tomás de Aquino. Aparecia por vezes na rua Jacob. Era uma bela quadragenária, morena, de olhos de fogo, sorriso acentuado, e usava no pescoço uma fita de veludo com um fecho de joia antiga. Temperava seu desembaraço de soberana com uma amabilidade cuidadosa. Conquistou mamãe chamando-a de "Petite Madame" e dizendo-lhe que parecia minha irmã mais velha. Autorizaram-nos, Elizabeth e eu, a brincar na casa uma da outra.

Na primeira vez, minha irmã acompanhou-me à rua Varenne e ficamos um pouco ariscas. Elizabeth — a quem na intimidade chamavam Zaza — tinha uma irmã mais velha, um irmão grande, seis irmãos e irmãs mais jovens que ela e um chorrilho de primos e amiguinhos. Corriam, pulavam, batiam-se, subiam nas mesas, derrubavam móveis, aos gritos. No fim da tarde, Mme Mabille entrava no salão, erguia uma cadeira, enxugava sorrindo uma testa suada. Eu me espantava com sua indiferença ante os galos, as manchas, os pratos quebrados; não se zangava nunca. Eu não apreciava muito essas brincadeiras desregradas e Zaza também se cansava frequentemente. Nós nos refugiávamos no escritório do M. Mabille e, longe do tumulto, conversávamos. Era um prazer inédito. Meus pais me falavam, eu lhes falava, mas não conversávamos juntos. Entre mim e minha irmã não havia a distância indispensável às trocas de ideias. Com Zaza eu tinha conversas de verdade como as de papai com mamãe à noite. Conversávamos sobre nossos estudos, leituras, camaradas, professores e sobre o que sabíamos do mundo. Não sobre nós mesmas. Nunca essas conversas viravam confidências. Não nos permitíamos nenhuma familiaridade. Dizíamo-nos "vós" com cerimônia e, a não ser na correspondência, nunca nos beijávamos.

Zaza gostava como eu dos livros e do estudo. Além disso, tinha muitos talentos que eu não tinha. Por vezes, quando eu tocava a campainha da rua Varenne, encontrava-a ocupada em confeccionar doces e caramelos. Enfiava pedaços de laranja, tâmaras, ameixas numa agulha de tricô e mergulhava-os numa caçarola em que fervia um xarope com cheiro de vinagre quente: suas frutas, assim cristalizadas, tinham tão bom aspecto quanto as dos doceiros. Policopiava ela própria, em uma dezena de exemplares, a *Crônica familiar* que redigia semanalmente para as avós, os tios e tias ausentes de Paris. Eu admirava, tanto quanto a vivacidade de suas histórias, sua habilidade em fabricar um objeto que se assemelhava a um jornal de verdade. Tomou junto comigo lições de piano mas passou logo para uma seção superior. Doentia, de pernas frágeis, nem por isso deixava de realizar mil proezas com o corpo. Nos primeiros dias da primavera Mme Mabille levou-nos ambas a um arrabalde florido, Nanterre, creio. Zaza deu saltos e cambalhotas, fez o *grand écart*. Subia nas árvores, pendurava-se aos galhos pelos pés. Em todos os seus gestos mostrava uma desenvoltura que maravilhava. Com dez anos andava só pelas ruas. No Curso Désir não adotava nunca minhas maneiras enfáticas; falava com as professoras num tom cortês mas natural, quase de igual para igual. Certo ano, durante uma audição de piano, teve uma ousadia que beirou o escândalo. O salão de festas estava repleto. Nas primeiras filas, as alunas envergando seus mais belos vestidos, encaracoladas, frisadas, com fitas nos cabelos, aguardavam o momento de exibir seus talentos. Atrás delas estavam sentadas as professoras e as inspetoras, de blusas de seda e luvas brancas. No fundo, ficavam os pais e os convidados. Zaza, vestida de tafetá azul, tocou um trecho que a mãe julgava difícil demais para ela e do qual massacrava em geral alguns compassos. Dessa feita executou-o sem erro e, lançando um olhar triunfante a Mme Mabille, mostrou-lhe a língua. As meninas estremeceram sob os cachos e a reprovação gelou a fisionomia das professoras. Quando Zaza desceu do palco, a mãe beijou-a tão alegremente que ninguém ousou repreendê-la. A meus olhos, esse feito aureolou-a de glória. Submetida às leis, às rotinas, aos preconceitos, eu gostava entretanto de tudo o que era novo, sincero, espontâneo. A vivacidade e a independência de Zaza subjugavam-me.

Não vi desde logo o lugar que essa amizade ocupava em minha vida; não era muito mais capaz do que em minha primeira infância de perceber o que se passava dentro de mim. Tinham-me habituado a confundir o que deve ser com o que é; eu não examinava o que se escondia sob a convenção das palavras. Estava entendida que tinha terna afeição por toda a minha família, inclusive meus primos afastados. Meus pais, minha irmã, eu os amava: esta palavra cobria tudo. Os matizes de meus sentimentos e suas flutuações não tinham direito à existência. Zaza era minha melhor amiga; nada mais havia a dizer. Em um coração bem equilibrado, a amizade ocupa um lugar honroso mas não tem o brilho do misterioso amor, nem a dignidade sagrada das ternuras familiares. Eu não discutia essa hierarquia.

Nesse ano, como nos outros, o mês de outubro trouxe-me a alegria febril do reinício das aulas. Os livros novos estalavam em minhas mãos, cheiravam bem; sentada na poltrona de couro, embriagava-me com promessas de futuro.

Nenhuma promessa foi cumprida. Tornei a encontrar no Luxemburgo o odor e as cores do outono; não me comoviam mais; o azul do céu embaçara-se. As aulas aborreceram-me; aprendia as lições e fazia meus deveres sem alegria; e empurrava com indiferença a porta do Curso Désir. Era bem meu passado que ressuscitava e no entanto não o reconhecia: perdera seu colorido, meus dias não tinham mais gosto. Tudo me era dado e minhas mãos permaneciam vazias. Andava com mamãe pelo bulevar Raspail e de repente perguntei a mim mesma: "O que está acontecendo? É isso minha vida? Era só isso? Será que isso vai continuar assim, sempre?" A ideia de juntar sem cessar semanas, meses, anos que nenhuma espera, nenhuma promessa iluminavam, perdi o fôlego: dir-se-ia que, sem prevenir, o mundo estava morto. Esse desespero, eu não o sabia tampouco definir.

Durante uma ou duas semanas, arrastei-me de pernas moles de uma hora a outra, dias afora. Uma tarde, despia-me no vestiário do instituto quando Zaza surgiu. Pusemo-nos a falar, a contar, a comentar; as palavras precipitavam-se em meus lábios e em meu peito giravam mil sóis; num clarão ofuscante de alegria, disse a mim mesma: "Ela é que me faltava." Tão radical era minha ignorância das aventuras verdadeiras do coração, que eu não pensara em verificar que sofria pela ausência dela. Sua presença me era necessária para compreender quanto precisava dela. Foi uma evidência fulgurante. Bruscamente, convenções, rotinas, chapas voaram em pedaços e me vi submergida por uma emoção que não se achava prevista em nenhum código. Deixei-me enlevar por essa alegria que rebentava em mim, violenta e fresca como a água das cascatas, nua como um belo granito. Dias depois, cheguei à escola antes da hora e olhei com uma espécie de estupor o banco de Zaza: "Se ela não devesse nunca mais sentar-se aí, se morresse, que seria de mim?" E novamente a evidência fulminou-me: "Não posso viver sem ela!" Era um pouco apavorante: ela se movimentava para lá e para cá, longe de mim, e toda a minha felicidade e até a minha existência repousavam em suas mãos. Imaginei que Mme Gontran ia entrar, varrendo o chão com sua saia comprida, e que nos diria: "Rezai, minhas filhas, vossa coleguinha Elizabeth foi chamada por Deus, ontem à noite." Pois bem, pensei, morreria no mesmo instante. Escorregaria do banco, cairia no chão, agonizante. Essa solução tranquilizou-me. Não acreditava, na verdade, que uma graça divina me tiraria a vida; mas não receava tampouco que Zaza morresse realmente. Chegara até a confessar a mim mesma a dependência em que me colocava minha afeição por ela; não ousei enfrentar todas as consequências dessa confissão.

Não exigia que Zaza tivesse por mim um sentimento tão definitivo: bastava-me ser sua companheira predileta. A admiração que lhe dedicava não me depreciava a meus próprios olhos. O amor não é a inveja. Não concebia nada mais belo no mundo do que ser eu mesma e gostar de Zaza.

Segunda parte

Tínhamo-nos mudado. Nosso novo apartamento, com uma distribuição de cômodos mais ou menos igual à do antigo, mobiliado de maneira idêntica, era mais estreito e menos confortável. Não tinha banheiro, mas apenas um gabinete de toalete sem água corrente: meu pai esvaziava diariamente o pesado recipiente instalado sob a pia. Não tinha aquecimento central; no inverno o apartamento era gelado, com exceção do escritório de meu pai, onde minha mãe acendia um aquecedor. Mesmo no verão, era sempre ali que eu trabalhava. O quarto que partilhava com minha irmã — Louise dormia no sexto andar — era exíguo demais para que se pudesse ficar nele. Em lugar do vestíbulo espaçoso em que gostava de me refugiar, existia apenas um corredor. Fora da cama não havia um só recanto que fosse meu; não possuía sequer uma escrivaninha para arrumar minhas coisas. Minha mãe recebia muitas vezes visitas no escritório e era lá que conversava com meu pai à noite. Aprendi a fazer minhas lições e a estudar em meio ao ruído das vozes. Mas era-me penoso não poder isolar-me. Minha irmã e eu invejávamos ardentemente as meninas que tinham um quarto para si; o nosso não passava de um dormitório.

Louise ficou noiva de um operário que consertava telhados; surpreendi-a uma vez sentada desajeitadamente no colo de um homem ruivo; a pele dela era esbranquiçada e ele era rubicundo; sem saber por quê, senti-me triste; no entanto aprovavam-lhe a escolha: embora operário, seu noivo pensava corretamente. Ela nos deixou. Catherine, jovem camponesa, fresca e alegre, com quem eu brincava em Meyrignac, substituiu-a. Era quase uma companheira, mas saía à noite com os bombeiros do quartel da frente: "Fazia das suas." Minha mãe deu-lhe conselhos e depois mandou-a embora, declarando que dispensava ajutório, pois os negócios de meu pai iam mal. A manufatura de sapatos periclitava. Graças à proteção de um primo afastado e influente, meu pai dedicou-se à "publicidade financeira". Trabalhou primeiramente no Gaulois e depois em diversos outros jornais. A profissão rendia pouco e o aborrecia. Em compensação ia à noite, mais frequentemente do que antes, jogar bridge em casa de amigos ou no café. No verão, passava os domingos nas corridas. Mamãe ficava muitas vezes sozinha. Não se queixava, mas detestava os trabalhos domésticos e a pobreza pesava-lhe. Tornou-se extremamente nervosa. Pouco a pouco, meu pai perdeu seu permanente bom humor. Não discutiam, na verdade, mas gritavam à toa e não raro voltavam-se contra mim e minha irmã.

    Diante dos adultos, permanecíamos estreitamente unidas; se uma de nós entornava o tinteiro, a culpa era comum: assumíamos juntas a responsabilidade. Nossas relações, porém, tinham mudado um pouco desde que eu conhecera Zaza; só jurava por minha nova amiga. Zaza caçoava de todo mundo: não poupava Poupette, a quem tratava como "garotinha"; eu a imitava. Minha irmã sentia-se tão infeliz que tentou desapegar-se de mim. Uma tarde estávamos sós no escritório e acabávamos de discutir quando ela me disse num tom dramático: "Tenho que te confessar uma coisa." Eu abrira o livro de inglês sobre o mata-borrão cor-de-rosa e começara a estudar, por isso apenas virei a cabeça: "Pois é", disse minha irmã, "acho que não gosto mais de ti como antes". Explicou-me com voz firme a nova indiferença de seu coração. Eu ouvia em silêncio e lágrimas rolavam-me pelo rosto. Ela deu um salto: "É mentira! É mentira!", gritou, me beijando. Abraçamo-nos com força e eu enxuguei os olhos. "Sabes", disse-lhe, "não acreditei de verdade". No entanto, ela não mentia completamente; começava a insurgir-se contra sua condição de caçula e, como eu a abandonava, ela me englobava na revolta. Estava na mesma classe que nossa prima Jeanne, de quem gostava, mas cujas preferências não compartilhava e cujas amigas era obrigada a visitar. Eram meninas tolas e pretensiosas, ela as odiava, e que as julgassem dignas de sua amizade era coisa que a enraivecia. Mas não lhe davam importância. No Curso Désir continuavam a considerar Poupette um reflexo, necessariamente imperfeito, da primogênita; ela se sentia muitas vezes humilhada; por esse motivo julgavam-na orgulhosa e as professoras, como boas educadoras, cuidavam de humilhá-la ainda mais. Por estar eu mais adiantada, era de mim que meu pai se ocupava mais; sem partilhar minha devoção por ele, minha irmã sofria com a parcialidade. Num verão em Meyrignac, ela aprendeu de cor a lista de todos os marechais de Napoleão, com nomes e títulos, só para provar que a memória dela valia a minha: recitou-a de um fôlego; nossos pais sorriram. Na sua exasperação, ela pôs-se a olhar-me com novos olhos: procurava meus defeitos. Irritei-me por ela pretender, ainda que timidamente, rivalizar comigo, criticar-me, fugir de mim. Sempre havíamos brigado porque eu era brutal e ela chorava facilmente. Chorava menos agora, mas nossas brigas tornaram-se mais sérias: púnhamos nosso amor-próprio nelas, cada qual querendo dar a última palavra. Entretanto, sempre acabávamos nos reconciliando. Precisávamos uma da outra. Julgávamos da mesma forma nossas colegas, as professoras, os membros da família; não nos escondíamos nada; e tínhamos sempre o mesmo prazer em brincar juntas. Quando nossos pais saíam à noite, fazíamos uma festa: cozinhávamos uma omelete *soufflée* que comíamos na cozinha mesmo, e desarrumávamos o apartamento, com grandes gritos. Agora que dormíamos no mesmo quarto, continuávamos nossos folguedos e nossas conversas na cama, durante muito tempo.

No ano em que nos instalamos na rua de Rennes, dormi mal. Teria digerido mal as revelações de Madeleine? Somente um tabique separava agora minha cama da de meus pais e às vezes ouvia meu pai roncar: fui sensível a essa promiscuidade? Tive pesadelos. Um homem pulava na minha cama, enfiava-me o joelho no estômago, eu sufocava. Sonhava desesperadamente que acordava e novamente o peso de meu agressor esmagava-me. Mais ou menos nessa mesma época, levantar tornou-se um trauma tão doloroso que ao pensar nisso à noite, antes de adormecer, sentia um nó na garganta, minhas mãos ficavam suadas. Quando ouvia, de manhã, a voz de minha mãe, desejava cair doente, tal o horror que sentia de me arrancar ao entorpecimento das trevas. De dia, tinha vertigens; estava ficando anêmica. Mamãe e o médico diziam: "É a puberdade." Detestava essa palavra e o que se processava em meu corpo. Invejava a liberdade das moças, mas a ideia de ver meu busto inchar repugnava-me. Ouvira outrora mulheres adultas urinarem com um ruído de catarata; pensando nos odres cheios de água que encerravam no ventre, sentia o mesmo pavor que Gulliver no dia em que jovens gigantas lhe mostraram os seios.

Desde que lhes desvendara o mistério, os livros proibidos me amedrontavam menos do que antes. Muitas vezes deitava um olhar mais demorado em pedaços de jornal pendurados nos *water-closets*. Assim é que li um trecho de um romance-folhetim em que o herói pousava lábios ardentes nos seios brancos da heroína. Esse beijo queimou-me; macho, fêmea e *voyeur* a um tempo, eu dava esse beijo, o recebia e com ele enchia os olhos. Se me comovi tão vivamente era sem dúvida porque meu corpo acordara, mas seus devaneios cristalizaram-se nessa imagem. Nem sei quantas vezes a evoquei antes de adormecer. Inventei outras: pergunto a mim mesma de onde as tirava. O fato de os esposos dormirem quase sem roupa no mesmo leito não bastara até então para me sugerir o ato sexual ou a carícia. Suponho que os criei partindo de minha necessidade, pois fui durante algum tempo presa de desejos torturantes; virava e revirava na cama com a garganta seca, aspirando a um corpo de homem junto ao meu, a uma mão de homem sobre minha pele. Calculava com desespero: "Não se tem direito de casar antes dos quinze anos!" E era ainda uma idade mínima: seria preciso esperar muitos anos para chegar ao fim de meu suplício. Este principiava docemente: no calor dos lençóis e no formigamento do sangue minhas fantasias faziam meu coração bater deliciosamente; quase acreditava que iam se materializar. Qual! Esvaíam-se. Nenhuma mão, nenhuma boca acalmava minha carne irritada; minha camisola de algodão tornava-se uma túnica envenenada. Só o sono me libertava. Nunca associava esses desregramentos à ideia de pecado: sua brutalidade ampliava minha complacência e eu me sentia antes vítima do que culpada. Não procurava tampouco verificar se as outras meninas conheciam esse martírio. Não tinha o hábito de me comparar.

Achávamo-nos hospedados em casa de amigos na umidade abafante de julho, quando despertei certa manhã, apavorada; minha camisola estava manchada; lavei-a; vesti-me; novamente manchou-se a minha roupa. Esquecera as profecias imprecisas de Madeleine e buscava saber que doença ignominiosa era aquela. Inquieta, sentindo-me vagamente culpada, tive de recorrer a minha mãe: ela explicou-me que eu me tornara "uma moça" e me forrou de maneira incômoda. Experimentei um grande alívio ao saber que não era culpada de nada; e até, como sempre que me acontecia algo importante, senti uma espécie de orgulho. Suportei sem me perturbar demasiado que minha mãe cochichasse com as amigas. Em compensação, morri de vergonha quando meu pai, ao nos encontrarmos à noite na rua de Rennes, fez brincando uma alusão a meu estado. Imaginara que a confraria feminina dissimulasse cuidadosamente aos homens essa tara secreta. Diante de meu pai eu me acreditava um puro espírito: horrorizou-me que ele me considerasse repentinamente um organismo. Senti-me definitivamente diminuída.

Fiquei feia, meu nariz avermelhou; no rosto e na nuca surgiram espinhas que eu coçava nervosamente. Minha mãe, sobrecarregada de trabalho, vestia-me com negligência. Meus vestidos malcortados acentuavam minha falta de naturalidade. Incomodada com meu corpo, adquiri fobias; não suportava, por exemplo, beber num copo em que já tivesse bebido. Tive tiques: não parava de encolher os ombros, de torcer o nariz. "Não coces as espinhas, não torças o nariz", repetia-me papai. Sem maldade, mas sem consideração, fazia, acerca de minha pele, de minha acne, de minha ignorância, observações que exasperavam meu mal-estar e minhas manias.

O primo rico a quem papai devia seu emprego organizou uma festa para seus filhos e os amigos deles. Escreveu uma revista em versos. Minha irmã foi escolhida para apresentadora. Com um vestido de tule azul semeado de estrelas e seus lindos cabelos soltos, encarnava a Bela da Noite. Depois de ter poeticamente dialogado com um pierrô lunar, ela apresentava em estrofes rimadas os jovens convidados que desfilavam fantasiados em um estrado. Vestida de espanhola, eu devia me exibir abanando um leque, enquanto ela cantava com a melodia de "Funiculì funiculà".

Eis que vem a nós uma bela dona
Bastante arrogante (bis)
É bem o chique perfeito de Barcelona
O andar espanhol (bis)
É uma senhora indiscreta;
É cheia de audácia etc.

Sentindo todos os olhares fixados em mim e meu rosto em fogo, aquilo foi um suplício. Pouco mais tarde, assisti ao casamento de uma prima do Norte; enquanto no dia do casamento de tia Lili minha imagem me encantara, dessa vez ela me entristeceu. Só de manhã, em Arras, mamãe se lembrou de que meu vestido novo de crepe da china bege, colado a um peito que nada mais tinha de infantil, sublinhava-o de um modo indecente. Envolveram-me com ataduras, de maneira que tive o dia inteiro a impressão de estar escondendo na minha blusa uma enfermidade incômoda. No tédio da cerimônia e de um infindável banquete, tinha tristemente consciência do que as fotografias confirmaram: malvestida, pesadona, oscilava sem graça entre menina e moça.

Minhas noites haviam serenado. Em compensação, o mundo turvou-se de modo indefinível. Essa mudança não afetou Zaza: era uma pessoa e não um objeto. Mas havia, na classe superior à minha, uma aluna que eu considerava um belo ídolo, loura, sorridente e rosada. Chamava-se Marguerite de Théricourt e o pai possuía uma das maiores fortunas da França. Uma governanta a acompanhava à escola num enorme carro preto guiado por motorista. Aos dez anos, com seus cachos impecáveis, seus vestidos cuidados, suas luvas que só tirava ao entrar na classe, já me parecia uma pequena princesa. Tornou-se uma moça bonita, de cabelos compridos, claros e bem lisos, de olhos de porcelana e sorriso gracioso. Eu era sensível à sua naturalidade, à sua reserva, à sua voz firme e cantante. Boa aluna, manifestando grande deferência às professoras, que, lisonjeadas pelo brilho de sua fortuna, a adoravam. Ela me falava sempre muito gentilmente. Contavam que a mãe estava gravemente enferma; essa provação dava a Marguerite uma aura romântica. Pensava comigo mesma que, se ela me convidasse para ir à sua casa, eu desmaiaria de alegria, mas não ousava sequer desejar isso. Ela habitava esferas para mim tão longínquas quanto a corte da Inglaterra. Não desejava aliás ter intimidade com ela, mas apenas poder contemplá-la mais de perto.

Quando atingi a puberdade, meu sentimento se acentuou. No fim de meu terceiro ano — que chamavam primeiro-sexto — assisti ao exame solene a que se submetiam no instituto as alunas do segundo e que era recompensado por um "diploma Adeline Désir". Marguerite vestia um vestido fino de crepe da china cinzento, cujas mangas mostravam por transparência belos braços redondos: essa nudez pudica transtornou-me. Era demasiado ignorante e respeitosa para esboçar a menor ideia de desejo; não imaginei sequer que qualquer mão pudesse jamais profanar os ombros brancos. Mas durante todo o tempo das provas não tirei os olhos deles e algo desconhecido me apertava a garganta.

Meu corpo mudava; minha existência também: o passado me abandonava. Já tínhamos mudado, e Louise fora embora. Eu olhava com minha irmã velhas fotografias quando me dei conta de que um belo dia iria perder Meyrignac. Vovô, muito idoso, morreria; quando a propriedade pertencesse a tio Gaston — já proprietário real —, eu não me sentiria mais em casa. Ali iria como uma estranha e depois não iria mais. Fiquei consternada. Meus pais repetiam — e o exemplo deles parecia confirmá-lo — que a vida destrói as amizades da infância. Esqueceria Zaza? Indagávamo-nos inquietas, Poupette e eu, se nossa afeição resistiria à idade. Os adultos não partilhavam nossos brinquedos nem nossos prazeres. Não conhecia nenhum que parecesse divertir-se muito na terra: a vida não é alegre, a vida não é um romance, declaravam em coro.

A monotonia da existência adulta sempre me inspirara piedade. Quando percebi que dentro em breve seria igualmente a minha, fiquei angustiada. Uma tarde, ajudava mamãe a lavar a louça; ela lavava os pratos e eu os enxugava. Pela janela via o muro do quartel dos bombeiros e outras cozinhas onde mulheres esfregavam caçarolas ou descascavam legumes. Todos os dias o almoço, o jantar; todos os dias a louça: aquelas horas indefinidamente recomeçadas e que não levam a nada. Viveria assim? Uma imagem formou-se em minha cabeça, com uma nitidez tão desoladora que a recordo ainda hoje: uma fileira de quadrados cinzentos estendia-se até o horizonte, diminuindo de acordo com as leis da perspectiva, mas todos idênticos e achatados: eram os dias, as semanas, os anos. Eu, desde a infância, adormecera cada noite mais rica do que na véspera; elevava-me degrau por degrau, mas, se não encontrasse lá em cima senão uma chapada melancólica sem nenhuma meta a alcançar, valeria a pena?

Não, disse a mim mesma, guardando uma pilha de pratos no armário, minha vida me conduziria a algum lugar. Felizmente eu não estava condenada ao destino de dona de casa. Meu pai não era feminista; admirava a sabedoria dos romances de Colette Yver em que a advogada, a doutora, acabam sacrificando a carreira pela harmonia do lar. Mas a necessidade faz a lei: "Vocês, meninas, vocês não casarão", repetia constantemente. "Vocês não têm dote, precisarão trabalhar." Eu preferia de muito a perspectiva de um ofício à do casamento: autorizava certas esperanças. Houve muita gente que fez coisas: eu faria também. Não previa exatamente que coisas. A astronomia, a arqueologia, a paleontologia, respectivamente, tinham-me seduzido e eu continuava a acarinhar vagamente a ideia de escrever. Mas esses projetos careciam de consistência, eu não acreditava suficientemente neles para encarar com confiança o futuro. De antemão, estava de luto pelo meu passado.

Essa resistência ao último desmame manifestou-se com violência quando li o romance de Louisa Alcott, *Good Wives*, em continuação a *Little Women*. Um ano, ou mais, passara desde que eu deixara Joe e Laurie sorrindo juntos para o futuro. Logo que tive em mãos o pequeno volume em brochura da coleção Tauchnitz, em que terminava a sua história, abri-o ao acaso: caí numa página que me informou brutalmente do casamento de Laurie com uma jovem irmã de Joe, a loura, vazia e estúpida Amy. Larguei o livro como se tivesse queimado os dedos. Durante vários dias senti-me prostrada por uma desgraça que me atingia o coração: o homem que eu amava e por quem pensava ser amada traíra-me por uma tola. Detestei Louisa Alcott. Mais tarde, descobri que a própria Joe recusara dar sua mão a Laurie. Depois de um longo celibato, erros e provações, ela encontrava um professor mais velho do que ela e dotado das mais altas qualidades: ele a compreendia, consolava, aconselhava e eles se casavam. Esse homem superior surgindo na história de Joe, bem melhor do que o jovem Laurie, encarnava o juiz supremo por quem eu sonhava ser um dia reconhecida. Ainda assim sua intrusão descontentou-me. Outrora, lendo *Les Vacances* de Mme De Ségur, lamentara que Sophie não desposasse Paul, seu amigo de infância, e sim um jovem castelão desconhecido. A amizade, o amor eram a meus olhos algo definitivo, eterno, e não uma aventura precária. Não queria que o futuro me impusesse rupturas: ele devia envolver todo o meu passado.

Perdera a segurança da infância; em troca, nada ganhara. A autoridade de meus pais não diminuíra e, como meu espírito crítico despertava, eu a suportava cada vez mais impacientemente. Não via a utilidade das visitas, almoços de família, todas essas corveias que meus pais consideravam obrigatórias. As respostas "é preciso", "isso não se faz" não me satisfaziam absolutamente mais. A solicitude de minha mãe me pesava. Ela tinha "suas ideias" que não procurava justificar, daí suas decisões me parecerem muitas vezes arbitrárias. Discutimos violentamente a propósito de um missal que ofereci a minha irmã para sua comunhão solene; eu o queria encadernado em couro cru, como os que possuíam a maioria das minhas colegas; ela achava que uma encadernação de pano azul seria suficientemente bonita; protestei, dizendo que o dinheiro do meu cofre me pertencia; ela respondeu-me que não se deve gastar vinte francos com um objeto que pode custar apenas quatorze. Enquanto comprávamos pão na padaria, e na escadaria, de volta a casa, enfrentei-a. Tive de ceder, com raiva, e prometendo a mim mesma nunca lhe perdoar o que eu considerava um abuso de poder. Se ela me houvesse contrariado muitas vezes, creio que me teria induzido à revolta. Mas nas coisas importantes — estudos, escolha de amigas — ela pouco intervinha. Respeitava meus trabalhos e até meus lazeres, só me pedindo para lhe prestar pequenos serviços: moer o café, descer a lata de lixo. Eu tinha o hábito da docilidade e acreditava que, *grosso modo*, Deus o exigia de mim; o conflito que me opunha a minha mãe não estourou. Mas eu tinha uma vaga consciência dele. Sua educação, seu meio haviam-na convencido de que a maternidade é para a mulher o mais belo dos papéis: ela só podia desempenhá-lo se eu desempenhasse o meu, mas eu me recusava tão ariscamente quanto aos cinco anos a participar das comédias dos adultos. No Curso Désir, na véspera de nossa comunhão solene exortaram-nos a ajoelhar aos pés de nossas mães a fim de pedirmos perdão de nossos erros. Não somente não o fizera como ainda dissuadira minha irmã de fazê-lo. Minha mãe ficou zangada. Adivinhava em mim reticências que a aborreciam e ela me repreendia com frequência. Queria-lhe mal por me manter dependente e afirmar direitos sobre mim. Além disso, tinha ciúme do lugar que ela ocupava no coração de meu pai, pois minha paixão por ele não fizera senão crescer.

Quanto mais a vida lhe era ingrata, mais a superioridade de meu pai me cegava. Ela não dependia nem da fortuna nem do êxito, daí eu me persuadir de que ele os tinha deliberadamente negligenciado. Isso não me impedia de ter pena dele: acreditava-o desprezado, incompreendido, vítima de obscuros cataclismos. Era-lhe ainda mais grata pelos seus momentos de alegria, ainda bastante frequentes. Contava velhas histórias, zombava de tudo e de todos, dizia piadas. Quando ficava em casa, lia-nos Victor Hugo, Rostand; falava dos escritores que apreciava, de teatro, de grandes acontecimentos do passado, de uma porção de assuntos elevados, e eu era transportada para bem longe do insosso cotidiano. Não imaginava que existisse homem tão inteligente quanto ele. Em todas as discussões a que eu assistia, ele dava a última palavra e quando discutia ausentes, esmagava-os. Admirava com paixão certos grandes homens, mas estes pertenciam a esferas tão longínquas que me pareciam míticas; não eram, de resto, irreprocháveis; a própria grandeza de seu gênio os impelia ao erro; soçobravam no orgulho e seu espírito se pervertia. Era o caso de Victor Hugo, cujos poemas meu pai declamava com entusiasmo, mas que a vaidade perdera, afinal; era o caso de Zola, de Anatole France, de muitos outros. Meu pai opunha a suas aberrações uma serena imparcialidade. Mesmo a obra daqueles que estimava sem reserva tinha limites: quanto a meu pai, falava com uma voz vibrante e seu pensamento era inapreensível e infinito. Pessoas e coisas compareciam à sua presença: ele julgava soberanamente.

Se me aprovava, eu tinha certeza de mim. Durante anos só me fizera elogios. Quando entrei na idade ingrata, decepcionei-o: ele apreciava nas mulheres a elegância e a beleza. Não somente não me escondeu seu desapontamento, como ainda demonstrou maior interesse por minha irmã, que permanecia uma criança bonita. Irradiava orgulho no dia em que ela se exibiu fantasiada de Bela da Noite. Ele tomava parte às vezes em espetáculos que seu amigo M. Jeannot — grande entusiasta do teatro cristão — organizava nas festas beneficentes dos subúrbios. Papai fez Poupette representar com ele. Com o rosto emoldurado por longas tranças louras, ela desempenhou o papel de menina em *Le Pharmacien*, de Max Maurey. Ele ensinou-a a recitar fábulas com arte. Sem o confessar a mim mesma, eu sofria com essa cumplicidade e irritava-me vagamente com minha irmã.

Minha verdadeira rival era minha mãe. Eu sonhava ter relações mais pessoais com meu pai, mas mesmo nos raros momentos em que nos achávamos sós, nos falávamos como se ela estivesse presente. Em caso de conflito, se eu apelasse para meu pai, ele me diria: "Faz o que te diz tua mãe." Só uma vez aconteceu-me procurar obter sua cumplicidade. Ele nos levara às corridas em Auteuil; o prado estava cheio, fazia calor, não acontecia nada, eu me aborrecia. Finalmente, deram a partida: todo mundo correu para as grades, impedindo-me de ver a pista. Meu pai alugara banquinhos para nós e eu quis subir no meu. "Não", disse mamãe, que detestava multidão e estava irritada com os empurrões e atropelos. Insisti. "Não e não", repetiu. Como estivesse ocupada com minha irmã, voltei-me para meu pai e disse com vivacidade: "Mamãe é ridícula! Por que é que não posso subir neste banquinho?" Ele deu de ombros meio embaraçado, sem tomar partido.

O gesto ambíguo permitiu-me, ao menos, supor que, no fundo, papai achava às vezes minha mãe demasiado autoritária. Persuadi-me de que uma aliança silenciosa existia entre mim e ele. Perdi essa ilusão. Durante um almoço, falou-se de um primo dissoluto que considerava a própria mãe uma idiota; meu pai achava que o era realmente. Declarou contudo veementemente: "Um filho que julga a mãe é um imbecil." Fiquei roxa e deixei a mesa pretextando um mal-estar: eu julgava minha mãe. Meu pai dera-me um golpe duplo, afirmando a solidariedade deles e tratando-me indiretamente de imbecil. O que mais me aturdia era estar julgando a frase que ele acabava de pronunciar: se a tolice de minha tia saltava aos olhos, por que o filho não podia reconhecê-la? Não é crime dizer-se a si mesmo a verdade e, de resto, muitas vezes não se faz isso de propósito; naquele momento, por exemplo, eu não podia impedir-me de pensar o que pensava: era minha culpa? Em certo sentido, não; no entanto, as palavras de meu pai perturbaram-me e eu me senti irrepreensível e monstruosa ao mesmo tempo. Posteriormente, e talvez em parte em consequência desse incidente, não atribuí mais a meu pai uma infalibilidade absoluta. Meus pais conservaram, porém, o poder de fazer de mim uma culpada; eu aceitava seus veredictos vendo-me, entretanto, com olhos diferentes dos deles. A verdade de meu ser pertencia-lhes ainda, tanto quanto a mim; mas, paradoxalmente, minha verdade neles podia não passar de um engano, podia ser falsa. Só havia um meio de evitar essa estranha confusão: era preciso dissimular-lhes as aparências enganadoras. Tinha o hábito de fiscalizar minha linguagem: dobrei a prudência. Dei um passo a mais. Desde que não confessava tudo, por que não ousar atas inconfessáveis? Aprendi a clandestinidade.

Minhas leituras eram controladas com o mesmo rigor de outrora; fora da literatura especialmente destinada à infância, ou expurgada para esse fim, só me punham nas mãos um pequeno número de obras escolhidas e, ainda assim, meus pais censuravam alguns trechos. Mesmo em *L'Aiglon*, meu pai fazia certos cortes. Contudo, confiando em minha lealdade, não fechavam à chave a biblioteca; deixavam-me levar para a Grillère coleções encadernadas da *Petite Illustration* após me indicarem as peças que eram "para mim". Durante as férias nunca tinha leitura suficiente: depois de terminar *Primerose ou Les Bouffons*, olhava com inveja o monte de papel impresso que jazia no gramado, ao alcance de minhas mãos e de meus olhos. Há algum tempo, eu me permitia algumas desobediências benignas. Minha mãe proibia-me comer fora das refeições; no campo, levava à tarde, no meu avental, uma dúzia de maçãs; nenhum mal-estar jamais me puniu de tais excessos. Desde minhas conversas com Madeleine eu duvidava que Sacha Guitry, Flers et Caillavet, Capus, Tristan Bernard fossem muito mais nocivos. Arrisquei-me no terreno proibido. Atrevi-me a penetrar em Bernstein, Bataille: não senti nenhum dano. Em Paris, fingindo ater-me às Nuits de Musset, instalei-me diante do gordo volume de suas obras completas e li todo o teatro, *Rolla*, *La Confession d'un enfant du siècle*. Desde então, sempre que me encontrava só em casa, abastecia-me livremente dos livros da biblioteca. Passava horas maravilhosas, no fundo da poltrona de couro, devorando a coleção de romances de noventa centavos que haviam deliciado meu pai em sua mocidade: Bourget, Alphonse Daudet, Marcel Prévost, Maupassant, os Goncourt. Eles completaram minha educação sexual, mas sem muita coerência. O ato de amor durava às vezes uma noite inteira, às vezes alguns minutos; ora parecia insípido, ora extraordinariamente voluptuoso: comportava requintes e variações herméticas para mim. As relações visivelmente ambíguas dos *Civilisés*, de Farrère, com seus *boys*, de Claudine com sua amiga Rézi embrulharam mais ainda a questão. Ou por falta de talento, ou porque eu sabia ao mesmo tempo demais e demasiado pouco, nenhum autor conseguiu comover-me como me comovera outrora o cônego

Schmidt. De um modo geral, não estabelecia, por assim dizer, uma relação entre essas narrativas e a minha experiência; compreendia que evocavam uma sociedade em grande parte obsoleta. Com exceção de *Claudine e Mademoiselle Dax*, de Farrère, as heroínas — moças ingênuas ou senhoras fúteis — não me interessavam muito; eu julgava os homens medíocres. Nenhuma dessas obras me oferecia uma imagem do amor que pudesse satisfazer-me, nem uma ideia de meu destino. Nelas, eu não procurava um pressentimento de meu futuro. Mas davam-me o que lhes pedia: desterravam-me. Graças a elas, eu me libertava da infância, entrava num mundo complicado, aventuroso, imprevisto. Quando meus pais saíam à noite, eu prolongava até tarde as alegrias da evasão. Enquanto minha irmã dormia, eu lia encostada ao travesseiro: logo que ouvia a chave na fechadura, apagava a luz. Pela manhã, depois de fazer a cama enfiava o livro embaixo do colchão à espera do momento de recolocá-lo no lugar. Era impossível que mamãe suspeitasse dessas manobras, mas, por instantes, a simples ideia de que *Les Demi-vierges* ou *La Femme et le Pantin* jaziam junto ao colchão dava-me arrepios de terror. De meu ponto de vista, minha conduta nada tinha de repreensível; eu me distraía, me instruía; meus pais desejavam minha felicidade: não os contrariava, pois minhas leituras não me causavam nenhum mal. Entretanto, tornado público, meu ato seria considerado criminoso.

Paradoxalmente, foi uma leitura lícita que me precipitou nos estertores da traição. Eu analisara, na aula, *Silas Marner*. Antes de partir para as férias, minha mãe comprou-me *Adam Bede*. Sentada sob os álamos do "parque-paisagem", acompanhei durante vários dias, pacientemente, o desenrolar de uma história lenta e insossa. Subitamente, após um passeio pelo bosque, a heroína — que não era casada — ficava grávida. Meu coração pôs-se a bater com violência: "Tomara que mamãe não leia este livro!" Porque, então, saberia que eu sabia: e eu não podia suportar essa ideia. Não receava uma repreensão. Nada podiam censurar-me. Mas tinha um medo, pânico do que passaria pela cabeça dela: talvez se julgasse obrigada a ter uma conversa comigo. A perspectiva me apavorava, porquanto pelo silêncio que sempre guardara a respeito desses problemas, imaginava a repugnância que ela tinha em ventilá-los. Para mim, a existência de mães solteiras era um fato objetivo, que não me perturbava muito mais que a existência dos antípodas. Mas saber disso se tornaria, na consciência de minha mãe, um escândalo que a ambas aviltaria.

Apesar da minha ansiedade, não inventei sequer esta simples defesa: fingir ter perdido o livro no bosque. Perder um objeto, uma escova de dentes que fosse, desencadeava tais tormentos em casa que o remédio me amedrontava quase tanto quanto a falta. Além disso, apesar de praticar sem escrúpulo a restrição mental, não teria tido o topete de contar a minha mãe uma mentira positiva: minha vergonha, minhas hesitações me teriam traído. Cuidei simplesmente de que Adam Bede não lhe caísse nas mãos. Ela não teve a ideia de o ler e sua confusão me foi poupada.

Assim, minhas relações com a família tinham-se tornado muito menos fáceis do que antes. Minha irmã não me idolatrava mais sem restrições, meu pai achava-me feia e como que me censurava, minha mãe desconfiava da obscura mudança que adivinhava em mim. Se lessem no meu cérebro, meus pais me condenariam; ao invés de me proteger como outrora, o olhar deles me punha em perigo. Eles próprios tinham descido dos céus mas eu não me aproveitei disso para recusar seu julgamento. Ao contrário, senti-me duplamente contestada; não habitava mais um lugar privilegiado e havia brechas em minha perfeição; estava incerta de mim mesma e vulnerável. Minhas relações com os outros deviam modificar-se em consequência.

Os talentos de Zaza se afirmavam; tocava piano bastante bem para sua idade e começava a aprender violino. Enquanto minha caligrafia era grosseiramente infantil, a dela surpreendia-me pela elegância. Meu pai apreciava, como eu, o estilo das cartas que ela escrevia, a vivacidade de sua conversa; ele divertia-se em tratá-la cerimoniosamente, e ela prestava-se graciosamente à brincadeira; a idade ingrata não a enfeava. Vestida e penteada sem requinte, tinha modos desembaraçados de moça. Não perdera, contudo, sua ousadia algo masculina; nas férias galopava a cavalo através das florestas das Landes, sem ligar para os ramos que a chicoteavam. Fez uma viagem à Itália; na volta, falou-me dos monumentos, das estátuas, dos quadros de que gostara. Invejei-lhe as alegrias que tivera num país lendário e olhei com respeito a cabeça morena que encerrava tão belas imagens. Sua originalidade me ofuscava. Menos preocupada em julgar do que em conhecer, eu me interessava por tudo. Zaza escolhia: a Grécia encantava-a, os romanos a aborreciam. Insensível às desgraças da família real, o destino de Napoleão a entusiasmava. Admirava Racine, Corneille a irritava; detestava *Horace*, *Polyeucte* e ardia de simpatia por *Le Misanthrope*. Sempre a conhecera zombeteira; entre doze e quinze anos ela fez da ironia um sistema; ridicularizava não somente a maioria das pessoas, como ainda os costumes estabelecidos e as ideias aceitas; fizera das *Maximes*, de La Rochefoucauld, seu livro de cabeceira e repetia a todo instante que é o interesse que conduz os homens. Eu não tinha nenhuma ideia geral acerca da humanidade e o pessimismo de Zaza me impressionava. Muitas opiniões suas eram subversivas: uma vez, escandalizou o Curso Désir defendendo, numa composição de francês, Alceste contra Philinte e de outra vez, colocando Napoleão acima de Pasteur. Suas audácias encolerizavam certos professores; outros atribuíam-nas à mocidade e divertiam-se com elas: era o pesadelo de uns e a predileta de outros. Eu me classificava em geral à frente dela, mesmo em francês, em que ganhava "pelo conteúdo", mas eu pensava que ela desdenhava o primeiro lugar. Embora alcançando notas menos boas do que as minhas, seus trabalhos escolares tiravam de sua desenvoltura algo de que me privava minha assiduidade. Diziam que ela tinha personalidade: era seu privilégio supremo. A complacência confusa que eu tivera por mim mesma outrora não me dotara de contornos definidos; dentro de mim, tudo era embaçado, insignificante. Em Zaza eu entrevia uma presença, jorrando como água de fonte, firme como um bloco de mármore, tão nitidamente desenhada como um retrato de Dürer. Comparava-a ao meu vazio interior e me desprezava. Zaza obrigava-me a essa confrontação porque estabelecia frequentemente um paralelo entre sua displicência e meu zelo, seus defeitos e minhas perfeições, de que ela zombava com prazer. Eu não me sentia ao abrigo de seus sarcasmos.

"Não tenho personalidade", dizia a mim mesma, com tristeza. Minha curiosidade abarcava tudo; eu acreditava no absoluto da verdade, na necessidade da lei moral; meus pensamentos moldavam-se a seu objeto; se por vezes um deles me surpreendia, era porque refletia algo surpreendente. Preferia o melhor ao bom, o mal ao pior, desprezava o que era desprezível. Não percebia nenhum vestígio de minha subjetividade. Eu me quisera sem limites: era informe como o infinito. O paradoxo está em que só percebi essa deficiência no momento exato em que descobri minha individualidade; minha pretensão ao universal parecera-me até então natural e eis que se tornara um traço de meu caráter: "Simone se interessa por tudo." Achava-me limitada pela minha recusa a quaisquer limites. Condutas e ideias que se tinham imposto a mim, muito naturalmente, traduziam de fato minha passividade e minha falta de espírito crítico. Em vez de permanecer a pura consciência incrustada no centro do Todo, eu me encarnei: foi uma dolorosa degradação. A imagem que repentinamente me imputavam só podia me decepcionar, a mim que vivia como o próprio Deus: sem rosto. Por isso, tão facilmente me voltei para a humildade. Se não passava de um indivíduo entre os demais, qualquer diferença, em lugar de confirmar minha soberania, corria o risco de se transformar em inferioridade. Meus pais tinham deixado de ser minha garantia; e eu gostava tanto de Zaza que ela me parecia mais real do que eu mesma: eu era seu negativo; em lugar de reivindicar minhas próprias particularidades, eu as suportei com despeito.

Um livro que li lá pelos treze anos forneceu-me um mito em que acreditei durante muito tempo. Era *L'Ecolier d'Athènes*, de André Laurie. Théagène, aluno sério, aplicado, sensato, era subjugado pelo belo Euphorion; este, jovem aristocrata, elegante, delicado, requintado, artista espirituoso, impertinente, ofuscava camaradas e professores, embora lhe censurassem por vezes a displicência e a desenvoltura. Morria na flor da idade e era Théagène que, cinquenta anos depois, contava a história. Identifiquei Zaza ao belo efebo louro e eu mesma a Théagène. Havia indivíduos bem-dotados e indivíduos com méritos; era irremediavelmente na categoria destes últimos que eu me colocava.

Minha modéstia era, entretanto, equívoca. Os indivíduos com méritos deviam admiração e dedicação aos bem-dotados. Mas afinal era Théagène que, sobrevivendo ao amigo; falava dele; ele era a memória e a consciência, o Sujeito essencial. Se me tivessem proposto ser Zaza, eu teria recusado; preferia possuir o universo a ter uma imagem. Tinha a convicção de que só eu conseguiria desvendar a realidade sem a deformar ou diminuir. Só quando me comparava a Zaza é que deplorava amargamente minha banalidade.

Era até certo ponto vítima de uma miragem; sentia-me de dentro, e a via de fora; a partida não era igual. Achava extraordinário que ela não pudesse tocar nem sequer ver um pêssego sem que sua pele se arrepiasse; ao passo que meu horror às ostras era natural. Entretanto, nenhuma outra colega me espantou. Zaza era realmente excepcional.

Era a terceira dos nove filhos Mabille, e a segunda filha. A mãe não tivera tempo para mimá-la. Ela misturara-se à vida dos irmãos, dos primos e colegas e ficara com os modos masculinos deles. Desde cedo, fora considerada uma "grande" e lhe tinham atribuído as responsabilidades que cabem aos mais velhos. Casada aos vinte e cinco anos com um católico praticante, além do mais seu primo, Mme Mabille, quando Zaza nasceu, já se achava solidamente instalada na condição de matrona.

Exemplo perfeito da burguesia tradicional, vivia e agia com a segurança dessas grandes damas que tiram de seu perfeito conhecimento do protocolo o direito de infringi-lo ocasionalmente. Por isso tolerava as travessuras anódinas dos filhos. A espontaneidade de Zaza, seu natural, refletiam o orgulhoso desembaraço da mãe. Eu ficara estupefata ao vê-la ousar mostrar a língua numa audição de piano; sem dúvida, contava com a cumplicidade materna. Desprezando o público, riam-se das convenções. Se eu tivesse cometido uma incongruência, minha mãe a teria sentido com vergonha: meu conformismo traduzia a timidez dela.

O M. Mabille não me agradava muito; era muito diferente de meu pai, que, aliás, não simpatizava com ele. Usava uma barba comprida e óculos. Comungava todos os domingos e consagrava boa parte de seus lazeres a obras de caridade. Seus pelos sedosos, suas virtudes cristãs o efeminavam e o diminuíam a meus olhos. No início de nossa amizade, Zaza contou-me que ele fazia os filhos morrerem de rir imitando com mímicas *Le Malade imaginaire*. Pouco mais tarde, ela o ouvia, com interesse de outro tipo, explicar as belezas de um Correggio na grande galeria do Louvre ou vaticinar, à saída da sessão de projeção dos Três Mosqueteiros, que o cinema mataria a arte. Com ternura, evocava para mim a noite em que seus pais casados ainda há pouco tempo tinham escutado de mãos dadas, às margens de um lago, a barcarola: *Belle nuit — ô nuit d'amour...* Pouco a pouco, pôs-se a dizer coisas bem diversas. "Papai é tão sério!", observou de uma feita com rancor. Lili, a primogênita, puxara ao pai; metódica, meticulosa, categórica como ele, brilhava em matemática; entendiam-se ambos às mil maravilhas. Zaza não gostava dessa irmã mais velha, positiva e moralista. Mme Mabille demonstrava a maior estima por esse modelo, mas havia entre elas uma rivalidade surda e muitas vezes sua hostilidade transparecia; Mme Mabille não fazia mistério de sua predileção por Zaza: "É o meu retrato", dizia, feliz. Por seu lado, Zaza preferia a mãe com entusiasmo. Contou-me que o M. Mabille tinha pedido várias vezes em vão a mão da prima; bela, ardente, viva, Guite Larivière temia esse engenheiro severo; levava entretanto na província basca uma vida retirada, e os partidos eram raros; aos vinte e cinco anos, sob a pressão imperiosa da mãe, resignou-se a dizer sim. Zaza confiou-me também que Mme Mabille — a quem atribuía tesouros de encanto, de sensibilidade, de fantasia — tinha sofrido com a incompreensão de um marido tedioso como um tratado de álgebra; ela, Zaza, pensava pior ainda dele. Hoje compreendo que sentia pelo pai uma repulsa física. A mãe advertiu-a, muito cedo e com uma crueza maldosa, das realidades sexuais; Zaza compreendeu precocemente que Mme Mabille tinha odiado desde a primeira noite e para sempre as relações conjugais. Projetou sobre toda a família do pai a repugnância que ele lhe inspirava. Em compensação, Zaza adorava a avó materna, com quem dormia sempre quando ela vinha a Paris. O M. Larivière militara outrora nos jornais e nas revistas provincianas ao lado de Louis Veuillot; deixara alguns artigos e uma vasta biblioteca. Contra o pai, contra a matemática, Zaza optou pela literatura. Mas, depois da morte do avô, não teve quem lhe ditasse princípios ou gostos, pois nem Mme Larivière nem Mme Mabille se interessavam por cultura: foi impelida assim a pensar por si mesma. Para dizer a verdade, sua margem de originalidade era muito pequena; fundamentalmente, Zaza exprimia, como eu, o seu meio. Mas no Curso Désir e em nossos lares estávamos tão estreitamente amarradas aos preconceitos e aos lugares-comuns, que o menor impulso de sinceridade, a mínima invenção surpreendiam.

O que me impressionava mais vivamente em Zaza era seu cinismo. Caí das nuvens quando — anos depois — ela me contou as razões de sua atitude. Estava longe de partilhar a alta opinião que eu tinha dela. Mme Mabille tinha uma progenitura numerosa demais, estava restrita a demasiado número de "obrigações sociais" e mundanas para dar muito de si a cada um dos filhos. Sua paciência, seus sorrisos cobriam, creio, uma grande frieza. Ainda muito criança, Zaza sentiu-se mais ou menos abandonada. Mais tarde, a mãe deu-lhe mostras de uma afeição particular, mas comedida. O amor apaixonado de Zaza por ela foi sem dúvida mais ciumento do que feliz. Não sei se em seu rancor pelo pai não entrava também algum despeito: ela não deve ter ficado indiferente à predileção do M. Mabille por Lili. De qualquer modo, o terceiro filho de uma família de nove crianças só pode em verdade imaginar-se como um número entre outros números: goza de uma solicitude coletiva, que não o encoraja a acreditar que é alguém. Nenhuma das meninas Mabille era tímida; colocavam alto demais a família para que sentissem qualquer timidez diante de estranhos; mas quando Zaza, ao invés de se conduzir como membro do clã, se encontrava sozinha, descobria uma porção de defeitos em si: era feia, sem graça, pouco amável, malquerida. Compensava pela zombaria esse sentimento de inferioridade. Não o percebi então, mas jamais ela caçoou de meus defeitos e sim das minhas virtudes. Nunca fez exibição de seus dotes nem de seus êxitos: só exibia suas fraquezas. Durante as férias de Páscoa, na época de nossos quatorze anos, ela me escreveu que não tinha coragem para rever seus pontos de física e que a ideia de não se sair bem na próxima prova a desesperava: "Você não pode me compreender, porque se tivesse de aprender uma matéria, em vez de se atormentar, você a aprenderia." Entristeci-me com essas linhas que ridicularizavam minhas manias de boa aluna; mas a agressividade discreta delas significava, também, que Zaza censurava sua indolência. Se eu a irritava, era porque me dava e não me dava razão ao mesmo tempo; defendia sem alegria a criança sem sorte que era a seus próprios olhos, contra as minhas perfeições.

Havia também ressentimento em seu desprezo pela humanidade: ela não se estimava muito, mas o resto do mundo não lhe parecia estimável tampouco. Buscava no céu o amor que a terra lhe recusava, era muito devota. Vivia em um meio mais homogêneo do que o meu e em que os valores religiosos eram afirmados unanimemente, com ênfase: o desmentido que a prática infligia à teoria só assumia um brilho mais escandaloso. Os Mabille davam dinheiro para obras de caridade. Todos os anos iam a Lurdes, durante a peregrinação nacional; os meninos serviam de padioleiros, as meninas lavavam a louça nas cozinhas dos hospitais. No seu meio, falava-se muito em Deus, caridade, ideal; mas Zaza percebeu logo que toda aquela gente só respeitava o dinheiro e o prestígio social. A hipocrisia revoltou-a; protegeu-se com um *parti pris* de cinismo. Não percebi jamais o que havia de doloroso e amargo naquilo que no Curso Désir chamavam seus paradoxos.

Zaza tratava por tu suas outras amigas; nas Tulherias brincava com qualquer menina, tinha atitudes muito livres e até descaradas. No entanto, nossas relações eram bastante cerimoniosas: nem beijos e abraços, nem outras liberdades; continuávamos a nos tratar por vós, simplesmente, e conversávamos sem intimidade. Eu sabia que ela me queria menos do que eu a ela; preferia-me às outras colegas, mas a vida escolar não contava para ela tanto quanto para mim; afeiçoada à família, a seu meio, a seu piano, a suas férias, eu ignorava o lugar que me reservava em sua existência; a princípio não me inquietava com isso; agora, interrogava-me a respeito; tinha consciência de que meu amor pelo estudo e minha docilidade a aborreciam; até que ponto me estimava? Não havia como pensar em revelar-lhe meus sentimentos, nem em procurar conhecer os seus. Eu conseguira libertar-me interiormente dos clichês com que os adultos condenam as crianças; eu ousava minhas emoções, meus sonhos, meus desejos e até certas palavras. Mas não imaginava ser possível comunicar-me sinceramente com outrem. Nos livros, as pessoas fazem declarações de amor, de ódio, põem o coração em frases; na vida nunca pronunciam palavras que pesem. O que "se diz" é tão regulamentado quanto o que "se faz". Nada mais convencional do que as cartas que trocávamos. Zaza utilizava os lugares-comuns com um pouco mais de elegância do que eu; mas nem uma, nem outra, exprimíamos o que realmente nos interessava. Nossas mães liam nossa correspondência: essa censura não favorecia, por certo, livres efusões. Mesmo nas conversas, entretanto, respeitávamos indefiníveis conveniências; permanecíamos mesmo aquém do pudor, persuadidas ambas de que nossa verdade íntima não devia enunciar-se abertamente. Via-me, portanto, limitada a interpretar sinais imprecisos; o menor elogio de Zaza enchia-me de alegria; os sorrisos sarcásticos que me prodigava dilaceravam-me. A felicidade que me proporcionava nossa amizade foi perturbada, durante esses anos ingratos, pelo constante temor de desagradar-lhe.

Certo ano, no meio das férias, sua ironia fez-me sofrer terrivelmente. Eu fora admirar com minha família as cascatas de Gimel; reagi ante o pitoresco reconhecido por todos com um entusiasmo de encomenda. Naturalmente, como minhas cartas participavam da vida pública, fazia questão de calar-me acerca das alegrias solitárias que me dava o campo. Em compensação, meti-me a descrever a Zaza essa excursão coletiva, suas belezas e meus transportes. A chatice do estilo sublinhava lamentavelmente a insinceridade de minhas emoções. Na resposta, Zaza insinuou maliciosamente que eu lhe enviara por descuido uma de minhas composições de férias: chorei. Sentia que ela censurava em mim algo mais grave do que a grandiloquência inábil de minhas frases; carregava por toda a parte meus trapos de boa aluna. Era até certo ponto verdade; mas era verdade também que eu gostava de Zaza com uma intensidade que nada devia aos usos nem às convenções. Não coincidia exatamente com o personagem que ela acreditava que eu fosse, mas não achava jeito de destruí-lo para mostrar meu coração a Zaza: esse mal-entendido desesperava-me. Na minha resposta fingi que brincava censurando-lhe a maldade; ela sentiu que me magoara, pois desculpou-se de imediato: eu fora vítima, dizia-me, de um ataque de mau humor. Serenei.

Zaza não suspeitava quanto eu a venerava, nem que eu abdicara de todo orgulho em favor dela. Numa festa de caridade do Curso Désir, uma grafóloga examinou nossas letras: a de Zaza pareceu-lhe revelar uma maturidade precoce, uma sensibilidade, uma cultura e dons artísticos espantosos; na minha só viu imaturidade. Aceitei o veredicto: sim, era uma aluna aplicada, uma menina bem-comportada, nada mais.

Zaza contestou-o com uma veemência que me reconfortou. Protestando numa carta contra outra análise, igualmente desfavorável, que eu lhe comunicara, esboçou meu retrato: "Alguma reserva, alguma submissão do espírito às doutrinas e aos costumes; acrescento grande coração e uma cegueira sem igual e muito indulgente para com as amigas."

Não nos acontecia muitas vezes falar tão explicitamente de nós. Por minha culpa? O fato é que Zaza fazia gentilmente alusão a minha "reserva"; desejaria maior intimidade entre nós? A afeição que eu lhe dedicava era fanática; a que tinha para comigo, reticente; mas eu fui sem dúvida responsável por nossa exagerada discrição.

Esta era pesada, entretanto. Brusca, cáustica, Zaza era sensível. Chegara um dia ao curso com a fisionomia transtornada porque soubera na véspera da morte de um priminho distante. Teria se comovido com o culto que eu lhe dedicava. Era intolerável para mim que ela não adivinhasse nada. Desde que nenhuma palavra era possível, inventei um gesto. Era correr um grande risco; mamãe acharia minha iniciativa ridícula; ou a própria Zaza a acolheria com surpresa. Mas tinha tal necessidade de me exprimir que, por uma vez, passei por cima de tudo. Abri-me com minha mãe, que aprovou o projeto: como presente de aniversário daria a Zaza uma bolsa que eu mesma confeccionaria. Comprei uma seda vermelha e azul, bordada de ouro, que me pareceu o cúmulo do luxo; montei-a numa armação de espartaria de acordo com um modelo da *Mode Pratique* e forrei a bolsinha com cetim cereja. Embrulhei minha obra em papel de seda. No dia marcado, esperei Zaza no vestiário. Quando lhe entreguei o presente, ela olhou com espanto, a seguir o sangue subiu-lhe ao rosto e sua fisionomia mudou; durante um momento ficamos uma diante da outra, embaraçadas pela emoção, sem encontrar em nosso repertório uma palavra, um gesto adequado à circunstância. No dia seguinte nossas mães se encontraram: "Agradece a Mme De Beauvoir", disse Mme Mabille com sua voz afável, "todo o trabalho foi dela." Procurava incluir o meu ato no círculo das gentilezas dos adultos. Percebi nesse instante que não gostava mais dela. Aliás, ela fracassou. Algo ocorrera que não podia mais ser apagado.

Apesar disso, fiquei de sobreaviso. Mesmo quando Zaza se mostrava muito amigável, mesmo quando parecia comprazer-se em minha companhia, eu tinha receio de importuná-la. Da "personalidade" secreta que a habitava, só me revelava ninharias: eu tinha uma ideia quase religiosa dos colóquios que ela pudesse ter consigo mesma. Um dia fui buscar na rua Varennes um livro que ela devia me emprestar; ela não estava em casa; mandaram-me entrar no seu quarto; podia esperá-la, não demoraria. Olhei a parede coberta de papel azul, a santa Ana de Da Vinci, o crucifixo. Zaza deixara aberto sobre a escrivaninha um de seus livros prediletos: os *Ensaios*, de Montaigne. Li a página em que havia parado e a que ia voltar: que lia ela? Os caracteres impressos me pareciam mais indecifráveis do que no tempo em que eu não conhecia o alfabeto. Tentei ver o quarto com os olhos de Zaza, insinuar-me no seu monólogo: em vão. Podia tocar todos os objetos em que sua presença se achava inscrita: eles nada me revelavam; anunciando-a, a escondiam de mim; dir-se-ia até que me proibiam de me aproximar dela. A existência de Zaza pareceu-me tão hermeticamente fechada em si mesma que dentro dela o menor lugar me era recusado. Peguei o livro e fugi. Quando a encontrei no dia seguinte, ela pareceu espantada: por que saíra tão depressa? Não o soube explicar. Não confessava a mim mesma as torturas febris com que pagava a felicidade que ela me dava.

A maioria dos meninos que eu conhecia parecia-me sem graça e limitada; sabia entretanto que pertenciam a uma categoria privilegiada. Estava disposta a submeter-me ao seu prestígio, desde que tivessem algum encanto, alguma vivacidade. Meu primo Jacques jamais perdera esse encanto. Morava sozinho com a irmã e uma criada velha na casa do bulevar Montparnasse e vinha frequentemente nos visitar à noite. Com treze anos, já tinha modos de rapaz; a independência de sua vida, sua autoridade nas discussões, faziam dele um adulto precoce e eu achava normal que me tratasse como uma priminha. Sentíamo-nos felizes, minha irmã e eu, quando reconhecíamos o seu toque de campainha. Uma noite chegou tão tarde que já estávamos deitadas; precipitamo-nos ao escritório de camisola. "Que ideia!", disse mamãe, "isso lá é modo de se apresentar? Vocês já são grandes demais!" Fiquei atônita. Encarava Jacques como uma espécie de irmão. Ajudava-me a fazer minhas traduções de latim, criticava a escolha de minhas leituras, recitava-me poemas. Uma tarde, à sacada, recitou-me "La Tristesse d'Olympio" e eu me lembrei com uma dorzinha no coração de que tínhamos sido noivos. Agora ele só conversava de verdade com meu pai.

Era externo no Colégio Stanislas, onde brilhava; entre quatorze e quinze anos tomou-se de grande admiração por um professor de literatura que lhe ensinou a preferir Mallarmé a Rostand. Meu pai deu de ombros, depois se irritou. Como Jacques denegria Cyrano sem saber explicar-me as fraquezas da peça, como me recitava, com ares de bom entendedor, versos obscuros sem fazer-me sentir sua beleza, concordei com meus pais que ele desejava apenas se mostrar. Contudo, embora recusando aceitar seus gostos, admirava-o por defendê-los com tanto ardor. Conhecia uma série enorme de escritores e poetas que eu ignorava por completo; com ele entravam em casa os rumores de um mundo que me era fechado: como gostaria de penetrar nele! Papai gostava de dizer: "Simone tem um cérebro de homem. Simone é um homem." No entanto, tratavam-me como menina. Jacques e seus colegas liam livros de verdade, estavam a par dos verdadeiros problemas; viviam ao ar livre; quanto a mim, fechavam-me num quarto de crianças. Não me desesperava. Confiava no futuro. Pelo saber, pelo talento, algumas mulheres haviam conquistado um lugar no universo dos homens. Mas eu me impacientava com esse atraso que me era imposto. Quando me acontecia passar diante do Colégio Stanislas, meu coração apertava: evocava o mistério que era celebrado atrás daquelas paredes: uma classe de rapazes e me sentia exilada. Tinham como professores homens de inteligência brilhante que lhes transmitiam o conhecimento em todo o seu esplendor. Minhas velhas professoras só o comunicavam expurgado, insosso, murcho. Alimentavam-me com sucedâneos e mantinham-me presa numa gaiola.

Não olhava mais, com efeito, as professoras como sacerdotisas augustas do Saber e sim como carolas ridículas. Mais ou menos filiadas à ordem dos jesuítas, repartiam o cabelo de lado, enquanto noviças, e no meio, depois dos votos. Acreditavam dever manifestar sua devoção pela extravagância no modo de se vestir: usavam blusas de tafetá cambiante, com mangas bufantes e golas de barbatanas; as saias varriam o soalho. Eram mais ricas de virtudes que de diplomas. Achavam notável que M.me Dubois, uma morena bigoduda, se licenciasse em inglês; M.me Billon, de mais ou menos trinta anos, fora vista na Sorbonne submetendo-se ao exame oral do bacharelado, toda envergonhada e de luvas. Meu pai não escondia que achava essas mulheres piedosas um tanto ultrapassadas. Irritava-se que me obrigassem, se contava numa composição um passeio ou uma festa, a terminar a narrativa: "Agradecendo a Deus esse lindo dia." Ele apreciava Voltaire, Beaumarchais, sabia Victor Hugo de cor: não admitia que fizessem parar no século XVII a literatura francesa. Chegou a propor a mamãe colocar-nos no liceu, a mim e a minha irmã; teríamos feito estudos mais sérios e com menores gastos. Rechacei com fervor a sugestão. Teria perdido o gosto de viver se me houvessem separado de Zaza. Minha mãe apoiou-me. Nesse ponto também, eu me sentia dividida. Queria permanecer no Curso Désir e no entanto não me comprazia mais nele. Continuei a estudar com afinco, mas meu comportamento mudou. A diretora das classes superiores, Mme Lejeune, uma mulherona seca, viva e bem-falante, inspirava-me respeito, mas, com Zaza e algumas colegas, eu zombava dos ridículos das outras professoras. As inspetoras não conseguiam fazer-nos ficar sossegadas. Passávamos as horas de descanso, entre as aulas, numa grande sala que chamavam "sala de estudo dos cursos". Tagarelávamos, zombávamos de tudo, provocávamos a vigilante encarregada de manter a ordem e que havíamos apelidado de "espantalho". Minha irmã, irritada, decidira tornar-se francamente insuportável. Com uma amiga que ela própria escolhera, Anne-Marie Gendron, fundou *L'Echo du Cours Désir*; Zaza lhes emprestou tinta e de vez em quando eu colaborava: redigíamos panfletos ofensivos. Não nos davam mais notas de comportamento, mas queixavam-se a minha mãe. Ela se preocupava um pouco, mas, como meu pai ria conosco, fechava os olhos. Nunca tive a menor ideia de emprestar uma significação moral a essas travessuras: desde que eu descobrira que eram tolas, as professoras não mais detinham as chaves do bem e do mal.

A burrice: outrora minha irmã e eu a censurávamos nas crianças que nos aborreciam; agora acusávamos de burrice muitos adultos e em particular essas professoras. Os sermões untuosos, os solenes discursos repisados, os gestos afetados, isso tudo era burrice; era estúpido dar importância a ninharias, obstinar-se nos usos e costumes, preferir lugares-comuns e preconceitos às evidências. O cúmulo da burrice era acreditar que engolíamos as mentiras virtuosas que nos recitavam. A burrice fazia-nos rir, era um dos grandes assuntos que nos divertiam; mas tinha algo apavorante. Se a burrice vencesse, não teríamos mais o direito de pensar, de zombar, de sentir desejos autênticos, prazeres verdadeiros. Era preciso combatê-la, ou renunciar a viver.

As professoras acabaram se irritando com minha insubordinação e me disseram isso. O Instituto Adeline Désir cuidava muito de se distinguir dos estabelecimentos laicos em que se adorna o espírito sem formar a alma. Em lugar de nos distribuírem no fim do ano prêmios correspondentes a nossos êxitos escolares — o que teria podido provocar rivalidades profanas entre nós —, concediam-nos no mês de março, sob a presidência de um bispo, menções e medalhas que recompensavam principalmente nosso zelo, nosso bom comportamento, nossa antiguidade na casa. A reunião se realizava na sala Wagram, com muita pompa. A mais alta distinção era a "menção honrosa", concedida em cada classe a um punhado de eleitas que sobrepujavam as demais em tudo. As outras só tinham direito a menções especiais. Naquele ano, quando meu nome foi solenemente pronunciado em meio ao silêncio geral, ouvi com surpresa Mme Lejeune proclamar: "Menções especiais em matemática, história e geografia." Houve entre minhas colegas um murmúrio de consternação, e também de satisfação, pois eu não contava apenas com amigas. Suportei com dignidade a humilhação. À saída, meu professor de história falou com minha mãe: a influência de Zaza me era nefasta; não devíamos mais sentar uma ao lado da outra durante as aulas. Tentei controlar-me em vão: lágrimas vieram-me aos olhos; agradaram a Mme Gontran, que pensou que eu estivesse chorando por causa da menção honrosa que não tivera; eu pensei que fosse sufocar de raiva porque pretendiam afastar-me de Zaza. Mas minha tristeza era mais profunda. Naquele corredor triste percebi obscuramente que minha infância terminava. Os adultos ainda me mantinham sob tutela, mas sem assegurar por mais tempo a paz de meu coração. Estava separada deles por essa liberdade de que não tirava nenhum orgulho mas que suportava solitariamente.

Não reinava mais sobre o mundo; as fachadas dos imóveis, os olhares indiferentes dos transeuntes me exilavam. Por isso meu amor pelo campo assumiu um aspecto místico. Logo que chegava a Meyrignac as muralhas ruíam, o horizonte recuava. Perdia-me no infinito, permanecendo contudo eu mesma. Sentia em minhas pálpebras o calor do sol que brilha para todos mas que nesse instante somente a mim acariciava. O vento girava em volta dos álamos; vinha de outros lugares, de toda parte, derrubando o espaço, e eu turbilhonava, imóvel, até os confins da Terra. Quando a lua se erguia no céu, eu comungava com as cidades longínquas, os desertos, os mares, as aldeias que no mesmo momento se banhavam em sua luz. Não era mais uma consciência vaga, um olhar abstrato, e sim o odor agitado do trigo-mouro, o odor íntimo das urzes, o calor espesso do meio-dia ou o arrepio do crepúsculo; eu pesava e no entanto evaporava-me no azul, não tinha mais limites.

Minha experiência humana era curta; sem um bom ângulo de luz nem palavras adequadas, não apreendia tudo. A natureza descobria-me, visíveis, tangíveis, uma porção de maneiras de existir de que eu nunca me aproximara. Admirava o isolamento orgulhoso do carvalho que dominava o parque-paisagem; apiedava-me da solidão em comum das folhinhas de relva. Aprendi as manhãs ingênuas e a melancolia crepuscular, os triunfos e os declínios, os renascimentos e as agonias. Alguma coisa um dia se harmonizaria em mim com o perfume das madressilvas. Todas as tardes ia sentar-me entre as mesmas urzes e contemplava as ondulações azuladas das colinas; ao cair da tarde, o sol deitava-se atrás do mesmo monte: mas os vermelhos, os rosa, os carmins, os púrpura, os violeta não se repetiam nunca. Nos prados imutáveis, zumbia da madrugada até à noite uma vida sempre nova. Ante o céu cambiante, a fidelidade distinguia-se da rotina, e envelhecer não era, necessariamente, renegar-se.

Era de novo única e era exigida: era preciso meu olhar para que o vermelho da faia encontrasse o azul do cedro e o prateado dos álamos. Quando ia embora a paisagem desfazia-se, não existia para mais ninguém: deixava de existir completamente.

Entretanto, muito mais vivamente do que em Paris, sentia em torno de mim a presença de Deus; em Paris, os homens e seus andaimes se escondiam de mim; aqui eu via as ervas e as nuvens tal qual ele as havia arrancado do caos e elas ostentavam sua marca. Quanto mais me colava à terra, mais me aproximava dele e cada passeio era um ato de adoração. Sua soberania não me tirava a minha. Ele conhecia todas as coisas a seu modo, isto é, absolutamente; mas parecia-me que de certa maneira ele precisava de meus olhos para que as árvores tivessem cor. O calor do sol, o frescor do orvalho, como os poderia sentir um puro espírito, senão através de meu corpo? Ele fizera a terra para os homens e os homens para testemunharem suas belezas; a missão de que eu me sentira sempre obscuramente incumbida fora ele que me concedera. Ao invés de me destronar, garantia o meu reinado. Privada de minha presença, a criação mergulhava num sono obscuro; despertando-a, eu cumpria o mais sagrado dos deveres, ao passo que os adultos, indiferentes, traíam os desígnios de Deus. Quando, pela manhã, atravessava correndo a cerca branca para afundar nos bosques, era ele quem me chamava. Com complacência ele me via olhar esse mundo que criara para que eu o visse.

Mesmo quando a fome me atazanava, mesmo quando estava cansada de ler e ruminar, repugnava-me reintegrar minha carcaça e voltar ao espaço fechado, no tempo esclerosado dos adultos. Uma noite esqueci-me de mim mesma. Era na Grillère. Lera durante muito tempo, à beira de uma lagoa, uma história de São Francisco de Assis. Fechara o livro ao crepúsculo; deitada na grama, olhava a lua; ela brilhava sobre a Úmbria

molhada pelas primeiras lágrimas da noite: a doçura da hora sufocava-
-me. Gostaria de pegá-la ao passar, de fixá-la para sempre no papel com palavras; haverá outras horas, dizia a mim mesma, e aprenderei a retê-
-las! Fiquei pregada ao solo, de olhos presos no céu. Quando empurrei a porta da sala de bilhar o jantar acabava de terminar. Foi uma cena; até meu pai tomou parte barulhenta na discussão. A título de represália, minha mãe decretou que no dia seguinte eu não poria os pés fora do parque. Não ousei desobedecer francamente. Passei o dia sentada no gramado ou andando de um lado para outro nas aleias, com um livro na mão e rancor no coração. Ao longe, as águas da lagoa encrespavam, serenavam, a luz intensificava-se, amenizava-se, sem mim, sem nenhuma testemunha: era intolerável. "Se chovesse, se houvesse uma razão", pensava, "eu me conformaria." Mas reencontrava, intacta, a revolta que outrora me convulsionava. Uma palavra jogada ao acaso bastava para tolher uma alegria, uma plenitude; essa frustração do mundo e de mim mesma não beneficiava ninguém, não adiantava nada. Felizmente, o castigo não se repetiu. Em suma, à condição de estar em casa para as refeições, dispunha de todos os meus dias.

Minhas férias impediram-me de confundir o deleite da contemplação com o tédio. Em Paris, nos museus, acontecia-me trapacear; conhecia, pelo menos, a diferença entre as admirações forçadas e as emoções sinceras. Aprendi, assim, que para entrar no segredo das coisas é preciso, primeiramente, entregar-se a elas. Em geral, minha curiosidade era gulosa; acreditava possuir logo que conhecia, e conhecer num relance. Mas, para conquistar um recanto do campo, rondava dias e dias pelos atalhos, ficava horas imóvel ao pé de uma árvore; então, a menor vibração do ar e cada matiz do outono me comoviam.

Resignava-me dificilmente a voltar para Paris. Subia na sacada; só via telhados; o céu reduzia-se a um lugar geométrico, o ar não era mais perfume nem carícia, confundia-se com o espaço nu. Os ruídos da rua não me diziam nada. Aí ficava, de coração vazio e lágrimas nos olhos.

Em Paris recaía sob a influência dos adultos. Continuava a aceitar, sem críticas, sua versão do mundo. Não é possível imaginar um ensino mais sectário do que o que recebi. Manuais escolares, livros, aulas, conversações, tudo convergia para isso. Nunca me deixaram ouvir, de longe que fosse, em surdina, outras opiniões, outras interpretações.

Aprendi história tão docilmente quanto geografia, sem suspeitar que pudesse se prestar à discussão. Muito pequena ainda, comovi-me no Museu Grévin diante dos mártires jogados aos leões, diante da nobre figura de Maria Antonieta. Os imperadores que haviam perseguido os cristãos, as mulheres que assistiam às sessões da Convenção fazendo tricô, os *sans-culottes* constituíam a meus olhos as mais odiosas encarnações do mal. O Bem era a Igreja e a França. Ensinaram-me, no curso, a história dos papas e dos concílios, mas eu me interessei muito mais pelo destino de meu país; seu passado, seu presente, seu futuro alimentavam numerosas conversas em casa. Papai deleitava-se com as obras de Madelin, Lenôtre, Funck-Brentano; fizeram-me ler numerosos romances e narrativas históricas, e toda a coleção das Memórias expurgadas por Mme Carette. Lá pelos nove anos eu chorara sobre as desgraças de Luís XVII e admirara o heroísmo dos Chouans; mas renunciei desde cedo à monarquia; achava absurdo que o poder dependesse da hereditariedade e tivesse caído, na maior parte do tempo, nas mãos de imbecis. Teria me parecido normal que se confiasse o governo aos homens mais competentes. Em nosso país, eu o sabia, não era esse o caso, infelizmente. Uma maldição condenava-nos a ter como dirigentes uns crápulas; consequentemente, a França, superior pela essência às demais nações, não ocupava no mundo o lugar que lhe cabia. Certos amigos de papai sustentavam, contra ele, que era preciso encarar a Inglaterra, e não a Alemanha, como nossa inimiga hereditária; mas suas dissensões não iam mais longe. Concordavam em considerar uma ironia e um perigo a existência de qualquer país estrangeiro. Vítima do idealismo criminoso de Wilson, ameaçada em seu futuro pelo realismo brutal dos boches e dos bolcheviques, a França, na falta de um chefe enérgico, corria para o abismo. Aliás, toda a civilização iria soçobrar. Meu pai, que estava dilapidando seu capital, vaticinava a ruína da humanidade; mamãe fazia coro com ele. Havia o perigo vermelho, o perigo amarelo; muito breve, dos confins da terra e da escória da sociedade, uma nova barbárie se desencadearia: a revolução precipitaria o mundo no caos. Meu pai profetizava essas calamidades com uma veemência apaixonada que me consternava; esse futuro que ele pintava com cores terríveis era o meu. Eu amava a vida: não podia admitir que ela se transformasse amanhã em um lamento sem esperança. Um dia, em vez de deixar passar por cima de minha cabeça a onda de palavras e imagens devastadoras, inventei uma resposta: "De qualquer modo, são homens que ganharão." Dir-se-ia, ouvindo meu pai, que monstros informes se preparavam para destruir a humanidade; mas não, nos dois campos, homens se enfrentavam. Afinal, pensava, a maioria sairá vencedora; os descontentes serão uma minoria; se a felicidade muda de mãos, não há na verdade catástrofe. O Outro deixara repentinamente de se apresentar como o Mal absoluto; não via, *a priori*, por que preferir a seus interesses os que diziam ser os meus. Respirei. A terra não estava em perigo.

Era a angústia que me estimulara; descobrira uma saída para o desespero porque a procurara com ardor. Mas minha segurança e minhas ilusões confortáveis tornavam-me insensível aos problemas sociais. Estava a cem léguas de contestar a ordem estabelecida.

É pouco dizer que a propriedade me parecia um direito sagrado. Como outrora, entre a palavra e a coisa que designa, eu supunha existir, entre o proprietário e seus bens, uma união consubstancial. Dizer: *meu* dinheiro, *minha* irmã, *meu* nariz era, nos três casos, afirmar um laço que ninguém podia desfazer porque ele existia acima de quaisquer convenções. Contaram-me que, para construir a estrada de ferro de Uzerche, o Estado desapropriara um grande número de camponeses e castelões. Isso me escandalizou tanto quanto se lhes houvessem pedido o sangue. Meyrignac pertencia a vovô tão absolutamente quanto sua própria vida.

Em compensação, não admitia que um fato em si, a riqueza, pudesse alicerçar qualquer direito nem conferir algum mérito. O Evangelho prega a pobreza. Respeitava muito mais Louise do que bom número de senhoras ricas. Indignou-me que minha prima Madeleine recusasse dizer bom-dia aos padeiros que vinham de carrinho entregar o pão na Grillère: "Eles é que devem saudar-me primeiro", declarou. Eu acreditava na igualdade abstrata das pessoas humanas. Em Meyrignac, certo verão, li um livro que defendia o voto censitário das eleições. "Mas é vergonhoso impedir que os pobres votem!" Papai sorriu. Explicou-me que uma nação é um conjunto de bens; aos que os detêm cabe normalmente o cuidado de os administrar. Concluiu citando Guizot: "Enriquecei-vos." A demonstração deixou-me perplexa. Papai não conseguira enriquecer: teria julgado justo que o privassem de seus direitos? Se eu protestava era em nome do sistema de valores que ele próprio me ensinara. Ele não estimava que a qualidade de um homem se medisse pela sua conta-corrente nos bancos; e zombava constantemente dos "novos-ricos". A elite definia-se, a seu ver, pela inteligência, pela cultura, por um conhecimento perfeito da ortografia, uma boa educação, ideias sadias. Eu o aprovava sem dificuldade quando ele apontava a tolice e a ignorância da maioria como objeções ao sufrágio universal: somente as pessoas "esclarecidas" deveriam ter voz. Eu me inclinava ante essa lógica que completava uma verdade empírica: as "luzes" são apanágio da burguesia. Alguns indivíduos das camadas inferiores realizam proezas intelectuais mas conservam algo "primário" e são, em geral, espíritos que não conseguem atingir a verdade. Em compensação, todo indivíduo de boa família possui "um quê" que o distingue do vulgar. Não me chocava demasiado o fato de estar o mérito ligado ao acaso do nascimento porque era a vontade de Deus que decidia da sorte de cada um. Em todo caso, uma coisa me parecia evidente; moralmente, logo absolutamente, a classe a que eu pertencia era de longe superior ao resto da sociedade. Quando ia com mamãe visitar os sitiantes de vovô, o odor do esterco, a sujeira dos interiores por onde corriam galinhas, a rusticidade dos móveis pareciam traduzir a grosseria de suas almas; eu os via trabalhar nos campos, enlameados, cheirando a terra e a suor, e nunca contemplavam a harmonia da paisagem, ignoravam as belezas do pôr do sol. Não liam, não tinham ideal; papai dizia, sem animosidade, de resto, que eram uns "brutos". Quando me leu *L'Essai sur l'inégalité des races humaines*, de Gobineau, apressei-me em adotar a ideia de que o cérebro deles diferia do nosso.

Gostava tanto do campo que a vida dos camponeses me parecia feliz. Se tivesse visto a dos operários, não teria deixado por certo de procurar esclarecer certas questões, mas ignorava tudo dela. Antes de seu casamento, tia Lili, por não ter o que fazer, ocupava-se de obras beneficentes; levou-me algumas vezes com ela para dar brinquedos a umas crianças selecionadas: os pobres não me pareceram infelizes. Muita gente bondosa dava-lhes esmolas e as irmãs de São Vicente de Paulo dedicavam-se especialmente a eles. Havia descontentes: eram falsos pobres, que se empanturravam de peru assado na véspera do Natal, ou maus pobres, que bebiam. Alguns livros — Dickens, *Sans famille*, de Hector Malot — descreviam existências duras; eu achava terrível a sorte dos mineiros, enfurnados durante o dia em galerias sombrias, à mercê de uma explosão de gás. Mas asseguraram-me que isso tinha mudado, os tempos eram outros. Os operários trabalhavam muito menos e ganhavam muito mais; desde a criação dos sindicatos, os verdadeiros oprimidos eram os patrões. Os operários, muito mais favorecidos do que nós, não tinham de "representar", em consequência podiam comer frango todos os domingos. Suas mulheres compravam no mercado o que havia de melhor e usavam meias de seda. Quanto à dureza de seus ofícios, o desconforto de seus lares, estavam habituados; não sofriam como teríamos sofrido. Suas recriminações não tinham a desculpa da necessidade. De resto, dizia meu pai, dando de ombros: "Não se morre de fome!" Não, se os operários odiavam a burguesia, é porque tinham consciência da superioridade desta. O comunismo, o socialismo só se explicavam pela inveja: "E a inveja", dizia meu pai, "é um sentimento feio".

Somente uma vez me foi dado pressentir a miséria. Louise habitava com seu marido, o telhador, um quarto na rua Madame, sob o telhado. Teve um bebê e eu fui vê-la com minha mãe. Nunca pusera os pés num sexto andar.[7] O estreito e triste corredor para o qual davam uma dúzia de portas, todas iguais, apertou-me o coração. O quarto de Louise, minúsculo, comportava uma cama de ferro, um berço, uma mesa com um fogareiro. Ela dormia, cozinhava, comia, vivia com um homem entre aquelas quatro paredes. Ao longo do corredor, famílias sufocavam, encerradas em cubículos idênticos. A promiscuidade em que eu vivia e a monotonia dos dias burgueses já me oprimiam: entrevi um universo em que se respirava um odor de fuligem, cuja sujeira nenhuma luz jamais traspassava. A existência era ali uma lenta agonia. Pouco tempo depois, Louise perdeu o filho. Solucei durante horas: era a primeira vez que via a desgraça de frente. Imaginei Louise em seu quarto sem alegria, privada do filho, privada de tudo: uma tal miséria deveria fazer a terra explodir. "É injusto demais!", dizia a mim mesma. Não pensava somente na criança morta, pensava também no corredor do sexto andar. Acabei secando as lágrimas sem questionar a sociedade.

Era para mim muito difícil pensar por mim mesma, pois o sistema que me ensinavam era monolítico e incoerente a um tempo. Se meus pais tivessem discutido eu poderia tê-los oposto um a outro; uma doutrina única e rigorosa teria oferecido à minha jovem lógica pontos de apoio sólidos. Mas, alimentada concomitantemente com a moral do Des Oiseaux e o nacionalismo paterno, eu me perdia em contradições. Nem minha mãe nem as professoras duvidavam de que o papa fosse eleito pelo Espírito Santo; entretanto, meu pai opunha-se a que ele se imiscuísse nas coisas do século e mamãe assim pensava também. Leão XIII, consagrando encíclicas às "questões sociais", traíra sua missão; Pio X, que nada dissera a respeito, era um santo. Era, pois, necessário engolir este paradoxo: o homem escolhido por Deus para representá-lo na Terra não devia preocupar-se com as coisas terrenas. A França era a filha mais velha da Igreja: devia obediência à sua mãe. Entretanto, os valores nacionais primavam sobre as virtudes católicas; quando em Saint-Sulpice pediram

---

[7] Último andar dos sótãos e mansardas, reservado à criadagem, em geral. (N.T.)

esmolas para "as crianças famélicas da Europa central" minha mãe indignou-se e se recusou a dar esmola "aos boches". Em todas as circunstâncias o patriotismo e a ideia da necessidade de ordem prevaleciam sobre a caridade cristã. Mentir era ofender a Deus; no entanto, papai declarava que, forjando um documento, o coronel Henry se conduzira como um grande homem. Matar era um crime, mas não se devia abolir a pena de morte. Ensinaram-me cedo as conciliações da casuística, a separar radicalmente Deus de César e dar a cada um o que lhe era devido. Era, contudo, desconcertante que César ganhasse sempre contra Deus. Olhando o mundo ao mesmo tempo pelos versículos do Evangelho e pelas colunas do Matin a visão se turva. Não tinha outro recurso senão refugiar-me, humildemente, na autoridade.

Submetia-me cegamente. Desencadeara-se um conflito entre a *Action Française* e a *Démocratie Nouvelle*. Tendo-se assegurado a vantagem numérica, os *Camelots du roi* atacaram os partidários de Marc Sangnier e os fizeram engolir garrafas de óleo de rícino. Papai e seus amigos se divertiram. Eu aprendera, na minha primeira infância, a rir dos sofrimentos dos maus; sem me interrogar a fundo, admiti, confiando em papai, que a brincadeira era divertidíssima. Subindo com Zaza a rua Saint-Benoit, aludi alegremente ao fato. A fisionomia de Zaza fez-se dura: "É infecto!", disse revoltada. Não soube o que responder. Derrotada, percebi que copiara sem reflexão a atitude de papai, mas que minha cabeça estava oca. Zaza exprimia também a opinião de sua própria família. Seu pai pertencera ao *Sillon* antes que a Igreja o condenasse; continuava a pensar que os católicos têm deveres sociais e rejeitava as teorias de Maurras. Era uma posição suficientemente coerente para que uma menina de quatorze anos a ela pudesse aderir com conhecimento de causa. A indignação de Zaza, seu horror à violência eram sinceros. Eu tinha falado como um papagaio, sem nenhum argumento em que me apoiar. Sofri com o desprezo de Zaza; contudo, o que mais me perturbou foi a discussão que assim se estabelecia entre ela e meu pai: eu não queria condenar nenhum dos dois. Falei com papai; ele deu de ombros e disse que Zaza era uma criança. A resposta não me satisfez. Pela primeira vez via-me acuada, forçada a tomar partido. Mas eu não entendia daquilo e não me decidi. A única conclusão que tirei do incidente foi que se podia ter uma opinião diferente da opinião de meu pai. A própria verdade não era garantia.

Foi a *Histoire des deux Restaurations*, de Vaulabelle, que me fez inclinar para o liberalismo: li em dois verões os sete volumes da biblioteca de vovô. Chorei pelo malogro de Napoleão; tomei-me de ódio contra a monarquia, o conservadorismo, o obscurantismo. Queria que a razão governasse os homens e entusiasmei-me pela democracia, que garantia a todos, pensava eu, direitos iguais e liberdade. Parei aí.

Interessava-me muito menos pelas longínquas questões políticas e sociais do que pelos problemas que me diziam respeito: a moral, a vida interior, minhas relações com Deus. Foi sobre isso que comecei a meditar.

A natureza falava-me de Deus. Mas, decididamente, ele me parecia inteiramente alheio ao mundo em que se agitam os homens. Assim como o papa no fundo do Vaticano não tem que se preocupar com o que ocorre no século, Deus, no infinito do céu, não devia interessar-se de verdade pelos pormenores das aventuras terrestres. Há muito tempo eu aprendera a distinguir sua lei da autoridade profana; minhas insolências na aula, minhas leituras clandestinas não eram de sua alçada. De ano para ano, minha devoção depurava-se se fortalecendo e eu desdenhava a insipidez da moral em benefício da mística. Rezava, meditava, tentava tornar a presença divina sensível a meu coração. Por volta dos doze anos inventei mortificações: fechada no escritório — meu único refúgio —, esfregava-me com pedra-pomes até sangrar, fustigava-me com uma correntinha de ouro que usava ao pescoço. Meu fervor deu poucos frutos. Nos meus livros devotos falava-se muito em progressos, em ascensão; as almas subiam por atalhos escarpados, venciam obstáculos; por momentos, atravessavam desertos áridos, e depois um orvalho celeste as consolava: era toda uma aventura. Na realidade, enquanto intelectualmente cada vez mais eu me elevava para o saber, nunca tinha a impressão de me haver aproximado de Deus. Desejava aparições, êxtases, que alguma coisa ocorresse dentro ou fora de mim: nada acontecia, e meus exercícios acabavam por se assemelhar a comédias. Exortava-me à paciência, confiada em que um dia eu me encontraria instalada no coração da eternidade, maravilhosamente desprendida da Terra. Entrementes, vivia nesta sem constrangimentos, pois meus esforços situavam-se em alturas espirituais cuja serenidade não podia ser turvada por trivialidades.

Meu sistema recebeu um desmentido. Há sete anos confessava-me duas vezes por mês ao padre Martin; entretinha-o acerca de meus estados de alma; acusava-me de ter comungado sem fervor, de ter rezado superficialmente, de ter pensado muito raramente em Deus. A tais fraquezas etéreas ele respondia com um sermão em estilo elevado. Um dia, em lugar de se limitar a esses ritos, pôs-se a falar-me em tom familiar. "Vim a saber que minha pequena Simone mudou... que é desobediente, turbulenta, que responde quando a repreendem... Doravante será preciso atentar para essas coisas." Meu rosto ficou em brasa: olhei com horror o impostor que durante anos eu considerara representante de Deus. Bruscamente acabava de erguer a batina, descobrindo as anáguas de carola: o hábito era apenas uma fantasia, encondia uma comadre apreciadora de mexericos. Deixei o confessionário com a cabeça ardendo, decidida a não mais voltar: a partir desse momento, pareceu-me tão odioso ajoelhar-me diante do padre Martin quanto diante de um espantalho. Quando me acontecia divisar sua batina preta nos corredores do Instituto, meu coração batia e eu fugia; sua figura me inspirava um mal-estar físico, como se a trapaça do sacerdote me houvesse tornado cúmplice de uma obscenidade.

Suponho que ele se surpreendeu muito com isso, mas sem dúvida julgou-se preso ao segredo profissional; não soube que tenha comunicado a ninguém minha defecção, nem tentou explicar-se comigo. De um dia para outro consumou-se a ruptura.

Deus saiu indene desta aventura; mas por pouco. Se me apressei em renegar meu confessor foi para conjurar a suspeita atroz que durante um instante turvou o céu: talvez Deus fosse mesquinho e futriqueiro como uma velha carola; talvez Deus fosse bobo! Enquanto o padre falava, uma mão imbecil abatera-se sobre minha nuca, inclinava minha cabeça, colava meu rosto no chão: até a minha morte me obrigaria a rastejar, cegada pela lama e pelas trevas, era preciso dizer adeus para sempre à verdade, à liberdade, a toda alegria; viver tornava-se uma calamidade e uma vergonha.

Desvencilhei-me dessa mão de ferro; concentrei meu horror no traidor que usurpara o papel de médium divino. Quando saí da capela, Deus reassumira sua majestade onisciente, eu remendara o céu. Perambulei sob as abóbadas de Saint-Sulpice à procura de um confessor que não alterasse, com impuras palavras humanas, as mensagens vindas do alto. Experimentei um ruivo e em seguida um moreno, conseguindo que se interessasse pela minha alma. Sugeriu-me temas de meditação e emprestou-me um *Précis de théologie ascétique et mystique*. Mas, na grande igreja nua, eu não sentia o calor da capela do curso. Meu novo diretor espiritual não me fora dado desde a infância; eu o escolhera mais ou menos ao acaso; não era um pai e eu não podia abandonar-me inteiramente a ele. Eu julgara e desprezara um padre: nenhum padre poderia jamais ser para mim o soberano Juiz. Ninguém na Terra encarnava exatamente Deus: eu estava só diante Dele. E conservava no fundo do coração uma dúvida: quem era Ele? Que queria ao certo? De que lado se achava?

Meu pai não acreditava; os maiores escritores, os melhores pensadores partilhavam esse ceticismo. Em geral, eram as mulheres que iam à igreja; eu começava a achar paradoxal e perturbador que a verdade fosse privilégio delas, quando os homens, sem discussão possível, lhes eram superiores. Ao mesmo tempo, pensava que não há maior cataclismo que perder a fé, e tentava assegurar-me contra tal risco. Aprofundara bastante minha instrução religiosa e seguira cursos de apologética. A toda objeção dirigida contra as verdades reveladas, sabia opor um argumento sutil: não conhecia nenhum raciocínio que as demonstrasse logicamente. A alegoria do relógio e do relojoeiro não me convencia. Ignorava muito radicalmente o sofrimento para tirar dele uma prova contra a Providência, mas a harmonia do mundo não me parecia evidente. Cristo e grande número de santos tinham tornado manifesto o sobrenatural na Terra: compreendia que a Bíblia, os Evangelhos, os milagres, as visões só eram garantidos pela autoridade da igreja. "O maior milagre de Lurdes, é Lurdes em si", dizia meu pai. Os fatos religiosos só eram convincentes para os convictos. Não duvidava hoje de que a Virgem tivesse aparecido a Bernadette, vestida de branco e azul; talvez duvidasse amanhã. Os crentes admitiam a existência desse círculo vicioso, já que declaravam que a fé resulta da graça. Não supunha que Deus me pregasse a peça de me recusá-la um dia, entretanto desejara apegar-me a uma prova irrefutável; só encontrei uma; as vozes de Joana d'Arc. Joana pertencia à história; veneravam-na igualmente meu pai e minha mãe. Nem mentirosa, nem iluminada, como recusar seu testemunho? Toda a sua extraordinária aventura o confirmava: as vozes tinham-lhe falado; era um fato cientificamente estabelecido, eu não compreendia como meu pai se arranjava para interpretá-la.

Uma tarde, em Meyrignac, postei-me à janela, como o fizera tantas outras tardes. Um odor quente de estábulo subia ao céu; minha prece elevou-se devagar, depois esmoreceu. Passara o dia comendo maçãs proibidas e lendo, num Balzac do Índex, o estranho idílio de um homem com uma pantera. Antes de adormecer, iria contar a mim mesma histórias estranhas que me poriam num estranho estado. "São pecados", pensei. Era impossível perseverar na trapaça: a desobediência sistemática e contínua, a mentira, os devaneios impuros não eram condutas inocentes. Mergulhei as mãos no frescor dos louros-cereja, escutei o murmúrio da água e compreendi que nada me faria renunciar às alegrias terrenas: "Não acredito mais em Deus", disse sem grande espanto. Era uma evidência: se tivesse acreditado nele, não teria consentido sem remorso em ofendê-lo. Sempre pensara que este mundo não merecia ser pago à custa da eternidade; mas ele contava, pois eu o amava, e era subitamente Deus que pesava menos na balança: o nome de Deus só devia portanto recobrir uma miragem. Há muito tempo a ideia que eu tinha dele tinha se depurado, sublimado, a tal ponto que ele tinha perdido qualquer semblante, qualquer ligação concreta com a terra e, pouco a pouco, o próprio ser. Sua perfeição excluía sua realidade. Por isso foi que me senti tão pouco surpresa ao comprovar sua ausência no meu coração e no céu. Não o negava para me ver livre de um importuno; ao contrário, percebi que não intervinha mais em minha vida e concluí que tinha deixado de existir para mim.

Eu tinha fatalmente de chegar a essa liquidação. Era demasiado extremista para viver sob as vistas de Deus, dizendo ao mesmo tempo sim e não ao século. Por outro lado, ter-me-ia repugnado pular de má-fé do profano ao sagrado e afirmar a existência de Deus, embora vivendo sem ele. Não concebia acomodações com o céu. Se Deus existia, o pouco que lhe recusasse seria demais; se não existia, o pouco que lhe concedesse seria também demais. Argumentar espertamente com a consciência, justificar com artifícios os prazeres, eram barganhas desonestas que me enojavam. Por isso, não tentei usar de manhas. Logo que a luz se fez em mim, agi sem rebuços.

O ceticismo paterno indicara-me o caminho; não me metia sozinha numa aventura arriscada. Senti mesmo grande alívio em me encontrar, liberta da minha infância e do meu sexo, de acordo com os espíritos livres que eu admirava. As vozes de Joana d'Arc não me perturbaram muito; outros enigmas me intrigaram, mas a religião habituara-me aos mistérios. E me era mais fácil pensar um mundo sem criador do que um criador carregado de todas as contradições do mundo. Minha incredulidade jamais vacilou.

Entretanto, a face do universo mudou. Mais de uma vez nos dias que se seguiram, sentada ao pé da faia vermelha ou dos álamos prateados, senti na angústia o vazio do céu. Outrora eu me postava no centro de um quadro vivo, cujas cores e luzes o próprio Deus escolhera: todas as coisas cantarolavam docemente a sua glória. Subitamente tudo emudecia. Que silêncio! A terra girava num espaço que nenhum olhar observava e, perdida sobre a sua imensa superfície, no meio do éter cego, eu estava só: pela primeira vez compreendi o sentido terrível dessa palavra, Só: sem testemunha, sem interlocutor, sem a quem recorrer. Minha respiração no peito, meu sangue nas veias, a confusão na minha cabeça, tudo isso não existia para ninguém. Erguia-me, corria para o parque, sentava-me embaixo da catalpa entre mamãe e tia Marguerite, tal era minha necessidade de ouvir vozes.

Fiz outra descoberta. Uma tarde, em Paris, tive a sensação de que estava condenada à morte. Ficara sozinha no apartamento e não refreava meu desespero: gritei e arranhei o tapete vermelho. E quando me levantei, estupefata, perguntei a mim mesma: "Como fazem os outros? Como farei?" Parecia-me impossível viver a vida inteira com o coração torturado pelo medo. Quando o vencimento se aproxima, pensava, quando já temos trinta, quarenta anos e imaginamos: "É amanhã", como podemos suportá-lo? Mais do que a morte propriamente, eu temia esse pavor que em breve seria meu quinhão e para sempre.

Felizmente, durante o ano escolar, essas fulgurações metafísicas tornaram-se raras: faltavam-me lazer e solidão. Quanto à prática da vida, minha conversão não a modificou. Deixara de acreditar, verificando que Deus não exercia nenhuma influência sobre a minha conduta: esta não mudou, portanto, quando renunciei a ele. Imaginara que a lei moral tirava dele sua necessidade, mas ela estava tão profundamente gravada em mim que permaneceu intacta depois que o suprimira. Minha mãe não devia sua autoridade a um poder sobrenatural, meu respeito é que emprestava um caráter sagrado aos seus decretos. Continuei a submeter-me a eles. Ideias de dever, de mérito, tabus sexuais, tudo se conservou.

Não encarava a possibilidade de abrir-me com meu pai; eu o teria metido num embaraço cruel. Carreguei sozinha meu segredo e achei-o pesado. Pela primeira vez na vida, tinha a impressão de que o bem não coincidia com a verdade. Não podia impedir-me de me ver com os olhos dos outros — minha mãe, Zaza, minhas colegas e professoras. Nem com os olhos daquela que eu tinha sido. No ano precedente, houvera na aula de filosofia uma aluna já grande de quem se murmurava que "não acreditava". Estudava direito, não dizia coisas inconvenientes, não a tinham mandado embora. Mas eu experimentava uma espécie de terror quando via, nos corredores, seu rosto que a fixidez de um olho de vidro tornava mais inquietante ainda. Chegara agora a minha vez de ser a ovelha negra. O que agravava meu caso era o fato de dissimulá-lo: ia à missa, comungava. Engolia a hóstia com indiferença e, no entanto, sabia que, segundo os crentes, cometia um sacrilégio. Escondendo o meu crime, eu o multiplicava, mas como poderia ousar confessá-lo? Ter-me-iam apontado com o dedo, expulsado do curso, teria perdido a amizade de Zaza; e que escândalo para mamãe! Estava condenada à mentira. Não era uma mentira anódina; manchava minha vida toda e por vezes — principalmente diante de Zaza, cuja retidão admirava — pesava-me como uma tara. Era novamente vítima de uma feitiçaria que não conseguia conjurar; não fizera mal nenhum e sentia-me culpada. Se os adultos tivessem decretado que eu era uma hipócrita, uma ímpia, uma menina dissimulada, e desnaturada, o veredicto me teria parecido ao mesmo tempo horrivelmente injusto e perfeitamente bem fundado. Dir-se-ia que eu existia de duas maneiras. Entre o que era para mim e o que era para os outros, não havia nenhuma relação.

Por momentos, sofria tanto por me sentir marcada, maldita, separada, que aspirava a recair no erro. Tinha que devolver ao padre Roulin seu *Précis de théologie ascétique et mystique*. Retornei a Saint-Sulpice, ajoelhei-me ao confessionário, disse ter-me afastado há meses dos sacramentos porque não acreditava mais. Vendo em minhas mãos o *Précis* e medindo a altura de que eu caíra, o sacerdote espantou-se e com uma brutalidade propositada indagou: "Que pecado grave cometeste?" Eu protestei. Ele não acreditou em mim e aconselhou-me a rezar muito. Resignei-me a viver exilada.

Li nessa época um romance que refletia a imagem de meu exílio. *The Mill on the Floss*, de George Eliot, impressionou-me ainda mais profundamente do que outrora Little Women. Eu o li em inglês, em Meyrignac, deitada no musgo de um bosque de castanheiros. Morena, gostando da natureza, da leitura, da vida, demasiado espontânea para observar as convenções respeitadas em seu meio, mas sensível à censura de um irmão que adorava, Maggie Tulliver achava-se, como eu, dividida entre os outros e ela própria. Reconheci-me nela. A amizade dela com o jovem corcunda que lhe emprestava livros comoveu-me tanto quanto a de Joe com Laurie: desejava que ela o desposasse. Mas, dessa vez ainda, o amor rompia com a infância. Maggie apaixonava-se pelo noivo de uma prima, Stephen, que conquistara involuntariamente. Comprometida por ele, recusava se casar a fim de ser leal para com Lucy. A aldeia teria desculpado uma perfídia sancionada por justas núpcias; não perdoava a Maggie ter sacrificado as aparências à voz da consciência. O próprio irmão a censurava. Eu só concebia o amor-amizade; a meus olhos os livros trocados e comentados juntos criavam laços eternos entre um rapaz e uma moça: compreendia mal a atração que Maggie sentia por Stephen. Contudo, se o amava, não devia renunciar a ele. No momento em que ela se fechou no velho moinho, incompreendida, caluniada, abandonada por todos, foi que eu morri de ternura por ela. Chorei-lhe a morte durante horas. Os outros a condenavam porque ela valia mais do que eles; eu era parecida com ela e vi desde então, em meu isolamento, não uma marca de infâmia, mas um sinal de eleição. Não pensei em morrer por isso. Através da heroína, eu me identificava com o autor: um dia, uma adolescente, uma outra eu mesma, molharia com suas lágrimas um romance em que eu teria contado a minha própria história.

Eu resolvera, há muito, consagrar a vida aos trabalhos intelectuais. Zaza escandalizou-se um dia, declarando, provocante: "Pôr nove filhos no mundo, como fez mamãe, é tão importante quanto escrever livros." Eu não via denominador comum entre dois destinos. Ter filhos, que por sua vez teriam filhos, era repetir ao infinito o mesmo refrão tedioso. O sábio, o artista, o pensador criavam um mundo diferente, luminoso e alegre em que tudo tinha sua razão de ser. Nele é que eu queria viver; estava resolvida a conquistar o meu lugar. Depois que renunciei ao céu, minhas ambições terrestres se acentuaram; era preciso emergir. Estendida no prado, contemplei, exatamente à altura da cabeça, a ondulação das folhas da relva, todas idênticas, cada uma afogada no matagal minúsculo que lhe escondia as demais. Essa repetição indefinida da ignorância, da indiferença, equivalia à morte. Ergui os olhos para o carvalho; ele dominava a paisagem e não tinha rival. Seria como ele.

Por que resolvi escrever? Na infância não levara muito a sério meus rabiscos; minha principal preocupação fora conhecer; gostava de redigir minhas composições, mas as professoras achavam afetado o meu estilo; eu não me julgava com talento. Entretanto, aos quinze anos escrevi no álbum de uma amiga as predileções e os projetos que deviam definir minha personalidade. À pergunta: "Que deseja ser mais tarde?" respondi sem hesitação: "Um autor célebre." Em relação ao músico predileto, à flor preferida, eu inventara gostos mais ou menos fictícios. Mas nesse ponto não hesitei: ambicionava esse futuro e o preferia a qualquer outro.

A primeira razão provinha da admiração que me inspiravam os escritores: meu pai colocava-os bem acima dos sábios, dos eruditos, dos professores. Eu também estava convencida dessa supremacia; ainda que seu nome fosse amplamente conhecido, a obra de um especialista só era acessível a poucos. Os livros, todo o mundo lia: tocavam a imaginação, o coração. Davam ao autor a glória mais universal e a mais íntima. Essas alturas me pareciam mais acessíveis, a mim, mulher, do que as planícies; minhas irmãs mais célebres tinham-se ilustrado na literatura.

E, depois, eu sempre tivera gosto pela comunicação: no álbum de minha amiga citei, como divertimentos prediletos, a leitura e a conversação. Era loquaz: tudo o que me impressionava durante o dia eu o contava ou tentava contar, ao menos. Temia a noite, o esquecimento; o que eu vira, sentira, amara, era-me desesperante entregá-lo ao silêncio. Comovida com o luar, desejava logo uma caneta, um pedaço de papel, e saber utilizá-los. Com quinze anos, gostava das correspondências, dos diários íntimos — o diário de Eugénie de Guérin, por exemplo — que se esforçam por deter o curso do tempo. Compreendera também que os romances, as novelas, os contos não são objetos estranhos à vida, mas que a exprimem a seu modo.

Se outrora desejara fazer-me professora é porque sonhava em ser minha própria causa e meu próprio fim; pensava agora que a literatura me permitiria realizar essa ambição. Ela me garantiria uma imortalidade que compensaria a eternidade perdida; não havia mais Deus para me amar, mas eu abrasaria milhões de corações. Escrevendo uma obra tirada de minha história, eu criaria a mim mesma de novo e justificaria minha existência. Ao mesmo tempo serviria à humanidade; que melhor presente lhe podia dar do que livros? Interessava-me por mim e pelos outros; aceitava minha "encarnação", mas não queria renunciar ao universal: esse projeto conciliava tudo; lisonjeava todas as aspirações que se tinham desenvolvido em mim no decorrer desses quinze anos.

Sempre dera muita importância ao amor. Por volta dos treze anos, li, no semanário *Noël*, que recebi depois de *L'Étoile Noëliste*, um pequeno romance edificante intitulado *Ninon-Rose*. A piedosa Ninon amava André, e era amada por ele; mas a prima Thérèse certa noite, em lágrimas e com sua bela cabeleira caída sobre a camisola, confessava-lhe que se consumia por André. Depois de uma luta interior e algumas preces, Ninon sacrificava-se; recusava sua mão a André, que, despeitado, desposava Thérèse. Ninon era recompensada, pois casava-se com outro rapaz de grande mérito, Bernard. Essa história revoltou-me. Um herói de romance tinha o direito de se enganar acerca do objeto de seu ardor ou acerca de seus próprios sentimentos; a um falso amor, ou a um amor incompleto — como o de David Copperfield por sua mulher-criança — podia suceder o amor verdadeiro, mas este, desde que explodia em um coração, era insubstituível; nenhuma generosidade, nenhuma abnegação autorizava a recusá-lo. Zaza e eu ficamos transtornadas com um romance de Fogazzaro intitulado *Daniel Cortis*. Daniel era um político importante e católico; a mulher, que ele amava e que o amava, era casada; havia entre ambos uma compreensão excepcional; seus corações batiam em uníssono, todos os seus pensamentos concordavam; eram feitos um para o outro. Entretanto, mesmo uma amizade platônica teria provocado comentários, arruinado a carreira de Daniel e comprometido a causa que defendia. Jurando fidelidade "até a morte e além da morte", separavam-se para sempre. Senti-me ferida, fiquei furiosa. A carreira, a causa, eram coisas abstratas. Eu achava absurdo e criminoso preferi-las à felicidade, à vida. Era sem dúvida minha amizade por Zaza que me fazia atribuir tão grande valor à união de dois seres; descobrindo juntos o mundo, dando-se mutuamente um ao outro, dele tomavam posse de um modo privilegiado, pensava eu. Concomitantemente, cada um encontrava a razão definitiva de sua existência na necessidade que o outro tinha dele. Renunciar ao amor parecia-me tão insensato quanto se desinteressar da salvação, quando se acredita na eternidade.

    Eu não pensava em deixar escapar nenhum dos bens deste mundo. Quando renunciei ao claustro, pus-me a sonhar com o amor para mim mesma: pensei, sem repugnância, no casamento. A ideia de maternidade permanecia-me estranha e surpreendia-me que Zaza se extasiasse diante de recém-nascidos enrugados; mas não mais me parecia inconcebível viver ao lado de um homem que eu tivesse escolhido. A casa paterna não era uma prisão e, se fosse preciso deixá-la imediatamente, teria sido tomada de pânico; mas cessara de encarar uma partida eventual como um atroz desmame. Sufocava um pouco no círculo familiar. Por isso é que fiquei tão vivamente impressionada com um filme tirado de *Le Bercail*, de Bernstein, a que o acaso de um convite me permitiu assistir. A heroína aborrecia-se entre os filhos e um marido tão rebarbativo como o M. Mabille; uma pesada corrente, enrolada em seus pulsos, simbolizava a servidão. Um belo e fogoso rapaz arrancava-a do lar. Braços nus, cabelos ao vento, num vestido de algodão, a jovem mulher corria e saltava nos prados dando a mão ao namorado; jogavam-se ao rosto punhados de feno cujo odor eu acreditava respirar; seus olhos riam, nunca eu sentira, contemplara, imaginara semelhantes delírios de alegria. Não sei que peripécias traziam de volta ao lar uma criatura machucada que seu esposo acolhia com bondade; arrependida, ela via a pesada corrente de aço transformar-se numa guirlanda de rosas. Esse prodígio deixou-me cética. Continuei deslumbrada com a revelação de delícias desconhecidas a que não sabia dar nome, mas que um dia me caberiam: era a liberdade, era o prazer. A triste escravidão dos adultos me apavorava; nada de imprevisto lhes acontecia; sujeitavam-se suspirando a uma existência em que tudo estava decidido de antemão, sem que nunca ninguém decidisse coisa alguma. A heroína de Bernstein ousara um gesto e o sol brilhara. Durante muito tempo, sempre que volvia os olhos para os anos incertos de minha maturidade, a imagem de um casal se divertindo num prado fazia-me estremecer de esperança.

No verão de meus quinze anos, no fim do ano escolar, fui duas ou três vezes remar no Bois com Zaza e outras colegas. Observei, numa aleia, um jovem casal que caminhava à minha frente; o rapaz apoiava ligeiramente a mão sobre o ombro da mulher. Emocionada subitamente, disse comigo mesma que devia ser doce avançar pela vida com uma mão sobre os ombros, tão familiar que mal se lhe sentia o peso, tão presente que a solidão se visse conjurada para sempre. "Dois seres unidos", essas palavras faziam-me sonhar. Nem minha irmã, próxima demais, nem Zaza, demasiado longínqua, me haviam feito pressentir o verdadeiro sentido disso. Aconteceu-me muitas vezes, posteriormente, erguer a cabeça quando lia no escritório e me perguntar: "Encontrarei um homem feito para mim?" Minhas leituras não me haviam fornecido nenhum modelo. Sentira-me bastante próxima de Hellé, a heroína de Marcelle Tinaygre. "As mulheres como tu, Hellé, são feitas para ser companheiras dos heróis", dizia-lhe o pai. Essa profecia impressionara-me; mas achei um tanto repulsivo o apóstolo ruivo e barbudo que Hellé acabava desposando. Não atribuía a meu futuro marido nenhum traço definido. Em compensação, imaginava nossas relações de maneira precisa: sentiria por ele uma admiração apaixonada. Nesse terreno, como em todos os outros, tinha sede de necessidade. Seria necessário que o eleito se impusesse a mim, como Zaza se impusera, por uma espécie de evidência. Senão, eu indagaria: por que ele e não outro? Essa dúvida era incompatível com o amor verdadeiro. Eu amaria no dia em que um homem me subjugasse por sua inteligência, sua cultura, sua autoridade.

A esse respeito, Zaza não tinha a mesma opinião; para ela também, o amor implicava estima e compreensão. Mas se um homem tem sensibilidade e imaginação, se é um artista, um poeta, pouco importa que seja pouco instruído e mesmo mediocremente inteligente. "Mas então a gente não pode se dizer tudo", objetava eu. Um pintor, um músico, não me teria compreendido inteiramente, e teria permanecido até certo ponto opaco para mim. Eu queria que, entre marido e mulher, tudo fosse posto em comum; cada um devia desempenhar perante o outro o papel de testemunha que eu atribuíra antes a Deus. Isso excluía a possibilidade de amar alguém *diferente*; só me casaria se encontrasse, mais realizado do que eu, meu semelhante, meu duplo.

Por que exigia que fosse superior a mim? Não creio absolutamente que tenha procurado nele um sucedâneo de meu pai. Fazia questão de minha independência; exerceria uma profissão, escreveria, teria uma vida pessoal, não me imaginava nunca como a companheira de um homem: seríamos dois companheiros. Entretanto, a ideia que eu tinha dessa união foi indiretamente influenciada pelos sentimentos que tinha para com meu pai. Minha educação, minha cultura, e a visão da sociedade como ela era, tudo me convencia de que as mulheres pertencem a uma casta inferior. Zaza duvidava disso, porque preferia de muito sua mãe ao M. Mabille; no meu caso, ao contrário, o prestígio paterno fortalecia minha opinião; foi em parte baseada nesta, que alicercei minha exigência. Membro de uma espécie privilegiada, desfrutando desde o início uma vantagem considerável, se no absoluto um homem não valesse mais do que eu, eu julgaria que, relativamente, valia menos; para reconhecê-lo como meu igual, era preciso que me ultrapassasse.

Por outro lado, pensava em mim, de dentro, como em alguém que está se fazendo, e tinha a ambição de progredir indefinidamente. O eleito, eu o via de fora como uma pessoa acabada. Para que permanecesse sempre à minha altura, eu lhe assegurava, no ponto de partida, perfeições que para mim existiam somente como esperança: ele era, de imediato, o modelo do que eu desejava tornar-me; logo, era-me superior. Eu procurava, aliás, não deixar uma distância grande demais entre nós. Não teria aceitado que seu pensamento, seus trabalhos, me fossem impenetráveis: eu sofreria então com minhas insuficiências; era preciso que o amor me justificasse sem me limitar. A imagem que eu evocava era a de uma escalada em que meu parceiro, um pouco mais robusto e ágil do que eu, me ajudasse a subir de um lanço a outro. Era mais interesseira do que generosa, desejava receber e não dar; se me tivesse sido necessário arrastar comigo um indolente, morreria de impaciência. Nesse caso, o celibato era preferível ao casamento. A vida em comum devia favorecer e não contrariar meu empreendimento fundamental; tomar posse do mundo. Nem inferior, nem diferente, nem ultrajosamente superior, o homem predestinado garantiria minha existência sem lhe tirar a soberania.

Durante dois ou três anos, esse esquema orientou meus devaneios. Atribuía-lhe certa importância. Um dia, interroguei minha irmã com alguma ansiedade: era eu definitivamente feia? Tinha a possibilidade de me tornar uma mulher suficientemente bonita para que me amassem? Habituada a ouvir papai declarar que eu era um homem, Poupette não compreendeu minha pergunta; ela me amava, Zaza me amava, o que é que me preocupava? Em verdade, eu me atormentava moderadamente. Meus estudos, a literatura, as coisas que dependiam de mim continuavam a ser o centro de minhas preocupações. Interessava-me menos pelo meu destino de adulto do que pelo meu futuro imediato.

No fim da classe de segunda, com quinze anos e meio, fui com meus pais passar o feriado do 14 de julho em Châteauvillain. Tia Alice tinha morrido; ficamos na casa de tia Germaine, a mãe de Titite e Jacques. Este estava em Paris, submetendo-se ao exame oral do bacharelado. Eu gostava de Titite; brilhava de frescor; tinha belos lábios carnudos e adivinhava-se sob sua pele a pulsação do sangue. Noiva de um amigo de infância, um rapaz encantador, de cílios imensos, aguardava o casamento com uma impaciência que não escondia. Algumas tias cochichavam que, a sós com o noivo, se conduzia mal: *muito* mal. Na tarde de minha chegada, fomos as duas, depois do jantar, dar uma volta pela alameda junto ao jardim. Sentamos num banco de pedra, silenciosas: não tínhamos muita coisa a dizer. Ela ruminou um instante e depois me encarou com curiosidade:"Teus estudos te bastam realmente? Não desejas nunca outra coisa?" Meneei a cabeça: "Bastam-me", disse. Era verdade. Naquele fim de ano escolar eu via muito além do próximo ano escolar e do bacharelado que era preciso obter. Titite suspirou e retornou a seus sonhos de noiva que eu julgava, *a priori*, um pouco tolos, apesar de minha simpatia por ela. Jacques chegou no dia seguinte, passara, e irradiava suficiência. Levou-me à quadra de tênis, propôs-me trocar umas bolas, esmagou-me e desculpou-se com desenvoltura de ter me utilizado como "punching-ball". Eu não o interessava muito, sabia disso. Ouvira-o falar com interesse de moças que, enquanto preparavam sua licença, jogavam tênis, saíam, dançavam, vestiam-se bem. Entretanto, seu desdém não me atingiu: em nenhum instante lamentei minha inabilidade no esporte, nem o corte rudimentar de meu vestido de tafetá cor-de-rosa. Eu valia mais do que as estudantes "bem", que Jacques preferia a mim; ele próprio o perceberia um dia.

Eu saía da idade ingrata; em lugar de pensar com saudades na minha infância, voltava-me para o futuro; este permanecia assaz longínquo para não me intimidar, porém, já me deslumbrava. Nesse verão, principalmente, embriaguei-me com seu esplendor. Sentava-me num bloco de granito cinzento à beira da lagoa que descobrira, um ano antes, na Grillère. Um moinho mirava-se na água onde vagabundeavam as nuvens. Lia as *Promenades archéologiques*, de Gaston Boissier, e prometia a mim mesma que, um dia, passearia no monte Palatino. As nuvens, no fundo da lagoa, tingiam-se de rosa; levantava-me mas não me decidia a ir embora: encostava-me à cerca de aveleiras; a brisa da tarde acariciava os arbustos, tocava-me levemente, batia-me no rosto e eu me entregava à sua doçura, à sua violência. As aveleiras murmuravam e eu compreendia seu oráculo; era esperada: por mim mesma. Coberta de luz, com o mundo a meus pés como um grande animal familiar, sorria para a adolescente que amanhã morreria e ressuscitaria na minha glória; nenhuma vida, nenhum instante de nenhuma vida poderia cumprir as promessas com que eu enlouquecia meu crédulo coração.

No fim de setembro, fui convidada com minha irmã para ir a Meulan, onde os pais da sua melhor amiga tinham uma casa. Anne-Marie Gendron pertencia a uma família numerosa, bastante rica e muito unida: nunca uma briga, nunca uma palavra em voz alta, somente sorrisos, delicadezas. Voltei a descobrir um paraíso de que não tinha mais lembrança sequer. Os rapazes passearam conosco de barco no Sena; a mais velha das filhas, jovem de vinte anos, levou-nos de táxi a Vernon. Rodamos pela estrada serpenteando a colina que domina o rio; fui sensível aos encantos da paisagem, porém mais ainda à graça de Clotilde; convidou-me à noite para ir a seu quarto e conversamos. Ela completara o bacharelado, lia um pouco, estudava piano assiduamente. Falou-me de seu amor à música, de Mme Swetchine, da família. Sua escrivaninha estava cheia de lembranças: maços de cartas amarradas com fitas, cadernos — sem dúvida, diários íntimos —, programas de concertos, fotografias, uma aquarela que a mãe pintara e lhe oferecera por ocasião de seus dezoito anos. Pareceu-me extraordinariamente desejável possuir um passado próprio: quase tanto quanto ter uma personalidade. Emprestou-me alguns livros, tratava-me de igual para igual e aconselhava-me com uma solicitude de irmã mais velha. Entusiasmei-me por ela. Não a admirava como Zaza e ela era demasiado etérea para inspirar-me, como Marguerite, obscuros desejos. Mas achava-a romanesca; oferecia-me uma atraente imagem da jovem que eu seria amanhã. Reconduziu-nos à nossa casa. Antes mesmo que tivesse fechado a porta, explodiu uma cena: tínhamos esquecido uma escova de dentes em Meulan! Em contraste com os dias serenos que eu acabara de viver, a atmosfera azeda em que eu voltava a mergulhar pareceu-me repentinamente irrespirável. Solucei com a cabeça apoiada à cômoda do vestíbulo; minha irmã imitou-me: "Lindo! Mal chegam em casa, começam a chorar", disseram papai e mamãe, indignados. Pela primeira vez confessei a mim mesma a que ponto me era penoso suportar os gritos, as recriminações, as repreensões que de costume eu suportava silenciosamente; todas as lágrimas que reprimira durante meses me sufocavam. Não sei se minha mãe adivinhava que interiormente eu começava a escapar-lhe; mas eu a irritava e ela gritava constantemente comigo. Eis por que procurei, em Clotilde, uma irmã mais velha consoladora. Fui à casa dela muitas vezes; sentia-me seduzida por seus bonitos vestidos, pelo cenário requintado de seu quarto, por sua gentileza, por sua independência; admirava-a por tomar um táxi quando me levava ao concerto — pois isso era, a meus olhos, o cúmulo da magnificência — e assinalar com decisão no programa suas peças preferidas. Essas relações surpreenderam Zaza, e mais ainda as amigas de Clotilde: mandava o costume que só jovens da mesma idade, ou quase, se visitassem. Tomei chá, uma vez, em casa de Clotilde, com Lili Mabille e outras "grandes"; senti-me deslocada e a insipidez da conversa decepcionou-me. Além disso, Clotilde era muito devota; não podia servir-me de guia, pois eu não acreditava mais. Presumo que, por sua vez, ela me achava muito criança: ela prorrogou nossos encontros e eu não insisti. Ao fim de algumas semanas, deixamos de nos ver. Pouco depois ela realizou, com muito sentimentalismo, um casamento "de conveniência".

No início do ano escolar, vovô caiu doente. Todas as suas iniciativas tinham fracassado. O filho imaginara, outrora, um modelo de latas de conservas que se abriam com um níquel de dez centavos; ele queria explorar a invenção, mas o registro foi-lhe roubado; processou o concorrente e perdeu. Nas suas conversas, repetiam-se sem cessar palavras inquietantes: credores, promissórias, hipotecas. Por vezes, quando eu almoçava em sua casa, tocavam a campainha; ele punha o dedo nos lábios e nós retínhamos a respiração. Seu olhar petrificava-se no rosto violáceo. Certa tarde em casa, quando se levantou para sair, pôs-se a gaguejar: "Onde está meu gua... gua... guarda-chuva?" Quando o revi, estava sentado numa poltrona, imóvel, de olhos fechados: andava com dificuldade e cochilava o dia inteiro. De vez em quando, erguia as pálpebras: "Tenho uma ideia", dizia a vovó, "tenho uma ideia, vamos ficar ricos." A paralisia tomou conta dele completamente e ele não mais saiu de sua grande cama de colunas retorcidas. Seu corpo cobriu-se de pústulas que desprendiam um cheiro horrível. Vovó cuidava dele e tricotava, sem parar, roupinhas de crianças. Vovô sempre fora predestinado às catástrofes; vovó aceitava o destino com tanta resignação e ambos eram tão idosos que sua desgraça mal me comoveu.

Eu trabalhava com mais ardor do que nunca. A iminência dos exames, a esperança de me tornar muito em breve uma estudante, incitavam-me. Foi um ano feliz. Meu rosto melhorava, meu corpo não me incomodava mais; meus segredos pesavam menos. Minha amizade por Zaza deixou de ser um tormento. Recobrara a confiança em mim; por outro lado, Zaza mudou: não procurei indagar por quê, mas de irônica passou a sonhadora. Pôs-se a gostar de Musset, Lacordaire, Chopin. Ainda criticava o farisaísmo de seu meio, mas sem condenar a humanidade inteira. Poupou-me desde então seus sarcasmos.

No Curso Désir, não nos misturávamos às outras. O instituto só preparava para línguas e latim. O M. Mabille queria que a filha tivesse uma formação científica; eu gostava do que comportava resistência: a matemática agradava-me. Mandaram vir uma professora extra que a partir do segundo ano nos ensinou álgebra, trigonometria, física. Jovem, viva, competente, Mlle Chassin não perdia tempo com sermões moralistas: trabalhávamos sem tolices. Gostava de nós. Quando Zaza se perdia demasiado no invisível, ela lhe perguntava gentilmente: "Por onde anda, Elizabeth?" Zaza estremecia, sorria. Como condiscípulas, tínhamos somente duas gêmeas sempre de luto e quase mudas. A intimidade dessas aulas encantava-me. Em latim, tínhamos conseguido pular um ano e passar do segundo para a série superior; a competição com as alunas do primeiro excitava-me. Quando me encontrei, no ano do bacharelado, com minhas condiscípulas comuns e o sabor da novidade se dissolveu, o saber do padre Trécourt pareceu-me um tanto superficial; nem sempre evitava os contrassensos; mas esse homem gordo, de cara avermelhada, era mais aberto e mais jovial do que as professoras, e sentíamos por ele uma simpatia que era visivelmente recíproca. Nossos pais achando divertido que também prestássemos exame de latim e línguas, começamos, por volta de janeiro, a aprender o italiano. Muito breve pudemos decifrar *Cuore* e *Le mie prigione*. Zaza estudava alemão. Como meu professor de inglês não pertencia à confraria, e demonstrava amizade por mim, seguia-lhe as aulas com prazer. Em compensação, suportávamos com impaciência as sandices patrióticas da Mlle Gontran, nossa professora de história. E a Mlle Lejeune irritava-nos com a estreiteza de suas posições literárias. Para alargar nossos horizontes, líamos muito e discutíamos entre nós. Muitas vezes em aula defendíamos obstinadamente nossos pontos de vista; não sei se a Mlle Lejeune foi bastante perspicaz para ler em mim, mas parecia agora desconfiar mais de mim que de Zaza.

Fizemos amizade com algumas colegas; reuníamo-nos para jogar cartas e conversar. No verão, nos encontrávamos aos sábados pela manhã, numa quadra de tênis da rua Boulard. Nenhuma delas teve grande importância nem para Zaza nem para mim. A bem dizer, essas alunas "grandes" do Curso Désir careciam de encantos. Onze anos de assiduidade tendo-me valido uma medalha de prata dourada, meu pai concordou sem entusiasmo em assistir à distribuição de prêmios. À noite queixou-se de só ter visto "buchos". Algumas de minhas colegas tinham, entretanto, traços agradáveis; mas para vestir-nos, nos endomingavam; a austeridade dos penteados, as cores violentas ou adocicadas dos cetins e tafetás apagavam os rostos. O que deve, principalmente, ter impressionado meu pai foi o ar melancólico e oprimido daquelas adolescentes. Eu estava tão acostumada a isso que, quando vi surgir uma caloura rindo um riso realmente alegre, esbugalhei os olhos: era campeã internacional de golfe, viajara muito; seus cabelos curtos, sua blusa de bom corte, sua saia larga de pregas fundas, sua atitude esportiva, sua voz pausada mostravam que crescera muito longe de são Tomás de Aquino. Falava inglês perfeitamente e sabia bastante latim para se apresentar ao bacharelado com quinze anos e meio. Corneille e Racine faziam-na bocejar. "A literatura me aborrece", disse-me. Eu protestei: "Não diga isso!" "Por que não, se é verdade?" Sua presença refrescava a fúnebre "sala de estudo dos cursos". Certas coisas a desgostavam, outras agradavam-lhe; em sua vida havia prazeres e adivinhava-se que esperava alguma coisa do futuro. A tristeza que se desprendia de minhas colegas decorria menos da aparência melancólica que de sua resignação. Depois do bacharelado seguiriam alguns cursos de história e de literatura, frequentariam a Escola do Louvre ou a Cruz Vermelha, fariam pintura sobre porcelana, batik, encadernação, e se ocupariam de algumas obras de caridade. De quando em quando, seriam levadas a um espetáculo da *Carmen* ou ao túmulo de Napoleão para conhecerem algum rapaz. Com alguma sorte, o desposariam. Assim vivia a primogênita dos Mabille; cozinhava, dançava, servia de secretária para o pai, de costureira para as irmãs. A mãe a arrastava a todos os encontros. Zaza contou-me que uma das tias dela professava a teoria do "amor sacramental à primeira vista": no momento em que os noivos trocam diante do padre o *sim* que os une, a graça baixa sobre eles e eles se amam. Esses costumes indignavam Zaza; declarou um dia que não via diferença entre uma mulher que se casa por interesse e uma prostituta; tinham-lhe ensinado que uma cristã deve respeitar o corpo; não o respeitaria ao se entregar sem amor, por motivos de conveniência ou dinheiro. Tal veemência surpreendeu-me; dir-se-ia que sentia em sua própria carne a ignomínia desse comércio. Para mim o problema não existia. Eu ganharia a vida, seria livre. Mas no ambiente de Zaza era preciso casar ou entrar para um convento. "O celibato", diziam, "não é uma vocação". Ela começava a temer o futuro: seria essa a razão de suas insônias? Dormia mal; muitas vezes levantava-se à noite e friccionava-se dos pés à cabeça com água-de-colônia; pela manhã, para ter coragem, engolia misturas de café com vinho branco. Quando me contava esses excessos, eu percebia que muitas coisas dela me escapavam. Mas encorajava sua resistência e ela me era grata por isso; eu era sua única aliada. Tínhamos em comum numerosas repugnâncias e um grande desejo de felicidade.

Apesar de nossas diferenças, reagíamos frequentemente de maneira idêntica. Meu pai recebera, de um amigo ator, duas entradas gratuitas para uma *matinée* do Odéon; deu-nos de presente. Representavam uma peça de Paul Fort, Charles VI. Quando me vi sentada num camarote com Zaza e sem acompanhante, exultei. Bateram as três pancadas e assistimos a um drama tétrico; Charles ficava louco; no fim do primeiro ato, errava pelo palco, esgazeado, monologando com incoerência; mergulhei numa angústia tão solitária quanto a sua loucura. Olhei Zaza: estava lívida. "Se isso recomeçar, iremos embora", propus. Ela concordou. Quando a cortina se ergueu, Charles debatia-se, em camisa, entre as mãos de homens mascarados e vestidos de túnicas. Saímos. A encarregada dos camarotes deteve-nos: "Por que já se vão?" "É horrível demais", disse eu. Ela riu: "Mas, meninas, não é de verdade: é teatro." Nós sabíamos, contudo tínhamos entrevisto algo horrível.

Meu bom entendimento com Zaza, sua estima, ajudaram a me libertar dos adultos e a me ver com meus próprios olhos. Entretanto, um incidente mostrou-nos a que ponto ainda dependia do julgamento deles. Explodiu, inesperado, quando eu começava a me instalar na despreocupação.

Como todas as semanas, fiz cuidadosamente a minha tradução literal do latim e transcrevi-a em duas colunas. Tratava-se de pô-la em seguida em bom francês. Aconteceu que o texto se achava traduzido em minha literatura latina com uma elegância que julguei inigualável: por comparação, todas as soluções que me vinham ao espírito pareciam de uma lamentável pobreza. Não cometera nenhum erro de sentido, estava certa de obter excelente nota, mas o objeto, a frase, tinha suas exigências: precisava ser perfeita; repugnava-me substituir, ao modelo ideal de meu manual, minhas invenções desenxabidas. Copiei de fio a pavio a página impressa.

Nunca nos deixavam sozinhas com o padre Trécourt; sentada a uma mesinha junto à janela, uma das professoras nos vigiava; antes que ele nos devolvesse nossas traduções ela registrava nossas notas. Essa função coubera até então a Mlle Dubois, licenciada, cujo curso de latim deveríamos ter seguido no ano precedente, mas que Zaza e eu tínhamos desdenhado, em benefício do padre; ela não gostava de mim. Ouvia-a agitar-se às minhas costas. Indignava-se em voz baixa, mas furiosamente. Acabou redigindo um bilhete que colocou sobre o maço de provas antes de entregá-las ao sacerdote. Ele limpou os óculos, leu o recado e sorriu: "É", disse com displicência, "esse trecho de Cícero achava-se traduzido no vosso manual e muitas alunas o perceberam. Dei as melhores notas às que revelaram maior originalidade." Apesar da indulgência de sua voz, a fisionomia carrancuda da Mlle Dubois e o silêncio inquieto de minhas colegas me aterrorizaram. Por hábito, distração ou amizade, o padre classificara-me em primeiro lugar com 17. Ninguém aliás tivera menos de 12. Pediu-me, sem dúvida a fim de justificar sua parcialidade, que explicasse o texto palavra por palavra: firmei a voz e executei-o sem esmorecimento. Ele felicitou-me e a atmosfera distendeu-se. A Mlle Dubois não ousou exigir que me fizessem ler em voz alta meu "bom francês". Zaza, sentada a meu lado, não deitou os olhos nele; era de uma honestidade escrupulosa e recusou-se, imagino, a suspeitar de mim. Mas outras colegas, à saída da aula, cochicharam e a Mlle Dubois advertiu-me: ia avisar a Mlle Lejeune de minha deslealdade. Assim, o que temera tantas vezes acabara afinal de acontecer: um ato realizado na inocência da clandestinidade, ao ser revelado, desonrava-me. Eu ainda respeitava a Mlle Lejeune: a ideia de que iria desprezar-me torturava-me. Impossível voltar atrás no tempo, desfazer o erro: estava marcada para sempre! Eu o pressentira: a verdade pode ser injusta. Durante toda a tarde e uma parte da noite, debati-me contra a armadilha em que caíra estupidamente e que não me largaria mais. De costume, evitava as dificuldades pela fuga, o silêncio, o esquecimento; raramente tomava uma iniciativa, mas dessa vez resolvi lutar. Para dissipar as aparências que me tornavam culpada era preciso mentir. Mentiria. Fui procurar a Mlle Lejeune em seu gabinete e jurei-lhe com lágrimas nos olhos que não copiara: involuntárias reminiscências haviam-se introduzido em minha tradução. Convencida de nada ter feito de mal, defendi-me com o fervor da franqueza. Mas minha diligência era absurda: inocente, teria trazido meu trabalho como prova; contentei-me em dar minha palavra. A diretora não acreditou, me disse isso e acrescentou com impaciência que o incidente estava encerrado. Não me repreendeu, não me deu conselhos: essa indiferença e a secura de suas palavras revelaram-me que ela não tinha uma gota sequer de afeição por mim. Eu temera que meu erro me destruísse em seu espírito, mas há muito não me restava nada a perder. Tranquilizei-me. Ela me recusava tão categoricamente sua estima que deixei de a desejar.

Durante as semanas que precederam o bacharelado, conheci alegrias puras. Fazia bom tempo e minha mãe permitiu que fosse estudar no Luxemburgo. Instalava-me nos jardins ingleses, à beira de um gramado ou junto à fonte Médicis. Ainda usava cabelos compridos, unidos por pregador, mas minha prima Annie, que muitas vezes me fazia presente de suas roupas, dera-me nesse verão uma saia branca de pregas e uma blusa azul de cretone; com meu chapéu de palha, acreditava parecer uma moça. Lia Faguet, Brunetiére, Jules Lemaitre, respirava o odor da grama, e sentia-me tão livre quanto os estudantes que atravessavam displicentes o jardim. Transpunha as grades, ia rondar sob as arcadas do Odéon; experimentava as mesmas sensações que aos dez anos nos corredores da Biblioteca Cardinale. Havia, nas prateleiras, filas de livros encadernados de bordos dourados e páginas abertas. Lia em pé, durante duas ou três horas, sem que nunca um vendedor me incomodasse. Li Anatole France, os Goncourt, Colette e tudo o que me caía nas mãos. Pensava comigo mesma que, enquanto houvesse livros, minha felicidade estaria assegurada.

Eu obtivera o direito de permanecer acordada até bem tarde. Depois que papai saía para o Café Versailles, onde jogava bridge quase todas as noites, e que minha mãe e minha irmã se deitavam, ficava sozinha no escritório. Debruçava-me à janela; o vento trazia-me por baforadas um cheiro de verdura; vidraças brilhavam ao longe. Pegava o binóculo de meu pai, tirava-o do estojo e, como outrora, espiava as vidas desconhecidas; pouco me importava a banalidade do espetáculo. Era — sou ainda — sensível ao encanto do pequeno teatro de sombras chinesas: um quarto iluminado no fundo da noite. Meu olhar errava de fachada em fachada e eu me dizia, comovida pela doçura morna da noite: "Brevemente, viverei de verdade."

Senti grande prazer em fazer meus exames. Nos anfiteatros da Sorbonne, cruzava com rapazes e moças que tinham estudado em cursos e colégios desconhecidos, em liceus: evadia-me do Curso Désir, enfrentava a verdade do mundo. Informada por meus professores de ter passado nos exames escritos, defrontei-me com os orais, tão confiante que me acreditava graciosa no meu vestido azul comprido demais. Diante daqueles senhores importantes que se reuniam propositadamente para medir nossos méritos, reencontrei minha vaidade de criança. O examinador de literatura lisonjeou-me, particularmente, falando-me em tom de conversa. Perguntou-me se era parente de Roger de Beauvoir: repliquei que se tratava de um pseudônimo. Interrogou-me acerca de Ronsard; exibindo meus conhecimentos, admirava ao mesmo tempo a bela cabeça pensativa que se inclinava para meu lado. Finalmente via face a face um daqueles homens superiores a cuja aprovação aspirava. Nas provas de Latim e línguas, entretanto, o examinador acolheu-me ironicamente: "Então, senhorita, colecionando diplomas!" Encabulada, percebi, bruscamente, que meu desempenho podia parecer ridículo; mas não me dei por achada, consegui a menção "bem" e minhas professoras, satisfeitas com poder assinalar o êxito em seu registro, me felicitaram. Meus pais exultavam. Jacques, sempre peremptório, decretara: "É preciso conseguir pelo menos uma menção 'bem', ou nada." Felicitou-me calorosamente. Zaza passou igualmente, mas durante esse período eu me preocupei muito menos com ela do que comigo.

Clotilde e Marguerite enviaram-me cartas afetuosas. Minha mãe estragou um pouco meu prazer de recebê-las, trazendo-as abertas e me recitando animadamente o conteúdo; mas o costume estava tão solidamente estabelecido que não protestei. Estávamos então em Valleuse, na Normandia, em casa de primos extremamente bem pensantes. Eu não gostava muito daquela propriedade bem arrumada demais: nem atalhos, nem bosques. Os prados eram cercados de arame farpado. Uma tarde, passei por baixo da cerca e estendi-me na grama: uma mulher aproximou-se e perguntou se eu estava doente. Voltei ao parque, mas sufocava.

Memórias de uma moça bem-comportada

Na ausência de meu pai, mamãe e meus primos comungavam na mesma devoção, professavam os mesmos princípios sem que nenhuma voz rompesse aquele acordo perfeito. Falando livremente diante de mim, impunham-me uma cumplicidade que eu não ousava recusar. Tinha a impressão de que me violentavam. Fomos de automóvel a Rouen; passamos toda a tarde visitando igrejas: havia muitas e cada uma desencadeava delírios de admiração extática. Diante das rendas de pedras de Saint-Maclou o entusiasmo atingiu o paroxismo: que trabalho! que finura! Eu me calava: "Como, não achas isso lindo?", perguntaram-me escandalizadas. Eu não achava aquilo nem bonito nem feio: não sentia nada. Insistiram. Cerrei os dentes; recusei-me a deixar que introduzissem à força palavras em minha boca. Todos os olhares se fixavam cheios de censura em meus lábios rebeldes: a cólera e o desespero levaram-me quase às lágrimas. Meu primo acabou explicando em tom conciliatório que na minha idade é comum ter-se espírito de contradição e meu suplício terminou.

No Limousin, voltei a encontrar a liberdade de que necessitava. Depois de passar o dia sozinha ou com minha irmã, jogava, de bom grado, mah-jong em família. Iniciei-me na filosofia lendo *La Vie intellectuelle*, do padre Sertillanges, e *La Certitude morale*, de Ollé-Laprune, que me aborreceram consideravelmente.

Meu pai jamais gostara de filosofia. No meu círculo familiar, como no de Zaza, encaravam-na com desconfiança. "Que pena! Tu que raciocinas tão bem vão te ensinar a divagar", dizia-lhe um de seus tios. Jacques, porém, se interessara. Em mim, a novidade suscitava sempre uma esperança. Aguardei o reinício das aulas com impaciência.

Psicologia, lógica, moral, metafísica: o padre Trécourt dava conta do programa à razão de quatro horas por semana. Limitava-se a nos devolver as dissertações, a ditar-nos um texto corrigido e a nos mandar recitar a lição aprendida no manual.

A propósito de cada problema, a autor, Revº P.ᵉ Lahr, fazia um rápido inventário dos erros humanos e nos ensinava a verdade segundo Santo Tomás. O padre não se perdia tampouco em sutilezas. Para refutar o idealismo, opunha a evidência do tato às possíveis ilusões da vista; batia na mesa declarando: "O que é, é." As leituras que nos indicava eram insossas; *L'Attention*, de Ribot, *La Psychologie des foules*, de Gustave Lebon, *Les Idées-forces*, de Fouillée. Apaixonei-me contudo. Reencontrava, tratados por homens sérios, os problemas que haviam intrigado minha infância; subitamente o mundo dos adultos não mais se impunha tal como se mostrava; tinha um reverso, meandros, dúvidas. Se se aprofundasse mais, o que restaria? Não se ia longe, mas já era extraordinário, após doze anos de dogmatismo, estudar uma disciplina que levantasse problemas e os propusesse a mim. Sim, porque era eu, de quem só me tinham falado através de lugares-comuns, que de repente me achava em discussão. Minha consciência, de onde saía? De onde tirava seus poderes? A estátua de Condillac fez-me sonhar tão vertiginosamente quanto o paletó velho de meus sete anos. Vi também, com espanto, as coordenadas do universo começarem a vacilar: as especulações de Henri Poincaré acerca da relatividade do espaço e do tempo, da medida, mergulharam-me em infinitas meditações. Comovi-me com as páginas em que ele evocava a passagem do homem através do universo cego: um simples raio de luz, mas um raio que é tudo! A imagem desse clarão de fogo queimando as trevas perseguiu-me durante muito tempo.

O que principalmente me atraiu na filosofia foi pensar que ela ia diretamente ao essencial. Nunca tivera gosto pelo pormenor; percebia o sentido global das coisas mais do que as suas singularidades e preferia compreender a ver. Sempre ambicionara conhecer *tudo*: a filosofia permitiu-me satisfazer esse desejo, pois era à totalidade do real que ela visava. Instalava-se de imediato no centro desse real e me revelava, em lugar de um decepcionante turbilhão de fatos ou leis empíricas, uma ordem, uma razão, uma necessidade. Ciências, literatura, todas as demais disciplinas me pareceram parentes pobres.

Não aprendíamos, em verdade, muita coisa cada dia. Mas escapávamos ao tédio pela tenacidade que Zaza e eu revelávamos nas discussões. Houve um debate particularmente agitado sobre o amor que chamam platônico e o outro a que não davam nome. Tendo uma colega incluído Tristão e Isolda entre os amantes platônicos, Zaza deu uma gargalhada: "Platônicos! Tristão e Isolda! Essa não!", disse com um ar de competência que desnorteou a classe toda. O sacerdote concluiu exortando-nos ao casamento segundo a razão: não se casa com um rapaz porque sua gravata é bonita. Perdoamos-lhe essa tolice. Mas não éramos sempre tão acomodatícias; quando um assunto nos interessava, discutíamos com ardor. Respeitávamos muitas coisas: pensávamos que as palavras pátria, dever, bem, mal, tinham um sentido; procurávamos tão somente defini-lo. Não tentávamos destruir coisa alguma, mas gostávamos de raciocinar. Bastava isso para que nos julgassem um tanto subversivas. A Mlle Lejeune, que assistia a todas as aulas, declarou que enveredávamos por um caminho perigoso. O padre, no meio do ano, chamou-nos à parte e aconselhou-nos a não nos "ressecar"; senão acabaríamos como aquelas professoras: eram santas criaturas, mas era melhor não lhes seguir os passos. Fiquei comovida com a boa vontade dele, surpreendida com sua aberração: assegurei-lhe que não entraria certamente na confraria. Esta me inspirava um horror de que até Zaza se espantava: através de suas zombarias, ela tinha afeição por nossas professoras e eu a escandalizava um pouco, afirmando que as deixaria sem saudades.

Minha vida escolar terminava; outra coisa ia começar: ao certo, o quê? Em *Les Annales*, li uma conferência que me fez sonhar: uma antiga aluna de Sèvres evocava suas recordações; descrevia jardins em que jovens, bonitas e ávidas de saber, passeavam ao luar; suas vozes misturavam-se ao murmúrio dos repuxos. Mas minha mãe desconfiava de Sèvres e, pensando bem, eu não fazia questão de enclausurar-me com mulheres longe de Paris. Então, o que resolver? Temia essa parcela de arbitrariedade que toda escolha comporta. Meu pai, que sofria por se achar, aos cinquenta anos, diante de um futuro incerto, desejava, antes de tudo, segurança para mim. Destinava-me à administração que me garantiria um salário fixo e uma aposentadoria. Alguém lhe aconselhou a *École des Chartes*. Fui com minha mãe consultar uma senhora, nos bastidores da Sorbonne. Passei por corredores atopetados de livros e para os quais se abriam escritórios cheios de fichários. Em criança, sonhara viver naquela poeira erudita e parecia-me agora penetrar num santuário. A senhora descreveu-nos as belezas mas também as dificuldades da carreira de bibliotecária; a ideia de aprender sânscrito desagradou-me. A erudição não me atraía. O que desejaria seria continuar meus estudos de filosofia. Lera numa revista um artigo sobre uma mulher filósofa que se chamava Mlle Zanta: doutorara-se e havia uma fotografia dela, sentada à escrivaninha, mostrando uma fisionomia grave e calma; vivia com uma jovem sobrinha. que adotara; conseguira, pois, conciliar sua vida cerebral com as exigências da sensibilidade feminina. Como gostaria que escrevessem um dia coisas tão lisonjeiras a meu respeito! Podia-se contar nos dedos da mão as mulheres que possuíam, naquele tempo, doutorado em filosofia ou que podiam ensiná-la em liceus ou faculdades; aspirava a ser uma dessas pioneiras. Praticamente, a única carreira que esses diplomas me abririam era a do ensino: eu nada tinha contra isso. Meu pai não se opôs ao projeto, mas recusava-se a deixar-me dar aulas particulares: deveria arranjar um lugar num liceu. Por que não? Essa solução atendia a meus gostos e a sua prudência. Minha mãe conversou a esse respeito timidamente com as professoras do curso e seus rostos se petrificaram. Tinham gasto suas existências na luta contra a laicidade e não viam diferença entre um estabelecimento oficial e um bordel. Além disso, explicaram a minha mãe que a filosofia corroía mortalmente as almas: em um ano de Sorbonne eu perderia a fé e os bons costumes. Mamãe ficou preocupada. Como a licenciatura clássica oferecia, na opinião de papai, maiores possibilidades, como permitiriam talvez a Zaza preparar alguns certificados, aceitei sacrificar a filosofia às letras. Mas mantive a resolução de ensinar em um liceu. Que escândalo! Onze anos de cuidados, de sermões, de doutrinação assídua: e eu cuspia no prato em que comera! Nos olhares de minhas educadoras eu divisava, com indiferença, minha ingratidão, minha indignidade, minha traição: Satã me seduzira.

Em julho passei nos exames de matemática elementar e filosofia. O ensino do sacerdote era tão fraco que minha dissertação, a que ele teria dado 16, alcançou apenas 11. Recuperei nas ciências. Na noite dos exames orais, meu pai levou-me ao teatro de Dix-Heures, onde ouvi Dorin, Colline, Noël-Noël. Diverti-me muito. Como me sentia feliz por ter acabado o Curso Désir! Dois ou três dias depois, entretanto, como me encontrasse sozinha no apartamento, senti um estranho mal-estar; fiquei plantada no meio do vestíbulo, tão perdida como se me houvessem transplantado para outro planeta: sem família, sem amigas, sem vínculos, sem esperança. Meu coração estava morto e o mundo vazio: um tal vazio poderia algum dia ser preenchido? Tive medo. E depois o tempo recomeçou a correr.

Num ponto, minha educação me marcara profundamente: a despeito de minhas leituras, continuava uma bobinha. Tinha mais ou menos dezesseis anos quando uma tia nos levou, minha irmã e eu, à sala Pleyel para assistir à projeção de um filme de viagem. Todas as poltronas estavam ocupadas e ficamos em pé no corredor. Senti com surpresa mãos me apalparem através do casaco de lã; pensei que tentavam roubar-me a bolsa e apertei-a nos braços: as mãos continuaram a triturar-me absurdamente. Não soube o que dizer nem o que fazer e não me mexi. Quando o filme acabou, um homem de chapéu de feltro marrom apontou-me, rindo, a um amigo, que começou a rir também. Zombavam de mim: por quê? Não entendi.

Tempos mais tarde, alguém — não sei mais quem — encarregou-me de comprar um livro para uma obra de caridade numa livraria religiosa de Saint-Sulpice. Um empregado louro, tímido, com uma comprida blusa preta, indagou cortesmente o que eu desejava. Dirigiu-se para o fundo da loja e fez sinal para que o acompanhasse. Aproximei-me. Ele abriu a blusa descobrindo uma coisa cor-de-rosa: sua fisionomia não exprimia nada e eu fiquei um instante aturdida. Depois virei-lhe as costas e saí. O gesto absurdo atormentou-me menos do que no palco do Odéon os delírios do falso Charles VI: mas deixou-me a impressão de que coisas estranhas podiam acontecer inopinadamente. Desde então, sempre que me via sozinha com um desconhecido, numa loja ou numa estação de metrô, experimentava alguma apreensão.

No início do ano de meu curso de filosofia, Mme Mabille persuadiu mamãe a mandar-me tomar lições de dança. Uma vez por semana, encontrava Zaza num salão em que rapazes e moças se exercitavam a remexer-se em cadência, sob a direção de uma senhora madura. Nesses dias eu exibia um vestido azul de jérsei de seda, herdado de minha prima Annie, e que se ajustava mais ou menos a meu corpo. Era-me proibida qualquer maquiagem. Na família, só minha prima Madeleine infringia essa interdição. Por volta dos dezesseis anos, ela principiara a arranjar-se com coqueteria. Papai, mamãe, tia Marguerite a estigmatizavam: "Andaste te enchendo de pó de arroz, Madeleine!" "Não, titia, juro que não", respondia ela gaguejando um pouco. Eu ria com os adultos: o artifício era sempre "ridículo". Todas as manhãs voltavam à carga: "Não digas que não, Madeleine, tu te encheste de pó de arroz, vê-se logo." Um dia — tinha ela então dezoito ou dezenove anos — ela respondeu irritada: "E por que não, afinal?" Confessava; tínhamos triunfado. Mas sua resposta deu-me o que pensar. De qualquer maneira, vivíamos muito afastadas da natureza. Afirmava-se na família: "Os cosméticos estragam a pele." Mas nós nos dizíamos, minha irmã e eu, ao ver a pele áspera de nossas tias, que a prudência não compensava. Eu não tentava, entretanto, discutir. Chegava então às aulas de dança malvestida, com o cabelo sem brilho, o rosto brilhando, o nariz luzidio. Não sabia o que fazer com o meu corpo, nem sequer nadar ou andar de bicicleta: achava-me tão desajeitada como quando me exibira fantasiada de espanhola. Mas foi por outros motivos que comecei a detestar essas aulas de dança. Quando meu cavalheiro me apertava em seus braços e me colava a seu peito, eu experimentava uma sensação estranha que se assemelhava a uma vertigem de enjoo, mas que eu esquecia menos facilmente. De volta a casa, jogava-me na poltrona de couro, abobada por um langor indefinível e que me dava vontade de chorar. Pretextei meu trabalho para suspender tais sessões.

Zaza era mais sabida do que eu: "Quando penso que nossas mães nos veem dançar com inteira tranquilidade de alma! As inocentes!", disse-me certa vez. Brincava com a irmã Lili e as primas maiores: "Ora, não me venham contar que se dançássemos entre nós ou com nossos irmãos nos divertiríamos do mesmo modo!" Imaginei que ela ligava o prazer da dança a esse outro, para mim muito mais vago, do flerte. Com doze anos, minha ignorância pressentira o desejo, a carícia; com dezessete, teoricamente informada, não sabia sequer entender minha confusão.

Não sei se havia ou não má-fé em minha ingenuidade; em todo caso, a sexualidade aterrorizava-me. Só uma pessoa, Titite, me fizera entrever que o amor físico pode ser vivido naturalmente e com alegria; seu corpo exuberante não conhecia a vergonha e, quando ela evocava o casamento, o desejo que brilhava em seus olhos a tornava mais bela. Tia Simone insinuava que ela "fora longe demais", com o noivo; mamãe defendia-a; eu julgava o debate ocioso. Casados ou não, as relações sexuais desses belos jovens não me chocavam: eles se amavam. Mas essa única experiência não bastava para abater os tabus erguidos à minha volta. Não somente nunca tinha — desde Villers — posto os pés numa praia, numa piscina, numa sala de ginástica, e portanto a nudez confundia-se a meus olhos com a indecência, como ainda, no meio em que vivia, jamais a franqueza de uma necessidade, jamais um ato violento rompia a teia das convenções e das rotinas. Entre adultos muito civilizados, que só trocavam entre si palavras e gestos medidos, como encontrar espaço para a crueza animal do instinto, do prazer? Durante o meu curso de filosofia, Marguerite de Théricourt veio anunciar a Mlle Lejeune que ia se casar proximamente: desposaria um sócio do pai, rico e nobre, muito mais idoso do que ela e que conhecia desde a infância. Todo mundo a felicitou, ela irradiava uma cândida felicidade. A palavra "casamento" explodiu em minha cabeça e fiquei mais embasbacada ainda do que no dia em que, em plena aula, uma colega começara a latir. Como superpor à moça séria, enluvada, de chapéu e sorrisos estudados, a imagem de um corpo rosado e terno, deitado nos braços de um homem? Eu não chegava a imaginar Marguerite nua; mas sob a camisola comprida, e a ondulação dos cabelos desfeitos, a carne se oferecia. Esse súbito impudor tinha alguma coisa de demência. Ou a sexualidade era um rápido ataque de loucura, ou Marguerite não coincidia com a jovem bem-educada que uma governanta escoltava por toda parte. As aparências mentiam, o mundo que me haviam ensinado era apenas uma trapaça. Optei por essa hipótese, mas eu fora ludibriada durante demasiado tempo e a ilusão resistia à dúvida. A verdadeira Marguerite usava obstinadamente chapéu e luvas. Quando a evocava, despida, exposta ao olhar de um homem, eu me sentia envolvida num tufão que pulverizava todas as normas da moral e do bom senso.

No fim de julho, saí de férias. Descobri então um novo aspecto da vida sexual; nem satisfação serena dos sentidos, nem alucinações perturbadoras, ela me pareceu uma travessura indecente.

Meu tio Maurice, depois de se ter alimentado exclusivamente com salada durante dois ou três anos, morrera de um câncer no estômago. Minha tia e Madeleine tinham-no chorado longamente. Mas, quando se consolaram, a vida, na Grillère, tornou-se muito mais alegre do que antes. Robert pôde convidar livremente seus colegas. Os filhos dos fidalgotes do Limousin acabavam de descobrir o automóvel e todos os amigos das cercanias, num círculo de cinquenta quilômetros reuniam-se para caçar e dançar. Naquele tempo, Robert cortejava uma jovem beldade de mais ou menos vinte e cinco anos e que passava as férias numa aldeia vizinha com a intenção evidente de arranjar marido. Quase todos os dias, Yvonne vinha à Grillère. Exibia vestidos multicores, cabelos opulentos e um sorriso tão parado que nunca pude saber se era surda ou idiota. Uma tarde, no salão, com os móveis libertados de suas capas, a mãe dela sentou-se ao piano e Yvonne vestida de andaluza, remexendo o leque e os olhos, executou danças espanholas em meio a um grupo de rapazes zombeteiros. Durante esse idílio multiplicaram-se as festas na Grillère e nas redondezas. Diverti-me muito. Os pais não se metiam; podíamos rir e agitar-nos sem constrangimento. Farândolas, rodas, e outras danças tornavam-se um brinquedo e não me incomodavam mais. Achei mesmo muito gentil um de meus cavalheiros que estava terminando o curso de medicina. Uma vez, numa mansão vizinha, ficamos acordados até de madrugada; fizemos sopa de cebolas na cozinha, fomos de automóvel até o sopé do monte Gargan, que escalamos para ver o nascer do sol; tomamos café com leite num albergue; foi minha primeira noite passada em claro. Em minhas cartas contei a Zaza essas orgias e ela pareceu um pouco escandalizada com o fato de me agradarem tanto e de mamãe as tolerar. Nem minha virtude nem a de minha irmã nunca correram risco; chamavam-nos "as duas meninas"; visivelmente pouco espertas, o *sex appeal* não era nosso forte. Entretanto, as conversas formigavam de alusões e subentendidos, cujo descaramento malicioso me chocava. Madeleine confiou-me que durante essas noitadas aconteciam muitas coisas nos bosques e nos carros. As moças tinham o cuidado de permanecer moças. Tendo Yvonne negligenciado essa precaução, os amigos de Robert, que haviam todos aproveitado dela, avisaram gentilmente o primo e o casamento não se realizou. As outras jovens conheciam as regras do jogo e as observavam; mas essa prudência não impedia agradáveis divertimentos. Não eram por certo muito lícitos; as escrupulosas corriam ao confessionário no dia seguinte e tornavam a encontrar-se de alma pura. Eu gostaria de compreender em virtude de que mecanismo o contato de duas bocas provoca a volúpia: muitas vezes, olhando os lábios de um rapaz ou de uma moça espantava-me como outrora diante do trilho mortal do metrô ou diante de um livro perigoso. As lições de Madeleine eram sempre barrocas; explicou-me que o prazer depende dos gostos individuais: sua amiga Nini exigia que o parceiro lhe beijasse a planta dos pés ou lhe fizesse cócegas nessa parte do corpo. Com curiosidade e mal-estar, eu indagava de mim mesma se o meu corpo comportava fontes escondidas de que jorrariam um dia imprevisíveis emoções.

Não me teria, por nada no mundo, submetido à mais modesta experiência. Os costumes que Madeleine me descrevia revoltavam-me. O amor, tal qual eu o concebia, não interessava muito o corpo; mas não admitia que o corpo procurasse satisfação fora do amor. Não levava a intransigência tão longe quanto Antoine Redier, diretor de *La Revue Française*, em que meu pai trabalhava, e que esboçara num romance o comovente retrato de uma jovem realmente autêntica: um dia, deixara um homem beijá-la, e, em vez de confessar a vileza ao noivo, renunciara ao casamento. Achava essa história ridícula. Mas, quando uma de minhas colegas, filha de um general, me contava, não sem melancolia, que a cada saída sua, um de seus dançarinos, pelo menos, a beijava, eu a censurava por consenti-lo. Parecia-me triste, absurdo e, em suma, culposo, dar os lábios a um indiferente. Uma das razões de minha pudicícia era sem dúvida esse misto de nojo e pavor que o macho, em geral, inspira às virgens; temia principalmente meus próprios sentidos e seus caprichos; o mal-estar experimentado no curso de dança me irritava, porque eu o sentia contra a minha vontade: não admitia que, através de um simples contato, uma pressão, um abraço, um indivíduo qualquer pudesse perturbar-me. Um dia viria em que eu desfaleceria nos braços de um homem; escolheria o momento e minha decisão se justificaria pela violência de um amor. A esse orgulho racionalista superpunham-se mitos forjados pela minha educação. Eu adorara esta hóstia imaculada: minha alma; em minha memória passavam imagens de arminho maculado, de lírio profanado; se não fosse transfigurado pelo fogo da paixão, o prazer sujava. Por outro lado, eu era extremista: queria tudo ou nada. Se amasse, seria para sempre, me entregaria por inteiro, com meu corpo, meu coração, minha cabeça e meu passado. Recusava-me a colher emoções, volúpias estranhas a esse desígnio. Na verdade, não tive a oportunidade de pôr à prova a solidez de tais princípios, pois nenhum sedutor os tentou abalar.

Minha conduta se conformava à moral em vigor no meu meio; mas não a aceitava sem uma importante restrição; pretendia submeter os homens à mesma lei que as mulheres. Tia Germaine lamentava com subentendidos perante meus pais que Jacques fosse bem-comportado demais. Meu pai, a maior parte dos escritores e, em suma, a opinião universal encorajavam os rapazes a se divertirem. Quando chegasse a hora, desposariam uma jovem de sua classe; entrementes, todos aprovavam que se divertissem com moças de condição humilde: costureirinhas, empregadinhas do comércio, criadas. Esse costume revoltava-me. Tinham-me repetido que as classes baixas não têm moral: a má conduta de uma costureira ou de uma vendedora de flores me parecia, por isso, tão natural que não me escandalizava; sentia simpatia por essas jovens sem fortuna, a quem os romancistas atribuíam de bom grado as qualidades mais comoventes. Entretanto, o amor delas já estava de início condenado: mais dia menos dia, segundo o capricho ou a comodidade, o amante as abandonaria por uma moça "de família". Eu era democrata e romanesca; achava revoltante que, por ter dinheiro e ser homem, se autorizasse alguém a brincar com um coração. Por outro lado, insurgia-me em nome da noiva pura a quem me identificava. Não via nenhuma razão para admitir que meu parceiro tivesse direitos que eu não concedia a mim mesma. Nosso amor só seria necessário e total se ele se guardasse para mim como eu me guardava para ele. E, além disso, era preciso que a vida sexual fosse em sua própria essência, e portanto para todo o mundo, uma coisa séria; sem o quê, eu teria sido levada a uma revisão de minha própria atitude e como, por ora, era incapaz de mudá-la, isso me teria acarretado grandes perplexidades. Obstinei-me, pois, a despeito da opinião pública, a exigir idêntica castidade para os dois sexos.

Simone de Beauvoir

No fim de setembro, passei uma semana na casa de uma colega. Zaza convidara-me algumas vezes a ir a Laubardon; as dificuldades da viagem, minha idade, tinham feito o projeto abortar. Agora tinha dezessete anos e mamãe consentiu em enfiar-me num trem que me conduziria diretamente de Paris a Joigny, onde meus anfitriões viriam me buscar. Era a primeira vez que viajava sozinha; suspendera os cabelos, pusera um chapeuzinho de feltro cinzento, estava orgulhosa de minha liberdade, e ligeiramente preocupada: nas estações, observava os viajantes, não teria gostado de me achar encerrada num compartimento, a sós com um desconhecido. Thérèse esperava-me na plataforma. Era uma adolescente triste, órfã de pai, que levava uma existência enlutada entre a mãe e meia dúzia de irmãs mais velhas. Devota e sentimental, decorara o quarto com montes de musselina branca, o que fizera Zaza sorrir. Ela invejava minha relativa liberdade e creio que eu encarnava a seus olhos toda a alegria do mundo. Passava o verão num grande castelo de tijolos, bastante belo, mas lúgubre, cercado de florestas admiráveis. Nos bosques centenários, no flanco das colinas cobertas de vinhedos, descobri um novo outono: violeta, alaranjado, vermelho e todo salpicado de ouro. Durante nossos passeios, falávamos do próximo reinício das aulas. Thérèse obtivera permissão de seguir comigo alguns cursos de literatura e de latim. Eu me preparava para estudar de verdade. Papai teria gostado que eu acumulasse letras e direito "que sempre podia servir"; mas eu folheara o Código Civil em Mcyrignac, e sua leitura me parecera rebarbativa. Em compensação, meu professor de ciências aconselhava-me a tentar a matemática e a ideia me agradava: iria me preparar para esse certificado no Instituto Católico. Quanto às letras, ficara resolvido, de acordo com a sugestão do M. Mabille, que seguiríamos cursos no Instituto dirigido em Neuilly por Mme Daniélou: desse modo nossas relações com a Sorbonne seriam reduzidas ao mínimo. Mamãe conversara com Mlle Lambert, a principal colaboradora de Mme Daniélou: se eu continuasse a estudar com o mesmo zelo, poderia muito bem ir até a "agrégation". Recebi uma carta de Zaza: Mlle Lejeune escrevera à mãe dela para adverti-la da horrível crueza dos clássicos gregos e latinos; Mme Mabille respondera que temia, para uma imaginação jovem, as armadilhas romanescas, mas não o realismo. Robert Garric, nosso futuro professor de literatura, católico fervoroso e de uma espiritualidade acima de qualquer suspeita, afirmara ao M. Mabille que se pode chegar a ser licenciado sem perder a alma. Assim, todos os meus desejos se realizavam; essa vida que se iniciava, eu a partilharia ainda com Zaza.

Memórias de uma moça bem-comportada

Uma vida nova; uma vida diferente; estava mais comovida do que na véspera de entrar para a classe elementar. Deitada sobre folhas mortas, o olhar estonteado pelo colorido apaixonante dos vinhedos, ruminava palavras austeras: licenciaturas, concurso de "agrégation". E todas as barreiras, todos os muros ruíam. Eu avançava a céu aberto, através da verdade do mundo. O futuro não era mais uma esperança: eu o tocava. Quatro ou cinco anos de estudos e depois toda uma existência que moldaria com minhas mãos. Minha vida seria uma bela história que se tornaria verdadeira à proporção que a contasse a mim mesma.

Terceira parte

Inaugurei minha nova existência subindo as escadas da Biblioteca Sainte-Geneviève. Sentava-me na seção reservada às leitoras, diante de uma grande mesa coberta, como as do Curso Désir, de pano-couro preto, e mergulhava na *Comédie humaine* ou nas *Mémoires d'un homme de qualité*. Frente a mim, à sombra de um volumoso chapéu enfeitado com pássaros, uma solteirona folheava velhos tomos do *Diário Oficial*; falava consigo mesma em voz baixa e ria. Nessa época, a entrada na sala era livre; muitos maníacos e gente mais ou menos sem eira nem beira ali se refugiavam; monologavam, cantarolavam, mastigavam um pedaço de pão; havia um que passeava de um lado para outro, com um chapéu de papel na cabeça. Sentia-me muito longe da sala de estudo dos cursos: jogara-me enfim na barafunda humana: "Pronto! Já sou estudante!", dizia a mim mesma com alegria. Usava um vestido escocês, cujas bainhas eu própria costurara, mas que era novo e feito para mim; compulsando catálogos, indo e vindo, agitando-me sem cessar, tinha a impressão de que era encantadora.

Nesse ano o programa comportava Lucrécio, Juvenal, o *Heptaméron*, Diderot; se tivesse permanecido tão ignorante quanto haviam desejado meus pais, o choque teria sido brutal. Eles o entenderam. Uma tarde, estando sozinha no escritório, minha mãe sentou-se diante de mim; hesitou, corou: "Há certas coisas que é preciso que saibas", disse. Corei também: "Eu já sei", respondi com vivacidade. Ela não teve a curiosidade de indagar das minhas fontes; para nosso alívio comum, a conversa parou aí. Alguns dias depois, ela me chamou no seu quarto; perguntou-me com certo embaraço "em que pé eu estava do ponto de vista religioso". Meu coração pôs-se a bater: "Bem", disse eu, "faz algum tempo que não acredito mais." Sua fisionomia descompôs-se: "Pobre menina!", disse. Fechou a porta para que minha irmã não ouvisse o resto de nossa conversa; com voz suplicante esboçou uma demonstração da existência de Deus, depois fez um gesto de impotência e calou-se, com lágrimas nos olhos. Lamentei tê-la magoado, mas sentia-me bastante aliviada: ia poder viver finalmente às claras.

Memórias de uma moça bem-comportada

Uma tarde, ao descer do ônibus, deparei com o carro de Jacques em frente de casa: ele possuía há uns poucos meses um carro pequeno. Subi a escada correndo. Jacques vinha nos ver menos frequentemente do que outrora; meus pais não lhe perdoavam as preferências literárias e sem dúvida andava irritado com suas zombarias. Meu pai reservava o monopólio do talento para os ídolos de sua mocidade; segundo ele, o êxito dos autores estrangeiros e dos modernos só se explicava pelo esnobismo. Colocava Alphonse Daudet muitíssimo acima de Dickens; quando lhe falavam do romance russo, dava de ombros. Um aluno do Conservatório, que ensaiava com ele uma peça de Jeannot intitulada *Le Retour à la terre*, declarou certa tarde impetuosamente: "É preciso inclinar-se profundamente diante de Ibsen." Meu pai deu uma gargalhada: "Pois eu não me inclino!" Inglesas, eslavas, nórdicas, todas as obras de outros países se lhe afiguravam tediosas, nebulosas, pueris. Quanto aos escritores e pintores de vanguarda, especulavam cinicamente com a estupidez humana. Meu pai apreciava a naturalidade de certos jovens atores: Gaby Morlay, Fresnay, Blanchard, Charles Boyer. Mas julgava sem sentido as pesquisas de Copeau, Dullin, Touvet e detestava os Pitoëff, "esses gringos". Considerava maus franceses as pessoas que não compartilhavam essas opiniões. Jacques, por isso, evitava as discussões; versátil, sedutor, gracejava com meu pai, fazia uma corte sorridente a mamãe e cuidava de não falar de nada. Eu lamentava isso, porquanto, quando por acaso se abria, dizia coisas que me intrigavam, que me interessavam. Já não o achava absolutamente pretensioso; sabia muito mais do que eu acerca do mundo, dos homens, da pintura, da literatura: desejaria que me deixasse aproveitar sua experiência. Nessa noite, como de costume, ele me tratou como priminha, mas havia tanta gentileza em sua voz, em seus sorrisos, que eu me senti muito feliz simplesmente por tê-lo revisto. Ao deitar a cabeça no travesseiro, lágrimas vieram-me aos olhos. "Choro, logo amo", pensei extasiada. Dezessete anos; estava na idade.

Entrevi um meio de forçar a estima de Jacques. Ele conhecia Robert Garric, que dava um curso de literatura francesa no Instituto Sainte-Marie. Garric fundara e dirigia um movimento, Les Équipes Sociales, que se propunha expandir a cultura nas camadas populares: Jacques era membro do movimento e admirava-o. Se eu conseguisse distinguir-me aos olhos de meu novo professor, se ele louvasse meus méritos a Jacques, talvez este deixasse de me encarar como uma escolar insignificante. Garric tinha pouco mais de trinta anos; loiro, ligeiramente calvo, falava em tom jovial, com um vago sotaque de Auvergne; as explicações que nos deu de Ronsard entusiasmaram-me. Trabalhei com afinco na minha primeira dissertação, mas só uma religiosa dominicana, que seguia o curso em trajes civis, recebeu felicitações. Mal nos destacávamos, Zaza e eu, do resto da classe com um 11 indulgente. Thérèse vinha longe atrás de nós.

O nível intelectual do Sainte-Marie era muito mais elevado que o do Curso Désir. Mlle Lambert, que dirigia a seção superior, inspirou-me respeito. Diplomada em filosofia, com cerca de trinta e cinco anos, uma franja preta endurecia seu rosto em que brilhavam olhos azuis e incisivos. Mas eu não a via nunca. Iniciava-me no grego e percebi que nada sabia de latim: meus professores me ignoravam. Quanto às minhas novas colegas, não me pareceram muito mais alegres do que as antigas. Eram hospedadas e instruídas gratuitamente; em troca, garantiam o ensino e a disciplina nas classes secundárias. Em sua maioria já velhuscas, pensavam com amargura que não se casariam nunca. Sua única possibilidade de ter um dia uma vida decente era passar nos exames. Essa preocupação obcecava-as. Tentei conversar com algumas delas, mas não tinham nada a me dizer.

Em novembro comecei o estudo de matemática geral no Instituto Católico. As moças sentavam-se nas primeiras filas e os rapazes nas últimas; achei todas as fisionomias estúpidas. Na Sorbonne, os cursos de literatura me entediaram: os professores se contentavam em repetir com voz cansada o que tinham outrora escrito em suas teses de doutorado. Fortunat Strowski nos contava as peças de teatro a que assistira durante a semana; sua verve, cansada, não me divertiu muito tempo. Para me consolar, observava os estudantes sentados à minha volta nos bancos do anfiteatro. Alguns me intrigavam, me atraíam; à saída acontecia-me acompanhar demoradamente com o olhar uma desconhecida, cuja elegância ou graça me surpreendia; a quem iria oferecer o sorriso pintado em seus lábios? Tocada por essas vidas estranhas, readquiria a felicidade íntima e obscura que conhecera em criança, na sacada do bulevar Raspail. Só que não ousava falar com ninguém e ninguém falava comigo.

Vovô morreu no fim do outono, após uma interminável agonia; mamãe envolveu-se toda em crepe e mandou tingir de preto os meus vestidos. Esse uniforme fúnebre enfeava-me, isolava-me e pareceu-me que me destinava definitivamente a uma austeridade que começava a pesar-me. No bulevar Saint-Michel, os rapazes e as moças passeavam em grupos, riam, iam ao café, ao teatro, ao cinema. Eu, depois de passar o dia lendo teses e traduzindo Catulo, à noite resolvia problemas. Meus pais rompiam com as convenções orientando-me para uma carreira e não para o casamento; na realidade cotidiana, entretanto, continuavam a educar-me nesse sentido; nada de me deixar sair sem eles, nem de me poupar as tarefas familiares.

No ano anterior, minha distração principal fora encontrar-me com minhas amigas, conversar com elas; agora, à exceção de Zaza, elas me entediavam. Assisti três ou quatro vezes às sessões do círculo de estudos em que se reuniam sob a presidência do padre Trécourt, mas a frivolidade das discussões fez-me fugir. Minhas colegas não tinham mudado tanto, nem eu; mas o que nos ligava antes era nossa atividade comum: os estudos; agora nossas vidas divergiam; eu continuava a marchar para a frente, eu me desenvolvia, elas, para se adaptar à condição de moças casadouras, principiavam a idiotizar-se. A diversidade de nossos futuros separava-me delas de antemão.

Tive logo que confessar: o ano não me trazia o que esperava dele. Deslocada, cortada de meu passado, vagamente desajustada, não tinha contudo divisado nenhum horizonte verdadeiramente novo. Até então, eu me acomodara a viver presa, porque sabia que um dia, cada vez mais próximo, a porta se abriria; eis que a transpusera e continuava presa. Que decepção! Nenhuma esperança precisa me sustentava mais: essa prisão não tinha grades, eu não conseguia vislumbrar uma saída. Talvez houvesse uma: mas onde? E quando a alcançaria? Todas as noites eu descia a lata de lixo; enquanto a esvaziava das cascas, das cinzas, dos papéis velhos, interrogava o pedaço de céu por cima do pequeno pátio; detinha-me à entrada do prédio; vidros brilhavam, carros corriam nas ruas, transeuntes passavam; fora, a noite vivia. Tornava a subir a escada, apertando com repugnância a alça um pouco engordurada da lata. Quando meus pais iam jantar fora, precipitava-me na rua com minha irmã; perambulávamos sem destino, buscando apreender um eco, um reflexo das grandes festas de que éramos excluídas.

Suportava muito mal o cativeiro, porque já não me comprazia absolutamente mais em casa. De olhos voltados para o céu, minha mãe rezava por minha alma; gemia, na terra, por causa de meus erros: toda comunicação entre nós estava cortada. Eu conhecia, pelo menos, as razões de sua confusão. As reticências de meu pai me surpreendiam e me intrigavam bem mais. Ele deveria interessar-se pelos meus esforços, pelos meus progressos, falar-me amigavelmente dos autores que eu estudava: só me demonstrava indiferença e até uma vaga hostilidade. Minha prima Jeanne não tinha muito jeito para os estudos, mas era muito sorridente e amável. Meu pai repetia, para quem o quisesse ouvir, que seu irmão tinha uma filha deliciosa, e suspirava. Eu ficava contrariada. Nada suspeitava do mal-entendido que nos separava e que iria pesar tanto em minha juventude.

No meu meio achavam, então, absurdo que uma jovem fizesse estudos sérios; ter uma profissão era diminuir-se. Evidentemente meu pai era rigorosamente antifeminista. Deleitava-se, já disse, com os romances de Colette Yver; julgava que o lugar da mulher é no lar e nos salões. Sem dúvida, admirava o estilo de Colette, a maneira de Simone, mas como apreciava a beleza das grandes cortesãs: a distância. Não as teria recebido em casa. Antes da guerra, o futuro lhe sorria; esperava fazer uma carreira próspera, especulações felizes e casar-nos, a mim e a minha irmã, na alta sociedade. Para brilhar nesta, ele julgava que uma mulher devia não somente ter beleza, elegância, mas também boa conversa e leitura. Por isso, alegrou-se com meus primeiros êxitos na escola. Fisicamente, eu prometia; se fosse ainda por cima inteligente e culta, ocuparia com galhardia meu lugar na sociedade. Mas, se gostava das mulheres inteligentes, não suportava as sábias, pretensiosas ou pedantes. Quando declarou "Vocês, meninas, não se casarão, precisarão trabalhar", havia amargura em sua voz. Pensei que fosse de nós que tivesse pena; não, em nosso futuro laborioso ele lia sua própria decadência; recriminava o destino injusto que o condenava a ter filhas *déclassées*.

Cedia por necessidade. A guerra acabara e o arruinara, varrendo todos os seus sonhos, seus mitos, suas justificações, suas esperanças. Enganava-me quando o imaginava resignado; nunca cessou de protestar contra sua nova condição. Ele apreciava acima de tudo a boa educação e as boas maneiras; entretanto, quando estava com ele num metrô, num restaurante, num trem, sentia-me incomodada com seus gritos, suas gesticulações, sua indiferença brutal pela opinião dos vizinhos; com esse exibicionismo agressivo afirmava não pertencer à mesma espécie. Na época em que viajava em primeira classe, era por sua cortesia requintada que indicava ter tido bom berço; em terceira, demonstrava-o negando as regras elementares da civilidade. Em quase toda a parte, assumia uma atitude ao mesmo tempo espantada e provocante, que significava não ser ali seu verdadeiro lugar. Nas trincheiras, falara muito naturalmente a linguagem de seus camaradas: contou-nos, divertindo-se, que um deles declarara: "Quando Beauvoir diz merda, a palavra torna-se distinta." Para provar sua distinção, pôs-se a dizer merda cada vez mais. Quase só frequentava agora gente que julgava "vulgar": fez-se mais vulgar do que eles; não sendo mais reconhecido por seus pares, encontrou um prazer amargo em ser malvisto pelos inferiores. Em algumas raras ocasiões — quando íamos ao teatro e seu amigo do Odéon o apresentava a alguma atriz conhecida — ele recobrava suas atitudes mundanas. O resto do tempo esforçava-se tão bem por parecer trivial que no fim ninguém, a não ser ele próprio, podia pensar que não o era.

Em casa, queixava-se da dureza da vida; cada vez que minha mãe lhe pedia dinheiro para as necessidades diárias, ele fazia barulho; reclamava principalmente dos sacrifícios que lhe custava a educação das filhas: tínhamos a impressão de estarmos exigindo indiscretamente sua caridade. Se me criticou com tamanha impaciência as desventuras da idade ingrata, foi porque já tinha contra mim certo rancor. Eu não era mais um fardo apenas: ia tornar-me a encarnação viva de seu fracasso. As filhas de seus amigos, de seu irmão e de sua irmã seriam senhoras da sociedade: eu não. Sem dúvida, quando passei nos exames do bacharelado ele se regozijou com meus êxitos; lisonjeavam-no e lhe evitavam muitas preocupações: eu não teria dificuldade em ganhar a vida. Não compreendi que à sua satisfação se misturava um amargo despeito.

"Que pena que Simone não seja um rapaz: teria ido para a Politécnica."[8] Ouvira muitas vezes meus pais exprimirem esse pesar. Um estudante da politécnica era alguém aos olhos deles. Mas meu sexo não lhes autorizava ambições tão elevadas e meu pai destinou-me prudentemente à administração: entretanto, detestava os funcionários, esses orçamentívoros, e era com ressentimento que me dizia: "Tu, pelo menos, terás uma aposentadoria." Agravei o meu caso, optando pela carreira de professora; praticamente ele aprovava minha escolha, mas estava longe de apoiá-la do fundo do coração. Considerava todos os professores pedantes. Tivera por colega no Colégio Stanislas um grande especialista em Balzac, Marcel Bouteron; referia-se a ele com comiseração: achava ridículo que alguém consumisse a vida com mortais trabalhos de erudição. Nutria contra os professores rancores mais sérios; pertenciam à seita perigosa que defendera Dreyfus: a dos intelectuais. Embriagados com seu saber livresco, obstinados em seu orgulho abstrato e em suas vãs pretensões ao universalismo, sacrificavam as realidades concretas — país, raça, casta, família, pátria — às quimeras que estavam matando a França e a civilização: os direitos do homem, o pacifismo, o

---

[8] Escola militar para formação de engenheiros militares. (N.T.)

internacionalismo. Desde que eu partilhava a condição deles, não iria adotar as mesmas ideias? Meu pai foi perspicaz: logo me tornei suspeita a seus olhos. Mais tarde, espantei-me com o fato de que, em vez de orientar prudentemente minha irmã pelo mesmo caminho que eu seguira, tivesse preferido para ela os riscos de uma carreira artística: não suportou jogar as duas filhas no campo inimigo.

Amanhã eu iria trair minha classe e, desde já, renegava meu sexo; a isso tampouco meu pai se resignava: tinha o culto da moça, da moça autêntica. Minha prima Jeanne encarnava esse ideal: ainda acreditava que as crianças nasciam em repolhos. Meu pai tentara preservar minha ignorância; dizia outrora que, quando eu tivesse dezoito anos, ainda me proibiria a leitura dos *Contes*, de François Coppée; agora admitia que eu lesse qualquer coisa: mas não via muita diferença entre uma jovem informada e a *Garçonne*, cujo retrato Victor Marguerite esboçara em um livro infame. Se ao menos eu tivesse salvado as aparências! Ele teria podido acomodar-se a uma filha excepcional, contanto que ela evitasse cuidadosamente ser insólita: eu não o consegui. Saíra da idade ingrata; olhava-me de novo nos espelhos com complacência; mas na sociedade fazia triste figura. Minhas amigas e a própria Zaza desempenhavam com desenvoltura seu papel mundano. Compareciam ao "dia de recepção" das mães, serviam o chá, sorriam, diziam amavelmente tolices; eu sorria mal, não sabia agradar, nem ter espírito, nem mesmo fazer concessões. Meus pais citavam-me, como exemplo, jovens "notavelmente inteligentes" e que, no entanto, brilhavam nos salões. Irritava-me com isso, porque sabia que o caso delas nada tinha a ver com o meu: eram amadoras, ao passo que eu me tornara profissional. Nesse ano eu me preparava para os certificados de literatura, de latim, de matemática geral e aprendia grego; eu própria organizara esse programa, a dificuldade me divertia; mas, precisamente para impor alegremente a mim mesma semelhante esforço, era necessário que o estudo não representasse uma distração e sim a minha própria vida: as coisas de que falavam no meu meio não me interessavam. Não tinha ideias subversivas; na realidade, não tinha muitas ideias acerca de coisa alguma. Mas exercitava-me o dia inteiro a refletir, a compreender, a criticar, a interrogar-me; procurava a verdade com precisão: esse escrúpulo tornava-me inapta às conversações mundanas.

Em suma, fora dos momentos em que passava nos exames, não dava a meu pai motivos de orgulho; por isso mesmo, ele atribuía grande importância a meus diplomas e me encorajava a acumulá-los. Sua insistência persuadiu-me de que se orgulhava de ter por filha uma mulher decidida. Era o contrário: só os êxitos extraordinários podiam conjurar o embaraço que ele sentia por esse motivo. Se eu tentava, ao mesmo tempo, três licenciaturas, tornava-me uma espécie de Inaudito, um fenômeno que fugia às normas habituais; meu destino não mais refletia a decadência familiar, explicava-se pela estranha fatalidade de um dom.

Eu não percebia evidentemente a contradição que perturbava meu pai: mas compreendi depressa a de minha própria situação. Conformava-me muito precisamente a seus desejos e ele parecia aborrecido com isso; destinara-me ao estudo e censurava-me por andar sempre metida com os livros. Ante a sua rabugice, se poderia acreditar que eu enveredara contra a sua vontade pelo caminho que, na verdade, ele me escolhera. Eu me perguntava de que era culpada; não me sentia à vontade e vivia rancorosa.

O melhor momento da semana era o curso de Garric. Admirava-o cada vez mais. Dizia-se em Sainte-Marie que ele poderia ter feito brilhante carreira na universidade; mas não tinha nenhuma ambição pessoal; negligenciava terminar sua tese e dedicava-se de corpo e alma a suas Équipes. Vivia como um asceta num prédio popular de Belleville. Fazia frequentemente conferências de propaganda e por intermédio de Jacques fui admitida com minha mãe em uma delas. Jacques introduziu-nos em uma série de salões luxuosos em que haviam arrumado filas de cadeiras vermelhas de espaldar dourado; fez-nos sentar e foi cumprimentar outras pessoas. Parecia conhecer todo mundo: como eu o invejava! Fazia calor, eu sufocava no meu vestido de luto e não conhecia ninguém. Garric surgiu: esqueci o resto e a mim própria. A autoridade de sua voz subjugou-me. Aos vinte anos, explicou-nos, descobrira nas trincheiras as alegrias de uma camaradagem que suprimia as barreiras sociais; não se conformara em perdê-la, depois que o armistício o devolvera aos estudos; essa segregação que na vida civil separa os jovens burgueses dos jovens operários, ele a sentiu como uma mutilação; por outro lado, achava que todo o mundo tem direito à cultura. Acreditava na verdade desse pensamento expresso por Lyautey em um de seus discursos marroquinos: "Para além de todas as diferenças existe sempre entre os homens um denominador comum." Com essa base, decidiu criar entre os estudantes e os homens do povo um sistema de trocas que tiraria os primeiros de sua solidão egoísta e os outros de sua ignorância. Aprendendo a se conhecer e a se amar, trabalhariam juntos pela reconciliação das classes. Pois não é possível, afirmou Garric em meio aos aplausos, que o progresso social saia de uma luta que tem como fermento o ódio: só se realizará através da amizade. Convertera a seu programa alguns colegas que o ajudaram a organizar em Reuilly um primeiro centro cultural. Eles conseguiram apoios, subsídios e o movimento ampliou-se: agrupava agora cerca de dez mil filiados em toda a França, entre rapazes e moças, e mil e duzentos educadores. Garric era pessoalmente um católico convicto, mas não se propunha nenhum apostolado religioso, pois havia entre seus colaboradores pessoas que não acreditavam em Deus. Considerava que os homens deviam ajudar-se no plano humano. Com voz vibrante, concluiu que o povo é bom quando o tratam bem; recusando estender-lhe a mão, a burguesia cometeria um erro grave cujas consequências lhe caberia suportar.

Eu bebia-lhe as palavras; não perturbavam meu universo, não acarretavam nenhuma contestação de mim mesma; no entanto, o som que tinham a meus ouvidos era inteiramente novo. Por certo, à minha volta pregavam a dedicação, mas atribuíam-lhe limites familiares; fora desse círculo os outros homens não eram próximos. Os operários, em particular, pertenciam a uma espécie tão perigosamente estranha quanto a dos boches ou a dos bolcheviques. Garric varrera essas fronteiras: só existia na terra uma imensa comunidade cujos membros eram todos irmãos. Negar todos os limites e todas as separações, sair de minha classe, de minha pele: essa palavra de ordem me eletrizou. E eu não imaginava que se pudesse servir mais eficazmente a humanidade do que distribuindo-lhe luzes, beleza. Prometi inscrever-me nas Équipes. Mas, principalmente, contemplei maravilhada o exemplo que me dava Garric. Finalmente encontrava um homem que, ao invés de aceitar um destino, escolhera a sua vida. Dotada de uma meta, de um sentido, sua existência encarnava uma ideia e dela tinha a maravilhosa necessidade. Aquela fisionomia modesta com um sorriso vivo, mas sem brilho, era a de um herói, a de um super-homem.

Voltei para casa exaltada; tirei meu casaco e meu chapéu preto no vestíbulo e, de repente, imobilizei-me; fixando o olhar no tapete puído, ouvi dentro de mim uma voz imperiosa: "É preciso que minha vida seja útil! É preciso que em minha vida tudo sirva." Uma evidência petrificava-me: tarefas infinitas me aguardavam, era exigida por inteiro; se me permitisse o menor desperdício, trairia minha missão e prejudicaria a humanidade. "Tudo servirá", murmurei com um nó na garganta. Era um juramento solene, e eu o pronunciei com a mesma emoção que se com ele houvesse comprometido irrevogavelmente meu futuro perante o céu e a terra.

Jamais gostara de perder meu tempo; censurei-me, contudo, por ter vivido às tontas e a partir de então explorei minuciosamente cada instante. Dormi menos; arranjava-me de qualquer jeito, não me olhava mais no espelho, mal escovava os dentes, nunca limpava as unhas. Proibi-me leituras frívolas, conversas inúteis, todas as distrações; sem a oposição de minha mãe teria renunciado às partidas de tênis nos sábados pela manhã. Levava meus livros para a mesa, aprendia verbos gregos, procurava resolver problemas. Meu pai irritou-se, eu obstinei-me e ele deixou-me agir, desanimado. Quando minha mãe recebia amigas, eu recusava ir ao salão; por vezes ela se zangava, eu cedia. Mas ficava sentada na ponta de uma cadeira, dentes cerrados, com um ar tão furibundo que logo ela me mandava embora. Na família e entre os íntimos espantavam-se com meu relaxamento, meu mutismo, minha descortesia; não demorei em passar por uma espécie de monstro.

Foi sem dúvida alguma em grande parte por ressentimento que adotei essa atitude; meus pais não me apreciavam: tornei-me francamente odiosa. Minha mãe vestia-me mal e meu pai censurava-me por andar malvestida: virei uma porca. Eles não procuravam me compreender: afundei no silêncio e nas manias, quis ser inteiramente opaca. Ao mesmo tempo, lutava contra o tédio. Não tinha tendência para a resignação; levando ao paroxismo a austeridade, fiz dela uma vocação; privada de prazeres, escolhi a ascese; em lugar de arrastar comigo languidamente a monotonia de minhas horas, ia para a frente muda, olhar parado, em direção a uma meta invisível. Embrutecia-me com o trabalho, e a fadiga dava-me uma impressão de plenitude. Meus excessos tinham também um sentido positivo. Há muito prometera a mim mesma fugir à terrível banalidade cotidiana: o exemplo de Garric transformou essa esperança em vontade. Recusei-me a esperar mais; entrei imediatamente no caminho do heroísmo.

Todas as vezes que revia Garric, renovava minhas resoluções. Sentada entre Thérèse e Zaza, aguardava com a boca seca o instante de sua chegada. A indiferença de minhas companheiras me surpreendia; parecia-me que deveríamos ouvir os corações baterem. Zaza apreciava Garric com restrições; irritava-se ao vê-lo chegar sempre atrasado. "A pontualidade é a delicadeza dos reis", escreveu ela uma vez no quadro-negro. Ele sentava-se, cruzava as pernas por baixo da escrivaninha, pon-

Simone de Beauvoir

do à mostra umas ligas roxas: ela criticava essa negligência. Eu não compreendia que desse importância a tais trivialidades, mas no fundo eu gostava; não teria suportado que outra, que não eu, acolhesse com tanta devoção as palavras e os sorrisos de meu herói. Queria saber tudo a seu respeito. Minha infância exercitara-me nas técnicas da meditação; utilizei-as para tentar imaginar isso que eu chamava, segundo uma expressão dele, sua paisagem interior; mas trabalhava com bem parcos indícios: seus cursos e as críticas, um pouco apressadas, que ele publicava na *Revue des Jeunes*. Além disso, eu era muitas vezes ignorante demais para tirar proveito disso. Havia um escritor que Garric citava com prazer: Péguy. Quem era? Quem era esse Gide cujo nome pronunciara certa tarde, quase furtivamente e como que se desculpando da ousadia com um sorriso? Depois da aula, ele entrava no escritório de Mlle Lambert: que se diziam? Seria eu digna, algum dia, de conversar com Garric de igual para igual? Uma ou duas vezes sonhei. "As mulheres como tu, Hellé, são feitas para ser companheiras dos heróis." Atravessava a praça Saint-Sulpice quando, ab-ruptamente, essa longínqua profecia fulgurou na tarde úmida. Teria Marcelle Tinayre feito meu horóscopo? Impressionada a princípio por um jovem poeta indolente e rico, Hellé era seduzida pelas virtudes de um apóstolo de grande coração, muito mais idoso do que ela. Os méritos de Garric eclipsavam agora, a meus olhos, o encanto de Jacques: teria eu encontrado meu destino? Só joguei timidamente com esse presságio. Garric casado era chocante. Eu só ambicionava existir um pouco para ele. Redobrei meus esforços para conquistar-lhe a estima: consegui. Uma dissertação sobre Ronsard, a explicação de um *Sonnet à Hélène*, uma aula sobre D'Alembert valeram-me elogios embriagadores. Seguida por Zaza, assumi a liderança da classe e Garric incitou-nos a nos apresentar, já em março, aos exames para o certificado de literatura.

Embora sem medir toda a violência de minha admiração por Garric, Zaza julgava-a exagerada; ela trabalhava sobriamente, saía um pouco, consagrava muito tempo à família. Nunca se desviava das velhas trilhas, não fora atingida por esse chamado a que eu atendia com fanatismo. Desprendi-me um pouco dela. Depois das férias de Natal, que ela passara na região basca, foi tomada de estranha apatia. Assistia às aulas com olhar morto, não ria mais, mal falava. Indiferente à própria vida, o interesse que eu tinha pela minha não encontrava nela nenhum eco: "Tudo o que desejaria é adormecer para nunca mais despertar", disse-me uma vez. Não dei grande importância a isso. Zaza atravessara muitas vezes crises de pessimismo; eu atribuía a nova crise ao receio que lhe inspirava o futuro. Esse ano de estudo era para ela apenas um sursis; o destino que temia aproximava-se e provavelmente ela não se sentia com forças suficientes para resistir, nem para se resignar. Aspirava por isso à despreocupação do sono. No fundo, eu lhe censurava o derrotismo: ele já implicava, pensava eu, uma abdicação. Por seu lado, ela via em meu otimismo a prova de que me adaptava facilmente à ordem estabelecida. Cortadas ambas do mundo, Zaza pelo seu desespero, eu pela minha louca esperança, nossas solidões não nos uniam; ao contrário, desconfiávamos vagamente uma da outra e o silêncio fazia-se mais espesso entre nós.

Quanto à minha irmã, estava feliz nesse ano; preparava-se brilhantemente para o bacharelado. No Curso Désir eram amáveis com ela e tinha uma nova amiga de quem gostava. Preocupava-se moderadamente comigo e eu supunha que se tornaria, num futuro próximo, uma pequeno-burguesa tranquila. "Poupette, nós a casaremos", diziam meus pais com confiança. Comprazia-me ainda em sua companhia, mas ela não passava, afinal, de uma criança; não lhe falava de nada.

Alguém teria podido ajudar-me: Jacques. Eu renegava as lágrimas que vertera cedo demais certa noite; não, não o amava; se amava alguém não era ele. Mas desejava sua amizade. Uma noite em que jantou em casa, nos demoramos um instante no salão a dizer bobagens. Mamãe chamou-me à ordem secamente. "Desculpe-nos", disse Jacques com um sorriso malicioso, "falávamos de *La Musique intérieure*, de Charles Maurras..." Tomei a sopa melancolicamente. Como mostrar-lhe que eu deixara de ridicularizar as coisas que não compreendia? Se ele me tivesse explicado os poemas, os livros de que gostava, eu o teria escutado. "Falávamos de *La Musique intérieure*..." Muitas vezes repeti essa frase, saboreando-lhe a amargura com um ressaibo de esperança.

Em março, passei brilhantemente nos exames de literatura. Garric felicitou-me. Mlle Lambert chamou-me ao seu escritório, escrutou-me, mediu-me e augurou-me um belo futuro. Dias depois, Jacques jantou em nossa casa. No fim da noite, chamou-me de lado: "Vi Garric anteontem: falamos muito de ti." Atentamente fez-me algumas perguntas acerca de meus estudos e projetos. "Levo-te amanhã para um passeio de carro no Bois", concluiu inopinadamente. Que pancadas deu meu coração! Meu golpe dera certo, Jacques interessava-se por mim. E eis que, numa bela manhã de primavera, eu rodava de carro ao redor dos lagos sozinha com Jacques. Ele ria e indagava: "Gostas de paradas bruscas?", e eu dava com o nariz no para-brisa. Era possível, então, em nossa idade ter ainda alegrias de criança! Evocamos nossa infância: Châteauvillain, a *Astronomie populaire*, *Le Vieux Charles* e as latas de conserva que eu juntava: "Como zombei de ti, minha pobre Sim!", disse-me ele alegremente. Tentei também dizer-lhe, com pequenas frases soltas, minhas dificuldades, meus problemas; ele meneava gravemente a cabeça. Por volta das onze horas, deixou-me diante do clube de tênis da rua Boulard e sorriu-me com malícia: "Sabes, pode-se ser gente de bem, apesar de licenciada." Gente de bem, gente de muito bem: ser admitida entre os eleitos era a mais alta promoção. Atravessei a quadra de tênis num passo triunfal: alguma coisa acontecera, alguma coisa começara. "Venho do Bois de Boulogne", declarei orgulhosamente às minhas amigas. Contei o passeio com tamanha hilaridade e incoerência que Zaza me examinou com um olhar desconfiado: "Mas que é que você tem hoje?" Eu estava feliz.

Quando Jacques tocou a campainha na semana seguinte, meus pais tinham saído. Em tais casos, ele brincava uns instantes comigo e com minha irmã e saía. Ficou, porém. Recitou-nos um poema de Cocteau e me aconselhou algumas leituras; enumerou uma porção de nomes que eu nunca ouvira e recomendou-me, em particular, um romance que me pareceu intitular-se *Le Grand Môle*. "Passa lá em casa amanhã à tarde, eu te emprestarei uns livros", disse-me ao partir.

Foi Elise, a velha governanta, quem me recebeu: "Jacques não está, mas deixou umas coisas para a senhora, no quarto dele." Rabiscara um recado: "Desculpa-me, minha velha Sim, e leva os livros." Encontrei sobre a mesa uma dezena de volumes de capas coloridas como confeitos: um Montherlant verde-pistache, um Cocteau vermelho-framboesa, alguns Barrès amarelo-limão, Claudel e Valéry de um branco de neve realçado por uma listra escarlate. Através do papel transparente li e reli os títulos: *Le Potomak*, *Les Nourritures terrestres*, *L'Annonce faite à Marie*, *Le Paradis à l'ombre des épées*, *Du sang, de la volupté et de la mort*. Muitos livros já haviam passado pelas minhas mãos, mas aqueles não pertenciam à espécie comum: esperava deles extraordinárias revelações. Espantei-me um pouco quando os abri, com o fato de neles decifrar sem dificuldade palavras familiares.

Mas eles não me desiludiram; fiquei estonteada, ofuscada, extasiada. Salvo as raras exceções que assinalei, encarava as obras literárias como monumentos que eu explorava com maior ou menor interesse, que por vezes admirava, mas não me diziam respeito. Subitamente, homens de carne e osso falavam-me, ao ouvido, de si próprios e de mim: exprimiam aspirações, revoltas que eu não soubera formular a mim mesma mas que reconhecia. Passei em revista toda a Biblioteca Sainte-Geneviève: lia Gide, Claudel, Jammes, a cabeça em fogo, as têmporas pulsando, sufocando de emoção. Esgotei a biblioteca de Jacques; inscrevi-me na "Maison des Amis des Livres", onde Adrienne Monnier reinava com um vestido grosseiro de lã cor de cinza. Tinha tanta fome de leitura que não me contentava com os dois volumes a que tinha direito: enfiava clandestinamente mais de meia dúzia na pasta. A dificuldade consistia em recolocá-los, depois, nas prateleiras e o receio de não os haver restituído todos. Quando fazia bom tempo, ia ler no Luxemburgo, ao sol. Circundava o laguinho repetindo frases que me agradavam. Muitas vezes instalava-me na sala de estudo do Instituto Católico, que me oferecia, a poucos passos de casa, um refúgio silencioso. Foi aí, sentada diante de uma escrivaninha preta, entre estudantes devotos e seminaristas de "saias" compridas, que li, com lágrimas nos olhos, o romance predileto de Jacques e que se intitulava *Le Grand Meaulnes* e não *Le Grand Môle*. Afundei na leitura como outrora nas orações. A literatura tomou, na minha vida, o lugar que ocupara a religião: invadiu-a por inteiro e a transfigurou. Os livros de que gostava se tornaram uma bíblia da qual eu extraía conselhos e ajuda. Copiei longos trechos, aprendi de cor novos cânticos e novas ladainhas, salmos, provérbios, profecias, e santifiquei todas as circunstâncias de minha vida recitando esses trechos sagrados. Minhas emoções, minhas lágrimas, minhas esperanças não eram menos sinceras por isso; não me valia das palavras, das cadências, dos versos, dos versículos para fingir; mas eles salvavam do silêncio todas essas aventuras íntimas de que não podia falar a ninguém. Entre mim e as almas irmãs que existiam em outros lugares, fora de meu alcance, criava-se uma espécie de comunhão; em vez de viver minha historiazinha particular, participava de uma grande epopeia espiritual. Durante meses, alimentei-me de literatura: mas era então a única realidade a que me era possível ter acesso.

 Meus pais franziram o cenho. Minha mãe classificava os livros em duas categorias: obras sérias e romances. Considerava estes um divertimento fútil, se não culposo, e censurou-me por desperdiçar com Mauriac, Radiguet, Giraudoux, Larbaud e Proust horas que teria podido empregar para instruir-me sobre o Beluquistão, a princesa de Lambelle, a vida das enguias, a alma da mulher ou o segredo das pirâmides. Tendo passado os olhos nos meus autores preferidos, meu pai julgou-os pretensiosos, sofisticados, barrocos, decadentes, imorais. Criticou vivamente Jacques por ter me emprestado, entre outros, *Etienne*, de Marcel Arland. Não mais podiam censurar minhas leituras, mas com frequência indignavam-se violentamente. Ficava irritada com esses ataques. O conflito que amadurecia entre nós exasperou-se.

Minha infância, minha adolescência tinham decorrido sem choques; eu me reconhecia através dos anos. Pareceu-me que, de repente, uma ruptura decisiva acabava de ocorrer em minha vida; lembrava-me do Curso Désir, do padre Trécourt, de minhas colegas, mas não entendia mais a estudante tranquila que eu fora meses antes; agora me interessava muito mais pelos meus estados de alma do que pelo mundo exterior. Comecei a redigir um diário íntimo. Escrevi como epígrafe: "Se alguém, quem quer que seja, ler estas páginas não o perdoarei. Cometerá uma ação feia e má. É favor respeitar esta advertência, a despeito de sua ridícula solenidade." Além disso, tomei muito cuidado para escondê-lo de todos os olhares. Nele copiava trechos de meus livros prediletos, interrogava, analisava e felicitava a mim mesma pela minha transformação. Em que consistia esta, na realidade? Meu diário explica-o mal; silenciava acerca de muitas coisas, carecia de distância. Entretanto, relendo-o agora, alguns fatos me saltaram aos olhos.

"Sou só! A gente sempre é só. Serei sempre só." Deparo com esse *leitmotiv* do princípio ao fim do caderno. Nunca pensara isso. Às vezes, dizia a mim mesma com orgulho: "Sou outra", mas via em minhas diferenças o penhor de uma superioridade que um dia todos reconheceriam. Nada tinha de revoltada; queria tornar-me alguém, fazer alguma coisa, continuar indefinidamente a ascensão iniciada desde o nascimento; era preciso, portanto, fugir da rotina, sair dos caminhos batidos. Mas acreditava ser possível ultrapassar a mediocridade burguesa sem abandonar a burguesia. A devoção dela aos valores universais era, eu imaginava, sincera. Sentia-me autorizada a liquidar tradições, costumes, preconceitos, todos os particularismos, em benefício da razão, do belo, do bem, do progresso. Se conseguisse construir uma bela vida, produzir uma obra que honrasse a humanidade, seria felicitada por ter calcado o conformismo com os pés. Como a Mlle Zanta, me aceitariam. Descobri brutalmente que estava enganada; longe de me admirar, não me aceitavam; em vez de me oferecerem coroas de louro, baniam-me. A angústia me tomou, pois percebi que condenavam em mim, mais ainda do que a atitude presente, o futuro que escolhia; esse ostracismo não teria fim. Não imaginava que existissem meios diferentes do meu; aqui e acolá certos indivíduos emergiam da massa: mas a probabilidade era pequena de encontrar algum; mesmo que fizesse duas ou três amizades, elas não me consolariam do exílio que já sofria; sempre fora mimada, estimada, gostava que gostassem de mim — a severidade de meu destino me apavorou.

Foi meu pai que me anunciou. Contara com seu apoio, com sua simpatia e aprovação. Sua recusa deixou-me profundamente desiludida. Havia uma grande distância entre meus ambiciosos desígnios e seu melancólico ceticismo; sua moral exigia que se respeitassem as instituições; quanto aos indivíduos, nada tinham a fazer na Terra a não ser evitar os aborrecimentos e gozar a existência da melhor maneira possível. Meu pai repetia constantemente que é preciso ter um ideal e, embora os detestando, invejava os italianos, porque Mussolini lhes oferecia um. Entretanto, ele próprio não me propunha nenhum. Nem eu lhe pedia tanto. Considerando sua idade e as circunstâncias, achava sua atitude normal e me parecia que ele poderia ter compreendido a minha. Acerca de muitos pontos — Liga das Nações, coligação das esquerdas, guerra do Marrocos — eu não tinha opinião e concordava com o que ele dizia. Nossos desacordos me pareciam tão pouco importantes que não fiz, a princípio, nenhum esforço para atenuá-los.

Meu pai considerava Anatole France o maior escritor do século; fizera-me ler, no fim das férias, *Le Lys rouge* e *Les Dieux ont soif*. Eu demonstrara pouco entusiasmo. Ele insistiu e me deu como presente de aniversário, aos dezoito anos, os quatro volumes de *La Vie littéraire*. O hedonismo de Anatole France me indignou. Só procurava na arte prazeres egoístas: "Que baixeza!", pensei. Também desprezava a chatice dos romances de Maupassant que meu pai julgava obras-primas. Disse-lhe isso delicadamente, mas ele não gostou; sentia por certo que minhas aversões colocavam muitas coisas em jogo. Zangou-se mais seriamente quando me atrevi a discutir certas tradições. Eu suportava com impaciência o almoço, os jantares que várias vezes por ano reuniam, em casa de uma ou outra prima, toda a parentada. Só os sentimentos têm importância, afirmei, e não os acasos das alianças e do sangue. Meu pai, que cultuava a família, começou a pensar que eu não tinha coração. Não aceitava sua concepção do casamento. Menos austero que os Mabille, ele dava ao amor um lugar bastante grande; mas eu não separava o amor da amizade; entre esses dois sentimentos ele não via nada em comum. Eu não admitia que um dos cônjugues "enganasse" o outro; se não estavam mais bem, deviam separar-se. Irritava-me que meu pai autorizasse o marido a dar "algumas canivetadas no contrato". Eu não era feminista na medida em que não me preocupava com política: pouco se me dava o direito de voto. Mas, a meus olhos, homens e mulheres eram igualmente pessoas e eu exigia exata reciprocidade. A atitude de meu pai para com o "belo sexo" me magoava. De modo geral, a frivolidade das ligações, dos amores, dos adultérios burgueses me enojava. Meu tio Gaston me levou para ver *Passionnément*, uma inocente opereta de Mirande, juntamente com minha irmã e minha prima; em casa, de volta, exprimi meu desagrado com um vigor que muito surpreendeu meus pais; no entanto, eu lia Gide e Proust sem espanto. A moral sexual corrente me escandalizava ao mesmo tempo por suas indulgências e por suas severidades. Fiquei surpresa quando, lendo uma notícia de jornal, vim a saber que o aborto era um delito: o que acontecia em meu corpo só dizia respeito a mim. Não houve argumento que me fizesse mudar de opinião.

Nossos embates se envenenaram rapidamente; se ele tivesse mostrado tolerância, eu poderia ter aceitado meu pai tal como era; mas eu não era nada ainda, eu decidia o que seria, e adotando opiniões e gostos opostos aos dele era para meu pai como se o renegasse. Por outro lado, ele via muito melhor do que eu o caminho em declive pelo qual eu enveredara. Recusava as hierarquias, os valores, as cerimônias que distinguem a elite; minhas críticas, que, pensava eu, tendiam apenas a desembaraçá-la de vãs sobrevivências, na verdade, implicavam sua liquidação. Só o indivíduo me parecia real, importante; chegaria forçosamente a preferir a sociedade em sua totalidade à minha classe. Afinal, eu é que iniciara as hostilidades; mas o ignorava, não compreendia por que meu pai e todos aqueles à sua volta me condenavam. Caíra numa armadilha; a burguesia me persuadira de que seus interesses se confundiam com os da humanidade; eu pensava poder alcançar, de acordo com ela, verdades válidas para todos; mas logo que me aproximava, ela se erguia contra mim. Sentia-me "aturdida, dolorosamente desorientada". Quem me mistificara? Por quê? Como? Em todo caso eu era vítima de uma injustiça e pouco a pouco meu rancor se transformou em revolta.

Ninguém me admitia como eu era, ninguém me amava; pois eu me amaria o suficiente para compensar esse abandono. Antes eu estava satisfeita comigo mesma, mas me preocupava pouco em me conhecer; procurei, a partir de então, desdobrar-me, olhar-me; espiei-me. Em meu diário dialoguei comigo mesma. Penetrei num mundo cuja novidade me estarreceu. Aprendi o que separa o desespero da melancolia e a secura da serenidade; conheci as hesitações do coração, seus delírios, o brilho das grandes renúncias e os murmúrios subterrâneos da esperança. Exaltava-me como nas noites em que contemplava o céu cambiante por detrás das colinas azuis; eu era a paisagem e o olhar: só existia por mim e para mim. Felicitei-me pelo exílio que me impelira para tão grandes alegrias; desprezei os que as ignoravam e me espantei por ter podido viver tanto tempo sem elas.

Entretanto, perseverei no meu desígnio: servir. Afirmei em meu caderno, contra Renan, que o grande homem não é um fim em si: só se justifica se contribui para elevar o nível intelectual e moral de toda a humanidade. O catolicismo persuadira-me de que não devia considerar desprezível nenhum indivíduo, por mais deserdado que fosse; todos tinham igualmente o desejo de realizar aquilo que eu chamava de essência eterna. Meu caminho estava claramente traçado: aperfeiçoar-me, enriquecer-me e exprimir-me numa obra que ajudaria os outros a viver.

Pareceu-me que já devia comunicar a experiência solitária que vinha atravessando. Em abril, escrevi as primeiras páginas de um romance. Sob o nome de Eliane, passeava num parque com primos e primas; pegava um escaravelho na relva. "Mostra", diziam-me. Eu fechava ciumentamente a mão. Insistiam, eu me debatia, fugia. Corriam atrás de mim. Arquejante, com o coração batendo, me afundava nos bosques, escapava e punha-me a chorar devagar. Logo porém parava, murmurando: "Ninguém jamais saberá", e voltava lentamente para casa. "Ela se sentia bastante forte para defender seu único bem contra os golpes e as carícias e para conservar sempre a mão fechada."

Esse apólogo traduzia a minha maior preocupação: me defender dos outros; é que, embora meus pais não me poupassem censuras, exigiam minha confiança. Minha mãe disse muitas vezes que sofrera com a frieza de vovó e que desejava ser uma amiga para suas filhas. Mas como teria podido conversar comigo de igual para igual? Eu era a seus olhos uma alma em perigo, uma alma que precisava ser salva: um objeto. A solidez de suas convicções lhe proibia a menor concessão. Se me interrogava não era para encontrar um terreno de entendimento entre nós: ela inquiria. Eu tinha sempre a impressão, quando ela me fazia uma pergunta, de que me olhava pelo buraco da fechadura. O simples fato de reivindicar direitos sobre mim já me gelava. Ela se ressentia desse fracasso e se esforçava por vencer minhas resistências com solicitudes que as exasperavam: "Simone preferiria ficar nua a dizer o que tem na cabeça", afirmava zangada. De fato, ficava completamente calada. Mesmo com meu pai, renunciei a discutir; não tinha a menor chance de influenciar suas opiniões; meus argumentos se esmagavam contra um muro; uma vez por todas, e tão radicalmente quanto minha mãe, me julgara errada. Nem sequer procurava mais me convencer, mas apenas me pegar em flagrante. As conversas mais inocentes comportavam armadilhas; meus pais traduziam meus propósitos para seu idioma e me atribuíam ideias que nada tinham em comum com as minhas. Sempre me debatera contra a opressão da linguagem; agora repetia a frase de Barrès: "Por que as palavras, essa precisão brutal que maltrata nossas complicações?" Se abria a boca, expunha-me de imediato aos outros, e fechavam-me de novo nesse mundo do qual levara anos para me evadir, em que cada coisa, sem possibilidade de equívoco, tem um nome, um lugar, uma função, em que o ódio e o amor, o mal e o bem são tão nitidamente separados quanto o preto e o branco, em que tudo é classificado, catalogado, conhecido, compreendido e irremediavelmente julgado, esse mundo de arestas cortantes, banhado por uma luz implacável que a sombra de uma dúvida não perturba jamais. Preferia silenciar. Só que meus pais não o suportavam: me chamavam de ingrata. Eu tinha um coração muito menos seco do que meu pai supunha, e isso me entristecia. À noite, chorava na cama. Aconteceu-me até rebentar em soluços diante deles; eles se ressentiram e censuraram ainda mais minha ingratidão. Pensei numa solução: dar respostas tranquilizadoras, mentir; resignei-me mal a isso; parecia estar me traindo. Decidi "dizer a verdade, mas brutalmente, sem comentários". Desse modo evitaria, ao mesmo tempo, fantasiar o pensamento e revelá-lo. Não era muito hábil, porque escandalizava meus pais sem acalmar sua curiosidade. Na realidade, não havia solução: estava num beco sem saída; meus pais não podiam suportar nem o que lhes dizia nem o meu mutismo. Quando me arriscava a dar explicações, estas os estarreciam. "Você não compreende direito a vida, ela não é tão complicada assim", dizia minha mãe. Mas, se me encolhia em minha concha, meu pai lamentava-se: eu me empedernia, era somente um cérebro. Falavam em me mandar para o exterior, pediam conselhos, andavam tontos. Eu tentava me blindar; convencia a mim mesma a não mais temer a censura, o ridículo, os mal-entendidos: pouco me importava a opinião que tinham de mim, fosse ou não bem fundada. Quando alcançava essa indiferença podia rir sem vontade e aprovar tudo o que diziam. Mas me sentia então radicalmente isolada dos outros; olhava no espelho aquela que eles viam: não era eu; estava ausente, ausente de toda parte: onde me encontrar? Enlouquecia. "Viver é mentir", pensava sucumbida; em princípio nada tinha contra a mentira, mas era quase exaustivo fabricar incessantemente máscaras para mim. Às vezes, acreditava que não teria força e que me resignaria a voltar a ser como os outros.

Essa ideia me apavorava ainda mais porque agora eu lhes devolvia a hostilidade com que me recebiam. Quando antes prometia a mim mesma não me assemelhar a eles, sentia pena deles, e não animosidade. Mas agora eles detestavam em mim o que me distinguia deles e a que eu dava grande valor: passei da comiseração à cólera. Como tinham certeza de ter razão! Recusavam-se a qualquer mudança, a qualquer contestação, negavam todos os problemas. Para compreender o mundo, para encontrar a mim mesma, era preciso fugir.

Era desconcertante, quando imaginara avançar por um caminho triunfal, perceber repentinamente que estava metida numa luta; foi um choque do qual só me refiz com o tempo; pelo menos a literatura me ajudou a passar do desespero ao orgulho. "Família, eu a odeio, lares fechados, portas cerradas." A imprecação de Ménalque assegurava-me que, me aborrecendo em casa, eu servia uma causa sagrada. Aprendi, lendo os primeiros Barrès, que "o homem livre" suscita fatalmente o ódio dos "bárbaros" e que seu primeiro dever é enfrentá-los. Eu não era vítima de uma desgraça obscura, a minha luta era justa.

Barrès, Gide, Valéry, Claudel: eu partilhava as devoções dos escritores da nova geração e lia com fervor todos os romances, todos os ensaios de meus jovens mestres. É normal que me houvesse reconhecido neles: éramos do mesmo meio. Burgueses como eu, sentiam-se, como eu, pouco à vontade em suas peles. A guerra lhes destruíra a segurança sem os arrancar de sua classe; revoltavam-se, mas unicamente contra os pais, a família e a tradição. Desgostosos com a demagogia com que lhes haviam entupido o cérebro durante a guerra, reclamavam o direito de olhar as coisas de frente e chamá-las pelos seus nomes; como não tinham, em absoluto, a intenção de abalar a sociedade, somente se atinham ao estudo minucioso de seus estados de alma: pregavam "a sinceridade consigo mesmo". Rejeitando os clichês, os lugares-comuns, recusavam com desprezo as sabedorias antigas cuja falência tinham presenciado; mas não tentavam construir outra; preferiam afirmar que é preciso nunca se contentar com nada: exaltavam a inquietação. Todo jovem a par das ideias de seu tempo era um inquieto. Durante a quaresma de 1925, o padre Sanson fizera, em Notre-Dame, um sermão sobre a "inquietação humana". Por desprezo à velha moral, os mais audaciosos chegaram a pôr em dúvida o Bem e o Mal; admiravam os "possessos" de Dostoievski, que se tornou um dos seus ídolos. Alguns professavam um esteticismo desdenhoso, outros aderiam ao imoralismo.

Eu estava exatamente na mesma situação desses desajustados jovens de família: separava-me da classe a que pertencia. Para onde ir? De jeito nenhum descer às "camadas inferiores"; podíamos, devíamos ajudá-los a se elevar, mas, por ora, em meu diário, eu confundia com uma mesma repugnância o epicurismo de Anatole France e o materialismo dos operários "que abarrotam os cinemas". Como não percebia nenhum lugar neste mundo que me conviesse, encarei alegremente a solução de nunca parar em lugar nenhum. Dediquei-me à Inquietação. Quanto à sinceridade, era ao que aspirava desde a infância. Ao meu redor reprovavam a mentira, mas fugiam cuidadosamente da verdade. Se tinha hoje tanta dificuldade em falar, é porque recusava utilizar a moeda falsa em uso no meu meio. Não mostrei muito entusiasmo em abraçar o imoralismo. Não aprovava, por certo, que se roubasse por interesse nem que se deitasse numa cama para o prazer; mas, sendo gratuitos, desesperados, revoltados — e, naturalmente, imaginários —, admitia sem hesitação todos os vícios, os estupros e os assassinatos. Praticar o mal era a maneira mais radical de repudiar qualquer cumplicidade com a gente de bem.

Recusar as palavras vazias, as morais falsas e seu conforto: a literatura apresentava essa atitude negativa como uma ética positiva. De nosso mal-estar ela fazia uma procura: buscávamos uma salvação. Se tínhamos renegado nossa classe era para nos instalarmos no Absoluto. "O pecado é o lugar vago diante de Deus", escrevia Stanislas Pumet em *Notre Baudelaire*. O imoralismo, portanto, não era apenas um desafio à sociedade, permitia também atingir Deus. Crentes e descrentes utilizavam de bom grado esse nome: segundo uns, designava a inacessível presença, segundo outros, a vertiginosa ausência; a diferença não era muito grande e não tive dificuldade em amalgamar Claudel e Gide. Em ambos, Deus definia-se em relação ao mundo burguês como *o outro* e tudo o que era outro comportava algo divino; o vazio que existia na Joana d'Arc de Péguy, a lepra que corroía Violaine, eu reconhecia nisso a sede que devorava Nathanaël; entre um sacrifício sobre-humano e um crime gratuito não vai grande distância, e eu via, em Sygne, a irmã de Lafcadio. O importante era arrancar-se da terra e tocava-se então o eterno.

Memórias de uma moça bem-comportada

Um pequeno número de escritores — Ramon Fernandez, Jean Prévost — desviava-se desses caminhos místicos para tentar edificar um novo humanismo; não os segui. No ano precedente, entretanto, aceitara o silêncio do céu e lera com emoção Henri Poincaré. Eu me comprazia na terra; mas o humanismo — a menos que seja revolucionário, e o que pregavam na N.R.F.[9] não o era — implica a possibilidade de alcançar o universal permanecendo burguês; ora, eu acabara de verificar que tal esperança era um embuste. A partir de então atribuí apenas um valor relativo à minha vida intelectual, já que não me auxiliara a granjear a estima de todos. Invoquei uma instância superior que me permitisse recusar os juízos dos estranhos; refugiei-me em meu "eu profundo" e decidi que toda a minha existência devia se subordinar a ele.

Essa mudança me levou a considerar o futuro de um novo ângulo: "Terei uma vida feliz, fecunda, gloriosa", pensava aos quinze anos. Decidi: "Vou me contentar com uma vida fecunda." Ainda me parecia importante servir a humanidade, mas não esperava mais que ela o reconhecesse, posto que a opinião alheia não devia mais contar para mim. Essa renúncia não me pesou muito, porque a glória não passara de um fantasma impreciso no fundo do futuro. Em compensação, a felicidade, eu a conhecera e sempre a desejara; não aceitei facilmente me afastar dela. Se o fiz, foi por acreditar que ela me seria inacessível para sempre. Não a separava do amor, da amizade, da ternura, e eu me devotava a uma empresa "irremediavelmente solitária". Para reconquistá-la, seria preciso voltar atrás, diminuir-me: decretei que toda felicidade é, em si, uma diminuição. Como conciliá-la com a inquietação? Amava o Grand Meaulnes, Alissa, Violaine, a Monique de Marcel Arland: seguiria seus passos. Em compensação, não era proibido acolher a alegria: ela me visitava frequentemente. Derramei muitas lágrimas nesse trimestre, mas experimentei também grandes encantamentos.

Embora já de posse de meu certificado de literatura, não pensei em privar-me dos cursos de Garric: continuei a me sentar em frente a ele, todos os sábados à tarde. Meu fervor não esmorecia; parecia-me que a terra não seria habitável se eu não tivesse ninguém para admirar. Quando me acontecia voltar de Neuilly sem Zaza nem Thérèse, fazia o percurso a pé; subia a avenida da Grande-Armée; divertia-me com uma brincadeira que nesse tempo comportava riscos limitados: atravessar a

---

[9] Nouvelle Revue Française. (N.T.)

praça Étoile em linha reta, sem parar. Abria caminho a passos largos entre a multidão que subia e descia a avenida Champs-Élysées. Pensava naquele homem diferente dos outros e que residia num bairro desconhecido, quase exótico: Belleville; ele não era "inquieto", mas não dormia; encontrara seu caminho: nem lar, nem ofício, nem rotina; nenhum resíduo sobrava de suas atividades cotidianas: era só, era livre, agia da manhã à noite, iluminava, queimava. Como gostaria de imitá-lo! Despertei em meu coração o "Espírito Equipe", olhava os transeuntes com amor. Quando lia no Luxemburgo, se alguém sentava no mesmo banco e puxava conversa, apressava-me em responder. Proibiam-me outrora de brincar com as meninas que não conhecia, deleitava-me agora em desrespeitar os velhos tabus. Sentia-me particularmente satisfeita quando meu interlocutor era da "gente do povo": parecia-me então que punha em prática as instruções de Garric. Sua existência iluminava meus dias.

Entretanto, as alegrias que usufruía logo foram perturbadas pela angústia. Eu o ouvia ainda falar de Balzac, de Victor Hugo. Na realidade tive de confessar que me esforçava por prolongar um passado morto; era uma auditora e não mais uma discípula; deixara de pertencer à sua vida. "E dentro de algumas semanas nem sequer o verei mais", pensava. Já o tinha perdido. Nunca perdera nada precioso: quando as coisas me deixavam eu já deixara de desejá-las. Dessa vez me violentavam e eu me revoltava. "Não", dizia eu, "não quero". Mas minha vontade não contava. Como lutar? Avisei Garric de que ia me inscrever nas Équipes, ele me felicitou, apesar de se interessar pouco pela seção feminina. Provavelmente não o encontraria mais no ano seguinte. A ideia era tão insuportável que me entreguei a divagações; não teria a coragem de falar, de escrever, de dizer a ele que não poderia viver se nunca mais o visse? Se ousasse, pensava, o que aconteceria? Não ousei. "No reinício das aulas, eu saberei como encontrá-lo." Essa esperança me tranquilizava um pouco. Além disso, embora me esforçando para retê-lo em minha vida, deixei-o deslizar para o segundo plano. Jacques assumia uma importância cada vez maior. Garric era um ídolo longínquo; Jacques se preocupava com meus problemas, conversar com ele me fazia bem. Logo percebi que ele voltava a ocupar o primeiro lugar em meu coração.

Nesse tempo, eu gostava mais de surpreender-me do que de compreender; não tentei situar Jacques, nem explicá-lo a mim mesma. Só hoje reconstituo sua história com alguma coerência.

Memórias de uma moça bem-comportada

O avô paterno de Jacques fora casado com a irmã de vovó — minha tia-avó bigoduda que escrevia em *La Poupée modèle*. Ambicioso, jogador, comprometeu a fortuna com especulações arriscadas. Os dois cunhados tinham se desentendido seriamente por questões de interesse, e, embora vovô também tivesse caído de falência em falência, declarou virtuosamente na época em que eu chamava a Jacques de meu noivo: "Nunca uma neta minha casará com um Laiguillon." Quando Ernest Laiguillon morreu, a fábrica de vitrais ainda se mantinha de pé; mas dizia-se na família que, se esse pobre Charlot não houvesse falecido prematuramente naquele horrível desastre, teria sem dúvida acabado de afundá-la. Era como o pai, excessivamente empreendedor, absurdamente confiante em sua estrela. Foi o irmão de tia Germaine que se encarregou de dirigir o negócio até a maioridade do sobrinho; administrou-o com extrema prudência, pois, ao contrário dos Laiguillon, os Flandin eram provincianos de visão estreita, satisfeitos com lucros mesquinhos.

Jacques tinha dois anos quando perdeu o pai; parecia-se com ele; tirara dele os olhos brilhantes, a boca gulosa, o ar vivo; a avó Laiguillon o adorava e o tratou, mal ele começou a falar, como um pequeno chefe de família: devia proteger Titite e a mãe. Ele levou a sério o papel: a irmã e a mãe o adulavam. Mas, depois de cinco anos de viuvez, tia Germaine tornou a se casar com um funcionário que vivia em Châteauvillain; aí fixou-se e deu à luz um filho. A princípio conservou consigo os mais velhos; depois, por causa dos estudos deles, colocaram Titite como semi-interna no Colégio Valton e Jacques no Stanislas; eles residiram no apartamento do bulevar Montparnasse, sob as vistas da velha Elise. Como Jacques suportou esse abandono? Poucas crianças foram mais imperiosamente impelidas a fantasiar-se do que esse pequeno senhor destronado, exilado, abandonado. Mostrava pelo padrasto e pelo meio-irmão os mesmos sentimentos amáveis que devotava à mãe e à irmã; o futuro iria provar — muito mais tarde — que somente sua afeição por Titite era verdadeira; sem dúvida, não confessou a si mesmo seus rancores, mas não era por acaso que tratava mal sua avó Flandin e manifestava um desprezo quase hostil pela família materna. Gravado numa fachada, inscrito à luz de belos vitrais faiscantes, o nome de Laiguillon tinha a seus olhos o brilho de um brasão; mas também, se se protegia com tamanha ostentação, é porque se vingava da mãe reconhecendo exclusivamente sua ascendência paterna.

Fracassara em substituir em casa o jovem morto; em compensação, reivindicou de cabeça erguida sua sucessão: com a idade de oito anos, suportando com desdém a tutela provisória do tio, proclamava-se o único dono da fábrica. Assim se explica sua jovem importância. Ninguém soube que desesperos, que ciúmes, que rancores, que terrores talvez tivesse arrastado pelos sótãos solitários onde as poeiras do passado anunciavam seu futuro. Mas certamente sua arrogância, sua audácia, suas fanfarronices escondiam uma grande perturbação.

Uma criança é um revoltado; ele se quis sensato como um homem. Não teve de conquistar a liberdade e sim defender-se contra ela; impôs a si mesmo as normas e as proibições que um pai vivo lhe teria ditado. Exuberante, desenvolto, insolente, fazia muitas vezes bagunça no colégio; mostrou-me rindo, em seu caderno, uma observação que censurava "ruídos diversos em espanhol". Não se fingia de menino-modelo; era um adulto a quem a maturidade permitia infringir uma disciplina demasiado pueril. Com doze anos, improvisando, em casa, uma comédia-charada, espantou o auditório com uma apologia do casamento por conveniência. Desempenhava o papel de um rapaz que se recusava a desposar uma moça pobre. "Se crio um lar", explicava, "quero poder assegurar a meus filhos um confortável bem-estar". Na adolescência nunca discutiu a ordem estabelecida. Como se teria rebelado contra o fantasma que ele sozinho sustentava por cima do vazio? Bom filho, irmão atento, manteve-se fiel à linha de conduta que uma voz de além-túmulo lhe indicara. Mostrava grande respeito pelas instituições burguesas. Disse-me um dia, falando de Garric: "É um sujeito direito, mas deveria ser casado e ter uma profissão." "Por quê?" "Um homem deve ter uma profissão." Ele próprio levava muito a sério suas futuras funções. Participava de cursos de artes decorativas, de direito, e se iniciava nos negócios nos escritórios do andar térreo, que recendiam a pó envelhecido. Os negócios e o direito o aborreciam. Em compensação, gostava de desenhar; aprendeu gravura em madeira e se interessava vivamente pela pintura. Só que não podia pensar em dedicar-se a isso; o tio, que nada entendia de arte, dirigia muito bem a casa; as tarefas de Jacques não seriam diferentes das de qualquer modesto patrão. Consolava-se reatando com os ousados desígnios do pai e do avô; idealizava grandes projetos; não se contentaria com uma modesta freguesia de paróquias de aldeia. Os vitrais Laiguillon surpreenderiam o mundo pela qualidade artística e a fábrica se tornaria uma empresa de envergadura. Sua mãe e seus parentes se preocupavam: "Seria melhor que entregasse a direção dos negócios ao tio; arruinará a casa", dizia meu pai. O fato é que havia em seu zelo algo suspeito; a seriedade de seus dezoito anos assemelhava-se demais à que demonstrara aos oito para não parecer igualmente representada. Exagerava seu conformismo, como se não pertencesse por direito de nascimento à casta de que se vangloriava. É que não conseguira substituir efetivamente o pai; só ouvia a sua própria voz e esta carecia de autoridade. Evitava tão cuidadosamente contestar a sensatez de que se revestira, porque não a interiorizou nunca. Nunca coincidiu com o personagem que encarnava ruidosamente: o jovem Laiguillon.

Eu percebia essa falha. Por isso concluí que Jacques assumia a única atitude que me parecera válida: procurar reclamando. Sua veemência não me convencia de sua ambição, nem sua voz ponderada, de sua resignação. Longe de se colocar entre as pessoas bem estabelecidas, chegava até mesmo a recusar as facilidades do anticonformismo. Sua expressão entediada, seu olhar hesitante, os livros que me emprestara, suas meias-confidências, tudo assegurava-me que ele vivia voltado para um futuro incerto. Gostava do Grand Meaulnes, me fizera gostar do herói: eu os identificava. Vi em Jacques uma encarnação requintada da Inquietação.

Eu ia frequentemente jantar em família no bulevar Montparnasse. Não detestava essas noites. Ao contrário das outras pessoas que me cercavam, tia Germaine e Titite não acreditavam que eu me transformara em um monstro; perto delas, no grande apartamento, entre claro e sombrio, que desde minha infância me era familiar, os fios de minha vida se reatavam. Não me sentia mais marcada, nem exilada. Trocava com Jacques breves apartes que firmavam nossa cumplicidade. Meus pais não a encaravam com maus olhos. Tinham para com Jacques sentimentos ambíguos: censuravam-no por vir raramente a nossa casa e por se ocupar de mim mais do que deles; a ele também acusavam de ingratidão. Entretanto, Jacques era senhor de uma situação confortável: se casasse comigo, que presente dos céus para uma jovem sem dote! Cada vez que minha mãe pronunciava o nome dele, esboçava um sorriso de acentuada discrição; eu ficava furiosa por pretenderem transformar num empreendimento burguês uma simpatia fundada na recusa comum dos horizontes burgueses. Contudo, achava bastante cômodo que nossa amizade fosse lícita e que me autorizassem a ver Jacques a sós.

Era em geral no fim da tarde que eu tocava à porta do prédio; subia até o apartamento. Jacques me acolhia com um sorriso amável: "Não atrapalho?" "Você não atrapalha nunca." "Como vai?" "Sempre bem quando a vejo." A gentileza dele aquecia meu coração. Conduzia-me à comprida galeria medieval onde instalara sua mesa de trabalho; nunca estava claro demais: um vitral sempre filtrava a luz. Eu gostava daquela penumbra, dos baús e cofres de madeira maciça. Sentava-me num sofá forrado de veludo carmesim; ele andava de um lado para outro, o cigarro no canto dos lábios, fechando um pouco os olhos para procurar seu pensamento entre os círculos de fumaça. Devolvia-lhe os livros que me emprestara, e ele me emprestava outros; lia para mim Mallarmé, Laforgue, Francis Jammes, Max Jacob. "Você vai iniciá-la na literatura moderna?", perguntou-lhe meu pai entre irônico e mortificado. "Mas nada me seria mais agradável", respondera Jacques. Levava a sério a tarefa. "Afinal, fiz você conhecer belas coisas!", dizia-me às vezes com orgulho. Guiava-me, aliás, com muita discrição. "É bom amar *Aimée*!", disse-me quando lhe trouxe de volta o romance de Jacques Rivière; raramente nossos comentários iam mais longe; ele detestava insistir. Muitas vezes, quando lhe pedia um esclarecimento, ele sorria e citava Cocteau: "É como os acidentes de estrada de ferro; sentem-se, não se explicam." Quando me mandava ao Studio des Ursulines ver — numa matinê com minha mãe — um filme de vanguarda, ou ao Atelier assistir ao último espetáculo de Dullin, dizia somente: "Não se deve perder isso." Às vezes, descrevia minuciosamente um pormenor: uma luz amarela num canto do quadro, uma mão abrindo-se na tela do cinema. Religiosa ou divertida, sua voz sugeria o infinito. Deu contudo indicações preciosas sobre a maneira correta de olhar um quadro de Picasso; assombrava-me por ser capaz de identificar um Braque ou um Matisse sem ver a assinatura; isso me parecia feitiçaria. Estava fascinada por todas essas novidades que ele me revelava e tinha um pouco a impressão de que era ele próprio o autor de tudo. Atribuía-lhe até certo ponto o *Orfeu* de Cocteau, os *Arlequins* de Picasso, o *Entreato* de René Clair.

O que ele fazia, na realidade? Quais eram seus projetos, suas preocupações? Não trabalhava muito. Gostava de correr de automóvel, à noite, por Paris; frequentava um pouco as cervejarias do Quartier Latin, os bares de Montparnasse; descrevia-me os bares como lugares fabulosos onde sempre acontecia alguma coisa. Mas não se mostrava muito contente com a própria existência. Caminhando de um lado para outro na galeria, remexendo nos cabelos de um belo castanho-dourado, confiava-me sorrindo: "É terrível como sou complicado! Perco-me em minhas próprias complicações!" Certa vez, me disse com tristeza: "Sabe, o que preciso é acreditar em alguma coisa." "Não basta viver?", indaguei; eu acreditava na vida. Ele meneou a cabeça: "Não é fácil viver quando não se crê em nada." E desviou a conversa. Não se abria nunca, senão por pequeninas frases ocasionais, e eu não insistia. Com Zaza, em nossas conversas, nunca falávamos do essencial; com Jacques, se nos aproximávamos, parecia-me normal que isso ocorresse do modo mais discreto. Eu sabia que ele tinha um amigo, Lucien Riaucourt, filho de um banqueiro importante de Lyon e com quem passava noites inteiras conversando. Percorriam juntos o caminho entre o bulevar Montparnasse e a rua de Beaune e às vezes Riaucourt dormia no sofá vermelho. Esse rapaz tinha encontrado Cocteau e entregara a Dullin um projeto de peça. Publicara uma coletânea de poemas ilustrada com uma xilogravura de Jacques. Eu me curvava diante dessas superioridades. Já me julgava bastante feliz por Jacques me conceder um lugar à margem de sua vida. Geralmente ele não simpatizava muito com as mulheres, dizia-me; gostava da irmã, mas a achava sentimental demais; era realmente excepcional poder conversar como fazíamos, entre rapaz e moça.

De vez em quando, eu lhe falava um pouco de mim e ele me dava conselhos. "Esforce-se por parecer límpida", dizia-me. Assegurava-me que era preciso aceitar o que a vida tem de cotidiano e citava Verlaine: "A vida humilde, de tarefas aborrecidas e fáceis." Eu não estava inteiramente de acordo; mas o que importava era que ele me ouvisse, me compreendesse, me encorajasse e me salvasse da solidão durante alguns instantes.

Creio que ele gostaria de associar-me mais intimamente à sua vida. Mostrava cartas dos amigos, gostaria que eu os conhecesse. Uma tarde o acompanhei às corridas de Longchamp. Outra vez propôs levar-me aos Ballets Russes. Minha mãe recusou peremptoriamente: "Simone não sairá sozinha à noite." Não porque duvidasse de minha virtude; antes de jantar podia passar horas, sozinha, no apartamento com Jacques; mas depois, a menos se exorcizado pela presença de meus pais, qualquer lugar se tornava suspeito. Nossa amizade limitou-se, por isso, a uma troca de frases inacabadas, cortadas por longos silêncios, e a leituras em voz alta.

O trimestre terminou. Passei nos exames de matemática e latim. Era agradável ir depressa, vencer; mas decididamente não tinha paixão nem pelas ciências exatas, nem pelas línguas mortas. Mlle Lambert me aconselhou a voltar a meu primeiro projeto; era ela quem dava o curso de filosofia em Sainte-Marie; gostaria de ter-me como aluna; assegurou-me que alcançaria sem dificuldade o direito de lecionar em liceus e faculdades, "agrégation". Meus pais não se opuseram. Fiquei muito satisfeita com a decisão.

Embora a imagem de Garric houvesse desbotado um pouco durante as últimas semanas, foi, apesar disso, contrariada que lhe disse adeus num triste corredor do instituto Sainte-Marie. Fui ouvi-lo mais uma vez; fez numa sala do bulevar Saint-Germain uma conferência em que tomaram parte Henri Massis e o sr. Mabille. Este falou por último; as palavras escorriam com dificuldade da barba e, durante toda a sua intervenção, as faces de Zaza enrubesceram de constrangimento. Eu devorava Garric com os olhos. Sentia o olhar perplexo de minha mãe pousado em mim, mas não tentei sequer me dominar. Aprendia de cor esse rosto que ia se apagar para sempre. É tão total uma presença, é tão radical a ausência: entre as duas coisas, nenhuma passagem parecia possível. O sr. Mabille calou-se, os oradores deixaram o estrado: acabara-se a comédia.

Insisti ainda. Certa manhã peguei o metrô, desembarquei numa terra desconhecida, tão longínqua que parecia ter atravessado a fronteira clandestinamente: em Belleville. Segui pela grande rua em que residia Garric; sabia o número do prédio; me aproximei, colando-me aos muros; estava a ponto de desmaiar de vergonha se ele me surpreendesse. Durante um instante fiquei parada diante de sua casa, contemplei a fachada melancólica de tijolos e a porta que diariamente, pela manhã e à noite, ele transpunha. Continuei meu caminho; olhava as lojas, os cafés, a praça; ele os conhecia tão bem que já não os sequer via. Que viera buscar? Em todo caso, voltei para casa como saíra.

Jacques, tinha certeza de reencontrá-lo em outubro e disse-lhe até breve sem tristeza. Ele acabara de ser reprovado em seu exame de direito e estava um pouco abatido. Pôs tanto calor em seu último aperto de mão, em seu último sorriso, que me comovi. Perguntei-me ansiosamente, depois de o deixar, se ele não teria tomado por indiferença minha serenidade. Essa ideia me entristeceu. Ele me dera tanto! Pensava menos nos livros, quadros e filmes do que na luz acariciante de seus olhos quando falava de mim para ele. Senti, repentinamente, necessidade de lhe agradecer e escrevi para ele uma pequena carta. Mas minha caneta ficou parada em cima do envelope. Jacques apreciava imensamente o pudor. Com um de seus sorrisos cheios de subentendidos misteriosos, citar as palavras de Goethe, na versão de Cocteau: "Amo-te: que tens com isso?" Julgaria indiscretas minhas sóbrias efusões? Resmungaria entre os dentes: "Que tenho eu com isso?" Entretanto, se minha carta devesse reconfortá-lo um pouco, seria covardia não enviar. Hesitei, freada por esse medo do ridículo que paralisara minha infância: mas não queria mais agir como criança. Acrescentei vivamente um pós-escrito: "Talvez você me ache ridícula, mas eu me desprezaria por não ousar sê-lo nunca." E fui pôr a carta no correio.

Tia Marguerite e tio Gaston, que passavam uma temporada com os filhos em Cauterets, convidaram a mim e a minha irmã a visitá-los. Um ano antes teria descoberto a montanha com enlevo; agora, estava mergulhada em mim mesma e o mundo exterior não me interessava mais. Além disso, tivera com a natureza relações íntimas demais para aceitar vê-la rebaixada ao nível de uma distração para pessoas de férias; me ofereciam a natureza em fatias, sem o lazer nem a solidão necessários para que dela me aproximasse; e, por não me entregar a ela, dela nada recebi. Pinheiros e riachos se calavam. Fizemos uma excursão a Gavarnie, ao lago de Gaube. Minha prima Jeanne tirava fotografias; vi apenas melancólicos panoramas. Nem os horríveis hotéis plantados ao longo das ruas, nem os cenários inutilmente suntuosos me distraíram de minha tristeza.

Porque eu estava infeliz. Garric desaparecera para sempre. E com Jacques em que pé estava? Em minha carta, dera-lhe meu endereço em Cauterets; como ele não desejasse que sua resposta caísse em outras mãos que não as minhas, ou me escreveria agora, ou não o faria. Não escrevia. Dez vezes por dia eu inspecionava o escaninho número 46 do hotel: nada. Por quê? Eu vivera nossa amizade num clima de confiança, de despreocupação. Agora indagava a mim mesma: que sou eu para ele? Teria achado minha carta pueril? Ou imprópria? Ou teria simplesmente me esquecido? Que tormento! E como teria gostado de analisá-la novamente em paz! Mas não tinha um instante de tranquilidade. Dormia com Poupette e Jeanne no mesmo quarto. Só saía em grupo. Era preciso dar muito de mim e vozes entravam em meus ouvidos o dia inteiro. Na Rallière, junto a uma xícara de chocolate, à noite, no salão do hotel, mulheres e homens conversavam; estavam de férias, liam e falavam de suas leituras. Diziam: "É bem escrito, mas há trechos maçantes." Ou então: "Há trechos maçantes, mas é bem escrito." Por vezes, com o olhar sonhador, a voz sutil, matizavam: "É curioso." Ou num tom mais severo: "É diferente." Eu aguardava a noite para chorar. No dia seguinte, a carta ainda não tinha chegado; novamente esperava a noite, com os nervos à flor da pele, o coração machucado. Uma manhã rebentei em soluços no meu quarto: nem sei mais como tranquilizei minha pobre tia atormentada.

Antes de retornar a Meyrignac, paramos dois dias em Lurdes. Senti um choque. Moribundos, enfermos, bociosos: diante desse desfile atroz tomei brutalmente consciência de que o mundo não era um estado de alma. Os homens tinham corpos e sofriam em seus corpos. Acompanhando uma procissão, insensível ao ruído dos cânticos e ao odor ácido das devotas jubilantes, censurei a complacência que tinha para comigo mesma. Só aquela miséria opaca era verdade. Invejei vagamente Zaza, que, durante as peregrinações, lavava a louça dos doentes. Dedicar-se. Esquecer-se de si mesma. Mas como? Por quê? A desgraça, mascarada de esperanças grotescas, era aqui demasiadamente sem sentido para abrir meus olhos. Mergulhei durante alguns dias no horror; depois retomei o fio de minhas preocupações.

Minhas férias foram penosas. Arrastava-me pelos castanheiros e chorava. Sentia-me absolutamente só no mundo. Nesse ano, minha irmã foi uma estranha para mim. Eu exasperava meus pais com minha atitude agressivamente austera; eles me observavam com desconfiança. Liam os romances que eu trouxera e os discutiam com minha tia Marguerite: "É mórbido, é falso, não está certo", diziam muitas vezes. Magoavam-me tanto como quando faziam comentários sobre meu humor ou suposições sobre o que eu tinha na cabeça. Mais disponíveis do que em Paris, suportavam menos pacientemente do que nunca meus silêncios e eu não melhorava as coisas, deixando-me levar duas ou três vezes a comentários desordenados. Apesar de meus esforços, continuava muito vulnerável. Quando minha mãe meneava a cabeça dizendo "Decididamente, isso não vai bem", eu tinha ódio. Mas se conseguia enganá-la e se ela suspirasse com satisfação "Agora está bem melhor", eu ficava exasperada. Gostava de meus pais, e nesses lugares onde tínhamos sido tão unidos, nossos mal-entendidos eram ainda mais dolorosos do que em Paris. Ademais, andava ociosa; só consegui poucos livros. Por meio de um estudo sobre Kant, me apaixonei pelo idealismo crítico que confirmava minha recusa de Deus. Nas teorias de Bergson sobre o "eu social e o eu profundo", reconheci com entusiasmo minha própria experiência. Mas as vozes impessoais dos filósofos não me traziam o mesmo reconforto que as dos meus autores de cabeceira. Não sentia mais presenças fraternais ao meu redor. Meu único recurso era meu diário íntimo; depois que ruminava nele meu tédio, minha tristeza, voltava a me aborrecer tristemente.

Uma noite, na Grillère, ao me deitar numa cama grande de camponês, a angústia me atacou violentamente; acontecera-me ter medo da morte até as lágrimas, até os gritos; mas dessa vez foi pior; a vida já afundara no nada; nada era nada, a não ser ali, naquele instante, um pavor tão violento que pensei em ir bater à porta de minha mãe, fingindo estar doente, para ouvir vozes. Acabei adormecendo, mas guardei dessa crise uma recordação assustadora.

De retorno a Meyrignac pensei em escrever; preferia a literatura à filosofia, não teria ficado nada satisfeita se me tivessem dito que me tornaria uma espécie de Bergson; não desejava falar com essa voz abstrata, que não me impressionava quando eu a ouvia. O que sonhava escrever era um "romance de vida interior"; queria comunicar minha experiência. Hesitei. Parecia sentir em mim "uma porção de coisas a dizer"; mas compreendia que escrever é uma arte e que eu não era perita nela. Anotei, assim mesmo, vários assuntos de romance e finalmente decidi-me. Compus minha primeira obra. Era a história de uma evasão malograda. A heroína tinha a minha idade, dezoito anos; passava as férias com a família numa casa de campo onde deveria juntar-se a ela um noivo, que ela amava convencionalmente. Até então, se satisfizera com a trivialidade da existência. Subitamente, descobria "outra coisa". Um músico genial lhe revelava os valores verdadeiros: a arte, a sinceridade, a inquietação. Ela percebia que vivera na mentira; surgiam nela uma febre, um desejo desconhecido. O músico partia. O noivo chegava. De seu quarto, no primeiro andar, ela ouvia um barulho alegre de boas-vindas; hesitava: iria salvar o que entrevira um instante? Ou iria perdê-lo? Faltava-lhe coragem, descia a escada e entrava sorridente no salão onde os outros a esperavam. Não alimentei ilusões acerca do valor dessa narrativa; mas era a primeira vez que me aplicava em traduzir, em frases, minha própria experiência e senti prazer em escrevê-la.

Enviara a Garric uma cartinha, de aluna a professor, e ele me respondera com um cartão de professor a aluna; não pensava mais tanto nele. Com seu exemplo, incitara-me a sair de meu meio, de meu passado; condenada à solidão, enveredara, com ele, para o heroísmo. Mas era um caminho árduo e teria preferido certamente que a condenação fosse anulada; a amizade de Jacques me autorizava essa esperança. Deitada na relva, perambulando pelos atalhos, era a imagem dele que eu evocava. Não respondera a minha carta, mas com o tempo minha decepção se atenuava; recordações a recobriam: seus sorrisos de acolhida, nossa conivência, as horas aveludadas que passara a seu lado. Estava tão cansada de chorar que me atrevia a sonhar. Acenderia a lâmpada, me sentaria no sofá vermelho: estaria em casa. Contemplaria Jacques: ele seria meu. Não havia dúvida, eu o amava: por que ele não haveria de me amar? Comecei a fazer projetos de felicidade. Se tinha renunciado à felicidade é porque acreditara que me tinha sido recusada; mas, logo que ela me pareceu possível, voltei a desejá-la.

Jacques era belo, de uma beleza infantil e carnal; no entanto, nunca me inspirou a menor perturbação ou sombra de um desejo. Talvez me enganasse quando anotava em meu diário que, se ele houvesse esboçado um gesto de ternura, alguma coisa em mim se teria retraído; isso significa, pelo menos, que na imaginação eu mantinha distância. Sempre o encarara como um irmão mais velho, um tanto distante: hostil ou favorável, a família nunca deixara de nos cercar; é sem dúvida por isso que os sentimentos que nutria por ele se endereçavam a um anjo.

Em compensação, eles deveram a nosso parentesco o caráter irremediável que de imediato lhes atribuí. Eu censurara apaixonadamente Joe e Maggie por terem traído sua infância: amando Jacques pensava cumprir meu destino. Rememorava nosso antigo noivado e o vitral que me dera; ficava feliz com o fato de nossa adolescência nos haver separado e, assim, de ter dado a enorme alegria de nos encontrarmos de novo. Esse idílio estava claramente inscrito no céu.

Na verdade, se acreditei em sua fatalidade, foi porque, embora sem o exprimir claramente, via nela a solução ideal para todas as minhas dificuldades. Embora detestasse as rotinas burguesas, conservava a nostalgia das noites passadas no escritório preto e vermelho, no tempo em que não imaginava poder me separar de meus pais. A casa dos Laiguillon, o belo apartamento com seus tapetes espessos, seu salão claro, sua galeria sombria já eram um lar para mim; leria ao lado de Jacques e pensaria "nós dois" como outrora murmurava "nós quatro"; sua mãe e sua irmã me cercariam de ternuras; meus pais se tornariam mais cordatos; eu voltaria a ser a que todos amavam, ocuparia novamente meu lugar nessa sociedade fora da qual eu só deparava com o exílio. Contudo, não abdicaria de nada; perto de Jacques minha felicidade nunca seria um sono; nossos dias se repetiriam suavemente, mas dia após dia prosseguiríamos nossa busca; nos desviaríamos juntos do caminho, sem jamais nos perder, unidos por nossa inquietação. Desse modo eu alcançaria a salvação com o coração em paz e não por meio do desespero. Cansada de lágrimas e de tédio, apostava, num relance, toda a minha vida nessa possibilidade. Aguardei ansiosamente o reinício das aulas e meu coração dava pulos no trem.

Memórias de uma moça bem-comportada

Quando me reencontrei no apartamento de tapete puído, despertei brutalmente. Não fora parar na casa de Jacques e sim em minha casa. Iria passar o ano entre aquelas paredes. De repente, passaram por meus olhos a sequência dos dias e dos meses: que deserto! As antigas amizades, as camaradagens, os prazeres, eu os liquidara; Garric estava perdido para mim; veria Jacques quando muito duas ou três vezes por mês e nada me autorizava a esperar dele mais do que me dera. Conheceria, portanto, novamente o desânimo de despertar sem alegrias à vista; à noite, a lata de lixo que precisaria descer, e o cansaço, e o tédio. No silêncio dos castanheirais, o delírio fanático que me sustentara no ano anterior acabara de se extinguir; tudo ia recomeçar, salvo essa espécie de loucura que me permitira tudo suportar.

Fiquei tão apavorada que quis logo correr à casa de Jacques; só ele podia me ajudar. Os sentimentos de meus pais em relação a ele eram, já o disse, ambíguos. Nessa manhã, minha mãe me proibiu de ir vê-lo e fez um sermão violento contra ele e contra a influência que tivera sobre mim. Eu não ousava ainda desobedecer, nem mentir seriamente. Avisava minha mãe de meus projetos e à noite relatava o que fizera de dia. Submeti-me. Mas sufocava de raiva e principalmente de tristeza. Durante semanas esperara ardentemente esse encontro e bastava um capricho materno para me privar dele! Compreendi, com horror, minha dependência. Não somente me haviam condenado ao exílio, como ainda não me davam a liberdade de lutar contra a aridez de meu destino; meus atos, meus gestos, minhas palavras, tudo era controlado; espionavam meus pensamentos e podiam, com uma palavra, fazer abortar meus mais caros projetos; e nenhum recurso restava para mim. No ano anterior eu me acomodara, bem ou mal, à minha sorte porque estava surpreendida com as grandes mudanças que se verificavam em mim. Agora essa aventura estava acabada e voltei a cair no desespero. Eu me tornara diferente e seria necessário ter um mundo diferente em volta de mim: mas qual? O que desejava exatamente? Não sabia sequer imaginar. Essa passividade me desesperava. Só me restava esperar. Quanto tempo? Três anos, quatro? É muito quando se tem dezoito. E se os passasse na prisão, algemada, me encontraria à saída tão só quanto antes, sem amor, sem fervor, sem nada. Ensinaria filosofia na província; o que adiantaria? Escrever? Minhas tentativas de Meyrignac não valiam nada. Se continuasse a mesma, presa nas mesmas rotinas, nos mesmos aborrecimentos, não progrediria nunca; nunca realizaria uma obra. Não, não havia a menor luz em nenhum horizonte. Pela primeira vez em minha vida, pensei seriamente que era melhor morrer do que viver.

    Ao fim de uma semana tive autorização de ir ver Jacques. Diante da porta, fui tomada de pânico: ele era minha única esperança e eu não sabia nada mais dele senão que não respondera à minha carta. Teria ficado comovido ou irritado com ela? Como me receberia? Dei a volta pelo quarteirão uma vez, duas vezes, nem morta nem viva. A campainha incrustada no muro me amedrontava; tinha a mesma falsa inocência que o buraco escuro em que, quando criança, enfiara imprudentemente o dedo. Apertei o botão. Como de costume, a porta se abriu automaticamente: subi a escada. Jacques sorriu para mim, eu me sentei no sofá carmim. Ele entregou um envelope com meu nome: "Tome, não mandei para você porque preferia que isso ficasse entre nós." Ele corara até os olhos. Abri a carta. Como epígrafe, escrevera: "Que tens com isso?" Ficava feliz por eu não temer o ridículo, dizia que muitas vezes "nas tardes quentes e solitárias" pensara em mim. Dava-me conselhos: "Chocaria menos os que estão à sua volta sendo mais humana; e depois é mais forte, ia dizer mais orgulhoso..." "O segredo da felicidade e o cúmulo da arte é viver como todos não sendo como ninguém." Terminava com esta frase: "Quer me considerar seu amigo?" Um sol imenso levantou-se em meu coração. E depois Jacques se pôs a falar, com pequenas frases entrecortadas, e o crepúsculo caiu. Nada ia bem, disse-me, nada ia bem. Estava numa situação difícil, terrivelmente chateado, acreditara ser alguém, não acreditava mais; desprezava-se; não sabia mais o que fazer de si. Eu o escutava, enternecida com sua humildade, extasiada com sua confiança, oprimida com sua depressão. Deixei-o com o coração em fogo. Sentei-me num banco para tocar, para olhar o presente que me dera: uma folha de lindo papel espesso, de rebarbas pontudas, coberta de sinais roxos. Alguns de seus conselhos me surpreendiam: não me achava inumana; não chocava de propósito; viver como todos não me seduzia em absoluto; mas ficava comovida por ele ter escrito aquilo para mim. Reli dez vezes as primeiras palavras: "Que tens com isso?" Significavam claramente que Jacques me queria mais do que nunca o demonstrara. Mas outra evidência se impunha: não me amava; senão não teria afundado em semelhante marasmo. Resignei-me sem mais demora; meu erro era evidente: impossível conciliar o amor com a inquietação. Jacques me apontava a verdade; os diálogos sob a lâmpada, a sós, os lilases e as rosas, não eram para nós. Éramos lúcidos e exigentes demais para repousarmos na falsa segurança do amor.

Memórias de uma moça bem-comportada

Jacques nunca pararia sua marcha ansiosa. Chegara ao fim do desespero, a ponto de transformá-lo em horror de si mesmo: eu devia segui-lo por esses ásperos caminhos. Chamei Alissa e Violaine em meu socorro, mergulhei na renúncia. "Não amarei mais ninguém, mas entre nós o amor é impossível", decidi. Não reneguei a convicção que se impusera a mim durante as férias; Jacques era meu destino. Mas as razões pelas quais ligava minha sorte à dele excluíam a felicidade. Tinha um papel a desempenhar na sua vida, mas não era o de convidá-lo a dormir; era preciso lutar contra seu desânimo e ajudá-lo a continuar sua busca. Entreguei-me imediatamente à tarefa. Escrevi-lhe nova carta em que lhe dei razões de viver extraídas dos melhores autores.

Era normal que não me respondesse, já que ambos desejávamos que nossa amizade "ficasse entre nós". Contudo, fiquei atormentada. Jantando em sua casa, em família, durante a noite inteira aguardei ansiosa uma cumplicidade de seu olhar. Nada. Foi um verdadeiro palhaço, mais extravagante ainda que de costume: "Não vai acabar com suas palhaçadas!", dizia-lhe, rindo, a mãe. Parecia tão despreocupado e tão indiferente comigo que tive a certeza de ter errado dessa vez: lera, aborrecido, a dissertação com que eu desgraciosamente o brindara. "Dolorosa, dolorosa noite em que sua máscara me dissimulava tão hermeticamente seu rosto... Desejaria vomitar meu coração", escrevi na manhã seguinte. Decidi encolher-me, esquecê-lo. Mas, oito dias depois, minha mãe, inteirada pela família, informou-me que Jacques fora novamente reprovado em seus exames: parecia muito aborrecido; seria gentil ir vê-lo. Preparei sem tardar meus "curativos", meus bálsamos, e fui. Parecia de fato sucumbido. Afundado numa poltrona, com a barba por fazer, de colarinho aberto, relaxadamente vestido, não abriu um sorriso. Agradeceu-me a carta, sem grande convicção a meu ver. Repetiu-me que não prestava para nada, que não valia nada. Durante todo o verão levara uma vida estúpida, estragava tudo, tinha nojo de si mesmo. Tentei reconfortá-lo, mas sem calor. Quando saí, ele murmurou "obrigado pela visita" num tom compenetrado que me comoveu; contudo, voltei para casa muito abatida. Dessa vez não consegui pintar em cores sublimes o tormento de Jacques, não sabia o que ele fizera no verão afinal, mas imaginava o pior: o jogo, o álcool e isso a que eu dava vagamente o nome de devassidão. Tinha certamente desculpas; mas achei decepcionante ter que desculpá-lo. Lembrei-me do grande sonho de amor-admiração que eu forjara aos quinze anos e o confrontei tristemente com minha afeição por Jacques: não, não o admirava. Talvez toda admiração fosse uma ilusão: talvez não se encontrasse no fundo de todos os corações senão um carnaval incerto; talvez a única ligação possível entre duas almas fosse a compaixão. Esse pessimismo não bastou para me reconfortar.

Nosso encontro seguinte me trouxe novas perplexidades. Ele se refizera, ria, arquitetava projetos sensatos em tom reflexivo. "Um dia eu me casarei", lançou. Essa pequena frase arruinou-me. Teria pronunciado incidentemente ou de propósito? Nesse caso, seria uma promessa ou uma advertência? Não conseguia admitir que outra, que não eu, fosse sua mulher. Entretanto, descobri que a ideia de casar-me com ele me repugnava. Durante todo o verão eu a tinha acariciado; agora, quando encarava esse casamento que meus pais desejavam ardentemente, tinha vontade de fugir. Não via mais nisso minha salvação e sim minha perdição. Vivi durante vários dias num estado de terror.

Quando voltei à casa de Jacques, ele estava com amigos. Apresentou-me e eles continuaram a conversar entre si, sobre bares e garçons, sobre dificuldades de dinheiro e intrigas obscuras; agradava-me sentir que minha presença não perturbava sua reunião, contudo, a conversação me deprimiu. Jacques pediu que o esperasse enquanto ia acompanhar os amigos ao carro, e, prostrada no sofá vermelho, com os nervos em pandarecos, chorei. Já havia me acalmado quando ele voltou. Sua fisionomia mudara e de novo brotava de suas palavras uma ternura atenta. "Sabe, é muito excepcional uma amizade como a nossa", disse-me. Desceu comigo o bulevar Raspail e paramos um momento diante de uma vitrina em que se achava exposto um quadro branco de Fujita. Jacques partia no dia seguinte para Châteauvillain, onde passaria três semanas. Pensei com alívio que durante todo esse tempo a doçura desse crepúsculo ficaria em minha lembrança.

Entretanto, minha agitação não serenou: eu não me compreendia mais. Em alguns momentos, Jacques era tudo; noutros, nada. Surpreendia-me por sentir "às vezes aquele ódio por ele". Perguntava a mim mesma: "Por que será que somente na espera, na saudade, na compaixão é que tenho esses grandes impulsos de ternura?" A ideia de um amor correspondido entre nós gelava-me. Se a necessidade que tinha dele adormecia, eu me sentia diminuída; mas anotei: "Preciso dele — não de vê-lo." Ao invés de me estimular, como no ano anterior, nossas conversas me debilitavam. Preferia pensar nele de longe a me encontrar à sua frente.

Memórias de uma moça bem-comportada

Três semanas após sua partida, ao atravessar a praça da Sorbonne, deparei com seu carro diante do terraço do Harcourt. Que emoção! Sabia que sua vida não estava ligada à minha: dela falávamos por alusões, eu permanecia à margem. Mas queria pensar que, em nossas conversas, ele punha o melhor de si mesmo; aquele carro pequeno junto à calçada me afirmava o contrário. Nesse instante, em cada instante, Jacques existia em carne e osso para outros e não para mim; que pesavam, na densidade das semanas e dos meses, nossos tímidos encontros? Ele veio uma noite à nossa casa; foi encantador e eu me senti cruelmente decepcionada. Por quê? Compreendia cada vez menos. A mãe e a irmã dele passavam uma temporada em Paris e eu não o encontrava mais sozinho. Parecia que brincávamos de esconde-esconde e que talvez acabássemos não nos encontrando nunca. Eu o amava ou não? Será que ele me amava? Minha mãe repetiu para mim, meio séria, meio rindo, o que ele dissera à mãe dele: "Simone é muito bonita, é pena que tia Françoise a vista tão mal." A crítica não me atingia: o que me interessava no caso era que meu rosto lhe agradava. Ele tinha apenas dezenove anos, precisava terminar os estudos, fazer o serviço militar; era normal que só falasse em casamento por meio de vagas alusões; essa reserva não desmentia o calor de sua acolhida, de seus sorrisos, de seus apertos de mão. Escrevera-me: "Que tens com isso?" Na afeição que me demonstravam tia Germaine e Titite havia, nesse ano, uma espécie de cumplicidade: tanto a sua família como a minha pareciam nos considerar comprometidos. Mas o que ele pensava ao certo? Tinha por vezes um ar tão indiferente! No fim de novembro, jantamos num restaurante com seus pais e os meus. Ele tagarelou, brincou; sua presença disfarçava perfeitamente bem sua ausência: eu me desnorteei com essa farsa. Durante a noite chorei.

Dias depois vi, pela primeira vez em minha vida, morrer alguém: tio Gaston, subitamente levado por uma oclusão intestinal. Agonizou durante uma noite inteira. Tia Marguerite segurava sua mão e lhe dizia palavras que ele não ouvia. Os filhos estavam ali à sua cabeceira, juntamente com meus pais, minha irmã e eu. Agonizava e vomitava uma coisa preta. Quando parou de respirar, o queixo pendia e amarraram um lenço em volta de sua cabeça. Meu pai, que eu nunca vira chorar, soluçava. A violência de meu desespero surpreendeu todo mundo e a mim mesma. Gostava de meu tio e da lembrança de nossas caçadas em Meyrignac, pela madrugada. Gostava também de minha prima Jeanne e tinha horror de dizer a mim mesma: é órfã. Mas nem minhas saudades, nem minha compaixão justificavam a tempestade que me atormentou durante dois dias: não suportava aquele olhar molhado, de afagado, que meu tio deitara à mulher no momento de morrer e no qual o irremediável já se consumara. Irreparável, irremediável: essas palavras martelavam minha cabeça, parecia que ia estalar; e outra palavra respondia: inevitável. Talvez eu também visse esse olhar nos olhos do homem a quem tivesse amado durante muito tempo.

Foi Jacques quem me consolou. Pareceu tão comovido com meus olhos atormentados, mostrou-se tão afetuoso que minhas lágrimas secaram. Durante um almoço na casa de sua avó Flandin, esta disse-me casualmente: "Você não seria mais você se não trabalhasse." Jacques me olhou com ternura: "Espero que ainda assim seja ela." E eu pensei: "Não devia duvidar: ele me ama." Jantei na casa dele na semana seguinte e ele me confiou, em rápido aparte, que conseguira vencer suas dificuldades, mas tinha medo de estar se aburguesando. E, em seguida, logo após a refeição, desapareceu. Inventei para ele desculpas, mas nenhuma me convenceu: não teria partido se gostasse de mim. Gostaria ele realmente de alguma coisa? Decididamente, ele me parecia instável, versátil; perdia-se em pequenas camaradagens e pequenos aborrecimentos; não se preocupava com os problemas que me atormentavam; carecia de convicção intelectual. Recaí no tormento: "Não chegarei nunca a me separar dele, contra quem às vezes me revolto? Eu o amo, amo-o intensamente e não sei sequer se ele é feito para mim."

O fato é que entre mim e Jacques havia muitas diferenças. Esboçando o meu retrato em meados do outono, o que primeiramente anotei foi o que eu chamava minha seriedade: "Uma seriedade austera, implacável, cuja razão ignoro, mas a que me submeto como a uma esmagadora necessidade." Desde a minha infância eu sempre me mostrara inteira, extremada, e disso tinha orgulho. Os outros paravam a meio caminho da fé ou do ceticismo, de seus desejos, de seus projetos: eu desprezava sua tepidez. Ia até o fundo de meus sentimentos, de minhas ideias, de meus empreendimentos; levava tudo a sério; e, como na primeira infância, queria que tudo na minha vida fosse justificado por uma espécie de necessidade. Essa obstinação me privava, eu o percebia, de certas qualidades, mas não se tratava em absoluto de abandoná-la. Minha seriedade era "eu por inteira" e eu me interessava enormemente por mim mesma.

Não censurava a desenvoltura de Jacques, seus paradoxos, suas elipses; julgava-o mais artista, mais sensível, mais espontâneo e mais dotado do que eu; por vezes ressuscitava o mito de Théagène e Euphorion e estava disposta a colocar acima de meus méritos a graça que o habitava.

Mas, ao passo que em Zaza, outrora, eu nada achava para criticar, certos traços de Jacques me perturbavam: "Seu amor às fórmulas; seus entusiasmos excessivos demais em relação ao objeto; seus desdéns um tanto afetados." Ele não tinha profundidade nem perseverança e, às vezes, o que me parecia mais grave, nem sinceridade. Irritava-me com suas "escapadas"; e eu suspeitava, por vezes, de que ele se valia do pretexto de seu ceticismo para poupar a si mesmo qualquer esforço. Queixava-se de não acreditar em nada; eu me esforçava por lhe oferecer objetivos; me parecia exaltante trabalhar em prol de um desenvolvimento próprio, de um enriquecimento. É nesse sentido que compreendo o preceito de Gide: "Fazer de si mesmo um ser insubstituível." Mas, se eu o lembrava a Jacques, ele dava de ombros: "Para isso basta deitar e dormir." Aconselhava-o a escrever, tinha certeza de que faria belos livros se quisesse. "Para quê?", respondia ele. E o desenho, e a pintura? Ele tinha talento. Respondia: "Para quê?" A todas as minhas sugestões opunha essas duas palavrinhas. "Jacques obstina-se a querer construir no absoluto: deveria praticar um pouco Kant; não chegará a lugar algum assim", anotei um dia com ingenuidade. Entretanto, bem que eu suspeitava de que a atitude de Jacques nada tinha a ver com a metafísica e eu a julgava de costume com severidade: não gostava da preguiça, nem da tolice, nem da inconsistência. Mas sentia que minha boa-fé frequentemente o irritava. Uma amizade poderia contornar essas divergências; elas tornavam temíveis as perspectivas de uma vida em comum.

Não teria me preocupado tanto se houvesse observado qualquer oposição entre nossos caracteres, mas compreendia que outra coisa estava em jogo: a orientação de nossas existências. No dia em que ele pronunciou a palavra casamento, fiz rapidamente um balanço do que nos separava: "Gozar as coisas belas lhe é suficiente; aceita o luxo e a vida fácil, ama a felicidade. Eu preciso de uma vida devoradora. Preciso agir, me esgotar, realizar; preciso ter um objetivo, vencer dificuldades, levar a cabo uma obra. Não sou feita para o luxo. Nunca poderei me satisfazer com o que o satisfaz."

O luxo da casa Laiguillon nada tinha de espalhafatoso; o que eu recusava realmente, o que eu censurava que Jacques aceitasse era a condição burguesa. Nosso entendimento se baseava num equívoco que explicava as incoerências de meu coração. A meus olhos, Jacques fugia de sua classe porque era um inquieto: não compreendia que a inquietação era a maneira pela qual essa geração burguesa tentava se recuperar; mas eu sentia que, no dia em que o casamento o libertasse dela, Jacques coincidiria exatamente com seu personagem de jovem patrão e chefe de família. Na verdade, tudo o que ele desejava era desempenhar um dia, com convicção, o papel que seu nascimento lhe indicara, e ele contava com o casamento, como Pascal com a água-benta, para adquirir a fé que lhe faltava. Isso eu não dizia ainda a mim mesma, mas compreendia que ele considerava o casamento como uma solução e não como um ponto de partida. Não se tratava de nos elevarmos juntos aos mais altos cimos; se eu me tornasse Mme Laiguillon, teria de me consagrar à manutenção de "um lar fechado". Talvez não fosse totalmente inconciliável com as minhas aspirações pessoais, mas eu desconfiava das conciliações e essa, em particular, me parecia perigosa. Quando compartilhasse a existência de Jacques, teria muita dificuldade em escapar à sua influência, pois, já agora, seu niilismo me contaminava. Tentava recusá-lo apoiando-me na evidência de minhas paixões, de minhas vontades; muitas vezes o conseguia. Nos momentos de desânimo, entretanto, era inclinada a lhe dar razão. Sob sua influência e para lhe ser agradável, não sacrificaria tudo o que constituía "meu valor"? Revoltava-me contra essa mutilação. Eis por que, durante todo esse inverno, meu amor por Jacques foi tão doloroso. Ou ele se desperdiçava, se perdia longe de mim, e eu sofria; ou ele buscava o equilíbrio num "aburguesamento" que poderia aproximá-lo de mim, mas no qual eu via uma diminuição. Não podia segui-lo em suas desordens e não queria me instalar com ele numa ordem que eu desprezava. Não tínhamos fé, nem um nem outro, nos valores tradicionais; mas eu estava decidida a descobrir ou inventar outros, e ele nada via além deles; oscilava entre a dispersão e o marasmo. A sabedoria a que se filiava era a do consentimento; não pensava em mudar a vida e sim em se adaptar a ela. Eu procurava uma superação.

Muitas vezes pressentia uma incompatibilidade entre nós e me desolava: "A felicidade, a vida estão nele! Ah! a felicidade, a vida que deveriam ser tudo!" Entretanto, não me decidia a arrancar Jacques de meu coração. Ele fez um giro de um mês pela França: ia visitar paróquias, igrejas e tentar encontrar compradores para os vitrais Laiguillon. Era inverno e fazia frio: voltei a desejar o calor da presença dele, um amor tranquilo, um lar. Não me questionava mais. Lia *L'Adieu à l'adolescence*, de Mauriac, aprendia de cor longos trechos lânguidos que recitava a mim mesma nas ruas.

Se me obstinava nesse amor, é primeiramente porque através de minhas hesitações conservava uma afeição comovida por Jacques; ele era adorável, encantador, e sua gentileza, caprichosa mas real, balançara mais de um coração; o meu não tinha defesa: um tom de voz, um olhar bastavam para desencadear em mim uma gratidão extasiada. Jacques não me ofuscava mais; para compreender os livros, os quadros, não precisava mais dele; mas sua confiança e seus acessos de humildade tocavam-me. Todos os outros, os jovens de inteligência curta, os adultos embolorados, sabiam de tudo e, quando diziam "Não compreendo", não era nunca a si mesmos que culpavam. Como eu era grata a Jacques por suas incertezas! Queria ajudá-lo como ele me ajudara. Mais ainda do que pelo nosso passado, me sentia ligada a ele por uma espécie de pacto que tornava a "salvação" dele mais necessária do que a minha. Acreditei ainda mais firmemente nessa predestinação, porque não conhecia um só homem, jovem ou velho, com quem pudesse trocar duas palavras. Se Jacques não era feito para mim, ninguém o era então, e seria necessário voltar a uma solidão que eu achava bem amarga.

Nos momentos em que me dedicava novamente a Jacques, reerguia sua estátua: "Tudo o que me vem de Jacques se apresenta como um jogo, como uma falta de coragem, uma covardia — em seguida encontro a verdade do que ele me disse." Seu ceticismo punha em evidência sua lucidez; no fundo era eu que carecia de coragem quando fantasiava a triste relatividade dos fins humanos: ele ousava confessar a si mesmo que nenhum objetivo merece um esforço. Perdia seu tempo nos bares? Fugia do desespero e lhe acontecia de encontrar a poesia ali. Ao invés de lhe censurar os esbanjamentos, devia admirar sua prodigalidade: assemelhava-se ao rei de Tule que ele gostava de citar e que não hesitou em jogar ao mar sua mais bela taça de ouro por um possível suspiro de amor. Eu era incapaz de semelhantes requintes, mas isso não me autorizava a ignorar o valor deles. Persuadi-me de que um dia Jacques os exprimiria numa obra. Ele não me desanimava inteiramente: anunciava de vez em quando que achara um título formidável. Era preciso ter paciência, lhe dar um crédito. Assim passava eu da decepção ao entusiasmo, numa difícil ginástica.

A principal razão de minha obstinação estava em que, fora desse amor, minha vida parecia desesperadamente vã e vazia; Jacques era apenas ele, mas, à distância, tornava-se tudo: tudo o que eu não possuía. Devia-lhe alegrias e tristezas cuja violência, somente, me salvava do árido tédio em que me enterrara.

Zaza voltou para Paris em princípios de outubro. Cortara os belos cabelos pretos e seu novo penteado descobria agradavelmente o rosto um pouco magro. Vestida no estilo de são Tomás de Aquino, confortável embora sem elegância, usava sempre uns pequenos chapéus enfiados até as sobrancelhas e, não raro, luvas. No dia em que a encontrei, passamos a tarde à beira do Sena e nos jardins das Tulherias; ela tinha aquele ar sério e um tanto triste que agora lhe era habitual. Disse-me que o pai mudara de situação; tinham dado a Raoul Dautry o cargo de engenheiro-chefe das estradas de ferro do Estado, com que contava o sr. Mabille; despeitado, este aceitara as propostas que a firma Citroën há muito lhe vinha fazendo; ganharia muito dinheiro. Os Mabille iam se instalar num luxuoso apartamento da rua de Berri; tinham comprado um carro; seriam forçados a sair e a receber muito mais do que antes. Isso não parecia encantar Zaza; falou com impaciência dessa vida mundana que lhe impunham e eu compreendia que não era por prazer que ela ia a casamentos, enterros, batizados, primeiras-comunhões, chás, lanches, festas de caridade, reuniões de família, noivados, bailes. Julgava seu meio com a mesma severidade do passado e ele lhe pesava ainda mais. Antes das férias, eu lhe emprestara alguns livros; disse-me que a tinham levado a refletir muito: relera três vezes *Le Grand Meaulnes*; nunca um romance a comovera tanto. Pareceu-me que a sentia subitamente muito próxima a mim e falei um pouco de minhas coisas: em muitos pontos, ela pensava como eu. "Tornei a encontrar Zaza!", murmurei alegremente ao deixá-la no cair da noite.

Nós nos habituamos a passear juntas nos domingos de manhã. Nem em sua casa nem na minha, o diálogo a sós fora possível e ignorávamos totalmente os cafés: "Que faz essa gente toda? Não tem um lar?", perguntou-me um dia Zaza ao passarmos diante do Régence. Caminhávamos, portanto, pelas aleias do Luxemburgo ou pelos Champs-Élysées. Quando fazia bom tempo, nos sentávamos nas cadeiras de ferro à beira dos gramados. Retirávamos os mesmos livros no gabinete de leitura de Adrienne Monnier; lemos com paixão a correspondência de Alain Fournier e de Jacques Rivière; ela preferia Fournier, eu me sentia seduzida pela capacidade metódica de Rivière. Discutíamos, comentávamos nossa vida cotidiana. Zaza enfrentava sérias dificuldades com Mme Mabille, que lhe censurava por dedicar tempo demais aos estudos, à leitura, à música, negligenciando seus "deveres sociais"; os livros de que Zaza gostava lhe pareciam suspeitos, a preocupavam. Zaza tinha pela mãe a mesma devoção de outrora e não suportava a ideia de magoá-la. "Contudo, há coisas a que não quero renunciar", disse-me com angústia. Receava conflitos mais graves no futuro. De tanto se arrastar de encontro em encontro, Lili, que já estava com vinte e três anos, acabaria encontrando um partido, e pensariam então em casar Zaza. "Não me deixarei manobrar", dizia-me, "mas terei de brigar com mamãe." Sem lhe falar de Jacques nem de minha evolução religiosa, eu também dizia muita coisa a ela. No dia seguinte a essa noite que passei em lágrimas, após um jantar com Jacques, me senti incapaz de ficar sozinha até a noite. Fui bater na casa de Zaza e, logo que me sentei à sua frente, rebentei em soluços. Ela se mostrou tão consternada que lhe contei tudo.

A maior parte do dia eu passava, como de costume, estudando. Mlle Lambert dava nesse ano cursos de lógica e de história da filosofia, e comecei por esses dois certificados. Estava contente por voltar à filosofia. Continuava tão sensível quanto na infância à singularidade de minha presença nesta terra que saía de onde? Que ia para onde? Pensava constantemente nisso, com espanto, e no meu diário me interrogava; parecia estar sendo enganada por um "passe de mágica infantil, mas cujo truque não conseguia adivinhar". Esperava analisá-lo de perto, ou talvez elucidá-lo. Como minha bagagem consistia unicamente no que me ensinara o padre Trécourt, andei tateando no escuro a princípio, através dos sistemas de Descartes e Spinoza. Por vezes, me elevavam muito alto, ao infinito: percebia a terra a meus pés como um formigueiro e a própria literatura se tornava um crepitar inútil; às vezes, não via neles senão inábeis estruturas sem relação com a realidade. Estudei Kant, e ele me convenceu de que ninguém me revelaria o âmago dos problemas. Sua crítica pareceu tão pertinente, tive tão grande prazer em compreendê-la que no momento não me entristeci. Entretanto, se não conseguia explicar o universo nem a mim mesma, que me cabia pedir à filosofia? Não sabia muito bem. Interessava-me moderadamente por doutrinas que de antemão condenava. Escrevi sobre "a prova ontológica e Descartes" numa dissertação que Mlle Lambert julgou medíocre. Entretanto, ela resolvera se interessar por mim e eu me senti lisonjeada. Durante os cursos de lógica, me divertia olhar para ela. Usava sempre vestidos azuis, simples mas requintados; eu achava um pouco monótono o ardor frio de seu olhar, mas era sempre surpreendida por seus sorrisos que transformavam sua máscara severa num rosto de carne. Diziam que perdera o noivo na guerra e que em consequência desse luto renunciara ao século. Inspirava paixões: acusavam-na mesmo de abusar de sua ascendência. Algumas estudantes se filiavam, por amor a ela, a essa "ordem terceira" que dirigia com Mme Daniélou; depois de seduzir essas jovens almas, fugia à devoção delas. Pouco me importava. A meu ver, não bastava pensar somente, nem viver somente; eu só estimava inteiramente as pessoas que "pensavam sua vida"; ora, Mlle Lambert não "vivia". Dava cursos, preparava uma tese; eu achava uma tal existência muito árida. Contudo, tinha prazer em me sentar no seu escritório azul como seus olhos e seus vestidos; sobre a mesa havia sempre uma rosa-chá num vaso de cristal. Recomendava-me livros; emprestou-me *La Tentation de l'Occident*, de um jovem desconhecido chamado André Malraux. Interrogava-me a respeito de mim mesma, com intensidade, mas sem me chocar. Admitiu facilmente que eu tivesse perdido a fé. Falei-lhe de muitas coisas e de meu coração: pensava ela que devíamos nos resignar ao amor e à felicidade? Ela me olhou com uma espécie de ansiedade: "Você acredita, Simone, que uma mulher possa se realizar fora do amor e do casamento?" Sem dúvida alguma, ela também tinha seus problemas; mas foi a única alusão que fez a respeito, seu papel consistia em ajudar a resolver os meus. Eu a ouvia sem grande convicção; não podia esquecer, apesar de sua discrição, que ela apostara no céu; mas era grata a ela por se ocupar tão calorosamente de mim, e sua confiança me reconfortava.

Inscrevera-me, em julho, nas Équipes Sociales. A diretora das seções femininas, uma mulher gorda e violácea, me colocou à frente da equipe de Belleville. Convocou, em princípios de outubro, uma reunião das "responsáveis" para nos dar instruções. As jovens que encontrei nessa reunião se assemelhavam de um modo lamentável às minhas antigas companheiras do Curso Désir. Eu tinha duas colaboradoras, uma encarregada de ensinar inglês e a outra, ginástica; beiravam os trinta e nunca saíam à noite sem os pais. Nosso grupo estava instalado numa espécie de centro de assistência social administrado por uma moça alta e morena, bastante bonita, de mais ou menos vinte e cinco anos; chamava-se Suzanne Boigue e a achei simpática. Mas minhas novas atividades me deram pouca satisfação. Uma noite por semana, durante duas horas, explicava Balzac ou Victor Hugo a jovens aprendizes, emprestava-lhes livros, conversávamos; eram numerosas e assíduas; mas era principalmente para se encontrarem e manter boas relações com o centro que lhes prestava serviços mais relevantes. O centro abrigava também uma equipe masculina; reuniões recreativas e bailes juntavam, prudentemente, rapazes e moças; a dança, o flerte e tudo o que se seguia atraíam mais do que o círculo de estudos. Achei isso normal. Minhas alunas trabalhavam o dia inteiro em oficinas de costura ou de moda; os conhecimentos, aliás incoerentes, que lhes ministravam não tinham nenhuma relação com a sua experiência e de nada lhes serviam. Eu não via inconveniente em lhes dar a ler *Les Misérables* ou *Le Père Goriot*, mas Garric se iludia se imaginava que eu as oferecia uma cultura; e me repugnava seguir as instruções, que me incitavam a falar a elas da grandeza humana ou do valor do sofrimento: teria tido a impressão de estar zombando delas. Quanto à amizade, Garric também me iludira. A atmosfera do centro era bastante alegre, mas entre os jovens de Belleville e os que, como eu, iam a ele, não havia nem intimidade nem reciprocidade. Matávamos o tempo juntas, nada mais. Meu desencanto se projetou em Garric. Veio fazer uma conferência e passei uma boa parte da noite em sua companhia e na de Suzanne Boigue. Desejara apaixonadamente falar com ele um dia na qualidade de adulto, em pé de igualdade: e a conversa me pareceu fastidiosa. Ele remoía sempre as mesmas ideias: a amizade deve se sobrepor ao ódio; em lugar de pensar em partidos, sindicatos, revoluções, deve-se pensar em família, ofício, religião; o problema está em salvar o valor humano em cada homem. Escutava-o distraidamente. Minha admiração por ele se apagara juntamente com minha fé em sua obra. Pouco depois, Suzanne Boigue pediu-me que desse aulas por correspondência aos enfermos de Berck. Aceitei. Esse trabalho me pareceu eficiente em sua modéstia. Concluí, contudo, que a ação era uma solução decepcionante: álibis falaciosos eram conseguidos com a pretensão de se devotar a outrem. Não pensei que a ação pudesse assumir formas diferentes das que eu condenava, pois se pressenti uma mistificação nas Équipes fui também vítima dela. Acreditei ter um contato verdadeiro com o "povo": este me pareceu cordial, respeitoso e muito disposto a colaborar com os privilegiados. Essa experiência artificial não fez senão agravar minha ignorância.

    Pessoalmente, o que mais apreciava nas Équipes era o fato de me permitirem passar uma noite fora de casa. Voltei a ter uma grande intimidade com minha irmã; falava-lhe do amor, da amizade, da felicidade e de suas armadilhas, da alegria, das belezas da vida interior; ela lia Francis Jammes, Alain-Fournier. Em compensação, minhas relações com meus pais não melhoravam. Teriam ficado sinceramente magoados se houvessem suspeitado quanto sua atitude me perturbava; não suspeitavam. Encaravam meus gostos e minhas opiniões como um desafio ao bom senso e a eles próprios e contra-atacavam por qualquer motivo. Muitas vezes apelavam para os amigos; denunciavam, em coro, o charlatanismo dos artistas modernos, o esnobismo do público, a decadência da França e da civilização: durante todo esse requisitório, os olhares se voltavam para mim. O sr. Franchot, conversador brilhante, autor de dois romances que editara por conta própria, me perguntou sarcasticamente uma noite que belezas eu encontrava no *Cornet à dés*, de Max Jacob. "Ah", disse eu secamente, "não é visível ao primeiro olhar". Caíram na gargalhada e admiti que me prestara ao ridículo. Mas em casos semelhantes não tinha outra alternativa que não fosse o pedantismo ou a grosseria. Procurava não responder às provocações, mas meus pais não aceitavam essa falsa morte. Convencidos de que eu sofria influências nefastas, me interrogavam com certa desconfiança: "Que tem ela de tão extraordinário, essa Mlle Lambert?", indagava meu pai. Ele me censurava por não ter espírito de família e preferir estranhos. Minha mãe admitia, em princípio, que se gostasse mais dos amigos do que de parentes longínquos, mas julgava excessivos meus sentimentos por Zaza. No dia em que fui chorar na casa desta, falei de minha visita a minha mãe. "Passei na casa de Zaza." "Você já foi domingo", disse minha mãe, "não precisa andar todo o tempo enfiada na casa dela." Houve uma longa cena. Outro motivo de conflito eram minhas leituras. Minha mãe não se conformava; empalideceu folheando *La Nuit kurde*, de Jean-Richard Bloch. Abria-se com todo mundo acerca das preocupações que eu lhe dava: com meu pai, com Mme Mabille, com minhas tias, minhas primas, suas amigas. Eu não conseguia me resignar a essa desconfiança que sentia em torno de mim. Como me pareciam longas as noites e os domingos! Minha mãe dizia que não se podia acender o fogo na lareira de meu quarto; arrumava por isso uma mesinha de jogo no salão onde havia um aquecedor e cuja porta permanecia tradicionalmente aberta. Minha mãe entrava, saía, ia e vinha e debruçava-se sobre meu ombro: "Que está fazendo? Que livro é esse?" Dotada de uma vitalidade robusta, que quase não tinha oportunidade de gastar, acreditava nas virtudes da alegria. Cantando, rindo, brincando, tentava ressuscitar sozinha os ruídos alegres que enchiam a casa no tempo em que meu pai não saía todas as noites e o bom humor reinava. Exigia a minha cumplicidade e, se eu não me entusiasmava, ela se preocupava: "Em que está pensando? Que você tem? Por que essa cara? Naturalmente nada quer dizer a sua mãe..." Quando enfim ia deitar-se, eu estava cansada demais para aproveitar a pausa. Como teria gostado de poder ir ao cinema simplesmente! Estendia-me sobre o tapete com um livro, mas tinha a cabeça tão pesada que muitas vezes adormecia. Ia me deitar de coração triste. Despertava pela manhã com tédio e meus dias se arrastavam tristemente. Já estava farta de livros: lera demais e remoíam todos as mesmas histórias; não me traziam uma esperança nova. Preferia passar o tempo nas galerias da rua de Seine ou da rua La Boétie: a pintura fazia-me sair de mim mesma e era do que precisava. Às vezes me perdia nas cinzas do crepúsculo; olhava os pálidos crisântemos amarelos flamejarem num gramado verde; na hora em que a luz dos lampiões transformava as folhagens do Carroussel em cenários de ópera, ficava escutando os repuxos. Boa vontade não me faltava; bastava um raio de sol para que meu sangue fervesse. Mas era outono, havia bruma, minhas alegrias eram raras e se esvaíam depressa. O tédio voltava, voltava o desespero. O ano anterior começara mal também; contava me misturar alegremente ao mundo, mas me haviam engaiolado e a seguir exilado. Achara uma solução num trabalho negativo: a ruptura com meu passado, com meu meio; fizera igualmente grandes descobertas: Garric, a amizade de Jacques, os livros. Readquirira confiança no futuro e pairava alto no céu, a caminho de um destino heroico. Que tombo! Novamente o futuro era hoje, e todas as promessas deveriam ter-se realizado, sem demora. Era preciso servir: a quê? A quem? Lera muito, refletira, aprendera, estava preparada, rica, dizia a mim mesma: ninguém me pedia nada. A vida me parecera tão plena que para responder a seus apelos infinitos eu buscara fanaticamente utilizar tudo de mim: estava vazia, nenhuma voz me solicitava. Sentia-me com forças para soerguer a Terra e não encontrava a menor pedra para mexer. Minha desilusão foi brutal: "Sou tão mais do que posso *fazer*!" Não bastava ter renunciado à glória, à felicidade; não desejava mais sequer que minha existência fosse fecunda, não queria mais nada; aprendia dolorosamente "a esterilidade de ser". Trabalhava para ter um ofício; mas um ofício é um meio: para que fim? O casamento, para quê? Educar crianças ou corrigir provas eram também coisas inúteis. Jacques tinha razão: para quê? As pessoas se resignavam a existir em vão; eu não. Mlle Lambert e minha mãe desfiavam dias mortos, contentavam-se em se ocupar: "Eu queria uma exigência de tal ordem que não deixasse tempo para me ocupar de nada." Não a encontrava, e na minha impaciência universalizava meu caso particular: "Nada precisa de mim, nada precisa de ninguém, porque nada precisa ser."

Desse modo encontrava em mim esse "novo mal do século" denunciado por Marcel Arland em um artigo da N.R.F. que tivera muita repercussão. Nossa geração, explicava ele, não se conformava com a ausência de Deus; descobria com desespero que fora dele só existiam ocupações. Eu lera esse ensaio meses antes com interesse mas sem emoção; vivia bem sem Deus então, e se lhe usava o nome era para designar um vazio que tinha a meus olhos o brilho da plenitude. Mesmo agora não desejava que ele existisse e parecia-me até que, se tivesse acreditado nele, o teria odiado. Hesitando por caminhos de que ele conhecia os menores incidentes, jogada de um lado para outro ao sabor de sua graça, petrificada pelo seu julgamento infalível, minha existência não teria passado de uma provação estúpida e vã. Nenhum sofisma teria podido convencer-me de que o Todo-Poderoso precisava de minha miséria: ou então teria sido por brincadeira. Quando a condescendência divertida dos adultos transformava outrora minha vida numa comédia pueril, eu tremia de ódio: hoje, teria me recusado não menos furiosamente a ser o palhaço de Deus. Se deveria reencontrar no céu, ampliada ao infinito, a monstruosa liga de fragilidade e de rigor, de capricho e de falsa necessidade que me oprimira desde o meu nascimento, teria preferido a danação a adorá-la. Com o olhar irradiando maliciosa bondade, Deus me teria roubado a terra, a vida, os outros e a mim mesma. Considerava uma grande sorte ter-me salvado dele.

Mas, então, por que repetia, desolada, que "tudo é vaidade"? Na verdade, o mal de que sofria era o de ter sido expulsa do paraíso da infância e não ter encontrado um lugar entre os homens. Instalara-me no absoluto para poder olhar de cima esse mundo que me rejeitava; agora, se queria agir, fazer uma obra, me exprimir, era preciso descer; mas meu desprezo o aniquilara, só via o vazio ao redor de mim. O fato é que eu ainda não tinha tentado nada. Amor, ação, obra literária: me limitava a sacudir conceitos em minha cabeça; contestava abstratamente possibilidades abstratas e concluía pela desesperadora insignificância da realidade. Desejava segurar com firmeza alguma coisa e, enganada pela violência desse desejo indefinido, o confundia com um desejo de infinito.

Minha indigência, minha impotência me teriam perturbado menos se eu tivesse imaginado a que ponto era ainda limitada, ignorante; teria requisitado uma tarefa a mim mesma: informar-me; e logo outras, sem dúvida, me seriam propostas. Mas o pior, quando a gente se acha encerrada numa prisão sem grades, é não ter sequer consciência daquilo que fecha o horizonte; errava através de uma bruma espessa e a acreditava transparente. Não entrevia sequer a presença das coisas que me escapavam.

A história não me interessava. Com exceção da obra de Vaulabelle sobre as duas Restaurações, as memórias, as narrativas, as crônicas que me haviam feito ler, pareceram para mim com as aulas de Mlle Gontran, um amontoado de anedotas sem significação. O que acontecia no momento não devia tampouco merecer minha atenção. Meu pai e seus amigos falavam, sem cansar, de política e eu sabia que tudo ia mal; não tinha vontade de enfiar o nariz nessa negra confusão. Os problemas que os agitavam — a revalorização do franco, a evacuação da Renânia, as utopias da Liga das Nações — me pareciam da mesma ordem que os negócios de família e os problemas financeiros: não me diziam respeito. Jacques e Zaza não se preocupavam com isso; Mlle Lambert nunca falava disso; os escritores da N.R.F. — eu não lia muitos outros — não tocavam no assunto, a não ser, por vezes, Drieu La Rochelle, mas em termos muito herméticos para mim. Na Rússia, talvez acontecessem coisas: mas era muito longe. Quanto às questões sociais, as Équipes tinham-me baralhado as ideias e a filosofia as desdenhava. Na Sorbonne, meus professores ignoravam sistematicamente Hegel e Marx; no seu volumoso livro sobre "o progresso da consciência no Ocidente", Brunschvicg dedicara apenas três páginas a Marx, que ele comparava a um pensador reacionário dos mais obscuros. Ensinava-nos a história do pensamento científico, mas ninguém nos contava a aventura humana. O sabá sem pé nem cabeça que os homens dançavam na terra podia interessar os especialistas: não era digno de preocupar o filósofo. Em suma, quando este compreendia que não sabia nada e que não havia nada a saber, sabia tudo. Assim se explica por que pude escrever em janeiro: "Sei tudo, dei volta a todas as coisas." O idealismo subjetivista a que me filiava privava o mundo de sua espessura e de sua singularidade: nada há de espantoso em, mesmo pela imaginação, não ter encontrado nada de sólido a que me apegar.

Tudo convergia, pois, para me convencer da insuficiência das coisas humanas: minha própria condição, a influência de Jacques, as ideologias que me ensinavam e a literatura da época. A maioria dos escritores remoía nossa "inquietação" e me convidava a um desespero lúcido. Levei ao extremo esse niilismo. Toda religião, toda moral, era uma impostura, inclusive o culto do eu. Julguei — não sem razão — artificiais as febres que alimentara outrora com complacência. Abandonei Gide e Barrès. Em todo e qualquer projeto via uma fuga; no trabalho, um divertimento tão fútil quanto outro. Um jovem herói de Mauriac considerava suas amizades e prazeres como "galhos" que o sustentavam precariamente acima do nada: tomei-lhe a expressão de empréstimo. Tinha-se o direito de se segurar aos galhos, com a condição de não confundir o relativo com o absoluto, a derrota com a vitória. Julgava os outros segundo essas normas; só existiam para mim as pessoas que olhavam de frente, sem trapacear, esse nada que tudo corrói; os outros não existiam. *A priori*, considerava os ministros, os acadêmicos, os senhores condecorados, todos os importantes, como Bárbaros. Um escritor tinha para consigo mesmo a obrigação de ser maldito: qualquer êxito o expunha à desconfiança, e eu me perguntava se o próprio fato de escrever já não constituía uma falha; somente o silêncio do M. Teste me parecia exprimir dignamente o absoluto desespero humano. Ressuscitei assim, em nome da ausência de Deus, o ideal de renúncia ao século que me inspirara sua existência. Mas essa ascese não desembocava em nenhuma salvação. A atitude mais franca, afinal, era suprimir-se; concordava com isso e admirava os suicídios metafísicos; não pensava, contudo, em recorrer a isso; tinha medo demais da morte. Sozinha, em casa, ocorria debater-me como aos quinze anos; trêmula, de mãos úmidas, gritava desesperada: "Não quero morrer!"

E já a morte me corroía. Como eu não estava comprometida em nenhum empreendimento, o tempo se decompunha em instantes que se renegavam indefinidamente; não podia me resignar a essa morte "múltipla e fragmentária". Recopiava páginas de Schopenhauer, de Barrès, versos de Mme De Noailles. Achava ainda mais horroroso morrer, porque não achava razões para viver.

No entanto, eu amava a vida apaixonadamente. Bastava pouca coisa para me devolver a confiança nela, em mim: uma carta de uma aluna de Berck, o sorriso de uma aprendiz de Belleville, as confidências de uma colega de Neuilly, um olhar de Zaza, um agradecimento, uma palavra terna. Logo que me sentia útil ou amada, o horizonte se iluminava e novamente eu fazia promessas a mim mesma: "Ser amada, ser admirada, ser necessária; ser alguém." Cada vez mais tinha a certeza de ter alguma coisa a dizer: eu a diria. No dia em que fiz dezenove anos, escrevi, na Biblioteca da Sorbonne, um longo diálogo em que se alternavam duas vozes, ambas minhas: uma falava na vaidade das coisas, do desdém e da fadiga; a outra afirmava que é belo existir, ainda que esterilmente. De um dia para o outro, de uma hora para a outra, eu passava do abatimento ao orgulho. Mas, durante todo o outono e todo o inverno, o que dominou em mim foi a angústia de me reencontrar um dia "vencida pela vida".

Essas oscilações e essas dúvidas me enlouqueciam; o tédio me sufocava e tinha o coração em carne viva. Quando me jogava na infelicidade, era com toda a violência de minha mocidade, de minha saúde, e a dor moral podia me desmantelar com toda a selvageria de um sofrimento físico. Caminhava por Paris, devorando quilômetros, passeando um olhar molhado de lágrimas por cenários desconhecidos. Com o estômago vazio por causa da caminhada, entrava numa padaria, comia um pãozinho e recitava ironicamente as palavras de Heine: "Quaisquer que sejam as lágrimas que choramos, acabamos sempre assoando o nariz." Às margens do Sena, através de meus soluços, me embalava com os versos de Laforgue:

Ô bien-aimé, il n'est plus temps, mon coeur se crève,
Et trop pour t'en vouloir, mais j'ait tant sangloté...[10]

Gostava de sentir o ardor de meus olhos. Mas, por momentos, todas as minhas armas me caíam das mãos. Refugiava-me na nave lateral de uma igreja para chorar em paz. Ficava prostrada, a cabeça entre as mãos, sufocada por trevas doloridas.

Jacques voltou para Paris em fins de janeiro. Já no dia seguinte ao de sua chegada, bateu em casa. Para meu décimo nono aniversário, meus pais tinham mandado tirar fotografias minhas: ele me pediu uma; nunca sua voz tivera inflexões tão carinhosas. Eu tremia quando, oito dias depois, bati à sua porta, por tanto recear uma recaída brutal. A entrevista me encantou. Ele iniciara um romance a que dera o título *Les Jeunes bourgeois* e me disse: "É muito por ti que o escrevo." Disse-me também que o dedicaria a mim: "Acho que se trata de uma dívida." Durante alguns dias, vivi num estado de exaltação. Falei de mim para ele, na semana seguinte; contei meu tédio e que não encontrava mais nenhum sentido na vida. "Não há necessidade de procurar tanto", respondeu-me gravemente. "Basta simplesmente realizar a tarefa cotidiana." Acrescentou, pouco depois: "É preciso ter a humildade de reconhecer que sozinho não se consegue nada; é mais fácil viver para alguém." Sorriu: "A solução está em um egoísmo a dois."

Repeti para mim mesma essa frase, esse sorriso; não duvidava mais: Jacques me amava, nós nos casaríamos. Mas decididamente alguma coisa não estava certa: minha felicidade não durou mais do que três dias. Jacques voltou à nossa casa; passei com ele uma noite muito alegre,

---

[10] *Ô bem-amado, é tarde demais, meu coração se parte, / demais para te malquerer, mas tanto solucei...* (N.T.)

mas depois que saiu desmoronei: "Tenho tudo para ser feliz e desejaria morrer! A vida aí está, me espia, vai cair em cima de nós. Tenho medo; estou só, estarei sempre só... Se pudesse fugir — para onde? Qualquer lugar. Um grande cataclismo que nos levaria de roldão." Para Jacques, casar era realmente um fim e eu não queria acabar tão cedo. Debati-me durante mais um mês. Persuadia-me por momentos de que poderia viver perto de Jacques sem me machucar; e logo depois o terror se apossava de mim: "Encerrar-me dentro dos limites de outrem! Horror desse amor que me amarra, que não me deixa livre." "Desejo de desfazer esse laço, de esquecer, de começar outra vida..." "Não ainda, eu não quero ainda esse sacrifício de todo o meu eu." Entretanto, tinha grandes impulsos de amor a Jacques e só em rápidos momentos confessava a mim mesma: "Ele não foi feito para mim." Preferia declarar que eu não era feita para o amor nem para a felicidade. Falava disso em meu diário, de maneira estranha, como de dados definitivos, que poderia aceitar ou rejeitar, sem, entretanto, modificar-lhes o conteúdo. Em lugar de dizer "acredito, cada vez menos, poder ser feliz com Jacques", escrevia "receio, cada vez mais, a felicidade" ou "desespero tão grande diante do sim quanto diante do não à felicidade". "É quando o amo mais que mais detesto o amor que lhe tenho." Receava que minha ternura me levasse a ser sua mulher e recusava violentamente a vida que aguardava a futura Mme Laiguillon.

Jacques, por sua vez, tinha seus caprichos. Lançava-me sorrisos sedutores; dizia: "Há pessoas insubstituíveis", envolvendo-me num olhar comovido; pedia-me que voltasse a vê-lo logo e me acolhia com indiferença. Caiu doente no princípio de março. Visitei-o várias vezes: à sua cabeceira, havia sempre tios, tias, avós. "Venha amanhã, conversaremos sossegados", disse uma vez. Estava ainda mais comovida que de costume, quando fui naquele dia ao bulevar Montparnasse. Comprei um ramalhete de violetas que preguei na gola de meu vestido; custei a pregá-las e na minha impaciência perdi minha bolsa. Não continha grande coisa, entretanto, cheguei à casa de Jacques muito irritada. Durante muito tempo pensava em nossa entrevista a sós na penumbra de seu quarto. Mas não o encontrei só. Lucien Riaucourt estava sentado à beira da cama. Já o havia encontrado: era um rapaz elegante, desenvolto, bem falante. Os dois continuaram a conversar acerca dos bares que frequentavam, das pessoas que encontravam; fizeram projetos de passeios para a semana seguinte. Senti-me perfeitamente importuna: não tinha dinheiro, não saía à noite, não passava de uma pobre estudante, incapaz de participar da verdadeira existência de Jacques. Além disso, ele estava de mau humor; mostrou-se irônico, quase agressivo; saí depressa e ele me disse até logo com evidente satisfação. Fiquei com raiva e o detestei. Que ele tinha de extraordinário? Havia muitos outros que valiam tanto quanto ele. Enganara-me decididamente ao tomá-lo como uma espécie de Grand Meaulnes. Era instável, egoísta e só gostava de se divertir. Eu caminhava raivosamente pelos grandes bulevares, prometendo a mim mesma separar minha vida da dele. No dia seguinte, me acalmei; mas estava decidida a não botar mais os pés na casa dele tão cedo. Fui fiel à minha palavra e passei mais de seis semanas sem vê-lo.

A filosofia não me abrira o céu nem me amarrara à terra; contudo, em janeiro, vencidas as primeiras dificuldades, comecei a me interessar seriamente. Li Bergson, Platão, Schopenhauer, Leibniz, Hamelin e, com fervor, Nietzsche. Uma porção de problemas me apaixonavam: o valor da ciência, a vida, a matéria, o tempo, a arte. Não tinha doutrina certa; sabia pelo menos que rejeitava Aristóteles, são Tomás, Maritain e também todos os empiristas e os materialistas. Em suma, filiava-me ao idealismo crítico, tal qual era exposto por Brunschvicg, embora em muitos pontos ele não me satisfizesse. Voltei a gostar da literatura. No bulevar Saint-Michel, a livraria Picart se abria liberalmente aos estudantes: ali folheava revistas de vanguarda que, naquele tempo, nasciam e morriam como moscas; li Breton, Aragon; o surrealismo me conquistou. A inquietação era insossa, afinal; preferia os exageros da pura negação. Destruição da arte, da moral, da linguagem, desregramento sistemático, desespero levado ao suicídio: esses excessos me extasiavam.

Tinha vontade de falar dessas coisas; tinha vontade de falar de tudo com pessoas que, ao contrário de Jacques, terminassem suas frases. Procurei avidamente travar relações. Em Sainte-Marie solicitei as confidências de minhas colegas; mas, decididamente, não havia nenhuma que me interessasse. Tive muito mais prazer em conversar com Suzanne Boigue, em Belleville. Tinha cabelos castanhos, corretamente cortados, um rosto grande, olhos azuis muito claros e algo de intrépido. Ganhava a vida como diretora do centro de que falei; sua idade, sua independência, suas responsabilidades, sua autoridade davam-lhe certa ascendência. Era religiosa, mas deu a entender que suas relações com Deus não eram inteiramente serenas. Em matéria de literatura, tínhamos mais ou menos os mesmos gostos. E percebi com satisfação que não se iludia nem com as Équipes nem com a "ação" em geral. Ela também, confiou-me, queria viver e não dormir: desesperava por encontrar neste mundo outra coisa que não narcóticos. Como tínhamos ambas saúde e apetite, nossas conversas desiludidas, longe de nos deprimir, nos revigoravam. Ao deixá-la, caminhava a passos rápidos pelo Buttes-Chaumont. Ela desejava, como eu, encontrar seu verdadeiro lugar no mundo. Foi a Berck para ver uma espécie de santa que consagrara a vida aos "deitados".[11] De volta, me disse energicamente: "A santidade não é meu caminho." No início da primavera, se apaixonou por um jovem e dedicado colaborador das Équipes; resolveram se casar. As circunstâncias lhes impunham uma espera de dois anos: mas, quando se ama, o tempo não conta, disse-me Suzanne Boigue. Estava radiante. Fiquei estupefata quando me anunciou, algumas semanas depois, que havia rompido o noivado. Havia entre eles uma atração física muito forte e o rapaz se apavorara com a intensidade de seus beijos. Pedira a Suzanne para assegurar a castidade de ambos pela ausência: se esperariam à distância. Ela preferira riscá-lo de sua vida. Eu achara estranha essa história, que nunca entendi direito. Mas a decepção de Suzanne me impressionou e julguei patético seu esforço para vencê-la.

Os estudantes que conheci na Sorbonne, moças ou rapazes, me pareceram insignificantes; andavam em grupos, riam alto demais, não se interessavam por nada e se contentavam com essa indiferença. Contudo, descobri no curso de filosofia um jovem de olhos azuis e graves, muito mais velho do que eu; vestido de preto, com um chapéu da mesma cor, não falava com ninguém, a não ser com uma moreninha para quem sorria muito. Certa vez traduzia cartas de Engels na biblioteca quando alguns estudantes começaram a fazer barulho; seus olhos faiscaram e com voz breve ele exigiu silêncio. Havia tal autoridade nele que foi de imediato obedecido. "Trata-se de alguém", pensei, impressionada. Consegui falar com ele e desde então, cada vez que a moreninha estava ausente, conversávamos. Um dia caminhamos pelo bulevar Saint-Michel: perguntei à minha irmã, à noite, se julgava minha conduta incorreta; ela tranquilizou-me e eu reincidi. Pierre Nodier estava ligado ao grupo Filosofias a que pertenciam Mohrange, Friedmann, Henri Lefebvre e Politzer; graças aos subsídios fornecidos pelo pai de um deles, um rico banqueiro, tinham fundado uma revista; mas um dos comanditários, indignado com um artigo contra a guerra do Marrocos, lhes cortara o crédito. Pouco depois, a revista ressuscitou com outro título, *L'Esprit*. Pierre Nodier me trouxe dois números: era a primeira vez que entrava

---

[11] Os paralíticos da casa de saúde de Berck. (N.T.)

em contato com os intelectuais de esquerda. Não me senti, porém, desterrada: reconheci a linguagem a que a literatura da época me habituara; aqueles jovens falavam, eles também, de alma, de salvação, de alegria, de eternidade; diziam que o pensamento devia ser "carnal e concreto", mas diziam-no em termos abstratos. Na sua opinião a filosofia não se distinguia da revolução, nesta residia a única esperança da humanidade; mas naquela época Politzer julgava que "no plano da verdade, o materialismo histórico não é inseparável da revolução"; acreditava no valor da Ideia idealista, com a condição de tomá-la em sua totalidade concreta, sem se deter no estágio da abstração. Interessava-se antes de mais nada pelos avatares do Espírito; a economia e a política não tinham aos olhos deles senão um papel acessório. Condenavam o capitalismo porque havia destruído no homem "o sentido do ser"; consideravam que através da sublevação dos povos da Ásia e da África "a História vem servir a Sabedoria". Friedmann liquidava com a ideologia dos jovens burgueses, seu pendor pela inquietação e pela disponibilidade, mas para substituí-la por uma mística. Tratava-se de restituir aos homens "a parte eterna de si mesmos". Não encaravam a vida pelo ângulo da necessidade, do trabalho, faziam dela um valor romântico. "Há vida e nosso amor vai a ela", escrevia Friedmann. Politzer a definia numa frase que ficou conhecida: "A vida triunfante, brutal, do marinheiro que apaga o cigarro nos *Gobelins* do Kremlin, essa vida os apavora, não quer ouvir falar dela, e, no entanto, é isso a vida." Não se estava longe dos surrealistas, muitos dos quais se convertiam à Revolução. Esta me seduziu também, mas unicamente em seu aspecto negativo; pus-me a desejar que se subvertesse inteiramente a sociedade, mas não a compreendi melhor do que antes, e permaneci indiferente aos acontecimentos que se desenrolavam no mundo. Todos os jornais, mesmo *Candide*, abriam colunas para a revolução que acabava de rebentar na China: nem sequer me impressionei.

Entretanto, minhas conversas com Nodiez começavam a me abrir o espírito. Fazia muitas perguntas para ele. Ele respondia com boa vontade e eu tirava tal proveito dessas entrevistas que por vezes me interrogava tristemente: por que meu destino não é amar um homem como este, que partilharia meu gosto pelas ideias e pelo estudo, e ao qual eu estaria presa tanto pela cabeça como pelo coração? Lamentei muito quando, em fins de maio, me disse adeus no pátio da Sorbonne. Partia para a Austrália, onde conseguira um cargo, e a moreninha o acompanhava. Apertando minha mão, disse-me compenetrado: "Desejo muitas felicidades para você."

Simone de Beauvoir

Em princípios de março, passei muito bem nos exames para meu certificado de história da filosofia, e nessa ocasião travei relações com um grupo de estudantes de esquerda. Pediram-me para assinar uma petição: Paul Boncour apresentara um projeto de lei militar decretando a mobilização das mulheres e a revista *Europe* iniciava uma campanha de protesto. Fiquei perplexa. Era pela igualdade dos sexos, e em caso de perigo não era necessário tudo fazer em defesa do país? "Pois bem", disse, depois de ler o texto do projeto, "é nacionalismo do bom." O rapaz gordo e calvo que se ocupava da petição escarneceu: "Seria preciso saber se o nacionalismo pode ser bom!" Era um problema em que eu nunca pensara: não sabia o que responder. Explicaram-me que a lei conduziria à mobilização geral das consciências e isso fez com que me decidisse: a liberdade de pensamento era, em todo caso, sagrada para mim; e depois todos assinavam: assinei, portanto. Hesitei menos quando se tratou de pedir clemência para Sacco e Vanzetti; os nomes não significavam nada, mas asseguravam-me que eles eram inocentes: de qualquer modo, eu desaprovava a pena de morte.

Minhas atividades políticas pararam aí e minhas ideias continuaram confusas. Sabia uma coisa: detestava a extrema-direita. Uma tarde, um bando de desordeiros entrara na Biblioteca da Sorbonne gritando: "Morte aos gringos e aos judeus!" Estavam armados de porretes e expulsaram alguns estudantes de pele mais morena. Esse triunfo da violência, da estupidez, provocara em mim uma cólera apavorada. Detestava o conformismo, todos os obscurantismos, desejava que a razão governasse os homens; por causa disso tudo, a esquerda me interessava. Mas todos os rótulos me desagradavam: não gostava que as pessoas fossem catalogadas. Muitos colegas meus eram socialistas; a meus ouvidos a palavra soava mal; um socialista não podia ser um atormentado; visava a objetivos ao mesmo tempo profanos e limitados: *a priori*, essa moderação me aborrecia. O extremismo dos comunistas me parecia mais atraente; mas eu os suspeitava de serem tão dogmáticos e estereotipados quanto os seminaristas. Por volta do mês de maio liguei-me, contudo, a um antigo aluno de Alain que era comunista: a conjunção não me surpreendia então. Ele elogiou as aulas de Alain, expôs-me as ideias dele, me emprestou livros. Fez-me conhecer também Romain Rolland e eu aderi resolutamente ao pacifismo. Mallet se interessava por muitas outras coisas: pintura, cinema, teatro e até o *music hall*. Havia fogo em seus olhos e em sua voz, e agradava-me conversar com ele. Anotei, espantada: "Descobri que se pode ser inteligente e interessar-se pela política." Na realidade, teoricamente, ele não entendia grande coisa de política e não me ensinou nada. Continuei a subordinar as questões sociais à metafísica e à moral: para que se preocupar com a felicidade da humanidade se esta não tinha razão de ser?

Essa obstinação me impediu de tirar proveito de meu encontro com Simone Weil. Enquanto ela se preparava para a Escola Normal, cursava na Sorbonne os mesmos cursos que eu. Intrigava-me por sua inteligência de grande reputação e por seu modo estranho de se vestir; perambulava pelo pátio da Sorbonne escoltada por um bando de antigos alunos de Alain; trazia sempre no bolso de seu casaco um número de *Libres Propos* e, no outro, um do *Humanité*. A fome devastara a China e tinham contado que, ao saber dessa desgraça, ela chorara: essas lágrimas, mais do que seus dons filosóficos, forçaram meu respeito. Eu invejava um coração capaz de bater através do universo inteiro. Consegui um dia chegar-me a ela. Não sei mais como a conversa se iniciou; declarou-me em tom cortante que somente uma coisa importava hoje na terra: a Revolução que daria de comer a todos. Eu atalhei, de modo não menos peremptório, que o problema não consistia em fazer a felicidade dos homens e sim em dar um sentido à vida deles. Ela mediu-me dos pés à cabeça e disse: "Bem se vê que nunca teve fome." Nossas relações não foram além. Compreendi que me catalogara: "Uma pequena-burguesa espiritualista", e irritei-me como antes me irritava quando Mlle Litt explicava meus gostos pela minha infantilidade; acreditava-me liberta de minha classe: não desejava ser outra coisa senão eu.

Não sei bem por que me dei com Blanchette Weiss. Pequena, gorducha, em seu rosto balofo movimentavam-se dois olhos maldosos; mas fiquei ofuscada com sua loquacidade filosófica; amalgamava as especulações metafísicas e os mexericos com uma volubilidade que eu confundi com inteligência. Os modos finitos não podendo se comunicar entre si, sem o intermédio do infinito, todo amor humano é culposo, explicava-me; valia-se das exigências do infinito para denegrir todos os seus conhecimentos. Vim a saber por ela, divertida, quais eram as ambições, as manias, as fraquezas, os vícios de nossos professores e dos estudantes. "Tenho uma alma de comadre proustiana", dizia com complacência. Não sem incoerência, me criticava por conservar a nostalgia do absoluto: eu crio meus próprios valores, dizia. Quais? Não respondia com precisão. Dava muita importância à sua vida interior: eu estava de acordo; desprezava a riqueza: eu também; mas ela me explicou que, para deixar de pensar em dinheiro, era necessário tê-lo em quantidade suficiente e consentiria, sem dúvida, em se casar por interesse: fiquei escandalizada. Descobri igualmente nela um curioso narcisismo: com seus cachos e seus adornos, considerava-se uma irmã de Clara d'Ellébeuse. Contudo, eu tinha um tal desejo de "trocar ideias" que me encontrava frequentemente com ela.

Minha única amiga de verdade continuava a ser Zaza. Infelizmente a mãe dela começava a me olhar com hostilidade. Era em virtude de minha influência que Zaza preferia o estudo à vida doméstica e eu lhe emprestava livros escandalosos. Mme Mabille detestava furiosamente Mauriac: ela considerava os quadros que ele pintava dos lares burgueses uma espécie de insulto pessoal. Desconfiava de Claudel, que Zaza apreciava porque a ajudava a conciliar o céu com a terra. "Seria melhor que você lesse os padres da Igreja", dizia-lhe Mme Mabille com azedume. Veio várias vezes em casa se queixar à minha mãe e não escondeu a Zaza seu desejo de que nos encontrássemos menos. Zaza resistiu; nossa amizade era uma das coisas a que não queria renunciar. Víamo-nos constantemente. Estudávamos grego juntas; íamos ao concerto e às exposições de pintura. Por vezes tocava Chopin e Debussy ao piano para mim. Passeávamos muito. Uma tarde, tendo arrancado de minha mãe um consentimento emburrado, me levou a um cabeleireiro que me cortou os cabelos. Não ganhei muito com isso, porque minha mãe, aborrecida por ter cedido, me recusou o luxo de uma permanente. De Laubardon, onde passou o recesso da Páscoa, Zaza me enviou uma carta que me comoveu profundamente: "Tinha vivido desde a idade de quinze anos numa grande solidão moral, sofria com me sentir isolada, perdida; você rompeu minha solidão." Isso não a impedia de estar nesse momento "mergulhada em horrível marasmo". Dizia ainda: "Vivi demais de olhos voltados para o passado e sem poder me afastar do encantamento maravilhoso das recordações da infância." Dessa vez também não procurei analisar. Julgava natural que a gente se resignasse com dificuldade a se transformar em adulto.

Não mais ver Jacques me descansava bastante; não me atormentava mais. Os primeiros raios de sol me aqueceram o sangue. Embora continuasse a trabalhar muito, resolvi me distrair. Ia muitas vezes ao cinema à tarde; frequentava principalmente o Studio des Ursulines, o Vieux-Colombier e o Ciné-Latin: era uma pequena sala de cadeiras toscas atrás do Panthéon e cuja orquestra consistia apenas num piano; a entrada não era cara e passavam em segunda exibição os melhores filmes dos últimos anos; foi aí que assisti a *Em busca do ouro* e a muitas outras produções de Carlitos. Algumas noites minha mãe nos acompanhava, minha irmã e eu, ao teatro. Vi Jouvert em *Le Grand Large*, em que estreava Michel Simon, Dullin em *La Comédie du bonheur*, Mme Pitoëff em *Sainte Jeanne*. Pensava muitos dias antes nessas saídas que iluminavam minha semana; pela importância que lhes atribuía, posso medir quanto me pesara a austeridade dos dois primeiros trimestres. Durante o dia percorria as exposições, perambulava pelas galerias do Louvre. Passeava por Paris, sem chorar e olhando tudo. Gostava das noites em que, depois do jantar, descia sozinha ao metrô e ia desembocar no outro lado de Paris, perto das Buttes-Chaumont, que recendiam a umidade e verdura. Muitas vezes, voltava a pé. No bulevar de la Chapelle, sob a estrutura de aço do metrô suspenso, mulheres esperavam às esquinas: homens saíam cambaleantes dos cafés iluminados; nas fachadas dos cinemas os cartazes berravam. O mundo à minha volta era uma enorme presença confusa. Eu andava a passos largos, roçada por sua respiração densa. Dizia a mim mesma que, em suma, era bem interessante viver.

Minhas ambições se reanimaram. Apesar de minhas amizades e de meu amor incerto, me sentia muito sozinha; ninguém me conhecia nem me amava inteiramente, tal qual era; ninguém, pensava, e nem podia ser para mim "algo definitivo e completo". De preferência a continuar a sofrer com isso, entreguei-me ao orgulho. Meu isolamento patenteava minha superioridade; não duvidava mais: era alguém e faria alguma coisa. Arquitetava assuntos de romance. Certa manhã, na Biblioteca da Sorbonne, em vez de traduzir grego, comecei o "meu livro". Era preciso me preparar para os exames de junho, não tinha tempo; mas calculei que no ano seguinte teria lazeres e prometi a mim mesma que realizaria minha obra: "Uma obra em que diria tudo, *tudo*." Insisto com frequência em meu diário nessa necessidade de "dizer tudo", que curiosamente contrasta com a pobreza de minha experiência. A filosofia fortalecera minha tendência para apreender as coisas em sua essência, na raiz, sob o aspecto da totalidade; e, como eu me movia entre abstrações, acreditava ter descoberto de maneira decisiva a verdade do mundo. De vez em quando suspeitava que ela ultrapassasse o que eu conhecia, mas raramente. Minha superioridade sobre os outros provinha precisamente de que não deixava nada escapar: minha obra tirava seu valor desse privilégio excepcional.

Por momentos tinha um escrúpulo, lembrava-me de que tudo é vaidade. Mas passava por cima disso. Em diálogos imaginários com Jacques, eu recusava seus "para quê?". Tinha somente uma vida por viver, queria que fosse um êxito, ninguém o impediria, nem mesmo ele. Não abandonei meu ponto de vista do absoluto; mas, como desse lado tudo estava perdido, decidi não mais me preocupar com isso. Apreciava muito a frase de Lagneau: "Só encontro apoio em meu desespero absoluto." Uma vez estabelecido esse desespero, já que eu continuava a existir, era necessário me arranjar do melhor modo possível, isto é, fazer o que me agradava.

Eu me surpreendia um pouco de poder dispensar tão facilmente Jacques, mas o fato é que não me fazia absolutamente falta. Minha mãe me informou em fins de abril que ele se espantava em não mais me ver. Fui bater à porta dele: não aconteceu nada comigo. Parecia que essa afeição não era mais amor e até que me pesava um pouco. "Nem sequer desejo vê-lo. Não posso impedir que me canse, mesmo quando se mostra mais simples." Ele não escrevia mais seu livro; não o escreveria nunca. "Teria a impressão de me prostituir", disse-me com altivez. Um passeio de carro, uma conversa em que me pareceu mais sinceramente atormentado consigo mesmo tornaram a me aproximar dele. "Afinal", dizia comigo mesma, "não tenho o direito de lhe imputar uma inconsequência que é a da própria vida: ela nos impele para certas metas e nos mostra seu vazio." Censurei minha severidade, afirmando a mim mesma: "Ele é melhor do que sua vida." Mas tinha medo de que essa sua vida acabasse por influenciá-lo. Um pressentimento me invadia às vezes: "Sofro sempre que penso em você; não sei por que sua vida é trágica."

A sessão de junho se aproximava; estava preparada e cansada de estudar: relaxei. Dei a minha primeira escapada. Pretextando uma reunião beneficente em Belleville, consegui de minha mãe uma licença para sair à noite e vinte francos. Comprei uma entrada na torrinha para uma apresentação dos Ballets Russes. Quando, vinte anos depois, me encontrei sozinha, às duas horas da manhã, no meio da Times Square, me assustei menos do que nessa noite, sob o teto do teatro Sarah-Bernhardt. Sedas, peles, diamantes, perfumes: embaixo de mim um público tagarelante cintilava. Quando saía com meus pais ou com os Mabille, uma película intransponível se interpunha entre mim e o mundo: e eis que me banhava numa dessas grandes festas noturnas cujo reflexo eu divisara tantas vezes no céu. Enfiara-me ali sem que as pessoas que eu conhecia soubessem e aquelas que ali estavam não me conheciam. Sentia-me invisível e dotada de ubiquidade: um elfo. Representavam nessa noite *La Chatte*, de Sauguet, *Le Pas d'acier*, de Prokofieff, e *Le Triomphe de Neptune* de não sei mais quem. Cenários, figurinos, música, danças; tudo me espantou. Creio que desde os cinco anos não experimentava tal deslumbramento.

Recomecei. Não sei mediante que artimanhas arranjei dinheiro; em todo caso, foram as Équipes que me forneceram os álibis. Retornei duas vezes aos Ballets Russes: vi com surpresa senhores de casaca cantarem o Édipo Rei de Stravinski com palavras de Cocteau. Mallet me falara dos braços alvos de Damia e de sua voz: fui ouvi-la no Bobino. Cômicos, cantores, equilibristas, tudo era novo para mim e a tudo eu aplaudia.

Nos dias que precederam os exames, entre duas provas, à espera dos resultados, alguns colegas — entre os quais Jean Mallet e Blanchette Weiss — passavam o tempo no pátio da Sorbonne. Jogávamos bola, fazíamos charadas, sombras chinesas, tagarelávamos, discutíamos. Misturei-me ao bando. Mas me sentia muito afastada desses estudantes com que convivia: a liberdade de costumes me chocava. Teoricamente a par de todas as depravações, permanecia, na realidade, com um pudor extremado. Se me diziam que fulano e fulana "andavam juntos", eu me contraía. Quando Blanchette Weiss, ao me mostrar um normalista de renome, me confiou que, infelizmente, tinha "esses vícios", tremi inteirinha. As estudantes emancipadas e principalmente as que tinham "tais" tendências horrorizavam-me. Confessava a mim mesma que essas reações só se explicavam pela minha educação, mas me recusava a combatê-las. As piadas grosseiras, as palavras cruas, o relaxamento, os maus modos me repugnavam. Entretanto, não simpatizei tampouco com o pequeno círculo em que me introduziu Blanchette Weiss. Ela conhecia boas pessoas, entre as quais alguns normalistas de boa família que, para reagir contra o desleixo da Escola, faziam questão de se mostrar severos e sofisticados. Convidaram-me para tomar chá nos salões das confeitarias; não frequentavam os cafés e de modo algum teriam levado moças a esses lugares. Eu achava lisonjeiro interessá-los, mas censurava a mim mesma essa vaidade, pois os catalogava entre os Bárbaros: só se preocupavam com política, êxitos sociais, a carreira que seguiriam. Tomávamos chá, como nos salões, e a conversa oscilava desagradavelmente do pedantismo ao mundanismo.

Uma tarde, no pátio da Sorbonne, contradisse com vivacidade, não sei mais a que propósito, um rapaz de cara alongada e sombria: ele me olhou com surpresa e declarou que nada tinha a me responder. Desde então veio diariamente à Porta Dauphine para prosseguir o diálogo.

Chamava-se Michel Riesmann e terminava seu segundo ano de "khâgne".¹² Seu pai era uma importante figura no mundo da grande arte oficial. Michel se dizia discípulo de Gide e rendia culto à Beleza. Acreditava na literatura e estava acabando um pequeno romance. Escandalizei-o professando grande admiração pelo surrealismo. Pareceu-me antiquado e chato, mas talvez uma alma se escondesse por trás de sua feiura pensativa; além disso, exortava-me a escrever e eu precisava ser encorajada. Mandou-me uma carta cerimoniosa e artisticamente caligrafada para propor-me que nos escrevêssemos durante as férias. Aceitei. Combinamos igualmente, Blanchette Weiss e eu, de nos escrever. Ela me convidou para tomar chá em sua casa. Comi torta de morango num apartamento luxuoso da avenida Kleber e ela me emprestou, magnificamente encadernadas em couro, coletâneas de Verhaeren e de Francis Jammes.

Passara o ano choramingando sobre a inutilidade de todos os objetivos, mas nem por isso deixei de tentar alcançar os meus com tenacidade. Tive êxito nos exames de filosofia geral. Simone Weil era a primeira, eu a seguia de perto, à frente de um normalista chamado Jean Pradelle. Obtive também meu certificado de grego. Mlle Lambert exultou, meus pais sorriam; na Sorbonne, em casa, todos me felicitaram. Fiquei muito alegre. Esses êxitos confirmavam a boa opinião que tinha de mim, garantiam meu futuro, dava-lhes grande importância e não desejaria por nada no mundo renunciar a eles. Não esqueci, contudo, que todo êxito esconde uma abdicação e me dei ao luxo de chorar. Repetia a mim mesma furiosamente a frase que Martin du Gard põe na boca de Jacques Thibault: "Reduziram-me a isto!" Reduziam-me à personagem de uma estudante bem-dotada, de uma aluna brilhante, eu que era a patética ausência do Absoluto! Havia muita duplicidade em minhas lágrimas; não creio, entretanto, que tenham sido uma simples comédia. Através da movimentação de um fim de ano de muita atividade, sentia amargamente o vazio de meu coração. Continuava a desejar apaixonadamente essa outra coisa que não sabia definir, posto que lhe recusava o único nome que lhe convinha: a felicidade.

Jean Pradelle, que dizia, rindo, se sentir humilhado por ter sido ultrapassado por duas moças, quis me conhecer. Fez-se apresentar por um

---

¹² Estágio dos alunos que, embora ainda frequentando cursos secundários, se preparam para a Escola Normal. (N.T.)

colega que me apresentara a Blanchette Weiss. Pouco mais moço do que eu, estava há um ano na Escola Normal como externo. Tinha ele também os modos de um rapaz de boa família, mas nada pretensioso. Um rosto límpido e bastante belo, o olhar aveludado, um riso de menino, a maneira de falar direta e jovial; achei-o de imediato simpático. Encontrei-o quinze dias mais tarde na rua d'Ulm, onde eu ia saber dos resultados do concurso de admissão; tinha colegas, entre outros Riesmann, que se haviam inscrito. Ele me levou ao jardim da escola. Era um local bastante prestigioso para uma sorbonnarde e, enquanto conversávamos, examinei o lugar com curiosidade. Aí reencontrei Pradelle no dia seguinte pela manhã. Assistimos a alguns exames orais de filosofia; depois passeei com ele no Luxemburgo. Estávamos de férias; todos os meus amigos e quase todos os amigos dele já tinham saído de Paris. Habituamo-nos a nos encontrar diariamente. Eu chegava sempre escrupulosamente na hora; tinha tanto prazer em vê-lo acorrer sorridente, simulando certo embaraço, que lhe era grata pelos atrasos.

Pradelle sabia escutar, com uma atitude refletida, e respondia gravemente. Que sorte! Apressei-me em abrir minha alma para ele. Falei-lhe agressivamente dos Bárbaros e fiquei surpresa quando ele se recusou a me apoiar; órfão de pai, entendia-se perfeitamente com a mãe e a irmã e não partilhava de meu horror aos "lares fechados". Não detestava as festas mundanas e dançava ocasionalmente. "Por que não?", perguntou-me com um ar ingênuo que me desarmou. Meu maniqueísmo opunha uma massa imensa a uma elite minúscula, indigna de existir; segundo ele, havia, em todo o mundo, um pouco de bem e um pouco de mal; não estabelecia grande diferença entre as pessoas. Censurava minha severidade, e sua indulgência me chocava. Salvo essas diferenças, tínhamos muitos pontos comuns. Educado religiosamente como eu, e como eu incrédulo agora, a moral cristã o marcara. Na Escola o catalogavam entre os talas,[13] não aprovava as maneiras grosseiras de seus colegas, as canções obscenas, as brincadeiras maliciosas, a brutalidade, a devassidão, as dissipações do coração e dos sentidos. Apreciava os mesmos livros que eu, em geral, com uma predileção especial por Claudel, e certo desdém por Proust, que não achava "essencial". Emprestou-me *Ubu Roi*, de que só gostei em parte, por não encontrar nele, de longe que fosse, minhas obsessões. O que importava principalmente é que ele também buscava ansiosamente a verdade: acreditava que a filosofia a revelasse finalmente

---

[13] Os católicos. (N.T.)

um dia. A esse respeito discutimos durante quinze dias sem parar. Ele dizia-me que eu escolhera um tanto precipitadamente o desespero, e eu o censurava por apegar-se a esperanças vãs: todos os sistemas tinham falhas. Demoli-os uns após os outros; ele cedia, mas confiava na razão humana.

Na realidade, ele não era tão racionalista assim. Conservava muito mais do que eu a nostalgia da fé perdida. Considerava que não tínhamos estudado bastante a fundo o catolicismo para rejeitá-lo: era preciso reexaminá-lo. Objetei que conhecíamos ainda menos o budismo: por que esse preconceito em favor da religião de nossas mães? Ele me observava com um olho crítico e me acusava de preferir a busca da verdade à própria verdade. Como eu era profundamente obstinada, mas superficialmente muito influenciável, suas censuras, acrescentando-se às que me haviam discretamente prodigalizado Mlle Lambert e Suzanne Boigue, me deram um pretexto para me mexer. Fui ver um tal de padre Beaudin, de quem Jacques me falara com respeito e que se especializara na recuperação dos intelectuais perdidos. Trazia comigo, por acaso, um livro de Benda e o padre começou por atacá-lo brilhantemente, o que não me impressionou; a seguir, trocamos algumas opiniões incertas. Deixei-o, envergonhada com a diligência cuja inutilidade conhecia de antemão, pois sabia que minha incredulidade era total.

Percebi muito breve que entre mim e Pradelle havia grande distância apesar de nossas afinidades. Na sua inquietação puramente cerebral, eu não encontrava minhas angústias. Julguei-o "sem complicações, sem mistérios, um escolar sensato". Estimava-o mais do que a Jacques por causa de sua seriedade, de seu valor filosófico; mas Jacques tinha algo que Pradelle não tinha. Passeando pelas aleias do Luxemburgo, dizia a mim mesma que, se um dos dois me quisesse por mulher, nenhum me conviria. O que ainda me prendia a Jacques era essa falha que o separava de seu meio; mas não se constrói nada sobre uma falha e eu queria construir um pensamento, uma obra. Pradelle era como eu, um intelectual; mas permanecia adaptado à sua classe, à sua vida, aceitava de bom grado a sociedade burguesa; eu não podia mais me acomodar a seu sorridente otimismo, como não o podia ao niilismo de Jacques. Aliás, eu assustava um pouco os dois por razões diferentes. "Será que alguém se casa com uma mulher como eu?", indagava com alguma melancolia, pois não distinguia ainda o amor do casamento. "Tenho tanta certeza de que não existe quem realmente pudesse ser tudo, compreender tudo, o irmão e o igual de mim mesma, profundamente." O que me separava de todos os outros era certa violência que só encontrava em mim. Essa confrontação com Pradelle fortaleceu minha convicção de que estava destinada à solidão.

Entretanto, à medida que só se tratava efetivamente de amizade, nos entendíamos bem. Apreciava seu amor à verdade, seu rigor. Não confundia os sentimentos com as ideias, e percebi, sob seu olhar imparcial, que muitas vezes meus estados de alma tinham substituído meus pensamentos. Ele me obrigava a refletir, proceder a uma revisão. Não me vangloriava mais de tudo saber, ao contrário: "Não sei nada, nada, e não apenas uma resposta, mas nenhuma maneira válida de situar o problema." Prometi a mim mesma não mais me iludir e pedi a Pradelle que me ajudasse a me preservar de todas as mentiras; ele seria "minha consciência viva". Decidi consagrar os anos vindouros a buscar incansavelmente a verdade. "Trabalharei como um burro de carga até a encontrar." Pradelle me prestou grande serviço reanimando em mim o gosto pela filosofia. E um maior ainda, me ensinando a alegria: não conhecia ninguém alegre. Ele suportava tão serenamente o peso do mundo que este deixou de me esmagar; no Luxemburgo pela manhã, o azul do céu, os gramados verdes, o sol brilhavam como nos mais lindos dias. "Os galhos são numerosos e novos neste momento; escondem completamente o abismo que está por baixo." Isso significava que eu tornara a sentir o prazer de viver e esquecia minhas angústias metafísicas. Como Pradelle me acompanhasse um dia até em casa, cruzamos com minha mãe. Apresentei-o. Ele lhe agradou: ele agradava. Essa amizade foi aceita.

Zaza passara nos exames para o certificado de grego. Foi para Laubardon. No fim de julho recebi uma carta dela que me deixou tonta. Estava desesperadamente infeliz e me dizia por quê. Contava-me enfim a história da adolescência que vivera a meu lado e que eu ignorava totalmente. Vinte e cinco anos antes, um único primo de seu pai, fiel à tradição basca, fora fazer fortuna na Argentina. Enriquecera consideravelmente. Zaza tinha onze anos quando ele retornou à casa onde nascera, a cerca de quinhentos metros de Laubardon; era casado e tinha um filho da mesma idade que Zaza. Era um menino "solitário, triste, arisco", que se tomou de grande amizade por ela. Os pais o puseram como pensionista num colégio espanhol; mas, durante as férias, as duas crianças se encontravam e juntas é que faziam esses passeios a cavalo de que Zaza me falava com olhos brilhantes. Aos quinze anos, perceberam que se amavam. Abandonado, exilado, André só a tinha no mundo;

e Zaza, que se considerava feia, sem graça, desprezada, jogou-se nos braços dele; trocaram beijos que os ligaram um ao outro apaixonadamente. Desde então, escreveram-se semanalmente e era com ele que ela sonhava, durante as aulas de física, sob o olhar jovial do padre Trécourt. Os pais de Zaza e os de André — muito mais ricos — estavam brigados; não tinham contrariado a camaradagem das duas crianças, mas, ao perceber que tinham crescido, intervieram. Não havia como pensar sequer em permitir que André e Zaza se casassem um dia. Mme Mabille decidiu, portanto, que deviam deixar de se ver. "Nas férias do Natal de 1925-26", escreveu-me Zaza, "passei um único dia aqui para rever André e dizer-lhe que tudo estava acabado entre nós. Porém, por mais cruel que fosse o que lhe dizia, não pude impedir que ele percebesse a que ponto me era querido e esse encontro de rompimento nos uniu mais do que nunca." Ela acrescentava mais adiante: "Quando me obrigaram a romper com André, sofri tanto que muitas vezes estive à beira do suicídio. Lembro-me de uma noite, vendo chegar o metrô: por pouco não me atirei embaixo. Não tinha mais nenhuma vontade de viver." Desde então, dezoito meses haviam passado: ela não revira André, não se tinham escrito. Repentinamente, chegando a Laubardon, acabaram por se encontrar. "Durante vinte meses não tínhamos sabido um do outro e tínhamos andado por caminhos tão diferentes que, em nossa brusca aproximação, havia algo desnorteante e quase doloroso. Vejo com grande nitidez todas as tristezas, todos os sacrifícios que devem acompanhar um sentimento entre dois seres tão pouco adequados um ao outro como ele e eu, mas não posso agir de modo diferente, não posso renunciar ao sonho de toda a minha mocidade, a tantas lembranças queridas; não posso faltar a alguém que precisa de mim. A família de André e a minha mostram-se o menos possível desejosas de uma ligação desse tipo. Ele parte em outubro para a Argentina, de onde voltará para seu serviço militar na França. Há, portanto, ainda muitas dificuldades entre nós, e uma longa separação; enfim, se nossos projetos se realizarem, viveremos uma dezena de anos, pelo menos, na América do Sul. Você está vendo como tudo isso é um tanto sombrio. Tenho que falar esta noite com mamãe; há dois anos ela dissera 'não' com a máxima energia e me sinto de antemão transtornada com a conversa que vou ter. Eu a amo tanto que me custa mais do que tudo lhe causar a tristeza que vou lhe causar e ir contra sua vontade. Quando criança pedia sempre em minhas orações que ninguém jamais sofresse por minha causa. Ai de mim! Que desejo irrealizável!"

Reli dez vezes essa carta, com um nó na garganta. Compreendia agora a mudança verificada em Zaza aos quinze anos, seu olhar ausente, seu romantismo e também sua estranha presciência do amor. Ela já aprendera a amar com seu sangue e por isso ria quando pretendiam que o amor de Tristão e Isolda era "platônico", por isso a ideia de um casamento por interesse lhe inspirava tal horror. Como eu a conhecera mal! "Gostaria de dormir e nunca mais despertar", dizia ela; e eu não dava importância; eu sabia, entretanto, que a escuridão pode reinar num coração. Era intolerável para mim imaginar Zaza, de chapéu e luvas, em pé na plataforma do metrô, fixando os trilhos com um olhar fascinado.

Recebi uma nova carta dias depois. A conversa com Mme Mabille decorrera pessimamente. Ela proibia novamente Zaza de rever o primo. Zaza era demasiadamente cristã para desobedecer; mas nunca essa proibição lhe parecera tão terrível como agora, que quinhentos metros apenas a separavam do rapaz que amava. O que mais a torturava era a ideia de que ele sofresse por causa dela, quando dia e noite ela só pensava nele. Fiquei perturbada com essa infelicidade que ultrapassava tudo o que eu sentira até então. Fora combinado que, nesse verão, eu passaria três semanas com Zaza na região basca e estava ansiosa por me encontrar a seu lado.

Quando cheguei a Meyrignac, sentia-me "serena como nunca o estivera há dezoito meses". Na verdade, a comparação com Pradelle não era favorável a Jacques. Lembrava-me dele, sem indulgência: "Ah! essa frivolidade, essa falta de seriedade, essas histórias de bar, de *bridge* e de dinheiro!... Há nele coisas mais preciosas do que em outros: mas também algo lamentavelmente malogrado." Estava desprendida dele e presa a Pradelle justo o suficiente para que sua existência iluminasse meus dias, sem que sua ausência os tornasse sombrios. Escrevíamo-nos com frequência. Eu escrevia também a Riesmann, a Blanchette Weiss, a Mlle Lambert, a Suzanne Boigue, a Zaza. Instalara uma mesa no sótão, sob uma lucarna, e à noite, à luz de uma lâmpada Pigeon, expandia-me em muitas páginas. Graças às cartas que recebia — principalmente as de Pradelle — não me sentia mais sozinha. Tinha também longas conversas com minha irmã; ela acabara de passar nos exames de bacharelado de filosofia e durante um ano tínhamos vivido muito unidas. À exceção de minha atitude religiosa, não lhe escondia nada. Jacques tinha tanto prestígio a seus olhos quanto aos meus, e ela adotara minhas mitologias. Detestando como eu o Curso Désir, a maioria de nossas colegas e os preconceitos de nosso meio, decidira-se alegremente a lutar contra "os Bárbaros". Talvez por ter tido uma infância menos feliz do que a minha, revoltava-se mais ousadamente do que eu contra as servidões que pesavam sobre nós. "É tolo", disse-me uma noite, encabulada, "mas acho desagradável que mamãe abra as cartas que recebo; não sinto mais prazer em lê-las." Disse-lhe que isso também me incomodava. Aconselhávamo-nos a ser corajosas: tínhamos afinal dezessete e dezenove anos; pedimos a nossa mãe que não censurasse mais nossa correspondência. Ela respondeu que era seu dever zelar pelas nossas almas, mas finalmente concordou. Era uma vitória importante.

De um modo geral, minhas relações com meus pais tinham-se tornado menos tensas. Passei dias sossegados. Estudava filosofia e pensava em escrever. Hesitei antes de me decidir. Pradelle convencera-me de que minha primeira tarefa era procurar a verdade: a literatura não me distrairia dela? E não haveria uma contradição em meu empreendimento? Queria falar da inutilidade de tudo; mas o escritor trai seu desespero desde que dele faz um livro. Talvez fosse melhor imitar o silêncio de M. Teste. Eu receava também que, escrevendo, fosse impelida a desejar o êxito, a celebridade, coisas que desprezava. Esses escrúpulos abstratos não pesavam suficientemente para me deter. Consultei por carta vários amigos meus e, como esperava, me encorajaram. Comecei um longo romance; a heroína vivia todas as minhas experiências; despertava para "a vida verdadeira", entrava em conflito com seu meio, depois procedia amargamente à análise de tudo: ação, amor, saber. Não pude imaginar o fim da história e, por falta de tempo, abandonei-a no meio.

As cartas que recebi então de Zaza não tinham o mesmo tom das que recebera em julho. Ela percebia, dizia-me, que durante os dois últimos anos se desenvolvera muito intelectualmente; amadurecera, mudara. No decurso de um rápido encontro com André, tivera a impressão de que ele não evoluíra; permanecera muito juvenil e um tanto tosco. Ela principiava a se perguntar se sua fidelidade não seria "uma obstinação em sonhos que não se deseja ver se esvaírem, uma falta de sinceridade, de coragem". Abandonara-se, sem dúvida exageradamente, à influência do Grand Meaulnes. "Hauri, nesse livro, um amor, um culto do sonho a que nenhuma realidade serve de alicerce e que me desnorteou, que me desviou para longe de mim mesma talvez." Não lamentava por certo o amor ao primo: "Esse sentimento de meus quinze anos foi um verdadeiro despertar para a vida; a partir do dia em que amei, compreendi uma infinidade de coisas; não achei nada mais ridículo." Mas tinha de confessar que, desde o rompimento de janeiro de 1926, perpetuara esse passado artificialmente, "à força de vontade e imaginação". De qualquer maneira, André devia partir para a Argentina: ela teria tempo para tomar uma resolução quando ele voltasse. Por ora estava cansada de se analisar; passava umas férias muito mundanas e agitadas; a princípio isso a aborrecera, mas agora escrevia: "Só quero pensar em me divertir."

Essa frase me surpreendeu e em minha resposta sublinhei-a com uma espécie de censura. Zaza se defendeu com vivacidade: sabia que se divertir não resolve nada: "Ultimamente", escreveu, "organizamos uma grande excursão à região basca com alguns amigos; tinha tal necessidade de solidão que dei uma boa machadada no pé a fim de escapar da expedição. Oito dias de espreguiçadeira, eis o resultado, e frases cheias de piedade, mas tive, pelo menos, um pouco de solidão e o direito de não falar nem de me divertir."

Fiquei impressionada. Sabia como se pode aspirar desesperadamente à solidão e "ao direito de não falar". Mas nunca teria tido a coragem de cortar o pé. Não, Zaza não era medrosa, nem resignada: havia nela uma violência surda que me amedrontou um pouco. Não se devia interpretar levianamente o que dizia, pois era bem mais avarenta do que eu no emprego das palavras. Se não a houvesse provocado, não me teria por certo assinalado o incidente.

Não quis esconder mais nada dela: confessei-lhe que perdera a fé; "Bem que desconfiei", respondeu-me; ela também enfrentara durante o ano uma crise religiosa. "Quando confrontava a fé e as práticas de minha infância, e o dogma católico com todas as minhas ideias novas, havia tal desproporção, tal disparidade entre as duas ordens de ideias, que sentia uma espécie de vertigem. Claudel me auxiliava grandemente, não posso dizer tudo o que lhe devo. Creio como quando tinha seis anos, muito mais com o coração do que com a inteligência e renunciando absolutamente ao raciocínio. As discussões teológicas me parecem quase sempre absurdas e grotescas. Creio principalmente que Deus é muito incompreensível para nós, muito escondido, e a fé que nos concede é um dom sobrenatural, uma graça que nos dá. Eis por que não posso ter senão profunda pena dos que se acham privados dessa graça e penso que quando são sinceros e sedentos de verdade, mais dia menos dia, essa verdade lhes será revelada... A fé não traz, de resto, nenhuma satisfação; é tão difícil alcançar a paz do coração quando se crê, como quando não se crê: tem-se apenas a esperança de conhecer essa paz numa outra vida." Assim, não somente ela me aceitava como eu era, mas ainda cuidava de recusar qualquer parcela de superioridade; se para ela havia no céu uma luz de esperança, isso não impedia que andasse na terra, às apalpadelas, nas trevas como eu, nem que continuássemos a caminhar lado a lado.

A 10 de setembro, parti alegremente para Laubardon. Embarquei em Uzerche, de madrugada, e desci em Bordeaux, pois escrevera a Zaza: "Não posso atravessar a pátria de Mauriac sem me deter." Pela primeira vez em minha vida passeei sozinha numa cidade desconhecida. Havia um grande rio, um cais brumoso, e os plátanos já recendiam a outono. Nas ruas estreitas, a sombra brincava com a luz; e, adiante, largas avenidas se dirigiam para as esplanadas. Sonolenta e encantada, eu flutuava, leve afinal como uma bolha. No jardim público, entre os tufos de caniços vermelhos, sonhava sonhos de adolescentes inquietos. Haviam-me dado uns conselhos: tomei um chocolate na alameda de Tourny; almocei perto da estação, num restaurante que se chamava Le Petit Marguery; nunca fora a um restaurante sem meus pais. Depois, um trem me transportou ao longo de uma estrada vertiginosamente reta e margeada de pinheiros até o infinito. Gostava de trens. Debruçada à janela, oferecia o rosto ao vento e às fagulhas e jurava nunca me assemelhar aos viajantes cegamente encolhidos no calor dos compartimentos.

Cheguei ao cair da tarde. O parque de Laubardon era muito menos bonito que o de Meyrignac, mas achei gostosa a casa coberta de telhas e invadida pela vegetação. Zaza me conduziu ao quarto que devia partilhar com ela e Geneviève de Bréville, uma mocinha nova e bem-comportada que Mme Mabille adorava. Fiquei um momento só, para desfazer as malas e me lavar. Ruídos de louça e de crianças subiam do andar térreo. Um tanto desorientada ainda, andei de um lado para outro no quarto. Deparei com um caderno numa mesinha. Abri-o ao acaso: "Simone de Beauvoir chega amanhã. Devo confessar que isso não me dá prazer, porque francamente não gosto dela." Fiquei aparvalhada. Era uma experiência inédita e desagradável; nunca supusera que pudessem ter por mim uma antipatia ativa; me assustava um pouco esse rosto inimigo que aos olhos de Geneviève era o meu. Não remoí isso muito tempo, porque bateram à porta: era Mme Mabille. "Gostaria de falar com você, minha pequena Simone", disse; me surpreendi com a doçura da voz, pois há muito tempo ela não gastava mais sorrisos comigo. Com certo embaraço, segurou o camafeu que servia de fecho ao colar de veludo e perguntou-me se Zaza tinha me "posto a par". Respondi que sim. Ela parecia ignorar que os sentimentos da filha fraquejavam e decidiu explicar-me por que os combatia. Os pais de André se opunham ao casamento; pertenciam, aliás, a um meio mais rico, devasso e grosseiro que não convinha de modo algum a Zaza; era absolutamente necessário que esquecesse o primo, e Mme Mabille contava comigo para ajudá-la. Detestei a cumplicidade que me impunha; entretanto, o apelo me comoveu, pois devia ser penoso para ela implorar minha aliança. Assegurei-lhe confusamente que faria o possível.

Zaza me prevenira; no início de minha estada, se sucederam sem cessar piqueniques, chás, danças; a casa era acolhedora: bandos de primos e amigos vinham almoçar, lanchar, jogar tênis ou *bridge*; ou então o Citroën guiado por Mme Mabille, Lili ou Zaza nos levava para dançar nas casas dos proprietários da redondeza. Muitas vezes, havia festas na aldeia vizinha; assisti a partidas de pelota basca, fui ver jovens camponeses brancos de medo enfiar bandeirolas no couro de vacas magras; às vezes, um chifre afiado rasgava suas belas calças brancas e todos riam. Depois do jantar, alguém sentava ao piano e a família cantava em coro. Brincava-se também de charadas e rimas. As atividades domésticas ocupavam a manhã. Colhíamos flores, fazíamos ramalhetes e, principalmente, cozinhávamos. Lili, Zaza e Bébelle faziam bolos, doces e brioches para o chá da tarde; ajudavam a mãe e a avó a pôr em vidros toneladas de frutas e legumes; havia sempre ervilhas para descascar, vagens para limpar, nozes para quebrar, ameixas para descaroçar. Alimentar-se tornava-se um empreendimento de fôlego, exaustivo.

Quase não via Zaza e me aborrecia um pouco. E, embora desprovida de senso psicológico, percebia que os Mabille e seus amigos desconfiavam de mim. Malvestida, pouco cuidada, não sabia adular as senhoras de idade e não media meus gestos nem meus risos. Não tinha dinheiro, me dispunha a trabalhar: isso já era chocante; para cúmulo de tudo, seria professora num liceu. Durante gerações, toda essa gente combatera a laicidade; aos olhos deles eu me preparava para um futuro infamante. Calava-me o máximo possível, me controlava, mas, por mais que fizesse, cada palavra minha e mesmo cada silêncio destoavam. Mme Mabille se esforçava por mostrar-se amável. O sr. Mabille e a velha Mme Larivière me ignoravam cortesmente. O mais velho dos rapazes acabara de entrar no seminário; Bébelle alimentava uma vocação religiosa; não se preocupavam comigo. Mas eu espantava vagamente os mais jovens, o que significa que vagamente me censuravam. E Lili não escondia sua reprovação. Perfeitamente adaptada a seu meio, esse modelo tinha resposta para tudo; bastava que eu fizesse uma pergunta para que se irritasse. Com quinze ou dezesseis anos, durante um almoço na casa dos Mabille, eu perguntara em voz alta por que, sendo as pessoas feitas do mesmo modo, o gosto do tomate ou do arenque não era idêntico para todos. Lili caçou de mim. Agora eu não me abria tão ingenuamente, mas minhas reticências bastavam para irritá-la. Uma tarde no jardim, discutiu-se o voto feminino; parecia lógico a todo mundo que Mme Mabille tivesse direito de votar, de preferência a um operário bêbado. Mas Lili sabia de fonte autorizada que, nos bairros de má fama, as mulheres eram mais "vermelhas" do que os homens; se tivessem acesso às urnas, a boa causa seria prejudicada. O argumento pareceu decisivo. Eu não disse nada, mas, perante o coro de aprovação, minha mudez era subversiva.

Os Mabille viam quase todos os dias seus primos Du Moulin de Labarthète. A filha, Didine, era muito amiga de Lili. Havia três rapazes: Henri, fiscal da Fazenda, cara grosseira de farrista ambicioso; Edgar, que era oficial de cavalaria; Xavier, um seminarista de vinte anos, era o único que me parecia interessante; tinha traços delicados, olhos pensadores, e preocupava a família com sua "abulia". No domingo de manhã, prostrado numa poltrona, deliberava tão longamente para saber se iria à missa que lhe acontecia muitas vezes perder a hora. Lia, refletia, contrastava com seu meio. Perguntei a Zaza por que não tinha nenhuma intimidade com ele. Ela ficou embaraçada: "Nunca pensei nisso. Em nossa casa isso não é possível. Não compreenderiam." Mas ela tinha simpatia por ele. Durante uma conversa, Lili e Didine se perguntavam, com estupor, sem dúvida intencional, como pessoas sensatas podiam contestar a existência de Deus. Lili falou do relógio e do relojoeiro olhando-me nos olhos; resolvi, contra a vontade, pronunciar o nome de Kant. Xavier me apoiou: "Ah!", disse, "eis a vantagem de não ter estudado filosofia: podemos nos contentar com esse tipo de argumento". Lili e Didine bateram em retirada.

O assunto mais debatido em Laubardon era o conflito que opunha a Action Française à Igreja. Os Mabille exigiam energicamente que todos os católicos se submetessem ao papa; os Labarthète — com exceção de Xavier, que não se manifestava — eram por Maurras e Daudet. Ouvia suas opiniões apaixonadas e me sentia exilada. Sofria com isso. Em meu diário, afirmava que a meus olhos muita gente "não existia"; na verdade, desde que presente, qualquer pessoa contava. Deparo com esta observação em meu diário: "Crise de desespero ante Xavier Du

Moulin. Senti demasiado bem a distância entre mim e eles e o sofisma em que procuraram me encerrar." Não recordo mais o pretexto dessa explosão que permaneceu evidentemente secreta; mas o sentido é claro: eu não aceitava sem relutância ser diferente dos outros e por eles tratada, mais ou menos abertamente, como ovelha negra. Zaza tinha afeição pela sua família, eu também tivera outrora, e meu passado ainda pesava. Por outro lado, fora uma criança por demais feliz para deixar fermentar em mim o ódio, ou mesmo a animosidade: não sabia me defender contra a hostilidade.

A amizade de Zaza teria me sustentado se pudéssemos conversar. Mas até a noite havia alguém entre nós. Procurava dormir logo que me deitava. Quando Geneviève pensava que eu estava dormindo, começava uma longa conversa com Zaza. Não sabia se fora bastante gentil com a mãe, tinha por vezes gestos de impaciência: era grave? Zaza respondia por monossílabos. Por pouco que se abrisse, tais tagarelices a comprometiam e ela se tornava uma estranha; eu dizia a mim mesma, com tristeza, que apesar de tudo ela acreditava em Deus, na mãe, nos seus deveres, e me sentia novamente só.

Felizmente Zaza arranjou sem muita demora uma conversa comigo a sós. Teria adivinhado? Declarou-me discretamente, mas sem rodeios, que sua simpatia por Geneviève era muito limitada. Geneviève a considerava uma amiga íntima, mas a recíproca não era verdadeira. Isso me aliviou. Além disso, Geneviève foi-se embora e, como a estação chegava ao fim, a agitação mundana se acalmou. Tive Zaza para mim. Uma noite, quando todos dormiam, jogamos um xale sobre nossas camisolas de algodão e descemos ao jardim: sentadas sob um pinheiro, conversamos longamente. Zaza estava certa agora de não mais amar o primo; contou-me o idílio com pormenores. Só então vim a saber o que fora sua infância, e esse grande abandono que eu não pressentia. "Eu gostava de você", disse-lhe e ela caiu das nuvens. Confessou que eu tivera um lugar incerto na hierarquia de suas amizades, nenhuma das quais pesara muito, aliás. No céu, uma velha lua agonizava com indolência, falávamos do passado, e a inexperiência de nossos corações infantis nos entristecia. Ela se sentia transtornada por me haver magoado e ignorado; eu achava amargo dizer-lhe essas coisas somente agora, quando tinham deixado de ser verdadeiras; não a preferia mais a tudo. Entretanto, era doce comungar nossas saudades. Nunca tínhamos estado tão próximas uma da outra, e o fim de minha estada foi muito feliz. Nós nos sentávamos na biblioteca e conversávamos, cercadas pela coleção da *Revue des*

Deux Mondes, e as obras completas de Louis Veuillot e Montalembert; conversávamos pelos caminhos empoeirados, no odor acre das figueiras; falávamos de Francis Jammes, de Laforgue, de Radiguet, de nós. Li algumas páginas de meu romance para Zaza: os diálogos a perturbaram, mas ela me encorajou a continuar. Ela gostaria também de escrever um dia, e eu a animei. No dia de minha partida, ela me acompanhou de trem até Mont-de-Marsan. Comemos, num banco, pequenas omeletes frias e ressecadas e nos separamos sem melancolia, porque deveríamos nos encontrar pouco tempo depois em Paris.

Eu estava na idade em que se acredita na eficiência das explicações epistolares. De Laubardon, escrevi à minha mãe pedindo-lhe que confiasse em mim: assegurava que mais tarde eu seria alguém. Ela me respondeu muito gentilmente. Quando voltei ao apartamento da rua de Rennes, durante um instante perdi o ânimo: três anos ainda entre aquelas paredes! Mas meu último trimestre me deixara boas recordações e me exortei ao otimismo. Mlle Lambert desejava que a aliviasse em parte de suas aulas para o bacharelado, em Sainte-Marie; confiaria a mim as aulas de psicologia; eu aceitara para ganhar algum dinheiro e praticar. Contava terminar em abril minha licença de filosofia e em junho a de letras; estes últimos certificados não me exigiriam muito trabalho e sobraria tempo para escrever, ler, aprofundar os grandes problemas. Organizei um vasto plano de estudos e horários minuciosos; senti um prazer infantil em pôr o futuro em fichas e quase ressuscitei a sábia efervescência dos antigos outubros. Apressei-me em rever meus colegas da Sorbonne. Atravessei Paris, de Neuilly a rua de Rennes, e da rua de Rennes a Belleville, olhando serenamente os montinhos de folhas mortas à beira das calçadas.

Fui à casa de Jacques, expus-lhe meu sistema; era preciso destinar a vida a saber por que se vivia: entrementes, nada se devia encarar como dado e sim basear seus valores em atos de amor e de vontade, indefinidamente renovados. Ele me ouviu gentilmente, mas meneou a cabeça: "Não seria viável", disse. Como eu insisti, ele sorriu e indagou: "Não acha que é abstrato demais para gente de vinte anos?" Ele desejava que sua existência continuasse, por algum tempo ainda, um jogo cheio de riscos e acasos. Nos dias que se seguiram, ora lhe dei razão, ora o condenei. Decidi que o amava e depois que, decididamente, não o amava. Estava desapontada. Passei dois meses sem vê-lo.

Fiz um passeio com Pradelle ao redor do lago do Bois de Boulogne; contemplávamos o outono, os cisnes, as pessoas que remavam, reatamos nossas conversas sem muito entusiasmo. Eu gostava muito de Pradelle, mas como era pouco atormentado! Sua tranquilidade me magoava. Riesmann me fez ler um romance que julguei pueril e li para ele algumas páginas do meu, que lhe pareceram tediosas. Jean Mallet me falava sempre de Alain; Suzanne Boigue, de seu coração; Mlle Lambert, de Deus. Minha irmã acabara de ingressar numa escola de artes aplicadas em que não se comprazia absolutamente; chorava. Zaza praticava a obediência e passava horas selecionando amostras nas lojas. Novamente o tédio assenhoreou-se de mim, a solidão me aprisionou. Quando dissera a mim mesma qual seria meu destino, havia tamanha alegria no ar que não me comovera muito, mas, através da bruma do outono, esse futuro me assustou. Não amaria ninguém; ninguém era bastante grande para que o amasse; não tornaria a encontrar o calor de um lar; passaria os dias num quarto de província de onde só sairia para minhas aulas: que aridez! Não esperava mais sequer conhecer um entendimento com um ser humano. Nenhum de meus amigos me aceitava sem restrições, nem Zaza, que rezava por mim, nem Jacques, que me achava abstrata demais, nem Pradelle, que deplorava minha agitação e meus *partis pris*. O que os assustava era o que havia em mim de mais obstinado: minha recusa a uma existência medíocre, em que consentiam de um modo ou de outro, e meus esforços desordenados para sair dela. Tentei encontrar um motivo: "Não sou como os outros, mas me resigno." Não me resignava, porém. Separada de outrem, não tinha mais ligação com o mundo: este passava a ser um espetáculo que não me dizia respeito. Renunciara sucessivamente à glória, à felicidade e a servir; agora não me interessava mais por viver. Por momentos perdia inteiramente o sentido da realidade: as ruas, os carros, os transeuntes eram apenas um desfile de aparências, em meio ao qual flutuava minha presença sem nome. Acontecia-me dizer com orgulho e temor que estava louca; entre a loucura e uma solidão tenaz, não há grande distância. Havia muitas razões para meu desvario. Havia dois anos, me debatia dentro de uma armadilha sem achar uma saída; chocava-me sem cessar de encontro a obstáculos invisíveis: isso acabava me dando vertigem. Minhas mãos continuavam vazias; eu iludia minha decepção afirmando, ao mesmo tempo, que um dia teria tudo e que nada valia nada; embrulhava-me nessas contradições. E, principalmente, rebentava de saúde, de mocidade, e permanecia, entretanto, confinada em casa e nas bibliotecas; toda essa vitalidade, que eu não gastava, se desencadeara em vãos turbilhões na minha cabeça e no meu coração.

Simone de Beauvoir

A terra não era mais nada para mim, eu me situava "fora da vida", nem mesmo desejava mais escrever, a horrível inutilidade de tudo me estrangulava de novo; mas estava farta de sofrer, no último inverno chorara demais; inventei uma esperança. Nos instantes de perfeito desprendimento em que o universo parecia se reduzir a um jogo de ilusões, em que se abolia meu próprio eu, algo subsistia: algo indestrutível, eterno. Minha indiferença pareceu manifestar, fragilmente, uma presença a que talvez não fosse impossível aceder. Não pensava no Deus dos cristãos; o catolicismo me aborrecia cada vez mais. Fui assim mesmo influenciada por Mlle Lambert e por Pradelle, que afirmavam a possibilidade de atingir o ser; li Plotino e os estudos de psicologia mística; perguntei a mim mesma se, para além das fronteiras da razão, certas experiências não eram suscetíveis de me dar acesso ao absoluto; buscava uma plenitude nessa abstração que reduzia a pó o mundo inóspito. Por que não seria possível a mística? "Quero alcançar a Deus ou me tornar Deus", declarei. Durante o ano todo me entreguei, intermitentemente, a esse delírio.

Mas estava cansada de mim. Quase deixei de escrever em meu diário. Arranjei ocupações. Em Neuilly, como em Belleville, me entendia bem com meus alunos. A profissão de professor divertia-me. Na Sorbonne ninguém seguia os cursos de sociologia nem os de psicologia, a tal ponto nos pareciam insípidos. Assistia apenas às representações que, com o auxílio de alguns loucos, George Dumas nos dava aos domingos e às terças-feiras em Sainte-Anne. Maníacos, paranoicos, dementes precoces desfilavam no estrado sem que ele nunca nos informasse acerca de suas histórias, de seus conflitos, sem que parecesse sequer suspeitar que tivessem algo na cabeça. Limitava-se a demonstrar-nos que as anomalias se organizavam segundo os esquemas que propunha em seu tratado. Era hábil em provocar com suas perguntas as respostas que esperava e a malícia de seu velho rosto cor de cera era tão comunicativa que mal conseguíamos suprimir o riso; teríamos acreditado que a loucura era uma enorme farsa. Mesmo sob esse aspecto, ela me fascinava. Delirantes, alucinados, imbecis, hilariantes, torturados, obcecados, aqueles indivíduos eram diferentes.

Fui também ouvir Jean Baruzi, autor de uma tese respeitada sobre são João da Cruz e que abordava, sem método, todas as questões capitais. De pele e cabelos escuros, seus olhos dardejavam chamas sombrias através da noite escura. Toda semana, sua voz subia trêmula dos abismos do silêncio e nos prometia para a semana seguinte trágicas iluminações.

Memórias de uma moça bem-comportada

Os normalistas desdenhavam esses cursos frequentados por certos *outsiders*. Entre estes, destacavam-se René Daumal e Roger Vailland. Escreviam para revistas de vanguarda. O primeiro passava por um espírito profundo, o segundo, por uma inteligência viva. Vailland comprazia-se em chocar, e seu próprio físico espantava. Sua pele lisa era esticada como se fosse rebentar num rosto todo anguloso: de frente, só se via o pomo de Adão. A expressão entediada desmentia seu frescor; era quase um ancião rejuvenescido por um filtro diabólico. Era visto frequentemente com uma jovem que ele segurava negligentemente pelo pescoço. "Minha fêmea", dizia ao apresentá-la. Li dele, em *Le Grand jeu*, uma diatribe veemente contra um sargento que surpreendera um soldado com uma porca e o punira. Vailland reivindicava, para todos os homens, civis e militares, o direito à bestialidade. Fiquei perturbada. Tinha uma imaginação intrépida, mas, já o disse, a realidade me assustava facilmente. Não tentei me aproximar de Daumal nem de Vailland, que me ignoravam.

Só fiz uma nova amizade: Lisa Quermadec, interna em Sainte-Marie e que se preparava para a licença em filosofia. Era uma bretã frágil e pequenina, de rosto vivo e algo masculino sob os cabelos cortados muito curtos. Detestava a casa de Neuilly e o misticismo de Mlle Lambert. Acreditava em Deus, mas encarava como fanfarrões ou esnobes os que diziam amá-lo: "Como se poderia amar a quem não se conhece?" Ela me agradava, mas seu ceticismo algo amargo não me alegrava a vida. Continuei meu romance. Iniciei, para Baruzi, uma imensa dissertação sobre "a personalidade", de que fiz uma suma de meu saber e de minhas ignorâncias. Ia ao concerto uma vez por semana, sozinha ou com Zaza: por duas vezes, *A sagração da primavera* me entusiasmou. Mas em geral não me entusiasmava mais por nada. Decepcionei-me ao ler o segundo volume da correspondência de Rivière e Fournier: as febres de suas juventudes se perdiam em preocupações mesquinhas, em inimizades, em azedumes. Fiquei imaginando se a mesma degradação me aguardava.

Voltei à casa de Jacques. Ele andou de um lado para o outro da galeria com gestos e sorrisos de outrora e o passado veio à tona. Voltei muitas vezes. Ele falava, falava muito; a penumbra se enchia de fumaça, e nas volutas azuladas ondulavam palavras cintilantes; algures, em lugares desconhecidos, encontravam-se pessoas diferentes das outras, e coisas aconteciam: coisas engraçadas, um tanto trágicas, por vezes belas. O quê? Fechada a porta, as palavras se apagavam. Mas, oito dias depois, de novo eu divisava nos lírios manchados de ouro a esteira da Aventura. A Aventura, a evasão, as grandes fugas, talvez nisso residisse a salvação! Era o que propunha *Vasco*, de Marc Chadourne, que alcançara considerável êxito naquele inverno e que li com quase tão grande fervor como lera *Le Grand Meaulnes*. Jacques não singrara os mares, mas numerosos jovens romancistas — entre os quais Soupault — afirmavam ser possível realizar viagens surpreendentes sem sair de Paris; evocavam a comovente e extraordinária poesia desses bares em que Jacques passava as noites. Recomecei a amá-lo. Fora tão longe na indiferença e mesmo no desdém que essa recrudescência de paixão me espantou. Creio, entretanto, que posso explicá-la. Antes de tudo o passado pesava-me; amava Jacques, em grande parte, porque o tinha amado. E depois estava cansada de sentir o coração vazio e de me desesperar: um desejo de ternura e de segurança tornava a me invadir. Jacques se mostrava de uma gentileza nunca desmentida comigo, procurava me agradar, me divertia. Tudo isso não teria bastado para me trazer de volta a ele. O que me fez decidir foi o fato de ele continuar inquieto, inadaptado, incerto; eu me sentia menos insólita ao lado dele do que ao lado de todas as pessoas que aceitavam a vida; nada me parecia mais importante do que recusá-la; conclui que éramos da mesma espécie e novamente liguei meu destino ao dele. Isso não me proporcionou, aliás, grande reconforto; sabia a que ponto éramos diferentes e não esperava mais que o amor me libertasse de minha solidão. Tinha antes a impressão de aceitar uma fatalidade do que de caminhar livremente para a felicidade. Saudei meus vinte anos com palavras melancólicas: "Não irei para a Oceania. Não repetirei são João da Cruz. Nada é triste, tudo está previsto. A demência precoce seria uma solução. Se tentasse viver? Mas fora educada no Curso Désir."

Teria gostado muito, eu também, de provar essa existência "aventurosa e inútil", cujos atrativos Jacques e os jovens romancistas proclamavam. Mas como introduzir um pouco de imprevisto em minha vida? Conseguíamos, minha irmã e eu, de tempos em tempos, escapar por uma noite à vigilância materna; ela ia muitas vezes desenhar na Grande Chaumière, era um pretexto cômodo quando eu conseguia igualmente um álibi. Com o dinheiro que ganhava em Neuilly, íamos ao Studio des Champs-Élysées assistir a uma peça de vanguarda, ou então ao jardim coberto do Casino de Paris de onde ouvíamos Maurice Chevalier. Andávamos pelas ruas falando de nossas vidas e da Vida. Invisível, mas presente em toda a parte, a aventura nos espreitava. Essas farras nos punham de bom humor; mas não podíamos esperar repeti-las frequentemente. A monotonia cotidiana continuava a me atormentar: "Tristes manhãs, vida sem desejo e sem amor, já tudo esgotado, e tão depressa! O que quero? O que posso? Nada, nada. Meu livro? Vaidade. A filosofia? Estou saturada. O amor? Cansada demais. Tenho vinte anos, entretanto, quero viver!"

Isso não podia durar; isso não durava. Voltava a meu livro, à filosofia, ao amor. E depois tudo recomeçava: "Sempre esse conflito que parece sem solução! Uma ardente consciência de minhas forças, de minha superioridade sobre todos, do que poderia fazer; e o sentimento da inutilidade total dessas coisas! Não, isso não pode durar."

E durava. E talvez, afinal, isso tivesse de durar sempre. Como um pêndulo maluco, eu oscilava freneticamente da apatia às alegrias desvairadas. Subia à noite a escadaria da Sacré-Coeur, contemplava Paris — oásis vão — cintilando nos desertos do espaço. Chorava porque era lindo e era inútil. Tornava a descer pelas pequenas ruas da Butte rindo para as luzes. Encalhava na aridez, refazia-me na paz. Esgotava-me.

Minhas amizades me desiludiam cada vez mais. Blanchette Weiss rompeu comigo; nunca entendi exatamente por quê de repente me virou as costas e não respondeu à carta em que eu lhe pedia explicações. Soube que me tratava de intrigante e me acusava de invejá-la a ponto de ter danificado a dentadas a encadernação dos livros que me emprestara. Minhas relações com Riesmann tinham esfriado. Ele me convidara à sua casa. Aí, tinha encontrado, num imenso salão cheio de objetos de arte, Jean Baruzi, seu irmão Joseph, autor de um livro esotérico, e mais um escultor célebre cujas obras enfeavam Paris, além de outras personalidades acadêmicas: a conversa me consternou. O próprio Riesmann me importunava com seu esteticismo e sua sentimentalidade. Os outros, os de quem gostava, os de quem gostava muito, aquele que amava, não me compreendiam, não me bastavam; sua existência, e até sua presença, não resolvia nada.

Há muito minha solidão me precipitara no orgulho. Perdi inteiramente a cabeça. Baruzi devolveu minha dissertação com grandes elogios; recebeu-me à saída do curso e, com sua voz arrastada, exprimiu-me a esperança de que houvesse no trabalho um ponto de partida para uma obra de peso. Exaltei-me. "Estou certa de ir mais longe do que todos eles. Orgulho? Se não tiver gênio, sim; mas se tiver — como o creio por vezes, como tenho certeza por outras —, então é lucidez", escrevi tranquilamente. No dia seguinte assisti a *O circo*, de Carlitos. Saindo do cinema, fui passear nas Tulherias; um sol alaranjado brilhava no céu azul-pálido e incendiava as janelas do Louvre. Lembrei-me de antigos crepúsculos e subitamente me senti fulminada por essa exigência que há muito se impunha violentamente: tinha de realizar minha obra. O projeto nada comportava de novo. Entretanto, como tinha vontade que acontecessem coisas e como nunca ocorria nada, fiz de minha emoção um acontecimento. Uma vez mais tomei, perante o céu e a terra, resoluções solenes. Nada, em caso algum, me impediria de escrever meu livro. O fato é que não mais tornei a discutir essa decisão. Prometi a mim mesma querer doravante a alegria e consegui-la.

Uma nova primavera começou. Obtive meus certificados de moral e de psicologia. A ideia de mergulhar na filosofia me repugnou tanto que renunciei a ela. Meu pai ficou arrasado; gostaria que eu acumulasse as duas licenças, mas eu não tinha mais dezesseis anos e resisti. Veio-me uma inspiração. Meu último trimestre tornava-se assim disponível: por que não me preparar imediatamente para o diploma? Não era proibido então tirá-lo no mesmo ano que a "agrégation". Se me adiantasse bastante, nada me impediria, no reinício das aulas, de me preparar para o concurso ao mesmo tempo que chegaria ao diploma: ganharia um ano! Assim, dentro de dezoito meses, teria liquidado a Sorbonne, a minha casa, seria livre e começaria outra coisa. Não hesitei. Fui consultar Brunschvicg, que nada opôs a meu projeto, já que estava de posse de meu certificado de ciências e tinha conhecimentos suficientes de grego e latim. Aconselhou-me como tema "O conceito em Leibniz" e eu concordei.

A solidão, entretanto, continuava a corroer-me. Agravou-se no princípio de abril. Jean Pradelle foi passar alguns dias em Solesmes com alguns colegas. Encontrei-o, de volta, na Maison des Amis des Livres, de que éramos assinantes. Na peça principal, Adrienne Monnier, com seu vestido monacal, recebia autores conhecidos: Fargue, Jean Prévost, Joyce; as pequenas salas do fundo estavam sempre vazias. Sentamo-nos em banquinhos e conversamos. Com voz algo hesitante, Pradelle confiou-me que, em Solesmes, tinha comungado; vendo seus camaradas se aproximarem da mesa santa, se sentira exilado, excluído, condenado; os acompanhara, no dia seguinte, depois de ter se confessado: decidira crer. Escutava-o com ansiedade: me sentia abandonada, excluída, traída. Jacques encontrava um asilo nos bares de Montparnasse. Pradelle, ao pé dos tabernáculos: a meu lado não havia absolutamente mais ninguém. Chorei à noite sobre essa deserção.

Memórias de uma moça bem-comportada

Dois dias mais tarde meu pai partiu para a Grillère; queria ver a irmã, não sei mais por quê. O lamento das locomotivas, o avermelhado da fumaça dentro da noite cor de carvão incitaram-me a pensar na aflição dilacerante das grandes despedidas. "Vou contigo", declarei. Fizeram objeção, dizendo que não tinha sequer uma escova de dentes, mas finalmente concordaram com meu capricho. Durante toda a viagem, debruçada à janela, me embriaguei de trevas e de vento. Nunca vira o campo na primavera; passeei entre pássaros e flores: comovi-me com recordações da infância e ante minha vida e minha morte. O medo da morte não me abandonara, não me acostumara a esse pensamento; acontecia-me ainda tremer e chorar de terror. Por contraste, o fato de existir no momento assumia por vezes um brilho fulgurante. Não raro, durante esses dias, o silêncio da natureza precipitou-me no pavor ou na alegria. Fui além. Nesses prados, nesses bosques, onde não deparava com os rastos dos homens, pensei alcançar essa realidade sobre-humana a que aspirava. Ajoelhei-me para colher uma flor e subitamente me senti pregada à terra, esmagada pelo peso do céu, não podia mais me mexer; era uma angústia e era um êxtase que me dava a eternidade. Voltei para Paris persuadida de que passara por experiências místicas e tentei renová-las. Li são João da Cruz: "Para ir aonde não sabes, cumpre que vás por onde não sabes." Invertendo a frase vi na obscuridade de meus caminhos o sinal de que marchava para uma realização. Descia às profundezas de mim mesma, transportava-me por inteira para um zênite que abarcava tudo. Havia sinceridade nessas divagações. Eu me afundara numa tal solidão que por momentos me tornava completamente estranha ao mundo e este me aturdia com sua estranheza; os objetos não tinham mais sentido, nem as fisionomias, nem eu mesma: como não reconhecia nada, era tentador imaginar que atingira o desconhecido. Cultivei esses estados com exagerada complacência. Contudo, não tinha vontade de me iludir; perguntei a Pradelle e a Mlle Lambert o que pensavam disso. Ele foi categórico: "Não tem interesse." Ela matizou um pouco mais a resposta: "É uma espécie de intuição metafísica." Concluí que não podia edificar minha vida sobre essas vertigens e não mais as procurei.

Continuava a me ocupar. Agora que estava licenciada, podia entrar na Biblioteca Victor Cousin, empoleirada num recanto da Sorbonne. Continha uma ampla coleção de obras filosóficas e quase ninguém a frequentava. Aí passava meus dias. Escrevia meu romance com perseverança. Lia Leibniz e livros úteis a meu concurso. À noite, embrutecida pelo estudo, definhava no meu quarto. Eu me teria consolado de não poder sair da terra se ao menos tivesse autorização para nela passear em liberdade. Como gostaria de mergulhar na noite, de ouvir jazz, me acotovelar aos passantes. Mas qual! Estava murada! Sufocava, consumia-me, tinha desejos de quebrar a cabeça de encontro às paredes.

Jacques ia embarcar para a Argélia, onde faria dezoito meses de serviço militar. Eu o via constantemente, mostrava-se mais cordial do que nunca. Falava-me muito de seus amigos. Eu sabia que Riaucourt tinha uma ligação com uma jovem chamada Olga; Jacques me pintou esses amores de um modo tão romanesco que, pela primeira vez, encarei com simpatia uma união ilegítima. Aludiu também a outra mulher, muito bonita, chamada Magda e que ele gostaria de me apresentar. "É uma história que nos custou bastante caro", disse. Magda fazia parte desses inquietantes prodígios que se encontram à noite nos bares. Não me perguntei que papel desempenhara na vida de Jacques. Não procurei saber coisa alguma. Estava certa agora de que Jacques gostava de mim, de que poderia viver feliz junto dele. Receava nossa separação, mas mal pensava nisso tanto me sentia eufórica com a aproximação que ela provocava entre nós.

Oito dias antes de Jacques partir, jantei em sua casa com a família. Seu amigo Riquet Bresson veio buscá-lo depois do jantar: Jacques propôs que fosse com eles assistir a um filme, *L'Équipage*. Aborrecida por nunca ter ouvido pronunciar a palavra casamento, minha mãe não aprovava mais nossa amizade; recusou; insisti; minha tia defendeu minha causa e minha mãe acabou cedendo.

Não fomos ao cinema. Jacques conduziu-me ao Stryx, rua Huyghens, de que era freguês e eu me empoleirei num banquinho entre ele e Riquet. Ele chamava o *barman* pelo nome, Michel, e pediu para mim um martíni seco. Eu nunca pusera os pés num café e eis que me encontrava uma noite num bar com dois rapazes: para mim era realmente extraordinário. As garrafas de cores tímidas ou violentas, os pires com azeitonas e amêndoas salgadas, as mesinhas, tudo me espantava; e o mais surpreendente era que esse cenário fosse familiar a Jacques. Bebi rapidamente meu coquetel e, como nunca bebera uma gota de álcool, nem mesmo vinho, de que não gostava, não demorei para flutuar acima da terra. Chamei Michel pelo nome e dei um show. Jacques e Riquet sentaram-se a uma mesa para disputar uma partida de pôquer de dados e fingiram não me conhecer. Interpelei os fregueses, jovens nórdicos muito calmos. Um deles me ofereceu um segundo martíni, que, ante um sinal de Jacques, esvaziei atrás do balcão. Para ficar à altura do ambiente, quebrei dois ou três copos. Jacques ria, eu estava no sétimo céu. Fomos ao Vikings. Na rua, dei o braço direito a Jacques e o esquerdo a Riquet: o esquerdo não existia e eu me maravilhava por conhecer uma intimidade física com Jacques que simbolizava a confusão de nossas almas. Ele me ensinou o pôquer de dados e mandou nos servir um *gin-fizz* com muito pouco gim: eu me submetia amorosamente à sua vigilância. O tempo não existia mais: eram já duas horas da manhã quando bebi, no balcão da Rotonde, um refresco de hortelã. Ao redor de mim borboleteavam rostos saídos de outro mundo; milagres ocorriam em cada esquina. E eu me sentia ligada a Jacques por uma indissolúvel cumplicidade, como se tivéssemos cometido juntos um crime ou atravessado a pé o deserto do Saara.

Deixou-me diante do 71 da rua de Rennes. Eu tinha a chave do apartamento. Mas meus pais me esperavam: minha mãe em lágrimas, meu pai com sua fisionomia dos grandes dias. Voltavam do bulevar Montparnasse, onde minha mãe tocara a campainha até que minha tia surgisse à janela: minha mãe reclamara aos berros que lhe devolvessem a filha e acusara Jacques de desonrá-la. Expliquei que tínhamos visto *L'Équipage* e tomado um café com leite na Rotonde. Mas meus pais não se acalmaram e, embora um pouco mais cética do que antes, chorei também e fiquei muito agitada. Jacques marcara encontro comigo no terraço do Select no dia seguinte. Consternado com meus olhos vermelhos e a narrativa que lhe fizera sua mãe, pôs em seu olhar mais ternura do que nunca; negou ter-me tratado com irreverência: "Há um respeito mais difícil", disse-me. E eu me senti ainda mais unida a ele do que durante nossa orgia. Despedimo-nos quatro dias depois. Perguntei-lhe se estava triste por deixar Paris. "Não tenho, principalmente, vontade de dizer até logo a você", respondeu-me. Acompanhou-me de carro até a Sorbonne. Desci. Olhamo-nos durante um bom momento. "Então", disse-me com uma voz que me fez tremer, "não a verei mais?", acelerou e eu fiquei na calçada, desamparada. Mas minhas últimas recordações me davam força para desafiar o tempo. Pensei: "Até o próximo ano", e fui ler Leibniz.

"Se alguma vez quiser fazer uma farrinha, entenda-se com Riquet", dissera-me Jacques. Mandei um recado a Bresson, que encontrei uma tarde no Stryx; falamos de Jacques, que ele admirava, mas o bar estava deserto e não aconteceu nada. Pouca coisa aconteceu igualmente noutra tarde em que tomei um aperitivo no bar da Rotonde; alguns rapazes conversavam entre si com ar de intimidade; as mesas de madeira branca, as cadeiras normandas, as cortinas vermelhas e claras não pareciam comportar maior mistério do que a sala de uma confeitaria. Entretanto, quando quis pagar meu *sherry-gobler* o garçom gordo e ruivo recusou o dinheiro; esse incidente — que nunca elucidei — parecia discretamente um prodígio e me encorajou. Saindo de casa cedo, chegando atrasada ao círculo, arranjei para passar uma hora no Vikings sempre que ia a Belleville. De uma feita bebi dois *gin-fizz*: era demais, vomitei-os no metrô. Quando empurrei a porta do centro, minhas pernas estavam bambas, e minha testa, coberta de suor frio; pensaram que estivesse doente e estenderam-me num sofá, felicitando-me pela minha coragem. Minha prima Madeleine veio passar alguns dias em Paris; não perdi a oportunidade. Ela tinha vinte e três anos e minha mãe nos autorizou a ir sozinhas ao teatro uma noite. Na realidade maquináramos procurar os antros. As coisas quase azedaram porque, no momento de sair de casa, Madeleine teve a ideia de passar um pouco de ruge no meu rosto; eu achei isso lindo e, quando minha mãe determinou que me limpasse, protestei. Sem dúvida ela pensou descobrir, na minha face, a marca do Diabo. Exorcizou-me com um tabefe. Cedi, rangendo os dentes. Deixou-me sair assim mesmo e nos dirigimos, minha prima e eu, para Montmartre. Perambulamos sob as luzes dos anúncios luminosos: não decidíamos o que escolher. Perdemo-nos em dois bares melancólicos como leiterias e acabamos encalhando na rua Lepic num inferninho atroz em que rapazes de maus costumes aguardavam fregueses. Dois deles se sentaram à nossa mesa espantados com nossa intrusão, pois éramos visivelmente concorrentes. Bocejamos em comum durante um bom momento: a repugnância nos apertava o coração.

Mas eu perseverei. Contei a meus pais que o centro de Belleville preparava uma reunião recreativa para o dia 14 de julho, que eu ensaiava uma comédia com meus alunos e que precisava dispor de várias noites por semana; afirmei que gastava com as Équipes o dinheiro que consumia em *gin-fizz*. Ia em geral ao Jockey, no bulevar Montparnasse; Jacques me falara desse bar e eu gostava de contemplar, nas paredes, os cartazes coloridos em que se misturavam a palheta de Chevalier, as botinas de Carlitos, o sorriso de Greta Garbo; gostava das garrafas luminosas, das pequenas bandeiras de variadas cores, do odor de tabaco e de álcool, das vozes, dos risos, do saxofone. As mulheres me maravilhavam: não havia palavras em meu vocabulário para designar o tecido de seus vestidos, a cor de seus cabelos; não imaginava que fosse possível comprar em alguma loja suas meias impalpáveis, seus sapatos rasos, o batom de seus lábios. Ouvia-as discutir com os homens o preço de suas noites e as gentilezas com que os contemplariam. Minha imaginação não reagia: eu a bloqueara. Nos primeiros tempos, principalmente, não havia ao redor de mim pessoas de carne e osso mas apenas alegorias: a inquietação, a futilidade, a estupidez, o desespero, o gênio talvez, e seguramente o vício de múltiplos rostos. Continuava convencida de que o pecado é o lugar deixado vazio por Deus e eu me pendurava ao banquinho com o fervor que me prostrava, em criança, aos pés do Santo Sacramento; atingia a mesma presença: o jazz substituíra a grande voz do órgão e eu aguardava a aventura como outrora esperava o êxtase. "Nos bares", dissera-me Jacques, "basta fazer qualquer coisa e as coisas acontecem". Eu fazia qualquer coisa. Se um freguês chegava de chapéu na cabeça, eu gritava: "Chapéu!", e o jogava no ar. Quebrava um copo de quando em quando. Discursava, interpelava os *habitués*, os quais tentava, ingenuamente, enganar: dizia ser modelo ou puta. Com meu vestido desbotado, minhas meias grossas, meus sapatos baixos, meu rosto sem artifício, não enganava ninguém. "Você não tem o jeito que precisa ter", disse-me um coxo de óculos de tartaruga. "Você é uma pequena-burguesa que quer bancar a boêmia", concluiu um homem de nariz adunco que escrevia romances folhetinescos. Protestei: o coxo desenhou alguma coisa num pedaço de papel. "Eis o que é preciso fazer e deixar fazer no ofício de cortesã." Conservei meu sangue-frio, dizendo: "É muito mal desenhado." "E parecido." Desabotoou a calça e dessa feita desviei o olhar. "Isso não me interessa." Eles riram. "Está vendo", disse o folhetinista, "uma verdadeira puta teria olhado e dito: 'Não há de que se vangloriar.'" Com o auxílio do álcool eu aguentava friamente as obscenidades. Aliás, me deixavam em paz; às vezes me ofereciam uma bebida, me convidavam para dançar; mais nada: evidentemente eu desencorajava a lubricidade.

Minha irmã participou várias vezes dessas saídas; a fim de se fingir de gentinha, punha o chapéu de lado e cruzava as pernas para mostrá--las. Falávamos alto, ríamos ruidosamente. Ou então entrávamos uma depois da outra no bar, como se não nos conhecêssemos, e simulávamos uma briga; puxávamos os cabelos uma da outra, nos insultávamos, felizes quando o espetáculo surpreendia o público por um instante.

Nas noites em que ficava em casa, mal suportava a tranquilidade de meu quarto; buscava novamente os caminhos do misticismo. Uma noite desafiei Deus para que se mostrasse, se existisse. Ele não se mostrou e nunca mais lhe dirigi a palavra. No fundo estava muito contente de que não existisse. Teria detestado que a partida que eu jogava neste mundo já tivesse seu resultado na eternidade.

Em todo caso havia agora na terra um lugar onde me sentia à vontade; o Jockey se tornara familiar para mim, aí encontrava conhecidos, aí sempre me comprazia mais. Bastava um *gin-fizz* para que minha solidão se fundisse: todos os homens eram irmãos, nós nos compreendíamos todos, todo mundo se amava. Nenhum problema mais, nem saudade, nem espera. O presente me bastava. Dançava, braços me envolviam e meu corpo pressentia evasões, abandonos mais fáceis e mais calmantes do que meus delírios; longe de me chocar, como aos dezesseis anos, achava consolador que uma mão desconhecida pudesse ter sobre minha nuca um calor, uma doçura que se assemelhava à ternura. Não compreendia nada das pessoas que me cercavam, mas pouco importava: estava noutro meio e tinha a impressão de que, enfim, tocava a liberdade com o dedo. Fizera progressos desde o tempo em que hesitava em andar na rua ao lado de um rapaz: desafiava alegremente as conveniências e a autoridade. A atração que tinham para mim os bares e os *dancings* provinha em grande parte de seu caráter ilícito. Nunca minha mãe teria posto os pés nesses lugares; meu pai teria ficado escandalizado de me ver aí e Pradelle, inquieto; experimentava grande satisfação em saber-me radicalmente fora da lei.

Pouco a pouco, fui me tornando mais ousada. Admiti que me falassem na rua, fui beber em cafés com desconhecidos. Uma noite subi num carro que me seguira ao longo dos grandes bulevares. "Vamos dar um passeio em Robinson?", propôs o motorista. Não era atraente e que seria de mim se me largasse à meia-noite a dez quilômetros de Paris? Mas eu tinha princípios: "Viver perigosamente. Não recusar nada", diziam Gide, Rivière, os surrealistas e Jacques. "Vamos", respondi. Na praça da Bastilha bebemos, sem entusiasmo, uns coquetéis num café. Entrando novamente no carro o homem acariciou meu joelho: afastei-me com vivacidade. "Então? Aceita um passeio de carro e não deixa sequer que se toque em você?" A voz mudara. Parou o carro e tentou me beijar. Fugi perseguida por insultos. Peguei o último metrô. Escapara por pouco; felicitei-me, contudo, por ter praticado um ato realmente gratuito.

Outra noite, numa quermesse da avenida de Clichy, joguei totó com um jovem malandro que tinha o rosto marcado por uma cicatriz rosada; fomos ao tiro ao alvo e ele insistiu em pagar tudo. Apresentou-me um amigo e ofereceu-me café com leite. Quando vi que meu último ônibus ia partir, disse-lhe adeus e saí correndo. Alcançaram-me no momento em que ia pular para dentro; pegaram-me pelos ombros: "Isso é coisa que se faça?!" O cobrador hesitava com a mão na campainha; depois tocou e o ônibus pôs-se em marcha. Eu espumava de raiva. Os dois rapazes asseguravam-me que a culpa era minha: não se larga assim um sujeito sem prevenir. Nós nos reconciliamos e eles insistiram em me acompanhar a pé até em casa: cuidei de lhes explicar que nada deviam esperar de mim, mas eles se obstinaram. Na rua Cassette, à esquina da rua de Rennes, o moleque da cicatriz me pegou pela cintura: "Quando é que a gente se vê?" "Quando você quiser", respondi covardemente. Ele tentou me beijar, eu me debati. Surgiram quatro guardas de bicicleta: não ousei chamá-los, mas meu agressor me largou e demos alguns passos em direção à minha casa. Depois que os guardas passaram, ele me segurou: "Você não virá; o que você quis foi brincar comigo. Não gosto disso. Merece uma lição." Aquilo estava ficando feio: ia me bater ou me beijar na boca, e eu não sabia o que me apavorava mais. O amigo interveio: "Vamos, tudo se arranja, ele está safado porque você custou uns cobres para ele, é só isso." Esvaziei a bolsa. "Pouco me importa o dinheiro. Quero é dar uma lição nela." Acabou tomando toda a minha fortuna: quinze francos. "Não dá nem para pagar uma mulher", disse ele agressivamente. Entrei em casa: tivera realmente medo.

O ano escolar terminava. Suzanne Boigue passara vários meses na casa de uma irmã, no Marrocos; aí, encontrara o homem de sua vida. O chá de casamento se realizou num grande jardim de arrabalde; o marido era amável, Suzanne exultava, a felicidade me pareceu sedutora. Ademais, eu não me sentia mais infeliz; a ausência de Jacques e a certeza de que tinha o amor dele tranquilizavam meu coração, que os choques de um encontro, os riscos de um momento de mau humor não ameaçavam mais. Fui remar no bosque com Zaza, Lisa e Pradelle; meus amigos se davam bem, e quando se reuniam eu lamentava menos não me entender completamente com nenhum deles. Pradelle me apresentou um colega da Escola Normal que muito estimava: era um dos que o tinham incitado a comungar em Solesmes. Chamava-se Pierre Clairaut e tinha simpatia pela Action Française; pequeno, escurinho, parecia um grilo. Devia se apresentar no ano seguinte aos exames de "agrégation" em filosofia e íamos, portanto, tornar-nos condiscípulos. Como tinha um ar duro, altivo e confiante, prometi a mim mesma que no reinício das aulas tentaria descobrir o que se escondia sob a carapaça. Fui com ele e Pradelle, na Sorbonne, assistir às provas orais do concurso. Todos se acotovelavam para ouvir a aula de Raymond Aron, que acreditavam viesse a ter um grande futuro filosófico. Mostraram-me também Daniel Lagache, que se destinava à psiquiatria. Surpreendentemente, Jean-Paul Sartre fracassara na prova escrita. O concurso me pareceu difícil, mas não desanimei; trabalharia quanto fosse necessário, mas dentro de um ano teria terminado; já tinha a impressão de ser livre. Penso, igualmente, que me fizera muito bem ter provado a devassidão, ter-me distraído, mudado de atmosfera. Recobrara meu equilíbrio, a tal ponto que não mais mantinha em dia meu diário íntimo: "Só desejo uma intimidade sempre maior com o mundo e exprimir esse mundo numa obra", escrevia a Zaza. Estava de excelente humor quando cheguei ao Limousin e ainda por cima recebi uma carta de Jacques. Falava-me de Biskra, dos jegues, do sol, do verão; recordava nossos encontros, que definia como "meus únicos momentos sérios", e prometia: "No próximo ano faremos coisas boas." Minha irmã, menos habituada a decifrar os criptogramas, me perguntou o sentido dessa frase: "Quer dizer que nos casaremos", respondi triunfalmente.

Que belo verão! Sem lágrimas, sem efusões solitárias, sem tempestades epistolares. O campo me causou grande satisfação, como aos cinco anos, como aos doze, e o azul bastava para encher o céu. Sabia agora o que prometia o perfume das madressilvas e o que significava o orvalho das manhãs. Nos atalhos do bosque, através dos trigais em flor, em meio às urzes e aos juncos que arranham, reconhecia os inúmeros matizes de minhas tristezas e de minhas alegrias. Passeei muito com minha irmã. Muitas vezes nos banhávamos só de saias, nas águas escuras do Vézère; secávamos na relva que recendia a hortelã. Ela desenhava, eu lia. Mesmo as distrações sociais não me incomodavam. Meus pais tinham reatado relações com velhos amigos que passavam o verão num castelo das redondezas; tinham três filhos, bonitos rapazes que se destinavam à advocacia e com os quais íamos de vez em quando jogar tênis. Eu me divertia alegremente. A mãe deles preveniu delicadamente a nossa de que só aceitaria noras com dotes: isso nos fez rir porque encarávamos sem particulares enlevos aqueles rapazes bem-comportados.

Nesse ano, também, fora convidada para ir a Laubardon. Mamãe concordara gentilmente que eu me encontrasse com Pradelle em Bordeaux, que passava as férias na região. Foi um dia delicioso. Decididamente,

Pradelle tinha importância para mim. E Zaza mais ainda. Desci em Laubardon com o coração em festa.

Zaza conseguira, em junho, a proeza rara de obter, na primeira tentativa, seu certificado de filologia. Entretanto, nesse ano, dedicara muito pouco tempo ao estudo: a mãe exigia, cada vez mais tiranicamente, a presença e os serviços dela. Mme Mabille considerava a poupança virtude capital; teria julgado imoral comprar produtos que podiam ser fabricados em casa: doces, geleias, roupa branca, vestidos e casacos. Durante o verão, ia muitas vezes ao mercado às seis horas, com as filhas, para adquirir, mais barato, frutas e legumes. Quando as meninas precisavam de um vestido novo, Zaza tinha que explorar uma dezena de lojas; trazia de cada uma delas um pacote de amostras que Mme Mabille comparava, levando em conta a qualidade do tecido e o preço: depois de longa deliberação, Zaza ia comprar a mercadoria escolhida. Essas tarefas e as obrigações mundanas, que haviam se multiplicado com a ascensão do sr. Mabille, aborreciam Zaza. Não conseguia convencer-se de que correndo em salões e grandes lojas observava fielmente os preceitos do Evangelho. Sem dúvida, seu dever de cristã era obedecer à mãe, mas, lendo um livro sobre Port-Royal, ficara impressionada com uma frase de Nicole, sugerindo que a obediência também pode ser uma armadilha do demônio. Aceitando diminuir-se, estupidificar-se, não estaria contrariando a vontade de Deus? Como ter certeza desta? Temia pecar por orgulho se se fiasse em seu próprio julgamento, e por covardia, se cedesse às pressões exteriores. Essa dúvida aumentava o conflito em que se debatia há muito; gostava da mãe mas também de muitas coisas de que sua mãe não gostava. Citava constantemente para mim esta frase de Ramuz: "As coisas que eu amo não se amam entre si." O futuro não tinha nada de consolador. Mme Mabille não admitia absolutamente que a filha se preparasse para obter um diploma de estudos no ano seguinte, receava que ela se tornasse uma intelectual. Zaza não esperava mais encontrar o amor. No meu meio acontecia raramente alguém se casar por amor; fora o caso de minha prima Titite. Mas, dizia Mme Mabille: "Os Beauvoir são vinho de outra pipa." Zaza estava muito mais do que eu integrada na burguesia bem-pensante em que todas as uniões eram arranjadas pela família; ora, todos esses moços que aceitavam se casar passivamente eram de uma espantosa mediocridade. Zaza gostava da vida com ardor; eis por que a perspectiva de uma existência sem alegria lhe tirava por momentos toda vontade de viver. Como em sua infância, ela se defendia com paradoxos contra o falso idealismo do seu meio.

Simone de Beauvoir

Tendo visto Jouvet representar em *Au grand large*, num papel de bêbado, ela se declarou apaixonada por ele e pendurou sua fotografia acima da cama; a ironia, o ceticismo, a aridez nela encontravam de imediato um eco. Numa carta que me mandou no início das férias, confiou-me que pensava por vezes em renunciar radicalmente ao mundo. "Depois de momentos de amor à vida, tanto física como intelectual, me sinto tão compenetrada do sentimento da inutilidade de tudo que sinto todas as pessoas, todas as coisas retirarem-se de mim; experimento uma tal indiferença perante o universo inteiro que me parece já estar morta. A renúncia a si mesmo, à existência, a tudo, a renúncia dos religiosos que tentam começar neste mundo a vida sobrenatural, você não sabe a que ponto isso me tenta. Muitas vezes disse a mim mesma que esse desejo de encontrar nas "amarras" a verdadeira liberdade era um sinal de vocação; noutros momentos, a vida e as coisas me reconquistam de tal modo que a existência num convento me parece uma mutilação e acho que não é isso que Deus quer de mim. Mas, qualquer que seja o caminho que deva seguir, não posso, como você, ir para a vida toda inteira; nos momentos em que existo com maior intensidade, ainda tenho o gosto do nada na boca."

Essa carta assustara-me um pouco. Nela, Zaza me repetia que minha incredulidade não nos separava. Mas, se porventura entrasse para um convento, estaria perdida para mim; e para ela própria, pensava.

No dia de minha chegada tive uma decepção; não dormiria no quarto de Zaza e sim no de Mlle Avdicovitch, uma estudante polonesa contratada como governanta para período de férias; ela se ocupava dos três filhos menores de Mme Mabille. O que me consolou um pouco foi tê-la achado encantadora: Zaza me falara dela em suas cartas com muita simpatia. Tinha lindos cabelos loiros, olhos azuis a um tempo lânguidos e sorridentes, uma boca desabrochada e uma sedução totalmente insólita e que não tive então a indecência de definir: *sex appeal*. Seu vestido vaporoso descobria uns ombros apetitosos; à noite, ela se sentou ao piano e cantou canções de amor em ucraniano, com um coquetismo que encantou Zaza e a mim e escandalizou todos os outros. À noite, arregalei os olhos ao vê-la vestir um pijama em vez de uma camisola de dormir. Desde logo ela me abriu voluvelmente o coração. Seu pai possuía em Lviv uma grande fábrica de balas; enquanto completava seus estudos, ela militara em prol da independência ucraniana e passara alguns dias na cadeia. Partira para completar sua educação, a princípio em Berlim, onde ficara dois ou três anos e, em seguida, em Paris; seguia os cursos da Sorbonne e recebia uma mesada dos pais. Quisera aproveitar as férias para penetrar na intimidade de uma família francesa: estava espantada com o que via. Percebi, no dia seguinte, a que ponto, a despeito de sua educação perfeita, ela chocava bem a gente; graciosa, feminina, perto dela tínhamos jeito, Zaza, suas amigas e eu, de jovens freiras. À tarde, divertiu-se com ler nas cartas o futuro de todo mundo, inclusive de Xavier du Moulin, com quem flertava discretamente sem ligar para a batina: ele não parecia insensível às suas provocações e lhe sorria muito. Ela lhe predisse que encontraria muito breve a dona de seu coração. As mães, as irmãs mais velhas ficaram escandalizadas. Na intimidade, Mme Mabille insinuou que Stépha não tinha consciência do lugar que devia ocupar. "Aliás, estou certa de que não é uma moça de verdade", disse. Censurou Zaza por simpatizar demais com essa estrangeira.

Quanto a mim, não sei bem por que ela consentira em me convidar: provavelmente para não bater de frente com a filha; mas ela fazia tudo para tornar impossível uma conversa minha a sós com Zaza. Esta passava as manhãs na cozinha: entristecia-me vê-la perder horas a cobrir com pergaminho os potes de geleia, com a ajuda de Bébelle ou Mathé. Durante o dia, não ficava sozinha um minuto. Mme Mabille multiplicava recepções e saídas na esperança de casar afinal Lili, que começava a passar da idade. "É o último ano que me ocupo de você; já me custou bastante caro em entrevistas; agora é a vez da sua irmã", declarara ela publicamente durante um jantar a que assistia Stépha. Já os engenheiros da Escola Politécnica tinham avisado Mme Mabille de que se casariam de bom grado com a caçula. Eu indagava a mim mesma se no fim Zaza não se deixaria convencer de que seu dever de cristã era construir um lar. Assim como eu não admitia a estupidificação do convento para ela, não concebia a melancolia de um casamento resignado.

Alguns dias depois de minha chegada, um grande piquenique reuniu, às margens do Adour, todas as famílias de bem do lugar. Zaza me emprestou seu vestido de seda cor-de-rosa. Ela estava com um vestido de tela de seda branca, um cinto verde e um colar de jade; emagrecera. Tinha dores de cabeça frequentes, dormia mal; para iludir, punha no rosto "manchas de saúde"; apesar desse artifício, carecia de frescor. Mas eu gostava de sua cara e era desagradável para mim que a oferecesse amavelmente a qualquer um; desempenhava com demasiada desenvoltura seu papel de moça da boa sociedade. Chegamos adiantadas; pouco a pouco as outras pessoas afluíram, e cada sorriso ou reverência de Zaza me amargurava. Agitei-me com os outros: estendemos toalhas na relva, desembrulhamos louças e alimentos, virei a manivela de uma máquina de fabricar sorvetes. Stépha chamou-me de lado e pediu que lhe explicasse o sistema de Leibniz: durante uma hora esqueci meu tédio. Mas, depois, o dia se arrastou lentamente. Ovos em geleia, pastéis, frios, galantinas, patês, terrinas, pastelões, tortas, empadas, cremes etc.: todas aquelas senhoras tinham cumprido com zelo seus deveres sociais. Empanturramo-nos de comida, rimos sem muita alegria; falamos sem convicção: ninguém parecia estar se divertindo. No fim da tarde, Mme Mabille perguntou-me se sabia onde estava Zaza; saiu à procura e eu a acompanhei. Encontramos Zaza patinhando no Adour; em vez de usar uma roupa de banho, envolvera-se numa espécie de casaco. Mme Mabille a repreendeu rindo; não desperdiçava a autoridade com coisas sem importância. Compreendi que Zaza tivera necessidade de solidão, de sensações violentas e talvez, também, de uma purificação após aquela tarde viscosa, e me tranquilizei: não se achava ainda no ponto de se entregar ao sono satisfeito das matronas.

 Entretanto, a mãe, eu o percebi, conservava grande ascendência sobre ela. Mme Mabille praticava com os filhos uma hábil política: em pequenos, tratava-os com uma indulgência displicente; mais tarde, mostrava-se liberal nas pequenas coisas; assim, quando o assunto era sério, seu crédito continuava intacto. Tinha ocasionalmente alguma vivacidade e certo encanto; sempre demonstrara uma ternura particular pela caçula e esta deixara-se envolver pelas gentilezas: o amor, tanto quanto o respeito, paralisava sua revolta. Uma tarde, insurgiu-se porém. No meio do jantar, Mme Mabille declarou com voz cortante: "Não compreendo que um crente frequente um sem fé." Senti com angústia o sangue subir-me ao rosto. Zaza atalhou indignada: "Ninguém tem o direito de julgar ninguém. Deus conduz as pessoas pelo caminho que escolhe." "Não julgo", disse friamente Mme Mabille, "devemos rezar pelas almas transviadas, mas não nos deixar contaminar por elas." Zaza sufocava de raiva e isso me tranquilizou. Mas sentia que a atmosfera de Laubardon estava ainda mais hostil que a do ano precedente. Mais tarde, em Paris, Stépha contou-me que as crianças caçoavam de me ver tão malvestida: zombaram também no dia em que Zaza, sem me dizer por quê, me emprestara um de seus vestidos. Eu não tinha amor-próprio e era pouco observadora. Sofri com indiferença muitos outros vexames. Contudo, acontecia-me às vezes sentir o coração magoado. Stépha teve a curiosidade de ir visitar Lurdes e me achei ainda mais só. Uma noite, depois do jantar, Zaza sentou-se ao piano; tocou Chopin; tocava bem.

Contemplava-lhe os cabelos pretos, separados por um risco bem feito, de uma brancura comovente, e dizia a mim mesma que essa música apaixonada é que exprimia sua verdade; mas havia aquela mãe e toda aquela família entre nós e talvez um dia ela se renegasse e eu a perdesse; por ora, em todo caso, ela era inatingível. Senti uma tristeza tão aguda que me levantei, saí do salão e me deitei chorando. A porta se abriu; Zaza se aproximou de minha cama e me beijou. Nossa amizade fora sempre tão severa que aquele gesto me encheu de alegria.

Stépha voltou de Lurdes; trazia uma caixa de confeitos para as crianças: "É muito gentil de sua parte, *mademoiselle*", disse Mme Mabille com uma voz glacial, "mas podia ter evitado essa despesa: meus filhos não precisam de suas balas." Juntas, criticávamos quanto podíamos a família de Zaza e os amigos dela: isso nos aliviava um pouco. Aliás, nesse ano também, o fim de minhas férias foi mais clemente do que o princípio. Não sei se Zaza se explicou com a mãe ou se manobrou habilmente: consegui vê-la a sós; novamente fizemos longos passeios e conversamos. Ela me falava de Proust, que compreendia melhor do que eu; dizia-me que, ao lê-lo, sentia grande vontade de escrever. Assegurava-me que no ano seguinte não se deixaria embrutecer pelo cotidiano; leria, conversaríamos. Tive uma ideia que a seduziu: iríamos nos encontrar nos domingos pela manhã, para jogar tênis, Zaza, minha irmã, eu, Jean Pradelle, Pierre Clairaut e um dos amigos deles.

Zaza e eu nos entendíamos mais ou menos bem acerca de tudo. Nenhuma conduta dos infiéis lhe parecia repreensível, contanto que não fosse nociva a outrem: admitia o imoralismo gideano; o vício não a escandalizava. Em compensação, não imaginava que se pudesse adorar a Deus e infringir conscientemente seus mandamentos. Achei lógica essa atitude que, praticamente, se assemelhava à minha: eu desculpava tudo nos outros, mas, em meu próprio caso, no de meus íntimos — Jacques em particular —, continuava a aplicar as normas da moral cristã. Não foi sem embaraço que ouvi Stépha dizer uma vez às gargalhadas: "Deus meu, como Zaza é ingênua!" Stépha declarara que mesmo nos meios católicos nenhum homem chegava virgem ao casamento. Zaza protestara: "Quando se crê, vive-se de acordo com a fé." "Olhe seus primos Du Moulin", respondera Stépha. "Exatamente", atalhara Zaza, "eles comungam todos os domingos. Garanto a você que não concordariam em viver em estado de pecado mortal." Stépha não insistira, mas contou-me que em Montparnasse, aonde ia com frequência, encontrara muitas vezes Henri e Edgar em companhias nada equívocas: "Aliás, basta ver as caras deles", acrescentara. Efetivamente, não tinham jeito de coroinhas. Pensei em Jacques: tinha outra cara, era de outra qualidade, impossível supor que fizesse grosseiras farras. Entretanto, revelando-me a ingenuidade de Zaza, Stépha contestava minha própria experiência. Para ela, frequentar os bares e cafés, em que eu buscava clandestinamente o extraordinário, era coisa muito comum: encarava-os certamente por um ângulo diferente. Percebi que eu via as pessoas como elas se mostravam; não suspeitava que tivessem uma verdade diferente de sua verdade oficial; Stépha advertia-me de que este mundo refinado tinha bastidores. Essa conversa me inquietou.

Nesse ano, Zaza não me acompanhou a Mont-de-Marsan; por ali passeei entre dois trens, pensando nela. Estava decidida a lutar com todas as forças para que nela a vida vencesse a morte.

Quarta parte

O reinício das aulas dessa vez não se assemelhou aos outros. Decidindo prestar concurso, me evadira enfim do labirinto em que me enfiara havia três anos: pusera-me em marcha para o futuro. Todos os meus dias tinham doravante um sentido. Eles me conduziam para uma libertação definitiva. A dificuldade do empreendimento meteu-me em brios: não havia mais tempo para divagar ou me aborrecer. Agora que tinha algo a fazer, a terra me bastava amplamente; estava livre da inquietação, do desespero, de todas as nostalgias. "Neste diário não serão mais debates trágicos que anotarei, mas sim a simples história de cada dia." Tinha a impressão de que, após um penoso aprendizado, minha verdadeira vida começava, e me dediquei a ela alegremente.

Em outubro, fechada a Sorbonne, passei meus dias na Biblioteca Nacional. Obtivera licença para não almoçar em casa: comprava pão, linguiça, e comia a merenda nos jardins do Palais-Royal, olhando as últimas rosas morrerem; sentados nos bancos, operários mastigavam enormes sanduíches e bebiam vinho tinto. Se garoasse, eu me abrigava no Café Biard, junto com os pedreiros que comiam em gamelas; eu me regozijava de escapar ao cerimonial das refeições familiares; reduzindo a alimentação à sua verdade, parecia que dava um passo para a liberdade. Retornava à biblioteca; estudava a teoria da relatividade e me apaixonava por isso. De vez em quando, olhava os outros leitores e afundava com satisfação em minha poltrona: estava no meu lugar, entre esses eruditos, esses sábios, esses pensadores, esses pesquisadores. Nao me sentia absolutamente mais rejeitada pelo meu meio: eu é que o abandonara a fim de entrar nessa sociedade de que via ali uma miniatura, e na qual comungavam através do espaço e dos séculos todos os espíritos interessados na verdade. Eu também participava desse esforço que a humanidade faz por saber, por compreender, por se exprimir. Estava empenhada num grande empreendimento coletivo e escapava para sempre da solidão. Que vitória! Retornava a meu trabalho. Às quinze para as seis, o fiscal avisava com solenidade: "Senhores... vamos... fechar... dentro em pouco." Era uma surpresa renovada diariamente encontrar, ao deixar os livros, as lojas, as luzes, os transeuntes e o anão que vendia violetas perto do Théâtre-Français. Caminhava devagar, abandonando-me à melancolia das noites e dos retornos.

Stépha voltou para Paris poucos dias depois de mim e veio muitas vezes à Biblioteca Nacional ler Goethe e Nietzsche. De olhos e sorriso à espreita, ela agradava demais aos homens, e eles lhe interessavam muito para que ela trabalhasse assiduamente. Mal se instalava e já jogava o casaco nos ombros para ir se encontrar na rua com um de seus flertes: o "agrégatif" de alemão, o estudante prussiano, o doutor romeno. Almoçávamos juntas e, embora ela não fosse lá muito rica, me oferecia doces numa padaria ou um bom café no Bar Poccardi. Às seis horas passeávamos pelos bulevares ou, no mais das vezes, tomávamos chá no quarto dela. Morava num hotel da rua Saint-Sulpice, num quartinho muito azul; pendurara nas paredes reproduções de Cézanne, de Renoir, de El Greco, e desenhos de um amigo espanhol que desejava ser pintor. Gostava de estar com ela. Gostava da doçura de sua gola de pele, de seus chapeuzinhos, de seus vestidos, de seu perfume, de seus arrulhos, de seus gestos acariciantes. Minhas relações com meus amigos — Zaza, Jacques, Pradelle — sempre tinham sido muito austeras. Stépha me dava o braço na rua; no cinema, me dava a mão; me beijava por qualquer motivo, me contava uma porção de histórias, se entusiasmava por Nietzsche, se indignava contra Mme Mabille, zombava dos próprios namorados; imitava tudo e todos muito bem e entrecortava suas narrativas com pequenas dissimulações que me divertiam muitíssimo.

Ela estava liquidando um resto de religiosidade. Em Lurdes, confessara-se e comungara. Em Paris, comprou no Bon Marché um livrinho de missa, se ajoelhou numa capela de Saint-Sulpice tentando dizer suas orações; não dera certo. Durante uma hora andara de um lado para outro na frente da igreja sem se decidir a entrar, nem a ir embora. Com as mãos nas costas, franzindo o cenho, medindo o quarto com ar preocupado, ela representara a crise com tamanha vivacidade que eu duvidara da gravidade da coisa. No fundo, em matéria de divindades, as que Stépha adorava seriamente eram o Pensamento, a Arte, o Gênio; na falta dessas, a Inteligência, o Talento. Sempre que descobria um homem "interessante", dava um jeito de travar conhecimento com ele e se esforçava por conquistá-lo. É o "eterno feminino", explicava-me. Preferia as conversas intelectuais e a camaradagem a esses flertes; todas as semanas discutia durante horas na Closerie des Lilas com um bando de ucranianos que faziam, em Paris, vagos estudos ou jornalismo. Via diariamente seu amigo espanhol, que conhecia há muitos anos e que lhe propusera desposá-la. Encontrei-o várias vezes no quarto dela; moravam no mesmo hotel. Chamava-se Fernando. Descendia de uma dessas famílias judias que as perseguições haviam exilado da Espanha, quatro séculos antes. Nascera em Constantinopla e estudara em Berlim. Precocemente calvo, de rosto e crânio redondos, falava de seu "daimon" com romantismo, mas era capaz de ironia, e o achei muito simpático. Stépha admirava que, sem ter um níquel, ele se arranjasse para pintar e partilhava todas as suas ideias; ambos eram resolutamente internacionalistas, pacifistas e, de um modo utópico, revolucionários. Só hesitava em casar com ele porque apreciava a liberdade.

Apresentei-lhes minha irmã, que adotaram de imediato, e também meus amigos. Pradelle quebrara a perna. Mancava um pouco quando o encontrei em princípios de outubro no terraço do Luxemburgo. Stépha achou-o bem-comportado demais e o assustou com sua volubilidade. Ela se entendeu melhor com Lisa. Esta morava, no momento, numa casa de estudantes cujas janelas davam para o Luxemburgo. Ganhava dificilmente a vida dando aulas; preparava-se para conseguir um certificado de ciências e um diploma com uma tese sobre Maine de Biran; mas não encarava a possibilidade de se apresentar à "agrégation"; sua saúde era muito frágil. "Meu pobre cérebro", dizia enfiando entre as mãos a cabecinha de cabelos curtos. "Pensar que só posso contar com ele, que devo tudo arrancar dele. É inumano: um destes dias, ele vai dar o prego." Não se interessava nem por Maine de Biran, nem pela filosofia, nem por si mesma: "Não sei que prazer vocês têm em me ver!", dizia com um sorrisinho friorento. Não me aborrecia, porque nunca se embriagava com palavras e porque muitas vezes sua desconfiança a tornava perspicaz.

Com Stépha, eu falava muito de Zaza, que prolongava sua estada em Laubardon. Mandara-lhe de Paris *La Nymphe au cœur fidèle* e mais alguns livros; Mme Mabille, contou-me Stépha, se exasperara e declarara: "Detesto os intelectuais." Zaza começava a preocupá-la seriamente: não seria fácil impor-lhe um casamento por interesse. Mme Mabille lamentava tê-la deixado frequentar a Sorbonne; parecia-lhe urgente ter de novo a filha nas mãos e quisera subtraí-la à minha influência. Zaza escreveu-me que falara de nosso projeto de tênis e a mãe se mostrara revoltada: "Declarou que não admitia esses costumes da Sorbonne e que eu não iria a uma partida de tênis organizada por uma estudantezinha de vinte anos, para encontrar rapazes cujas famílias ela nem sequer conhece. Digo-lhe isso tudo brutalmente, prefiro que tenha ideia desse estado de espírito com que me choco sem cessar e que, por outro lado, uma concepção cristã de obediência me obriga a respeitar. Mas hoje estou a ponto de chorar; as coisas que amo não se amam; e, a pretexto de princípios morais, ouvi coisas que me revoltam... Propus ironicamente assinar uma promessa de não me casar nunca nem com Pradelle, nem com Clairaut, nem com nenhum dos amigos deles, mas isso não acalmou mamãe." Na carta seguinte, ela me anunciou que, a fim de a obrigar a romper definitivamente com a Sorbonne, a mãe decidira enviá-la a Berlim durante o inverno; assim é, dizia-me, que antes para pôr fim a uma ligação escandalosa ou incômoda as famílias da região mandavam seus filhos para a América do Sul.

Nunca escrevera a Zaza cartas tão expansivas como as daquelas últimas semanas; nunca ela se confiara a mim tão francamente. Entretanto, quando retornou a Paris, em meados de outubro, nossa amizade não se reatou bem. À distância, só me falava de suas dificuldades, de suas revoltas, e eu me sentia sua aliada; mas, na verdade, sua atitude era equívoca: conservava todo o seu respeito e amor à mãe e permanecia solidária com seu meio. Eu não podia mais aceitar essa partilha. Tinha medo da hostilidade de Mme Mabille, tinha compreendido que nenhum compromisso era possível entre os dois campos a que pertencíamos: os "bem-pensantes" queriam o aniquilamento dos "intelectuais" e vice-versa. Não se decidindo por mim, Zaza pactuava com adversários encarniçados em me destruir, e fiquei ressentida. Ela temia a viagem que lhe era imposta e se atormentava; eu marquei meu rancor, recusando partilhar suas preocupações; deixei-me levar por um excesso de bom humor que a desconcertou. Exibia grande intimidade com Stépha, me colocava na intensidade dela, rindo e tagarelando com exagerada exuberância. Muitas vezes, nossas conversas chocavam Zaza: franziu o cenho quando Stépha declarou que as pessoas eram tanto mais internacionalistas quanto mais inteligentes. Reagindo contra nossos modos de "estudantes polonesas", ela representou com intransigência o papel de "jovem francesa bem-comportada", e meus temores recrudesceram: talvez acabasse passando para o campo inimigo. Não ousava mais lhe falar com inteira liberdade, de maneira que a vê-la a sós preferia vê-la com Pradelle, Lisa, minha irmã, Stépha. Ela sentiu sem dúvida essa distância entre nós, e, além disso, os preparativos de viagem a absorviam. Nós nos despedimos no princípio de novembro sem grande convicção.

A universidade reabriu as portas. Pulara um ano e, a não ser Clairaut, não conhecia nenhum de meus novos colegas; nem um só amador, nem um só diletante entre eles: todos, como eu, visavam ao concurso. Achei-os rebarbativos e importantes, resolvi ignorá-los. Continuei a trabalhar loucamente. Seguia todos os cursos de "agrégation" na Sorbonne e na Escola Normal e, de acordo com os horários, ia estudar em Sainte-Geneviève, em Victor-Cousin e na Nacional. À noite, lia romances ou saía; envelhecera, ia brevemente deixá-los: nesse ano, meus pais me autorizaram a ir de vez em quando ao espetáculo à noite, sozinha ou com alguma amiga. Vi *L'Étoile de Mer*, de Man Ray, todos os programas do Ursulines, do Studio 28 e do Ciné-Latin, todos os filmes de Brigitte Helm, de Douglas Fairbanks, de Buster Keaton. Frequentei os teatros do Cartel. Sob a influência de Stépha, me tornei menos negligente. O estudante que se preparava para a "agrégation" de alemão — dissera-me ela — criticava-me por passar o tempo todo debruçada sobre os livros; vinte anos é cedo demais para bancar a intelectual: desse modo, com o tempo, ficaria feia. Ela protestara e se metera em brios: não queria que sua melhor amiga parecesse uma pedante sem graça; afirmava-me que fisicamente eu tinha recursos e insistia para que tirasse proveito disso. Comecei a ir mais frequentemente ao cabeleireiro, me interessei pela compra de um chapéu, pelo corte de um vestido. Reatei com certos amigos. Mlle Lambert não me interessava mais. Suzanne Boigue acompanhara o marido ao Marrocos; mas revi sem desagrado Riesmann e fui tomada novamente de simpatia por Jean Mallet, que era agora repetidor no liceu de Saint-Germain e se preparava para obter seu diploma sob a orientação de Baruzi. Clairaut vinha muito à Nacional. Pradelle o respeitava e me convencera do grande valor do amigo. Era católico, tomista, discípulo de Maurras, e como me falava, fixando-me bem nos olhos, com uma voz categórica que me impressionava, eu perguntava a mim mesma se não tinha menosprezado são Tomás e Maurras; suas doutrinas continuavam a me desagradar, mas eu gostaria de saber como se via o mundo, como nós mesmos nos sentíamos quando as adotávamos; Clairaut me intrigava. Assegurou-me que eu passaria nos exames da "agrégation". "Parece que você consegue êxito em tudo o que empreende", disse-me. Isso me lisonjeou. Stépha também me animava: "Você terá uma bela vida. Conseguirá tudo o que quiser." Toquei para a frente, confiando em minha estrela e muito satisfeita comigo mesma. O outono era lindo e, quando tirava o nariz dos livros, sentia-me contente por ver o céu tão suave.

Entrementes, para me convencer de que não era uma rata de biblioteca, pensava em Jacques; consagrava-lhe páginas de meu diário, escrevia-lhe cartas que guardava comigo. Quando vi a mãe dele no princípio de novembro, ela se mostrou muito afetuosa; Jacques, disse-me, pedia sempre notícias minhas; "a única pessoa que me interessa em Paris"; sorriu-me com um ar de cumplicidade ao repeti-lo.

Eu trabalhava com afinco, me distraía, recobrara meu equilíbrio e era com surpresa que recordava as maluquices adolescentes do verão. Aqueles bares, aqueles *dancings* pelos quais me arrastara tantas noites agora só me causavam repugnância e até uma espécie de horror. Essa virtuosa repulsa tinha exatamente o mesmo sentido que minhas antigas complacências; apesar de meu racionalismo, as coisas da carne permaneciam tabus para mim.

"Como você é idealista!", dizia-me muitas vezes Stépha. Esforçava-se cuidadosamente por não me chocar. Mostrando-me, na parede do quarto azul, um desenho de mulher nua, Fernando disse um dia maliciosamente: "Foi Stépha quem posou." Eu fiquei encabulada e ela lhe lançou um olhar irritado: "Não diga asneiras." Ele reconheceu apressadamente que falara brincando. Nem por um instante sequer me passou pela cabeça que Stépha pudesse justificar o veredicto de Mme Mabille: "Não é mais moça." Entretanto, ela procurava, com muito cuidado, me tornar mais livre. "Asseguro a você, querida, que o amor físico é muito importante, para os homens principalmente..." Uma noite, ao sair do Atelier, vimos na praça de Clichy um ajuntamento; um guarda acabava de prender um mocinho elegante, cujo chapéu rolara na sarjeta; ele estava pálido e se debatia; a multidão berrava: "Cafetão imundo!" Pensei que fosse desmaiar na calçada; arrastei Stépha comigo; as luzes, os ruídos do bulevar, as mulheres maquiadas, tudo me dava vontade de gritar. "Que é que há, Simone? É a vida." Com voz calma, Stépha explicava-me que os homens não eram santos. Sem dúvida, tudo isso era um pouco "nojento", mas afinal isso existia e tinha até grande importância para todo o mundo. Em defesa dessa afirmação, me contou um punhado de casos. Eu resistia. De vez em quando fazia, contudo, um esforço de sinceridade: qual a causa dessa resistência, dessas prevenções? "Terá sido o catolicismo que me infundiu tal amor à pureza que a menor alusão às coisas da carne põe em mim uma indizível tristeza? Penso na Colombe de Alain-Fournier, que se jogou no açude para não transigir com a pureza. Mas talvez seja orgulho!"

Sem dúvida, eu não pretendia que ninguém devesse se obstinar indefinidamente na virgindade. Mas persuadia-me de que era possível celebrar missas brancas na cama: um amor autêntico sublima a posse física e, nos braços do eleito, uma moça pura se transforma alegremente numa jovem e límpida mulher. Gostava de Francis Jammes porque pintava a volúpia com cores simples como a água de um riacho; mas gostava principalmente de Claudel porque glorificava no corpo a presença maravilhosamente sensível da alma. Rejeitei, sem terminá-lo, *Le Dieu des corps*, de Jules Romains, porque o prazer não era descrito como um avatar do espírito. Fiquei irritada com *Les Souffrances du chrétien*, de Mauriac, que a N.R.F. estava publicando nessa época. Triunfante num, humilhada noutro, a carne assumia em ambos demasiada importância. Indignei-me contra Clairaut, que, respondendo a uma pesquisa da *Nouvelles Littéraires*, denunciava "o trapo de carne e sua trágica suserania"; mas também me indignei contra Nizan e sua mulher, que reivindicavam uma inteira liberdade sexual para os casados.

Justificava minha repugnância do mesmo modo que aos dezessete anos: tudo vai bem se o corpo obedece à cabeça e ao coração, mas não deve tomar a dianteira. O argumento era ainda menos válido porque, em amor, os heróis de Jules Romains eram voluntaristas e os de Nizan batiam-se pela liberdade. Aliás, a pudicícia sensata de meus dezessete anos nada tinha a ver com o misterioso "horror" que por vezes me gelava. Não me sentia diretamente ameaçada. Tive sensações perturbadoras: no Jockey, nos braços de alguns rapazes com quem dançava, ou em Meyrignac quando, deitadas na grama do parque-paisagem, minha irmã e eu nos abraçávamos; mas essas vertigens eram agradáveis; entendia-me bem com meu corpo; por curiosidade e por sensualidade, desejava descobrir seus recursos e seus segredos; aguardava sem apreensão e até com impaciência o momento em que me tornaria mulher. Foi de maneira indireta que me situei no problema: através de Jacques. Se o amor físico não passava de um jogo inocente, ele não tinha nenhum motivo para se recusar a jogá-lo; mas então nossas conversas não deviam pesar muito ao lado das alegres e violentas cumplicidades que ele conhecera com outras mulheres. Eu admirava a elevação e a pureza de nossas relações: estas eram em verdade incompletas, insossas, secas, e o respeito que Jacques me dedicava decorria da moral mais convencional; eu desempenhava o papel ingrato de uma priminha de quem se gosta muito: que distância entre essa virgem e um homem rico de toda a sua experiência de homem! Não queria me resignar a tal inferioridade. Preferia ver na devassidão uma sujeira; podia esperar então que Jacques a tivesse evitado, senão me inspiraria piedade, e não inveja. Era melhor perdoar suas fraquezas do que ser exilada de seus prazeres. Entretanto, essa perspectiva também me assustava. Eu aspirava à transparente fusão de nossas almas; se ele tivesse cometido pecados tenebrosos, me escaparia, no passado e mesmo no futuro, porque nossa história, falseada desde o início, não coincidiria nunca mais com a que eu inventara para nós. "Não quero que a vida comece a ter outras vontades que não as minhas", escrevi no meu diário. Eis, creio, qual era o sentido profundo de minha angústia. Ignorava quase tudo da realidade; no meu meio, ela surgia disfarçada pelas convenções e pelos ritos; tais rotinas me aborreciam, mas eu não tentara descer às raízes da vida; ao contrário, me evadia para as nuvens: era uma alma, um puro espírito, só me interessava por almas e espíritos; a intrusão da sexualidade fazia estourar esse angelicalismo: me revelava bruscamente, em sua temível unidade, a necessidade e a violência. Sentira um choque na praça de Clichy porque vira, entre o tráfico do cafetão e a brutalidade do guarda, a mais íntima ligação. Não era eu, era o mundo que estava em jogo! Se os homens tinham corpos esfaimados e exigentes, o mundo não correspondia em nada à ideia que dele formara; miséria, crime, opressão, guerra: eu entrevia confusamente horizontes que me apavoravam.

Apesar de tudo, em meados de novembro voltei a Montparnasse. Estudar, conversar, ir ao cinema: subitamente me cansei desse regime. Era isso viver? Era mesmo eu que vivia assim? Houvera lágrimas, delírios, aventura, poesia, amor: uma existência patética; não queria decair. Nessa noite eu devia ir com minha irmã ao teatro de L'Œuvre; a encontrei no Dôme e a levei ao Jockey. Como o crente, ao superar uma crise, mergulha no odor do incenso e dos círios, mergulhei novamente na atmosfera de álcool e fumo. Não demoramos para sentir os efeitos. Reatando com nossas tradições, trocamos injúrias ruidosas e nos demos umas sacudidelas. Quis me comover mais seriamente e conduzi minha irmã ao Stryx. Aí encontramos Bresson e um de seus amigos, um quarentão. Esse homem maduro flertou com Poupette e lhe ofereceu violetas, enquanto eu conversava com Riquet, que me fez ardorosa apologia de Jacques. "Ele teve momentos difíceis, mas acabou sempre vencendo." Disse-me da força que havia na fraqueza dele, da sinceridade que se escondia sob a aparência empolada, de como sabia falar, entre dois coquetéis, de coisas graves e dolorosas, da lucidez com que medira a inutilidade de tudo. "Jacques nunca será feliz", concluiu com admiração. Senti meu coração se apertar: "E se alguém lhe desse tudo?", indaguei. "Isso o humilharia." O medo e a esperança me pegaram pela garganta. Durante todo o percurso do bulevar Raspail chorei em meio às violetas.

Amava as lágrimas, a esperança, o medo. Quando, no dia seguinte, Clairaut me disse, olhando bem nos meus olhos: "Você escreverá uma tese sobre Spinoza. É a única coisa a fazer na vida: se casar e escrever uma tese", revoltei-me. Uma carreira, a farra: duas maneiras de abdicar. Pradelle concordou comigo que o trabalho também pode ser um entorpecente. Agradeci efusivamente a Jacques, cujo fantasma me tirara de meu estudioso embrutecimento. Sem dúvida, alguns de meus colegas da Sorbonne tinham mais valor intelectual do que ele, mas pouco me importava. O futuro de Clairaut, de Pradelle me parecia traçado de antemão, a existência de Jacques e de seus amigos se apresentava a mim como uma série de riscos a correr: talvez acabassem se destruindo ou desperdiçando a vida. Eu preferia esse risco a todas as escleroses.

Durante um mês, uma ou duas vezes por semana, levei Stépha ao Stryx, Fernando e um jornalista ucraniano, amigo deles, que estudava japonês nas horas vagas; levei também minha irmã, Lisa, Mallet. Não sei bem onde encontrava dinheiro nessa época, pois não dava mais aulas. Sem dúvida economizava dos cinco francos que minha mãe me dava diariamente para o almoço e arrancava mais um pouco daqui e dali. Em todo caso, organizava meu orçamento de acordo com minhas orgias. "Folheei na livraria Picart os *Onze chapitres sur Platon*, de Alain. Custa oito coquetéis: caro demais." Stépha se fantasiava de *barmaid*, ajudava Michel a servir os fregueses, dizia piadas em quatro línguas, cantava canções ucranianas. Com Riquet e seu amigo, falávamos de Giraudoux, de Gide, de cinema, da vida, das mulheres, dos homens, da amizade, do amor. Retornávamos ruidosamente a Saint-Sulpice. No dia seguinte, anotava: "Maravilhosa noitada!"; mas entrecortava meu relato com parênteses que significavam outra coisa muito diferente. Riquet me dissera de Jacques: "Ele casará um dia; dará uma cabeçada; e talvez se torne um bom pai de família: mas terá sempre saudade da aventura." Essas profecias não me perturbavam demais; o que me incomodava era o fato de, durante três anos, Jacques ter levado mais ou menos a mesma vida que Riquet. Este falava das mulheres com uma desenvoltura que me magoava: podia acreditar ainda que Jacques fosse um irmão do Grand Meaulnes? Duvidava muito. Finalmente, fora sem sua permissão que eu forjara essa imagem dele e começava a pensar que talvez ela não se assemelhasse em nada com ele. Mas não me resignava. "Tudo isso me dói. Tenho visões de Jacques que me doem." No final das contas, se o trabalho era um narcótico, o álcool e o jogo não valiam muito mais. Meu lugar não era nem nos bares, nem nas bibliotecas: mas onde então? Decididamente, eu só via salvação na literatura; projetei um novo romance; nele poria em ação uma heroína que seria eu mesma e um herói que se pareceria com Jacques, com "seu orgulho incomensurável e sua louca destruição". Mas meu mal-estar não se dissipou. Uma noite deparei, no Stryx, com Riquet, Riaucourt e sua amiga Olga, que achei muito elegante. Comentavam uma carta que acabavam de receber de Jacques e escreviam-lhe um cartão-postal. Não pude deixar de pensar: "Por que ele lhes escreve e não a mim?" Andei toda uma tarde pelos bulevares, profundamente desesperada, e fui acabar, em lágrimas, num cinema.

No dia seguinte, Pradelle, que se relacionava muito bem com meus pais, jantou em nossa casa e saímos em seguida para ir ao Ciné-Latin. Na rua Soufflot, propus-lhe inopinadamente que era melhor irmos ao Jockey. Ele concordou, sem grande entusiasmo. Nós nos sentamos a uma mesa como gente séria e enquanto bebíamos um *gin-fizz* resolvi explicar-lhe quem era Jacques, de quem só lhe falara rapidamente. Escutou-me com ar reservado. Era visível que não estava à vontade. Julgava escandaloso, perguntei, que eu frequentasse esse tipo de lugares? Não, mas pessoalmente ele os achava deprimentes. Era porque não conhecera, pensava eu, esse absoluto de solidão e desespero que justifica todos os desregramentos. Entretanto, sentada a seu lado, longe do bar onde tantas vezes me desmandara, vi o *dancing* com olhos diferentes; seu olhar pertinente destruíra toda a poesia. Talvez não o tivesse levado ali senão para ouvi-lo dizer alto o que dizia a mim mesma baixinho: "O que venho fazer aqui?" Em todo caso, dei-lhe imediatamente razão e voltei mesmo minha severidade contra Jacques. Por que perdia seu tempo se atordoando? Rompi com a devassidão. Meus pais foram passar alguns dias em Arras e eu não me aproveitei disso. Recusei acompanhar Stépha a Montparnasse; rechacei mesmo, irritada, suas solicitações. Fiquei junto à lareira lendo Meredith.

Deixei de me interrogar acerca do passado de Jacques; afinal, se cometera erros, isso não mudava a face do mundo. E, no presente, quase não me preocupava com ele; não dava sinal de vida; esse silêncio já estava parecendo hostilidade. Quando, no fim de dezembro, sua avó Flandin me deu notícias dele, acolhi-as com indiferença. Entretanto, como não gostava de abandonar o que quer que fosse, supus que, quando ele voltasse, nosso amor ressuscitaria.

Simone de Beauvoir

Continuava a trabalhar com afinco; passava de nove a dez horas por dia debruçada sobre os livros. Em janeiro fiz meu estágio no Liceu Janson-de-Sailly sob a orientação de Rodrigues, um senhor idoso, muito gentil: ele presidia a Liga dos Direitos do Homem e matou-se em 1940 quando os alemães entraram na França. Tinha como colegas Merleau-Ponty e Lévi-Strauss; conheci-os ligeiramente. O primeiro sempre me inspirara uma vaga simpatia. O segundo me intimidava com sua fleuma, mas sabia servir-se dela com habilidade e o achei muito engraçado quando, com uma voz neutra e uma expressão anódina, expôs ao auditório a loucura das paixões. Houve manhãs cinzentas, em que eu julgava irrisório dissertar sobre a vida afetiva diante de quarenta alunos que, muito provavelmente, não davam a menor importância a isso; nos dias de sol, eu me interessava pelo que dizia e pensava divisar em certos olhos chispas de compreensão. Lembrava-me de minha emoção quando me aproximava do muro do Stanislas: me parecia tão longínquo, tão inacessível uma classe de rapazes! Agora eu estava ali, no estrado, era eu quem dava o curso. E nada mais no mundo parecia fora de meu alcance.

Não lamentava, por certo, ser mulher; tirava, ao contrário, grandes satisfações disso. Minha educação me convencera da inferioridade intelectual de meu sexo, o que admitiam muitas de minhas congêneres. "Uma mulher não pode esperar obter a 'agrégation' antes de cinco ou seis fracassos, pelo menos." Era o que me dizia Mlle Roulin, que já experimentara dois. Essa deficiência dava a meus êxitos um brilho mais raro do que aos dos estudantes homens; bastava-me igualá-los para me sentir excepcional. Na realidade, não encontrara nenhum que me houvesse impressionado; o futuro se apresentava tão largamente aberto a mim quanto a eles: não tinham nenhuma vantagem. Nem o pretendiam, aliás; tratavam-me sem condescendência e até com especial gentileza, pois não viam em mim uma rival; as mulheres eram classificadas nos concursos de acordo com as mesmas regras que os homens, mas não lhes disputavam os lugares, só ocupando as vagas. Assim foi que uma dissertação sobre Platão me valeu, da parte de meus colegas — e em especial de Jean Hippolyte —, felicitações que nenhuma segunda intenção atenuava. Eu me sentia orgulhosa de ter conquistado sua estima. Essa benevolência evitou que assumisse um dia a atitude de desafio que tanto me irritou mais tarde nas mulheres norte-americanas: desde o início, os homens foram para mim colegas e não adversários. Longe de os invejar, considerava minha posição privilegiada, já pelo simples fato de ser singular. Uma noite, Pradelle convidou seus melhores amigos e as respectivas irmãs. A minha me acompanhou. Todas as moças se enfiaram no quarto da pequena Pradelle; eu fiquei com os rapazes.

Não renegava, entretanto, minha feminilidade. Nessa noite, tínhamos, minha irmã e eu, cuidado particularmente de nossa toalete. Vestidas, eu de seda vermelha e ela de seda azul, estávamos, na verdade, bem malvestidas, mas as outras não brilhavam muito mais. Eu encontrara em Montparnasse belezas elegantes; tinham vidas muito diferentes da minha para que a comparação me humilhasse; além disso, quando fosse livre e tivesse dinheiro na bolsa, nada me impediria de imitá-las. Não me esquecia de que Jacques me achara bonita; Stépha e Fernando me davam grandes esperanças. Tal qual era, me olhava de bom grado nos espelhos: agradava a mim mesma. No terreno que nos era comum, não me considerava menos dotada do que as outras mulheres e não experimentava nenhum ressentimento em relação a elas: não me esforcei portanto por desprezá-las. Sob muitos aspectos, colocava Zaza, minha irmã, Stépha e até Lisa acima de meus amigos homens: mais sensíveis, mais generosas, eram mais aptas para o sonho, as lágrimas, o amor. Eu me vangloriava de unir em mim "um coração de mulher a um cérebro de homem". Voltei a me achar a Única.

O que moderou — espero-o ao menos — essa arrogância foi o fato de amar, principalmente em mim, os sentimentos que inspirava e me interessar pelos outros muito mais do que por meu rosto. No tempo em que me debatia contra armadilhas que me isolavam do mundo, sentia-me separada de meus amigos e eles nada podiam por mim; agora estava ligada a eles por esse futuro que acabava de reconquistar e que nos era comum; essa vida em que novamente eu percebia tantas promessas era neles que se encarnava. Meu coração batia por um, por outro, por todos juntos: estava sempre ocupado.

O primeiro lugar nas minhas afeições, tinha-o minha irmã. Seguia agora, com muito prazer, um curso de arte publicitária num estabelecimento da rua Cassette. Numa festa organizada pela escola, cantou, fantasiada de pastora, velhas canções francesas e eu a achei maravilhosa. Por vezes, ela saía à noite e, quando voltava, loura, rosada, animada, em seu vestido de tule azul, nosso quarto se iluminava. Visitávamos juntas exposições de pintura, o Salão do Outono, o Louvre; ela desenhava à tarde num ateliê de Montmartre; muitas vezes ia buscá-la e atravessávamos Paris continuando a conversa iniciada desde nossos primeiros balbucios. Continuávamos essa conversa na cama, antes de adormecer, e pela manhã mal nos encontrávamos sós. Ela participava de todas as minhas amizades, de todas as minhas admirações, de todos os meus entusiasmos. Jacques posto piedosamente de lado, de ninguém eu gostava mais do que dela. Era próxima demais de mim para me ajudar a viver, mas sem ela, pensava eu, minha vida teria perdido qualquer interesse. Quando emprestava um tom de tragicidade a meus sentimentos, dizia comigo mesma que, se Jacques morresse, eu me suicidaria mas que, se ela desaparecesse, não precisaria sequer me matar para morrer.

Como Lisa não tinha nenhuma amiga e estava sempre disponível, eu passava longos momentos com ela. Numa manhã chuvosa de dezembro, ela pediu-me, ao sair de uma aula, que a acompanhasse até a pensão. Preferindo voltar para casa a fim de trabalhar, recusei. Na praça Médicis, no momento em que ia subir no ônibus, ela disse com uma voz estranha: "Bem, então contarei quinta-feira o que queria lhe contar." Fiquei curiosa: "Conte já." Ela me arrastou para o Luxemburgo; não havia mais ninguém nas aleias molhadas. "Não espalhe; é ridículo demais." Hesitou: "Bem, gostaria de casar com Pradelle." Sentei-me no arame da cerca, junto ao gramado, e a olhei espantada. "Ele me agrada tanto", disse ela. "Mais do que alguém jamais me agradou." Preparavam-se para o mesmo certificado de ciências e seguiam juntos alguns cursos de filosofia; eu não observara nada de particular entre eles, quando saíamos juntos; mas sabia que Pradelle, com seu olhar de veludo e seu sorriso acolhedor, conquistava muitos corações. Clairaut contara que, entre as irmãs de seus colegas, duas pelo menos se consumiam de paixão por ele. Durante uma hora, no jardim deserto, sob as árvores que gotejavam água da chuva, Lisa falou desse novo gosto que a vida adquirira para ela. Como parecia frágil no seu casaco usado! Descobri-lhe um rosto atraente sob o chapeuzinho que se assemelhava a um cálice de flor, mas duvidava de que Pradelle tivesse se comovido com a sua graça um tanto seca. Stépha lembrou-me, à noite, que ele desviara a conversa com indiferença, num dia em que falávamos da solidão de Lisa, de sua tristeza. Tentei sondá-lo. Voltava de um casamento e discutimos um pouco: ele encontrava encanto nessas cerimônias e eu julgava desprezíveis essas exibições públicas de um assunto particular. Perguntei-lhe se pensava por vezes em seu próprio casamento. Vagamente, disse-me; mas não tinha grande esperança de poder amar de verdade uma mulher; estava demasiadamente preso a sua mãe. Mesmo em matéria de amizade, julgava-se um pouco seco. Falei-lhe dessas grandes efusões de ternura que por vezes me faziam quase chorar. Ele meneou a cabeça: "Isso também é exagerado." Ele não exagerava nunca e a mim veio a ideia de que não seria fácil amá-lo. Em todo caso, Lisa não contava para ele. Ela me disse tristemente que na Sorbonne ele não lhe demonstrava o menor interesse. Passamos uma longa tarde no bar da Rotonde a falar do amor e de nossos amores; do *dancing*, subia uma música de jazz e vozes cochichavam na penumbra. "Estou acostumada à infelicidade", disse-me ela, "a gente nasce assim". Nunca obtivera nada do que desejara. "E se ao menos pudesse dominar esta cabeça, tudo se justificaria para sempre." Pensava em pedir um lugar nas colônias e partir para Saigon ou Tananarive.

Eu sempre me divertia muito com Stépha; Fernando estava muitas vezes no quarto, quando eu ia vê-la; enquanto ela preparava coquetéis de curaçau, ele me mostrava reproduções de Soutine e de Cézanne; seus quadros, ainda inábeis, me agradavam; e eu admirava também que, sem se preocupar com dificuldades materiais, ele apostasse toda a vida na pintura. Saíamos juntos, os três, muitas vezes. Vimos com entusiasmo Charles Dullin em *Volpone* e com severidade, sob a direção de Baty, na Comédie des Champs-Élysées, *Départs*, de Gantillon. À saída das aulas, Stépha me convidava para almoçar no Knam; comíamos comida polonesa ouvindo música e ela me pedia conselhos: devia se casar com Fernando? Eu respondia que sim; nunca vira entre um homem e uma mulher entendimento tão perfeito: correspondiam exatamente a meu ideal de casal. Ela hesitava: há no mundo tanta gente "interessante"! Essa palavra me irritava um pouco. Não me sentia muito atraída por esses romenos, esses búlgaros com os quais Stépha brincava de luta dos sexos. Por vezes meu jacobinismo acordava. Almoçamos com um estudante alemão no restaurante da biblioteca; louro, com a tradicional cicatriz no rosto, falou da grandeza de seu país num tom vindicativo. Pensei bruscamente: "Talvez se bata um dia contra Jacques, contra Pradelle", e tive vontade de sair da mesa.

Liguei-me, contudo, ao jornalista húngaro que irrompeu na vida de Stépha em fins de dezembro. Muito grande, pesadão, seus lábios grossos sorriam mal no rosto volumoso. Falava com entusiasmo do pai adotivo que dirigia o maior teatro de Budapeste. Trabalhava numa tese sobre o melodrama francês, admirava apaixonadamente a cultura francesa, Mme De Staël e Charles Maurras; com exceção da Hungria, considerava bárbaros todos os países da Europa central e em particular os Bálcãs. Encolerizava-se quando via Stépha conversando com um romeno. Encolerizava-se, aliás, facilmente; então lhe tremiam as mãos, o pé direito batia convulsamente no assoalho, e ele gaguejava: eu me sentia incomodada com essa incontinência. Irritava-me também porque sua boca gorda mastigava sem cessar as palavras requinte, graça, delicadeza. Não era estúpido e eu ouvia com curiosidade suas considerações sobre as culturas e as civilizações. Mas, em conjunto, não apreciava senão mediocremente sua conversa; ele se aborrecia com isso. "Se soubesse como sou espirituoso em húngaro!", disse-me uma vez, num tom a um tempo furioso e desconsolado. Quando tentava conquistar meu apoio junto a Stépha, eu o mandava passear. "É incrível!", dizia com voz raivosa. "Todas as moças, quando uma de suas amigas tem um namorico, adoram servir de intermediárias." Eu respondia grosseiramente que seu amor por Stépha não me comovia: era um desejo egoísta de posse e de domínio; além disso, duvidava da seriedade de suas intenções: estaria disposto a construir uma vida com ela? Seus lábios fremiam: "Se lhe dessem uma estatueta de Saxe, você a jogaria no chão para ver se quebra ou não!" Eu não escondia a Bandi — assim o chamava Stépha — que nessa questão era aliada de Fernando. "Detesto esse Fernando!", disse-me Bandi. "Antes de mais nada é judeu!" Fiquei escandalizada.

Stépha se queixava muito dele; achava-o bastante interessante para ter vontade de "ficar com ele", mas ele a perseguia com demasiada insistência. Verifiquei, nessa ocasião, que eu era, como ela dizia, uma ingênua. Fui uma noite com Jean Mallet ver os *Piccoli*, que Podrecca estava apresentando pela primeira vez em Paris no Théâtre des Champs-Élysées. Avistei Stépha, que Bandi assediava muito de perto e que não se defendia. Mallet gostava de Stépha, comparava os olhos dela aos de um tigre que tivesse tomado uma injeção de morfina; propôs-me que fôssemos cumprimentá-la. O húngaro se afastou vivamente; ela sorriu para mim sem o menor embaraço. Compreendi que tratava seus namorados com menos rigor do que me permitira imaginar e ressenti-me com o que me pareceu uma deslealdade, pois eu nada entendia de flerte. Fiquei muito contente quando ela resolveu se casar com Fernando. Bandi armou então cenas violentas, a perseguia em seu quarto a despeito de todas as recomendações. Depois ele se acalmou. Ela deixou de ir à Nacional. Ele continuou a me convidar para um café no Poccardi, mas não falou mais nela.

Posteriormente ele viveu na França como correspondente de um jornal húngaro. Dez anos mais tarde, na noite da declaração da guerra, encontrei-o no Dôme. Ia se alistar no dia seguinte num regimento de voluntários estrangeiros. Confiou-me um objeto que muito estimava: um relógio de vidro esférico. Confessou-me que era judeu, bastardo e sexualmente maníaco: só gostava de mulheres que pesassem mais de cem quilos; Stépha fora uma exceção em sua vida. Esperara que ela, apesar de pequena, lhe desse, graças à inteligência, uma impressão de imensidade. A guerra o engoliu, nunca veio buscar seu relógio.

Zaza me escrevia de Berlim longas cartas de que eu lia trechos a Stépha e a Pradelle. Quando deixou Paris, chamava os alemães de "os boches" e foi com muita apreensão que pisou em território inimigo: "Minha chegada a Fiobel Hospiz foi bem lamentável; imaginara um hotel para mulheres; dei com um imenso albergue, cheio de boches gordos, muito respeitáveis, aliás, e, conduzindo-me ao quarto, a 'Mädchen' me entregou, como Stépha previra, um molho de chaves: armário de espelho, quarto, porta do edifício em que resido, finalmente, portão de entrada no caso de voltar para casa às quatro da manhã. Estava tão cansada da viagem, tão assustada com a extensão de minha liberdade e com a imensidão de Berlim, que não tive coragem de descer para jantar e me enfiei, debulhada em lágrimas, numa cama estranha, sem lençóis nem cobertas, dotada tão somente de um edredom. Dormi treze horas, fui à missa numa capela católica, passeei minha curiosidade pelas ruas, e ao meio-dia minha moral já se achava bem mais elevada. Desde então, vou-me habituando cada vez mais; há, por certo, momentos em que a necessidade exagerada de minha família, de vocês, de Paris, me machuca como uma dor lancinante, mas a vida de Berlim me agrada, não tenho problemas com ninguém e sinto que estes três meses que vou passar aqui serão dos mais interessantes." Não encontrou recursos na colônia francesa, que se compunha unicamente do corpo diplomático: havia somente três estudantes franceses em Berlim e as pessoas achavam surpreendente que Zaza tivesse vindo passar um trimestre na Alemanha e que quisesse seguir algum curso. "O cônsul terminara uma carta de recomendação, que me dera para entregar a um professor alemão, com uma frase que me divertiu: 'Peço-lhe que encoraje calorosamente a iniciativa tão interessante de Mlle Mabille.' Dizia que eu ia sobrevoar o Polo Norte!" Por isso, Zaza resolveu desde logo travar relações com gente do país. "Quarta-feira entrei em contato com os teatros de Berlim em companhia realmente inesperada. Imagine, diria Stépha, que pelas seis horas vejo o diretor do Hospiz, o velho e gordo Herr Pollack, aproximar-se de mim para me dizer com seu mais gracioso sorriso: 'Mocinha francesa, quer ir comigo ao teatro esta noite?' Um tanto espantada a princípio, indaguei da moralidade da peça e, considerando o ar sério e digno do velho Herr Pollack, resolvi aceitar. Às oito horas, andávamos pelas ruas de Berlim, conversando como velhos camaradas. Cada vez que tinha de pagar alguma coisa, o velho boche dizia sorridente: 'É minha hóspede, é de graça.' No terceiro entreato, animado por uma xícara de café, disse-me que sua mulher não queria ir nunca ao teatro com ele, que não tinham os mesmos gostos e que ela jamais tentara lhe dar um prazer em trinta e cinco anos de casamento, salvo há dois anos, porque estivera às portas da morte, mas não se pode estar sempre às portas da morte, acrescentou em alemão. Eu estava me divertindo loucamente, achando o gordo Herr Pollack muito mais engraçado do que Sudermann, de quem representavam *Die Ehre*, uma peça de tese no gênero de Alexandre Dumas Filho. Para terminar essa noitada bem alemã, ao sairmos do Teatro Trianon, meu boche insistiu em comer chucrute com salsichas!" Rimos, Stépha e eu, ao pensar que Mme Mabille preferira exilar Zaza a autorizá-la a participar de umas partidas de tênis entre moças e rapazes; e Zaza saía sozinha à noite com um homem, um desconhecido, um estrangeiro, um boche! Ainda bem que se informara da moralidade da peça! Mas, de acordo com as cartas seguintes, não demorara para se desembaraçar. Seguia cursos na universidade, ia a concertos, ao teatro, aos museus, ligara-se com estudantes e com um amigo de Stépha, Hans Miller, cujo endereço ela lhe dera. Ele a achara tão empertigada que lhe dissera rindo: "Você pega a vida com luvas de couro de cabrito!" Magoara-se com a brincadeira: resolvera tirar as luvas.

"Vejo tanta gente nova, de meios, de países, de gêneros diferentes, que sinto que todos os meus preconceitos estão indo por água abaixo e não sei mais exatamente se pertenci algum dia a um meio, nem a que meio. Acontece-me almoçar na embaixada com celebridades da diplomacia, suntuosas embaixatrizes do Brasil ou da Argentina, e jantar sozinha, à noite, no Aschinger, restaurante bem popular, ao lado de um empregado gordão ou de algum grego ou chinês. Não me acho presa a nenhum grupo, nenhuma razão estúpida me impede repentinamente de fazer alguma coisa que me possa interessar, nada é impossível nem inaceitável, e vivo com encantamento e confiança tudo o que cada novo dia me traz de inesperado e novo. No princípio, tinha preocupações de forma; perguntava às pessoas o que 'se fazia' e o que 'não se fazia'. Sorriram para mim e responderam: 'Cada um faz o que quer', e tirei proveito da lição. Sou pior agora do que uma estudante polonesa, saio a qualquer hora do dia e da noite, vou ao concerto com Hans Miller, passeio com ele até a uma hora da manhã. Ele parece achar isso tão natural que me sinto confusa por ainda me espantar." Suas ideias também mudavam. Seu jacobinismo se fundia. "O que mais me deixa estupefata aqui é o pacifismo e, mais ainda, a francofilia dos alemães em geral. Outro dia, no cinema, assisti a um filme de tendência pacifista que mostrava os horrores da guerra: todos aplaudiam. Parece que no ano passado quando trouxeram para cá *Napoléon*, que teve imenso êxito, a orquestra tocava a *Marselhesa*. Certa noite, no Ufa Palace, aplaudiram-na tanto, que a tocaram três vezes em meio às ovações gerais. Teria me assustado se antes de deixar Paris me houvessem dito que poderia falar da guerra sem embaraço com um alemão; pois, outro dia, Hans Miller me falou do tempo em que fora prisioneiro e terminou dizendo: 'Talvez você fosse então muito pequena para se lembrar, mas essa época foi atroz para ambos os lados e é preciso que não recomece!' Outra vez, como lhe falasse de *Siegfried et le Limousin* e lhe dissesse que o livro interessaria a ele, respondeu-me (mas as palavras em alemão exprimem melhor a ideia): 'É 'político' ou 'humano'? Já nos falaram suficientemente de nações, de raças, que nos falem um pouco do homem em geral.' Creio que ideias dessa espécie são bastante comuns entre a juventude alemã."

Hans Miller passou uma semana em Paris; saiu com Stépha e lhe disse que Zaza mudara desde a sua chegada a Berlim; friamente recebido pelos Mabille, se espantou com o abismo que separava Zaza do resto da família. Ela também tinha cada vez mais consciência disso. Escreveu-me que chorara de felicidade ao perceber o rosto da mãe na janela do trem, quando esta foi visitá-la em Berlim. Entretanto, a ideia de voltar para casa a assustava. Lili concordara afinal em se casar com um engenheiro, e segundo o relato de Hans Miller a casa estava de pernas para o ar. "Sinto que em casa todo mundo já está absorvido com as participações, as felicitações recebidas, os presentes, o anel, o enxoval, a cor dos vestidos das damas de honra (acho que não esqueço nada); e esse amontoado desordenado de formalidades não me dá muita vontade de voltar; começo a perder o hábito de tudo isso! E em verdade a vida aqui é bela, interessante... Quando penso em minha volta, é principalmente a grande felicidade de rever vocês que sinto. Mas confesso que tenho medo de recomeçar a existência de três meses atrás. O mui respeitável formalismo com que vivem as pessoas de 'nosso meio' se tornou insuportável para mim, ainda mais insuportável porque me lembro da época não muito longínqua em que, sem o saber, eu ainda estava impregnada dele. Temo readquirir esse espírito ao reintegrar o ambiente."

Não sei se Mme Mabille compreendia que a estada da filha em Berlim não dera o resultado que esperara; em todo caso, preparava-se para a ter novamente nas mãos. Encontrando minha mãe numa festa a que esta acompanhara Poupette, lhe falou com secura. Minha mãe pronunciou o nome de Stépha: "Não conheço nenhuma Stépha. Conheço a Mlle Audicovitch, que foi governanta de meus filhos." Acrescentara: "Você educa Simone como quer. Eu tenho outros princípios." Queixava-se de minha influência sobre a filha e concluíra: "Felizmente Zaza gosta muito de mim."

Paris inteira teve gripe nesse inverno e eu estava de cama quando Zaza voltou. Sentada à minha cabeceira, ela me descreveu Berlim, a Ópera, os concertos, os museus. Engordara e parecia muito saudável: Stépha e Pradelle ficaram impressionados, como eu, com sua metamorfose. Disse-lhe que em outubro sua reserva me preocupara: ela assegurou-me alegremente que tinha mudado. E não apenas de ideias, pois ao invés de meditar sobre a morte e de aspirar ao claustro, transbordava de vitalidade. Esperava que o casamento da irmã lhe facilitasse a existência. Apiedava-se contudo pelo destino de Lili: "É sua última oportunidade", declarara Mme Mabille. Lili correra a consultar todas as amigas. "Aceita", haviam aconselhado as recém-casadas resignadas e as celibatárias à cata de marido. Zaza se sentia angustiada ouvindo as conversas dos noivos. Mas, sem saber exatamente por quê, estava certa agora de que semelhante futuro não a ameaçava. Por enquanto, dispunha-se a estudar seriamente violino, a ler muito e a instruir-se; contava empreender a tradução de um romance de Stefan Sweig. Sua mãe não ousava subtrair-lhe ab-ruptamente a liberdade. Autorizou-a a sair duas ou três vezes à noite comigo. Fomos ouvir *Le Prince Igor* executado pela Ópera russa. Assistimos ao primeiro filme de Al Johnson, *O cantor de jazz*, e a uma sessão organizada pelo grupo Effort em que se exibiram filmes de Germaine Dulac; em seguida, houve um debate agitado sobre cinema puro e cinema sonoro. Muitas vezes, à tarde, enquanto trabalhava na Nacional, sentia uma mão enluvada no meu ombro: Zaza me sorria sob o chapéu de feltro cor-de-rosa e íamos tomar um café ou dar uma volta. Infelizmente partiu para Bayonne a fim de fazer, durante um mês, companhia a uma prima doente.

Senti muita falta dela. Os jornais diziam que, há quinze anos, Paris não conhecia um frio tão rigoroso. O Sena carreava blocos de gelo; eu não passeava mais e trabalhava muito. Terminava meus estudos.

Memórias de uma moça bem-comportada

Redigia para um professor chamado Laporte uma dissertação sobre Hume e Kant; das nove da manhã às seis da tarde, ficava grudada na minha poltrona na Nacional; mal gastava meia hora para comer um sanduíche; acontecia-me cochilar à tarde e até dormir. À noite, em casa, tentava ler Goethe, Cervantes, Tchekhov, Strindberg. Mas a cabeça doía. A fadiga me dava por vezes vontade de chorar. E decididamente a filosofia tal qual a ensinavam na Sorbonne nada tinha de consolador. Bréhier ministrava um excelente curso sobre os estoicos; mas Brunschvicg se repetia; Laporte desancava todos os sistemas à exceção do de Hume. Era o mais jovem de nossos professores; usava bigodinho, polainas brancas e seguia as mulheres na rua: uma vez, mexera por engano com uma de suas alunas. Devolveu-me minha dissertação com uma nota passável e comentários irônicos: eu preferira Kant a Hume. Convidou-me à casa dele, um belo apartamento na avenida Bosquet, a fim de conversar sobre meu trabalho. "Grandes qualidades, mas muito antipático. Estilo obscuro, falsamente profundo no que concerne à filosofia!" Criticou todos os colegas, principalmente Brunschvicg; depois passou rapidamente em revista os velhos mestres. Os filósofos da Antiguidade? Uns ingênuos. Spinoza? Um monstro. Kant? Um impostor. Sobrava Hume. Objetei que Hume não resolvia nenhum dos problemas práticos: ele deu de ombros: "A prática não coloca problemas." Não, só se devia ver na filosofia um divertimento, e tinha-se o direito de preferir outra coisa. "Em suma, trataria apenas de uma convenção?", sugeri. "Não, *mademoiselle*, dessa vez está exagerando", respondeu-me com súbita indignação. "Sei", acrescentou, "que o ceticismo não está na moda. Muito bem, vai procurar uma doutrina mais otimista do que a minha." Conduziu-me até a porta: "Muito prazer. Obterá certamente a 'agrégation'", concluiu com um ar de desgosto. Era sem dúvida mais sadio, mas menos reconfortante, do que os vaticínios de Jean Baruzi.

Procurei reagir. Mas Stépha preparava seu enxoval e montava casa, eu a via muito pouco. Minha irmã não tinha entusiasmo, Lisa vivia desesperada, Clairaut distante, Pradelle continuava o de sempre; Mallet emagrecia de tanto estudar. Tentei me interessar por Mlle Roulin e outras colegas. Não consegui. Durante toda uma tarde, através das galerias do Louvre, fiz uma grande viagem da Assíria ao Egito e do Egito à Grécia. Fora, me reencontrei mergulhada numa tarde molhada de Paris. Arrastava-me, sem pensamento, sem amor. Desprezava-me. Pensava em Jacques muito longinquamente, como num orgulho perdido. Suzanne Boigue, que voltava do Marrocos, me recebeu num apartamento claro, discretamente exótico: era amada e feliz; invejei-a. O que mais me pesava era sentir-me diminuída. "Parece que perdi muito, e o pior é que não chego a sofrer com isso... Estou inerte, conduzida ao sabor das ocupações, dos devaneios do momento. Nada em mim participa de nada; não me apego a nenhuma ideia, a nenhuma afeição por esse laço estreito, cruel, exaltante, que durante muito tempo me prendeu a tantas coisas; interesso-me por tudo mas com *moderação*; sou sensata e comportada a ponto de não sentir sequer a angústia de minha existência." Agarrava-me à esperança de que tudo isso fosse passageiro; dentro de quatro meses, livre do concurso, poderia novamente me interessar pela vida; começaria a escrever meu livro. Mas desejara que algum socorro me viesse de fora: "Desejo de uma afeição nova, de uma aventura, de qualquer coisa que seja diferente!"

A poesia dos bares não tinha mais encanto. Mas depois de um dia inteiro na Nacional ou na Sorbonne, suportava mal fechar-me em casa. Aonde ir? Novamente vaguei por Montparnasse, com Lisa uma noite, com Fernando e Stépha depois. Minha irmã se ligara a uma de suas colegas da escola, uma bonita jovem de dezessete anos, viva e ousada, e cuja mãe era dona de uma casa de doces; chamavam-na Gégé; gozava de toda liberdade. Encontrava-as frequentemente no Dôme. Uma noite resolvemos ir ao Jungle, que acabava de ser inaugurado em frente do Jockey. Mas não tínhamos dinheiro. "Não faz mal", disse Gégé, "espere-nos lá: vamos dar um jeito." Entrei sozinha na boate e me sentei junto ao bar. Num banco do bulevar, Poupette e Gégé gemiam ruidosamente: "E dizer que só nos faltam vinte francos!" Um passante se comoveu. Não sei o que lhe contaram mas elas não tardaram a se aboletar a meu lado à frente dos *gin-fizz*. Gégé sabia provocar os homens. Ofereceram-nos bebidas, nos fizeram dançar. Uma anã, a quem chamavam Chiffon e que eu já ouvira no Jockey, cantava e proferia obscenidades levantando a saia: exibia coxas manchadas de equimoses e contava como o amante a mordia. De certo modo, aquilo era refrescante. Recomeçamos. No Jockey, certa tarde, encontrei velhos conhecidos com os quais evoquei as alegrias do verão passado; um jovem estudante suíço, frequentador da Nacional, me fez uma corte insistente; bebi e me diverti. Mais tarde, à noite, um jovem médico, que observava nosso trio com um olhar crítico, perguntou-me se vinha ali para fazer estudos de costumes; quando minha irmã saiu, à meia-noite, felicitou-me pelo bom comportamento dela, mas me disse, em tom de censura, que Gégé era demasiado criança para frequentar *dancings*. Por volta de uma hora, propôs nos reconduzir de táxi; acompanhamos primeiramente Gégé, e ele se divertiu visivelmente com meu embaraço durante o percurso em que fiquei sozinha com ele. Seu interesse me lisonjeou. Bastava um encontro, um incidente imprevisto para me devolver o bom humor. O prazer que tirava dessas ínfimas aventuras não explica, contudo, que tenha de novo sucumbido à sedução dos lugares vulgares. Surpreendi-me com isso: "Jazz, mulheres, danças, palavrões, álcool, esfregações: como posso não me sentir chocada, e aceitar aqui o que não aceitaria em nenhum lugar, e brincar com esses homens? Como posso amar essas coisas com essa paixão que vem de tão longe e que tão fortemente me prende? O que vou procurar nesses lugares de encantos equívocos?"

Dias depois tomei chá na casa da Mlle Roulin, com quem me aborreci de verdade. Ao deixá-la fui ao Européen; sentei-me por quatro francos numa cadeira de balcão entre mulheres desgrenhadas e rapazes desalinhados; casais se abraçavam, se beijavam; moças exageradamente perfumadas se extasiavam com o cantor de cabelos engomados, e pesadas gargalhadas sublinhavam as piadas maliciosas. Eu também me comovia, ria, me sentia bem. Por quê? Perambulei longamente pelo bulevar Barbès, olhava as prostitutas e os malandros, já não mais com horror e sim com uma espécie de inveja. Espantei-me de novo comigo mesma: "Há em mim não sei que desejo, talvez monstruoso, desde sempre presente, de ruído, de luta, de selvageria e principalmente de abjeção... O que seria preciso hoje para que eu também me torne morfinômana, alcoólatra, sei lá mais o quê? Uma oportunidade talvez, uma fome um pouco maior de tudo o que não conhecerei nunca..." Por momentos eu me escandalizava com essa "perversão", esses "baixos instintos" que descobria em mim. O que teria pensado Pradelle, que me acusava outrora de emprestar nobreza demais à vida? Censurava a mim mesma por ser dissimulada, hipócrita. Mas não pensava em me renegar: "Quero a vida, toda a vida. Sinto-me curiosa, ávida, ávida de me consumir mais ardentemente do que qualquer outra, seja qual for a chama."

Via-me a dois passos de me confessar a verdade: estava farta de ser um puro espírito. Não que o desejo me atormentasse como às vésperas da puberdade. Mas imaginava que a violência da carne, sua crueza me teriam salvo da insipidez etérea em que eu definhava. Não me passava pela cabeça tentar a experiência; tanto quanto meus sentimentos por Jacques, meus preconceitos me impediam isso. Detestava cada vez mais francamente o catolicismo: vendo Lisa e Zaza se debaterem contra "essa religião martirizante", regozijava-me por ter escapado dela; na realidade, permanecera marcada; os tabus sexuais sobreviviam a ponto de eu pretender poder me tornar morfinômana ou alcoólatra mas nem pensar em libertinagem. Lendo Goethe e o livro de Ludwig sobre ele, protestei contra sua moral. "Esse lugar, tão tranquilamente reservado à vida dos sentidos, sem luta, sem inquietação, me choca. A pior das devassidões, se é a de um Gide buscando alimento para o espírito, uma defesa, uma provocação, me comove; os amores de Goethe me ofendiam." Ou o amor físico se integrava ao amor autêntico e, nesse caso, tudo se tornava natural, ou era uma trágica diminuição e eu não tinha a audácia de mergulhar nela.

Decididamente, era influenciada pela estação. Nesse ano ainda, ao primeiro sopro da primavera, respirei alegremente o odor quente do asfalto, desabrochei. Não dava tréguas a mim mesma, a data do concurso se aproximava e tinha uma porção de lacunas a preencher; mas a fadiga me impunha pausas e eu as aproveitei. Passeei com minha irmã pelas margens do Marne e senti novamente prazer em conversar com Pradelle, sob os castanheiros do Luxemburgo; comprei um chapeuzinho vermelho que provocou sorrisos em Stépha e Fernando. Levei meus pais ao Européen e papai nos ofereceu sorvetes no terraço do Wepler. Minha mãe me acompanhava muitas vezes ao cinema; no Moulin-Rouge vi com ela *Barbette*, menos extraordinário do que afirmava Jean Cocteau. Zaza voltou de Bayonne. Visitamos as novas salas de pintura francesa no Louvre; não gostava de Monet, apreciava Renoir com restrições, admirava muito Manet e perdidamente Cézanne porque via em seus quadros "a descida do espírito ao coração do sensível". Zaza partilhava mais ou menos meus gostos. Assisti, sem me aborrecer demasiado, ao casamento da irmã dela.

Durante as férias da Páscoa, passei todos os meus dias na Nacional; encontrava Clairaut, que achava algo pedante, mas que continuava a me intrigar; esse homenzinho escuro e seco teria realmente sofrido da "trágica suserania" da carne? Era certo, em todo caso, que essa questão o preocupava. Orientou várias vezes a conversa para o artigo de Mauriac. Que dose de sensualidade pode se permitir um casal cristão? E os noivos? Fez um dia a pergunta a Zaza, que se zangou: "São problemas de solteironas e de padres!", respondeu ela. Dias depois, me contou que ele próprio tivera uma dolorosa experiência. No início do ano escolar, ficara noivo da irmã de um de seus colegas; ela o admirava imensamente e era de um temperamento apaixonado; se não a houvesse freado, Deus sabe onde teriam ido parar! Ele lhe explicara que deviam aguardar a noite de núpcias e que, entrementes, somente beijos castos lhes eram permitidos. Ela se obstinara em lhe oferecer a boca e ele em recusá-la; ela acabara antipatizando com ele e rompendo o noivado. Visivelmente, esse fracasso o obcecava. Raciocinava sobre o casamento, o amor, as mulheres, com uma violência de maníaco. Achei bastante ridícula a história, que me lembrava a de Suzanne Boigue; mas lisonjeava-me que me tivesse feito essa confidência.

As férias da Páscoa terminaram; nos jardins da Escola Normal floridos de lilases, de citisos, de coroas-de-cristo, tornei a me encontrar com prazer entre meus colegas. Conhecia-os quase todos. Só o grupo formado por Sartre, Nizan e Herbaud me permanecia hermético; não se davam com ninguém; só assistiam a algumas aulas selecionadas e se sentavam longe dos outros. Tinham má reputação. Dizia-se que "não tinham simpatia pelas coisas". Abertamente anticlericais, pertenciam a um bando constituído, em sua maioria, por antigos alunos de Alain, conhecidos pela sua brutalidade; seus filiados jogavam bombas de água nos normalistas distintos que voltavam para casa, à noite, de smoking. Nizan era casado e tinha viajado; usava muitas vezes calças de golfe e, por trás de seus óculos de tartaruga, eu divisava um olhar muito intimidante. Sartre não tinha má cara, mas diziam que era o mais terrível dos três e o acusavam até de beber. Somente um deles me parecia acessível: Herbaud. Ele também era casado. Em companhia de Sartre e de Nizan, me ignorava. Quando eu o encontrava sozinho, trocávamos algumas palavras.

Fizera uma palestra em janeiro, no curso de Brunschvicg, e, durante a discussão que se seguira, divertira todo mundo. Eu me impressionara com sua voz zombeteira e sua boca irônica. Meu olhar, cansado dos candidatos insossos à "agrégation", repousava com prazer no seu rosto rosado iluminado por olhos de um azul infantil; seus cabelos louros eram espessos e vivos como a relva. Viera um dia estudar na Nacional e, apesar da elegância do sobretudo azul, do lenço claro, do terno bem feito, eu achara nele alguma coisa de camponês. Tivera a inspiração — contrariamente aos meus hábitos — de subir ao restaurante da biblioteca para almoçar: oferecera-me um lugar à sua mesa com tanta naturalidade, como se houvéssemos marcado encontro. Faláramos de Hume e Kant. Cruzara com ele no vestíbulo de Laporte, que lhe dizia cerimoniosamente: "Até breve, M. Herbaud" e eu pensara com melancolia que se tratava de um homem casado, muito longínquo, para quem eu não existiria nunca. Uma tarde, o vira na rua Soufflot, acompanhado por Sartre e Nizan e dando o braço a uma mulher de vestido cinzento; me senti excluída. Era o único dos três que seguira o curso de Brunschvicg; pouco antes das férias da Páscoa, sentara-se a meu lado. Desenhara uns Eugènes inspirados nos que Cocteau criara em *Potomak* e compusera alguns pequenos poemas ácidos. Eu o achara muito engraçado e me comovera encontrar na Sorbonne alguém que gostasse de Cocteau. De certa maneira, Herbaud me fazia pensar em Jacques; ele também substituía, não raro, uma frase por um sorriso e parecia viver fora dos livros. Todas as vezes que retornara à Nacional, me cumprimentara gentilmente e eu ansiara por lhe dizer algo inteligente; infelizmente não achara nada.

Entretanto, quando os cursos de Brunschvicg recomeçaram depois das férias, ele voltou a se sentar perto de mim. Dedicou-me um "retrato do candidato médio à 'agrégation'", outros desenhos e poemas. Declarou subitamente que era individualista. "Eu também", disse-lhe. "Você?" Examinou-me com ar de desconfiança: "Pois pensei que fosse católica, tomista e interessada no social." Protestei e ele se congratulou comigo por estarmos de acordo. Com displicência elogiou nossos precursores: Sylla, Barrès, Stendhal, Alcibíades, por quem tinha predileção: não me recordo de tudo o que contou, mas me divertia cada vez mais; parecia seguro de si e não se levava absolutamente a sério: foi essa mistura de arrogância e ironia que me encantou. Quando, ao me deixar, prometeu longas conversas, exultei: "Há uma forma de inteligência que me toca o coração", anotei à noite. Já me achava disposta a abandonar, por ele, Clairaut, Pradelle, Mallet e todos os outros juntos. Ele tinha evidentemente a atração da novidade e eu sabia que me entusiasmava depressa, embora, por vezes, pudesse me desiludir rapidamente. Contudo, me surpreendeu a violência do encantamento: "Encontro com André Herbaud ou comigo mesma? O que me comoveu tão fortemente? Por que me sinto revolvida como se alguma coisa me tivesse acontecido realmente?"

Alguma coisa me acontecera que indiretamente decidiu minha vida: mas isso eu só iria saber um pouco mais tarde.

Desde então, Herbaud frequentou assiduamente a Nacional; eu reservava para ele a poltrona vizinha à minha. Almoçávamos juntos numa espécie de casa de chá no primeiro andar de uma padaria; meus meios me permitiam apenas pagar o prato do dia, mas ele me empanturrava autoritariamente de tortas de morango. De uma feita, ofereceu-me, no

Memórias de uma moça bem-comportada

Fleur de Lys, praça Louvois, uma refeição que me pareceu suntuosa. Passeávamos nos jardins do Palais-Royal, nos sentávamos à beira do laguinho; o vento balançava o repuxo e gotas d'água salpicavam nossos rostos. Sugeri que retornássemos ao trabalho. "Vamos primeiramente tomar um café", dizia Herbaud, "senão você trabalha mal, agita-se, impede-me de ler." Levava-me ao Poccardi e quando eu me levantava, depois de engolir a última xícara, ele dizia afetuosamente: "Que pena!" Era filho de um professor dos arrabaldes de Toulouse e viera a Paris a fim de se preparar para a Escola Normal. Conhecera, no período de estágio, Sartre e Nizan e me falava muito deles. Admirava Nizan pela sua distinção desenvolta, mas era principalmente amigo de Sartre, que ele afirmava ser prodigiosamente interessante. Nossos outros colegas, ele os desprezava em bloco e individualmente. Considerava Clairaut um pedante e não o cumprimentava nunca. Uma tarde, Clairaut chegou-se a mim com um livro na mão: "Mlle De Beauvoir", indagou num tom inquisidor, "que pensa da opinião de Brochard segundo a qual o Deus de Aristóteles sentiria prazer?" Herbaud o mediu de alto a baixo: "Espero que ele sinta", disse com altivez. No início, falávamos sobretudo do mundinho que nos era comum: nossos colegas, nossos professores, o concurso. Citava-me o tema de dissertação com que se divertiam tradicionalmente os normalistas: "Diferença entre a noção de conceito e o conceito de noção." Inventara outros: "De todos os autores do programa qual você prefere e por quê?" "A alma e o corpo: semelhanças, diferenças, vantagens e inconvenientes." Na realidade suas relações com a Normal e a Sorbonne eram bastante vagas; sua vida estava em outro lugar. Falou-me um pouco dela. Falou-me da mulher, que encarnava a seus olhos todos os paradoxos da feminilidade, de Roma, onde estivera em viagem de núpcias, do Fórum, que o comovera até as lágrimas, de seu sistema moral, do livro que queria escrever. Trouxe para mim o *Détective* e *L'Auto*; apaixonava-se por uma corrida de bicicletas ou por um enigma policial; aturdia-me com anedotas, com associações de ideias imprevistas. Manejava com tanta felicidade a ênfase como a secura, o lirismo, o cinismo, a ingenuidade, a insolência, que nada do que dizia era comum. Mas o que havia de mais irresistível nele era o riso: parecia que acabava de cair inopinadamente num planeta que não era o seu, e cuja prodigiosa comicidade descobria com encanto; quando seu riso explodia tudo me parecia novo, surpreendente, delicioso.

Herbaud não se assemelhava a meus outros amigos; estes tinham fisionomias tão sensatas que se tornavam imateriais. A cara de Jacques, por certo, nada tinha de angelical, mas certo verniz burguês lhe mascarava a abundante sensualidade. Impossível reduzir a fisionomia de Herbaud a um símbolo; o maxilar proeminente, o grande sorriso úmido, as íris azuis cercadas por córneas lustrosas, a carne, os ossos se impunham e se bastavam. Além disso, Herbaud tinha um corpo. Em meio às árvores verdejantes, ele me dizia a que ponto detestava a morte e que nunca aceitaria a doença e a velhice. Como sentia orgulhosamente nas veias o frescor do sangue! Olhava-o andar no jardim com uma graça um tanto desengonçada, olhava suas orelhas, transparentes ao sol como um confeito cor-de-rosa e sabia que tinha a meu lado não um anjo, mas um filho dos homens. Estava cansada do angelicalismo e ficava feliz por ele me tratar — somente Stépha o fizera — como criatura terrena. Porque sua simpatia não se endereçava a minha alma: não avaliava meus méritos; espontânea, gratuita, me adotava por inteiro. Os outros me falavam com deferência, ou, pelo menos, com gravidade e à distância. Herbaud ria na minha cara, pousava a mão em meu braço, me ameaçava de dedo em riste dizendo "minha pobre amiga"; fazia um monte de pequenas reflexões sobre minha pessoa, reflexões amáveis ou zombeteiras, mas sempre inesperadas.

Filosoficamente não me ofuscava. Anotei com alguma incoerência: "Admiro sua faculdade de ter teorias próprias acerca de todas as coisas. Talvez seja por não conhecer muito a filosofia. Agrada-me enormemente." Faltava a ele efetivamente rigor filosófico, mas o que contava muito mais para mim é que me abria caminhos pelos quais gostaria de enveredar, sem ter ainda a ousadia de fazê-lo. Meus amigos, em sua maioria, eram crentes, e eu me detinha em buscar concordâncias entre seus pontos de vista e os meus; não ousava afastar-me demais deles. Herbaud me dava vontade de liquidar esse passado que nos separava; criticava minhas ligações com os *talas*. O ascetismo cristão lhe repugnava. Ignorava deliberadamente a angústia metafísica. Antirreligioso, anticlerical, era também antinacionalista, antimilitarista; tinha horror a todas as místicas. Dei-lhe para ler minha dissertação sobre a "personalidade", de que muito me orgulhava. Fez uma careta: verificava nela vestígio de um catolicismo e de um romantismo que me exortava a limpar o mais depressa possível. Concordei com ardor. Estava farta das "complicações católicas", dos impasses espirituais, das mentiras do maravilhoso; queria agora pôr os pés na Terra. Eis por que, ao encontrar Herbaud, tive a impressão de achar a mim mesma: ele indicava-me meu futuro. Não era nem um bem-pensante, nem um rato de biblioteca, nem um *habitué* de bar; provava com seu exemplo que se pode construir, fora dos velhos quadros, uma vida orgulhosa, alegre e refletida: exatamente como eu a desejava.

Essa amizade confortadora exaltava as alegrias da primavera. Uma só primavera no ano, dizia a mim mesma, e na vida, uma só mocidade. Era preciso nada perder das primaveras de minha juventude. Estava acabando de redigir minha tese; lia livros sobre Kant, mas o grosso da tarefa fora realizado e estava certa de obter o diploma: o êxito que eu antecipava contribuía para me embriagar. Passei com minha irmã adoráveis noitadas no Bobino, no Lapin Agile, no Caveau de la Bolée, onde ela fazia esboços. Ouvi com Zaza, na sala Pleyel, o festival Layton e Johnston; visitei com Riesmann uma exposição de Utrillo; aplaudi Valentine Tessier em *Jean de la Lune*. Li com admiração *Lucien Leuwen* e, com curiosidade, *Manhattan Transfer*, que, a meu ver, revelava por demais a técnica. Sentava-me no Luxemburgo ao sol, acompanhava à noite as águas escuras do Sena, atenta às luzes, aos odores, a meu coração, e a felicidade me sufocava.

Uma tarde de fins de abril, me encontrei com minha irmã e Gégé na praça St.-Michel; depois de tomar alguns coquetéis e ouvir discos de jazz num novo bar do bairro, Le Bateau Ivre, fomos a Montparnasse. O azul fluorescente dos anúncios de néon me lembrava as campânulas de minha infância. No Jockey, rostos familiares sorriram mais uma vez para mim e a voz do saxofone fendeu-me suavemente o coração. Avistei Riquet. Conversamos: sobre *Jean de la Lune* e, como sempre, sobre amizade, sobre amor; aborreceu-me; que distância entre ele e Herbaud! Tirou do bolso uma carta e reconheci a letra de Jacques. "Jacques está mudando", disse ele, "está envelhecendo. Só voltará a Paris em meados de agosto." E acrescentou com ardor: "Dentro de dez anos fará coisas incríveis." Não me mexi. Parecia-me que fora atingida por uma paralisia do coração.

No dia seguinte, pela manhã, acordei quase em lágrimas. "Por que Jacques escreve aos outros e nunca a mim?" Fui a Sainte-Geneviève, mas desisti de trabalhar. Li *A odisseia* para "colocar a humanidade inteira entre mim e minha dor particular". O remédio não foi muito eficiente. Em que pé andava eu com Jacques? Dois anos antes, desiludida com sua recepção, passeara pelos bulevares reivindicando contra ele "uma vida minha"; essa vida, eu a tinha. Mas iria esquecer o herói de minha mocidade, o fabuloso irmão de Meaulnes, destinado a fazer "coisas incríveis" e talvez marcado pelo gênio? Não. O passado não me largava: desejara tanto, e há tanto tempo, levá-lo por inteiro comigo para o futuro!

Recomecei portanto a caminhar às tontas entre saudades e esperas, e uma noite entrei no Stryx. Riquet me convidou à sua mesa. No bar, Olga, a amiga de Riaucourt, conversava com uma morena enrolada em peles *argentées*, que me pareceu muito bonita; usava faixas negras nos cabelos, tinha um rosto fino de lábios escarlates e pernas compridas e sedosas. Vi logo que se tratava de Magda. "Tem notícias de Jacques?", indagou. "Não pediu notícias minhas? Esse sujeito deu o fora há um ano e nem sequer pede notícias. Não chegamos a ficar dois anos juntos. Não tenho sorte! Que salafrário!" Registrei as palavras, mas no momento não cheguei a reagir. Discuti tranquilamente com Riquet e seu bando até a uma hora da manhã.

Logo que me deitei, desmoronei. A noite foi horrível. Passei o dia inteiro no terraço do Luxemburgo, tentando compreender em que pé andavam as coisas. Quase não sentia ciúme. Essa ligação tinha terminado; não durara muito; fora incômoda para Jacques, que se antecipara à chamada a fim de romper com ela. E o amor que eu desejava que houvesse entre nós nada tinha a ver com essa história. Uma recordação me veio à memória: no livro de Pierre-Jean Jouve, que me emprestara, Jacques sublinhara uma frase: "A esse amigo é que me confio mas é outro que abraço." Eu pensara: "Que seja, Jacques. É do outro que tenho pena." Ele encorajava esse orgulho, dizendo-me que não estimava as mulheres, mas que eu era outra coisa para ele. Então por que essa desolação no meu coração? Por que repetia, com lágrimas nos olhos, as palavras de Otelo: "Que pena, Iago! Ah! Iago, que pena!" É que eu acabava de fazer uma dolorosa descoberta: essa bela história, que era minha vida, ia-se tornando falsa à medida que eu a contava a mim mesma.

Como eu me cegara e como me sentia machucada! Os momentos de tédio de Jacques, seus desgostos, eu os atribuía a não sei que sede de impossível. Como minhas respostas abstratas deviam ter parecido estúpidas para ele! Como estava longe dele quando me acreditava tão próxima! Houvera indícios, entretanto: conversas com os amigos acerca de aborrecimentos obscuros, mas precisos. Outra recordação despertou em mim: entrevira sentada ao lado de Jacques, no automóvel, uma morena muito elegante e muito bonita. Mas eu multiplicara os atos de fé. Com que engenho, com que obstinação me iludira! Sonhara sozinha com essa amizade de três anos; apegava-me a ela agora por causa do passado e o passado era apenas mentira. Tudo desmoronava. Tive vontade de um rompimento definitivo e irremediável: amar outro ou partir para o fim do mundo.

 Critiquei-me depois. Meu sonho é que era falso, e não Jacques. O que lhe podia censurar? Nunca se fizera passar por herói ou santo, falara até, muitas vezes, mal de si mesmo. A citação de Jouve fora uma advertência; tentara me falar de Magda: eu não lhe facilitara a franqueza. Aliás, há muito eu pressentia a verdade: a conhecia, até. O que me chocava, senão velhos preconceitos católicos? Acalmei-me. Errava ao exigir que a vida concordasse com um ideal estabelecido de antemão; a mim é que cabia me mostrar à altura do que ela me dava. Sempre preferira a realidade às miragens. Terminei minha meditação me orgulhando de ter ido de encontro a um acontecimento sólido e ter conseguido superá-lo.

 No dia seguinte, uma carta de Meyrignac informou-me de que vovô estava muito doente e ia morrer; gostava dele, mas estava muito velho, sua morte me parecia natural e não me entristeci. Minha prima Madeleine se encontrava em Paris; levei-a a um café dos Champs-Élysées para tomar sorvete. Ela contava histórias que eu não ouvia; pensava em Jacques, com desprezo. Sua ligação com Magda obedecia fielmente demais ao clássico esquema que sempre me repugnara: o moço de família se inicia na vida com uma amante qualquer, depois, quando resolve se tornar um homem sério, a abandona. Era trivial, era feio. Deitei-me e despertei com um nó de desprezo na garganta. "As pessoas se situam na altura das concessões que fazem"; repetia essa frase de Jean Sarment durante o curso da Normal, enquanto almoçava com Pradelle numa espécie de leiteria do bulevar Saint-Michel, Les Yvelynes. Ele falava de si. Afirmara que era menos ponderado do que pretendiam seus amigos; mas detestava os exageros; proibia a si mesmo exprimir sentimentos ou ideias além das convicções que deles tinha. Aprovei seus escrúpulos. Se me parecia por vezes indulgente demais com os outros, tratava a si próprio com severidade; era melhor do que fazer o contrário, pensava eu amargamente. Passamos em revista as pessoas que estimávamos e muito secamente ele eliminou os "estetas de bar". Dei-lhe razão. Acompanhei-o até Passy de ônibus e fui passear no Bois.

 Respirei o odor da grama recém-cortada e andei pelo parque de Bagatelle, deslumbrada com a profusão de margaridas e junquilhos, de árvores frutíferas em flor; havia canteiros de tulipas vermelhas, cercas de lilases, árvores imensas. Li Homero à beira de um riacho; chuviscos rápidos e grandes manchas de sol acariciavam a folhagem brilhante. Que tristeza, pensei, poderia resistir à beleza do mundo? Afinal de contas, Jacques não tinha muito mais importância do que uma dessas árvores do jardim.

Gostava de falar, gostava de dar publicidade a tudo o que me acontecia. Além disso, desejava que alguém julgasse essa história de um ponto de vista imparcial. Sabia que Herbaud sorriria apenas; estimava demais Zaza e Pradelle para expor Jacques ao julgamento deles. Em compensação, Clairaut não me intimidava mais e ele apreciaria os fatos à luz dessa moral cristã, diante da qual, a despeito de tudo, eu me inclinava ainda: apresentei-lhe o caso. Ele escutou com avidez e suspirou: como as moças são intransigentes! Confessara à noiva certas fraquezas — solitárias, dava-me a entender — e, ao invés de admirar sua franqueza, ela parecera enojada. Imaginei que ela teria preferido uma confissão mais gloriosa ou, na ausência de tal coisa, o silêncio; mas não se tratava disso. No que me dizia respeito, ele condenava minha severidade, logo inocentava Jacques. Resolvi adotar seu ponto de vista. Esquecendo que a ligação de Jacques me chocara diretamente pela banalidade burguesa, censurei-me por tê-lo condenado em nome de princípios abstratos. Na verdade, lutava dentro de um túnel, entre sombras. Contra o fantasma de Jacques, contra o passado defunto, brandia um ideal em que não mais acreditava. Mas, se o rejeitasse, em nome de que julgaria? Para proteger meu amor, recalquei meu orgulho: por que exigir que Jacques fosse diferente dos outros? Apenas ele se assemelhava a todos, quando em muitos pontos eu o considerava inferior a muitos, que razões tinha para preferi-lo? A indulgência terminava em indiferença.

Um jantar na casa de seus pais aumentou mais a confusão. Naquela galeria em que eu vivera momentos tão densos, tão suaves, minha tia me informou de que ele escrevera: "Diga muitas coisas boas a Simone quando a encontrar. Não fui muito correto com ela, mas não sou com ninguém; aliás, de minha parte, isso não a surpreenderá." Eu não passava, portanto, para ele, de uma pessoa como as outras! O que mais me inquietou foi ter ele pedido à mãe que lhe confiasse o irmão menor no ano seguinte: pensava, pois, em continuar a vida de solteiro? Eu era realmente incorrigível. Arrependia-me de ter inventado sozinha o nosso passado; e continuava a construir sozinha o nosso futuro. Renunciei às hipóteses. Acontecerá o que tiver que acontecer, disse a mim mesma. Cheguei a pensar que talvez tivesse interesse em acabar com essa velha história e começar outra coisa inteiramente diversa. Ainda não desejava francamente essa renovação, mas ela me seduzia.

Em todo caso, concluí que, para viver, escrever e ser feliz, podia perfeitamente dispensar Jacques.

No domingo, um telegrama me anunciou a morte de vovô; decididamente meu passado desmoronava. No Bois, com Zaza, sozinha por Paris, passeei com o coração vazio. Na segunda-feira, sentada no terraço ensolarado do Luxemburgo, li *Ma vie*, de Isadora Duncan, e sonhei com minha própria existência. Não seria ruidosa, nem mesmo brilhante. Desejava apenas o amor, escrever bons livros, ter alguns filhos, "com amigos a quem dedicar os livros e que ensinarão o pensamento e a poesia a meus filhos". Concedia ao marido uma parte mínima. É que, emprestando-lhe ainda os traços fisionômicos de Jacques, eu me esforçava por preencher com a amizade as insuficiências que não procurava mais esconder a mim mesma. Nesse futuro, cuja iminência começava a sentir, o essencial continuava sendo a literatura. Andara certa não escrevendo jovem demais um livro desesperado: queria falar agora, a um tempo, da tragicidade da vida e de sua beleza. Enquanto meditava assim sobre meu destino, divisei Herbaud, que dava voltas no laguinho em companhia de Sartre; me viu e me ignorou. Mistério e mentira dos diários íntimos: não mencionei o incidente que, no entanto, pesou em meu coração. Magoava-me que Herbaud tivesse renegado nossa amizade e experimentei esse sentimento de exílio que detestava acima de tudo.

 A família inteira se achava reunida em Meyrignac; foi sem dúvida por causa dessa confusão que nem o cadáver de meu avô, nem a casa, nem o parque me comoveram. Chorara aos treze anos, prevendo que um dia não me sentiria mais em casa, em Meyrignac; acontecera; a propriedade pertencia a minha tia, a meus primos; ali iria este ano como convidada e muito em breve não iria mais. Não tive um suspiro sequer. A infância, a adolescência e o casco das vacas batendo na porta do estábulo ao luar, tudo isso já se situava atrás de mim, longe, muito longe. Estava preparada agora para qualquer outra coisa. Na violência dessa espera, as saudades se destruíam.

 Voltei a Paris de luto, com um chapéu coberto por um véu de seda preta. Mas todos os castanheiros se achavam floridos, o asfalto se derretia a meus pés, sentia o doce calor do sol através do vestido. Havia festa na esplanada dos Invalides: passeei com minha irmã e Gégé comendo *nougat* que nos lambuzava os dedos. Elas encontraram um colega de escola que nos levou a seu quarto para ouvir discos e beber vinho do

Porto. Quantos prazeres numa só tarde! Cada dia me trazia alguma coisa: o cheiro de tinta do salão das Tulherias; no Européen, Damia, que eu fui ouvir com Mallet; passeios com Zaza, com Lisa; o azul do verão, o sol. Enchia ainda páginas de meu diário: elas contavam minha alegria, indefinidamente.

Encontrei Clairaut na Nacional. Deu-me os pêsames e interrogou-me a respeito do estado de meu coração, com olhos brilhantes; a culpa era minha, falara demais; irritei-me entretanto. Fez-me ler, batido à máquina, um curto romance em que relatava suas complicações com a noiva: como podia um rapaz culto, e que diziam inteligente, contar, em frases incolores, tão lamentáveis histórias? Não lhe escondi que não o achava com jeito para a literatura. Não pareceu se magoar. Como era muito amigo de Pradelle, quem meus pais apreciavam bastante, veio jantar em casa, ele também, uma noite e agradou muito a meu pai. Pareceu muito sensível aos encantos de minha irmã e, para provar-lhe que não era nenhum pedante, se expandiu em gracejos que nos consternaram pela vulgaridade.

Revi Herbaud uma semana depois de minha volta, num corredor da Sorbonne. Envergando um terno de verão marrom claro, estava sentado ao lado de Sartre no vão de uma janela. Estendeu-me a mão, num afetuoso e demorado gesto, e olhou com curiosidade meu vestido preto. Na aula, sentei-me ao lado de Lisa e eles, num banco um pouco atrás de nós. No dia seguinte, ele estava na Nacional e disse-me que se preocupara com minha ausência: "Supus que estivesse no campo e depois, ontem, a vi de luto." Fiquei contente por ele ter pensado em mim; mas me encheu de alegria ao aludir ao nosso encontro no Luxemburgo; gostaria de ter apresentado Sartre a mim, "mas, se não respeito as ruminações de Clairaut", disse, "não me permitiria perturbá-la quando medita". Entregou-me, da parte de Sartre, um desenho que este me dedicara e que representava "*Leibniz no banho com as Mônadas*".

Durante as três semanas que precederam a "agrégation", ele esteve diariamente na biblioteca; mesmo quando não trabalhava, passava para me pegar depois do expediente e tomávamos um aperitivo em algum lugar. O exame o preocupava um pouco; contudo, abandonávamos Kant e os estoicos para conversar. Ele me ensinava a "cosmologia eugênica" inventada a partir do *Potomak* e à qual filiara Sartre e Nizan; pertenciam os três à mais alta casta, à dos Eugènes, ilustrada por Sócrates e Descartes; relegavam os demais colegas às categorias inferiores, entre os Marrhanes, que nadam no infinito, ou entre os Mortimer, que nadam no azul; alguns se mostravam seriamente contrariados. Eu era classificada entre as "devoradoras",[14] as que têm um destino. Mostrou-me, também, retratos dos principais animais metafísicos: o "catoblepas", que come os próprios pés; o "catoboryx", que se exprime por meio de borborigmos: a esta espécie pertenciam Charles du Bos, Gabriel Marcel e a maior parte dos colaboradores da N.R.F. "Digo a vocês que todo pensamento da ordem é de uma insuportável tristeza": era essa a primeira lição de Eugène. Desdenhava a ciência, a indústria e zombava de todas as morais do universal; cuspia na lógica de Lalande e no *Tratado*, de Goblot. Eugène procura fazer de sua vida um objeto original e atingir certa "compreensão" do singular, me explicava Herbaud. Eu não era contra, e até me vali dessa ideia para estruturar uma moral pluralista que me permitia justificar atitudes tão diferentes como as de Jacques, de Zaza e do próprio Herbaud. Decidi que cada indivíduo possuía sua própria lei, tão exigente quanto um imperativo categórico, embora não fosse universal: só se tinha direito de reprová-lo ou aprová-lo em função dessa norma singular. Herbaud não apreciou em absoluto esse esforço de sistematização: "É o gênero de pensamento que detesto", disse-me num tom irritado; mas o ardor com que aceitei suas mitologias me valeu o perdão. Gostava muito do Eugène, que desempenhava papel importante em nossas conversas: era evidentemente uma criação de Cocteau, mas Herbaud lhe inventara aventuras deliciosas e utilizava engenhosamente sua autoridade contra a filosofia da Sorbonne, contra a ordem, a razão, a importância, a burrice e todas as vulgaridades.

Herbaud admirava com ostentação três ou quatro pessoas e desprezava todas as outras. Sua severidade encantava-me; ouvi-o, deliciada, reduzir Blanchette Weiss a pó e abandonei Clairaut à sua sanha. Não implicou com Pradelle, embora não o apreciasse, mas, quando me via conversando com alguém na Sorbonne ou na Normal, permanecia desdenhosamente afastado. Censurava minha indulgência. Uma tarde na Nacional, o húngaro me incomodou duas vezes para me consultar acerca de certas sutilezas da língua francesa. Queria saber entre outras coisas se podia empregar a palavra "gigolô" no prefácio de uma tese. "Toda essa gente que cai em cima de você, é incrível! Esse húngaro que já veio duas vezes! Clairaut, suas amigas todas! Está perdendo seu tempo com gente que não vale. Ou você é psicóloga, ou não é desculpável!" Não tinha antipatia por Zaza, embora a achasse séria demais, e

---

[14] *Les humeuses* — as aspiradoras —, que aspiram e devoram. (N.T.)

como lhe falasse de Stépha, disse-me em tom de censura: "Olha-me de maneira provocante." As mulheres provocantes lhe desagradavam: não correspondiam a seu papel de mulher. Disse-me uma vez, um pouco irritado: "Você é a presa de um bando. Gostaria de saber que lugar sobra para mim em seu universo." Assegurei-lhe, o que ele sabia perfeitamente, que era grande.

Ele me agradava cada vez mais, e o melhor é que, por meio dele, eu agradava a mim mesma. Outros tinham-me levado a sério, mas a ele eu divertia. Ao sair da biblioteca, dizia-me alegremente: "Como você anda depressa! Adoro isso: diriam que vamos a algum lugar!" Observou, numa outra vez: "Essa sua voz rouca é engraçada; é muito bonita a sua voz, mas é rouca. Ela nos diverte muito, a mim e a Sartre." Descobri assim que eu tinha um modo de andar, uma voz: era uma coisa nova. Pus-me a cuidar mais um pouco de minha aparência; ele recompensava meus esforços com um cumprimento: "Esse penteado lhe vai bem, essa gola branca." Uma tarde, nos jardins do Palais-Royal, disse-me com um ar perplexo: "Nossas relações são estranhas. Para mim, pelo menos, pois nunca tive amizade feminina." "Talvez seja por eu não ser muito feminina." "Você?" Riu de um modo que me lisonjeou muito. "Não. É principalmente porque você admite tudo facilmente; a gente fica logo à vontade." Nos primeiros tempos me tratava cerimoniosamente de "*mademoiselle*". Um dia escreveu em meu caderno, em letras de forma: BEAUVOIR = BEAVER. "Você é um castor",[15] disse. "Os castores andam em bando e têm o espírito construtivo."

Havia inúmeras cumplicidades entre nós, nos compreendíamos por meias palavras; no entanto, as coisas não nos impressionavam sempre da mesma maneira. Herbaud conhecia Uzerche, aí passara uns dias com a mulher, gostava muito do Limousin: mas me surpreendi quando, com voz eloquente, começou a falar de dolmens, menires e florestas em que os druidas colhiam visco. Perdia-se frequentemente em devaneios históricos: para ele, os jardins do Palais-Royal eram povoados de sombras; a mim, o passado me deixava indiferente. Por outro lado, por causa de seu tom negligente, de sua desenvoltura, eu acreditava que Herbaud fosse um homem de coração seco. Fiquei comovida quando me disse que gostava de *La Nymphe au coeur fidèle*, *The Mill on the Floss*, *Le Grand Meaulnes*. Como falássemos de Alain-Fournier, ele murmurou emocionado: "Há indivíduos invejáveis"; ficou silencioso durante um

---

[15] Da mitologia de Cocteau em *Potomak*. (N.T.)

instante e depois continuou: "No fundo, sou muito mais intelectual do que você; no entanto, na origem é a mesma sensibilidade que encontro em mim, uma sensibilidade que desprezei." Disse-lhe que muitas vezes o simples fato de existir me parecia embriagador: "Tenho momentos maravilhosos!" Ele meneou a cabeça: "Espero que sim. *Mademoiselle* bem os merece. Eu não tenho momentos maravilhosos, sou um pobre-
-diabo: mas o que faço é admirável!" Com um sorriso, renegou as últimas palavras. Em que medida acreditava nelas? "Não deve me julgar", dizia muitas vezes, sem que eu pudesse perceber se me fazia um pedido ou me dava uma ordem. Eu lhe concedia um crédito: ele falava dos livros que escreveria; talvez viessem a ser realmente "admiráveis". Só uma coisa me incomodava nele: para satisfazer seu individualismo, buscava o êxito social. Eu me sentia radicalmente isenta desse tipo de ambição. Não desejava nem dinheiro, nem honrarias, nem notoriedade. Receava me exprimir como "catoboryx" se pronunciasse as palavras "salvação" ou "realização interior", que tanto repetia em meu diário. Mas o fato é que conservava uma ideia quase religiosa do que chamava "meu destino". Herbaud interessava-se pela imagem que criaria aos olhos dos outros; seus livros futuros, ele os encarava somente como elementos de seu personagem. A esse respeito minha obstinação nunca cederia: não compreendia que se alienasse a vida pela aprovação de um público duvidoso.

Quase não falávamos de nossos problemas pessoais. Um dia, entretanto, Herbaud disse que o Eugène não era feliz porque a insensibilidade é um ideal que ele não alcança. Confiei-lhe que compreendia bem os Eugènes porque tinha um em minha vida. As relações entre os Eugènes e as mulheres "devoradoras" são geralmente difíceis, declarou ele, porque elas querem devorar tudo e os Eugènes resistem. "Bem que o percebi", respondi. Ele riu muito. Uma coisa puxando outra, contei-
-lhe resumidamente minha história com Jacques e ele me incitou a casar; não sendo possível com Jacques, com outro qualquer: uma mulher deve se casar, acrescentou. Verifiquei com surpresa que, nesse ponto, sua atitude pouco diferia da atitude de meu pai. Um homem que continuasse virgem depois dos dezoito anos era a seus olhos um neurótico; mas considerava que a mulher só devia se entregar no casamento. Eu não admitia que houvesse dois pesos e duas medidas. Não criticava mais Jacques, entretanto, concedia agora às mulheres, como aos homens, o direito de disporem livremente de seu corpo. Gostava muito de um romance de Michel Arlen intitulado *Le Feutre vert*. Um mal-entendido

separara a heroína Iris Storm de Napier, o grande amor de sua juventude; ela não o esquecia nunca, embora dormisse com uma porção de homens; no fim, de preferência a arrancar Napier de uma esposa amável e amorosa, ela arrebentava seu carro contra uma árvore. Admirava Iris: sua solidão, sua desenvoltura e sua altiva integridade. Emprestei o livro a Herbaud. "Não tenho simpatia pelas mulheres fáceis", disse-me devolvendo o livro. Sorriu para mim. "Gosto tanto de uma mulher que me atraia, quanto me é impossível estimar uma mulher que possuí." Indignei-me: "Não se possui uma Iris Storm. Nenhuma mulher se sujeita impunemente ao contato dos homens." Repetiu para mim que nossa sociedade só respeita as mulheres casadas. Eu não me preocupava em ser respeitada. Viver com Jacques ou desposá-lo era a mesma coisa. Mas agora me pareciam preferíveis os casos em que podia dissociar o amor do casamento. Encontrei um dia no Luxemburgo Nizan com a mulher, que empurrava um carrinho de criança, e fiz votos para que essa imagem não figurasse em meu futuro. Achava penoso que marido e mulher ficassem ligados um ao outro por coerções materiais: o amor deveria ser o único laço entre pessoas que se amam.

Não me entendia, portanto, sem restrições com Herbaud. Desconcertavam-me a frivolidade de suas ambições, seu respeito a certas convenções, e por vezes seu esteticismo; pensava que, se fôssemos ambos livres, não gostaria de ligar minha vida à dele; encarava o amor como uma participação total: não o amava portanto. Contudo, o sentimento que tinha por ele lembrava estranhamente o que Jacques me inspirara. Desde a hora em que o deixava já aguardava o encontro seguinte; tudo que me acontecia, tudo que me passava pela cabeça era a ele que eu destinava. Quando acabávamos de conversar e trabalhávamos, um ao lado do outro, já me doía o coração por se aproximar o momento de nos separarmos: nunca sabia ao certo quando o tornaria a ver, e essa incerteza me entristecia; por instantes, senti com desespero a fragilidade de nossa amizade. "Está muito melancólica hoje", dizia-me Herbaud gentilmente e se esforçava por me devolver o bom humor. Eu me exortava a viver ao sabor dos dias, sem esperança e sem medo, essa história que, ao sabor dos dias, só me dava alegria.

Era a alegria que vencia. Revendo meu programa no quarto, certa tarde de calor, lembrava-me de horas semelhantes em que me preparava para o bacharelado: conhecia a mesma paz, o mesmo ardor, e como enriquecera desde meus dezesseis anos! Mandei uma carta a Pradelle para acertar um encontro e a terminei com estas palavras: "Sejamos felizes!"

Dois anos antes — ele me lembrou — pedira-lhe que não me permitisse acreditar facilmente na felicidade; fiquei comovida com sua vigilância. Mas a palavra mudara de sentido; não era mais uma abdicação, um torpor: minha felicidade não dependia mais de Jacques. Tomei uma decisão. No ano seguinte, mesmo que fosse reprovada, não ficaria com meus pais, e se passasse não me prenderia a um cargo, não sairia de Paris. Em ambos os casos, me instalaria em minha própria casa e viveria de dar aulas. Minha avó, desde a morte do marido, aceitava pensionistas. Alugaria um quarto em sua casa, o que me asseguraria uma independência completa sem chocar meus pais. Concordaram. Ganhar dinheiro, sair, receber, escrever, ser livre: agora, a vida se abria realmente para mim.

Induzi minha irmã a esse futuro. Às margens do Sena, contávamos uma à outra nossos destinos triunfantes sem cessar: meus livros, seus quadros, nossas viagens, o mundo. Tremiam colunas nas águas fugidias e sombras passavam no pontilhão des Arts. Cobríamos os olhos com nossos véus pretos para tornar o cenário mais fantástico. Associávamos constantemente Jacques a nossos projetos; falávamos dele não mais como o amor de minha vida, mas como o primo prestigioso que fora o herói de nossa mocidade.

"Não estarei mais aqui no próximo ano", dizia-me Lisa, que terminava penosamente seus estudos; solicitara um lugar em Saigon. Sem dúvida, Pradelle adivinhara seu segredo: fugia dela. "Ah! Como sou infeliz!", dizia ela com um sorrisinho triste. Encontrávamo-nos na Nacional e na Sorbonne. Tomávamos limonada no Luxemburgo. Ou comíamos tangerinas, ao crepúsculo, em seu quarto florido de coroas-de-cristo cor-de-rosa e brancas. Um dia, como conversássemos com Clairaut no pátio da Sorbonne, ele indagou com voz intensa: "O que vocês preferem em vocês?" Declarei mentirosamente: "Outra pessoa." "Pois em mim", respondeu Lisa, "é a porta de saída." Disse-me outra vez: "O que há de certo em você é que você nunca recusa nada, você deixa todas as portas abertas. Eu estou sempre fora e levo tudo comigo. Que ideia foi essa que eu tive de entrar um dia em você! Ou foi você que veio e teve a ideia de esperar? É verdade que a gente pode pensar, quando o proprietário está ausente, que vai voltar de um momento para outro; mas ninguém tem essa ideia..." Ela parecia às vezes quase bonita, à noite, em seu penhoar de cambraia; mas o cansaço e o desespero lhe ressecavam o rosto.

Nunca Pradelle pronunciava o nome dela; em compensação, falava muito de Zaza: "Traga sua amiga", disse-me ao convidar-me para uma reunião em que Garric e Guéhenno deviam se enfrentar. Ela jantou em minha casa e me acompanhou à rua du Four. Maxence presidia a sessão a que assistiam Jean Daniélou, Clairaut e outros normalistas conservadores. Eu me lembrava da conferência de Garric, três anos antes, quando eu o encarava como um semideus, e Jacques apertava muitas mãos num mundo inacessível: agora eu também apertava muitas mãos. Apreciava ainda a voz quente e viva de Garric: infelizmente seus propósitos me pareceram estúpidos, e esses fanáticos a que todo o meu passado me ligava; como me sentia estranha no meio deles! Quando Guéhenno quis falar, uns grosseirões da Action Française puseram-se a vaiá-lo. Era impossível fazê-los calar. Garric e Guéhenno saíram para tomar qualquer coisa num café vizinho e o público se dispersou. Apesar da chuva, Zaza, Pradelle e eu subimos a pé o bulevar Saint-Germain e os Champs-Élysées. Meus dois amigos estavam muito mais alegres que de costume e ligaram-se afetuosamente contra mim. Zaza me chamou de "senhora amoral", apelido de Iris Storm em *Le Feutre vert*. E Pradelle acrescentou: "Você é uma consciência solitária." A cumplicidade deles me divertiu.

Embora a noite tivesse sido um fiasco, Zaza me agradeceu dias depois comovida; subitamente compreendera de maneira decisiva que nunca aceitaria essa atrofia de coração e espírito que seu meio exigia dela. Apresentamo-nos, Pradelle e eu, aos exames orais e ela veio assistir à prova. Festejamos nossos êxitos tomando chá, os três juntos, no Yvelines. Organizei uma festa que Herbaud denominou "a grande festa do Bois de Boulogne". Numa bela tarde de calor, remamos no lago, Zaza, Lisa, minha irmã, Gégé, Pradelle, Clairaut, um irmão de Zaza e eu. Disputamos corridas, houve risadas, canções. Zaza estava com um vestido de seda cor-de-rosa e um chapeuzinho de palha; seus olhos pretos brilhavam, nunca a vira tão bonita; em Pradelle, eu encontrava, em todo o seu frasear, a alegria que me ensolarara o coração no início de nossa amizade. Sozinha com eles num dos barcos, fiquei novamente impressionada com a conivência deles e me espantei com o fato de sua afeição por mim se revelar tão expansiva: me dirigiam olhares e sorrisos, e palavras carinhosas que não ousavam ainda trocar entre si. No dia seguinte, quando acompanhava Zaza, que fazia compras de carro, ela falou de Pradelle com devoção. Alguns instantes depois, disse que a ideia de se casar lhe repugnava cada vez mais; não se resignaria a casar com um medíocre, mas não se julgava digna de ser amada por alguém realmente bom. Uma vez mais, fracassei em tentar adivinhar as razões de sua melancolia. Em verdade, apesar de minha amizade por ela, eu estava um tanto distraída. O concurso para a "agrégation" iniciava-se dois dias depois. Despedira-me de Herbaud: por quanto tempo? Iria vê-lo durante as provas; ele pensava em sair de Paris depois, e na volta se prepararia para os exames orais com Sartre e Nizan. Era o fim de nossos encontros na Nacional; como ia ter saudades! Contudo, estava de bom humor no dia seguinte, durante o piquenique que reuniu na floresta de Fontainebleau "o bando do Bois de Boulogne". Pradelle e Zaza estavam radiantes. Somente Clairaut se mostrou melancólico; fazia seriamente a corte a minha irmã, mas sem nada conseguir. É preciso dizer que se conduzia de maneira bem estranha; convidava-nos para tomar alguma coisa no fundo de uma padaria qualquer e encomendava autoritariamente "três chás". "Não", dizia Poupette, "tomarei uma limonada". "Chá é mais refrescante." "Prefiro limonada." "Bem, então três limonadas", dizia ele com raiva. "Mas você toma chá." "Não quero me singularizar." Sem cessar provocava fracassos que lhe davam ressentimentos. De vez em quando enviava mensagens a minha irmã para se desculpar por ter estado de mau humor. Prometia se tornar um companheiro agradável, ia doravante se esforçar por cultivar sua espontaneidade; no encontro seguinte, sua exuberância zombeteira nos gelava e novamente seu rosto se crispava de despeito.

"Boa sorte, Castor", disse-me Herbaud com a maior ternura quando nos instalamos na Biblioteca da Sorbonne. Coloquei a meu lado uma garrafa térmica de café e um pacote de biscoitos. A voz de Lalande anunciou: "Liberdade e contingência"; os olhares escrutaram o teto, as canetas começaram a funcionar; enchi páginas e páginas e tive a impressão de que me saíra bem. Às duas da tarde Pradelle e Zaza vieram me buscar. Depois de tomar uma limonada no Café de Flore, que não passava então de um cafezinho de bairro, passeamos longamente no Luxemburgo todo florido de íris amarelos e roxos. Tive uma discussão meio azeda com Pradelle. Em certos pontos, nunca tínhamos estado de acordo. Ele proclamava que não há, por assim dizer, distância entre a felicidade e a infelicidade, entre a fé e a incredulidade, entre a presença e a ausência de qualquer sentimento. Eu pensava fanaticamente o contrário. Embora Herbaud me censurasse por me dar com qualquer pessoa, eu classificava os indivíduos em duas categorias: por alguns tinha uma afeição muito viva, pela maioria, uma desdenhosa indiferença. Pradelle punha todo mundo no mesmo saco. Nos dois últimos anos nossas posições tinham-se afirmado mais fortemente. Ele me escrevera na antevéspera uma carta em que me analisava: "Muitas coisas nos separam, muito mais sem dúvida do que você pensa e do que eu penso... Não posso admitir que sua simpatia seja tão estreita. Como viver sem envolver todos os homens na mesma rede de amor? Mas você é tão pouco paciente quando se trata dessas coisas." Terminava cordialmente: "Apesar de seu arrebatamento, que me choca como inconsciência e é tão contrário ao que sinto, tenho por você a maior e a menos explicável amizade." Novamente nessa tarde ele pregou a piedade para os homens; Zaza o apoiou discretamente, pois observava o preceito do Evangelho: "Não julgueis." Eu pensava que não se pode amar sem odiar: amava Zaza, detestava a mãe dela. Pradelle nos deixou sem que houvéssemos cedido, nem ele nem eu, um só centímetro de terreno. Fiquei com Zaza até a hora do jantar; pela primeira vez, disse-me, não se achara demais entre mim e Pradelle e se sentia profundamente emocionada. "Penso que não existe rapaz tão direito como Pradelle", acrescentou com entusiasmo.

Quando, no outro dia, saí da última prova, eles me esperavam no pátio da Sorbonne, conversando animadamente. Que alívio ter terminado! À noite, meu pai me levou à Lune Rousse e comemos ovos estrelados no Lipp. Dormi até meio-dia. Depois do almoço, subi ao apartamento de Zaza, na rua de Berri. Estava com um vestido novo, de voal azul com desenhos pretos e brancos, e uma capeline de palha de arroz: como desabrochara desde o princípio do verão! Descendo a avenida dos Champs-Élysées, surpreendeu-se com a vida nova que sentia em si. Dois anos antes, quando rompera com André, pensara que mal pudesse sobreviver e eis que se reencontrava tão tranquilamente alegre como nos mais belos dias de sua infância; voltara a se comprazer na companhia dos livros, das ideias e de seu próprio pensamento. E, principalmente, encarava o futuro com uma confiança que não sabia explicar a si mesma.

Nesse mesmo dia, quando estávamos de saída, por volta de meia-noite, do cinema Agriculteurs, Pradelle falou-me da estima que dedicava a minha amiga; ela só falava do que sabia perfeitamente, do que sentia sinceramente e por isso é que se calava com frequência: mas cada uma de suas palavras tinha peso. Admirava também que nas circunstâncias difíceis em que se encontrava ela se mostrasse sempre tão igual a si mesma. Pediu-me que a convidasse novamente para passear conosco. Voltei para casa louca de alegria. Lembrava-me de como Pradelle me escutava atentamente, nesse inverno, quando lhe dava notícias de Zaza e esta dizia muitas vezes em suas cartas algumas palavras de grande simpatia a respeito dele. Eram feitos um para o outro, amavam-se. Um de meus desejos mais caros se realizava: Zaza seria feliz.

No dia seguinte, pela manhã, minha mãe me disse que, enquanto eu estava no Agriculteurs, Herbaud passara em casa. Fiquei aborrecida, ainda mais porque, ao sair do exame, bastante descontente com suas provas, ele não marcara encontro comigo. Remoendo minha decepção, desci ao meio-dia para comprar um doce; encontrei-o na escada; convidou-me para almoçar. Acabei logo com o que tinha por fazer; para não mudar nossos hábitos, fomos ao Fleur de Lys. Ele ficara encantado com a maneira com que fora recebido por meus pais: papai se manifestara antimilitarista e Herbaud exagerara no mesmo sentido; riu muito quando compreendeu que haviam zombado dele. Herbaud partia no dia seguinte para se encontrar com a mulher em Bagnoles-de-l'Orne: na volta, dentro de uns dez dias, se prepararia para o exame oral do concurso, com Sartre e Nizan, que me convidavam cordialmente a juntar-me a eles. Entrementes, Sartre queria me conhecer: propunha-me um encontro em data próxima. Mas Herbaud pediu-me que não fosse: Sartre se aproveitaria da ausência dele para açambarcar-me. "Não quero que toquem nos meus mais caros sentimentos", disse-me Herbaud num tom de cumplicidade. Resolvemos que minha irmã se encontraria com Sartre na hora e no local previsto: lhe diria que eu partira bruscamente para o campo e sairia com ele no meu lugar.

Assim, veria muito em breve Herbaud e era aceita pelo seu clã: fiquei feliz. Ataquei calmamente o programa do exame oral. Li livros que me divertiam, flanei, aproveitei meu tempo. Durante a tarde que Poupette passou com Sartre, recapitulei alegremente o ano que acabava de findar, e toda a minha juventude; pensei com emoção no futuro: "Estranha certeza de que essa riqueza que sinto em mim será compreendida, de que direi palavras que serão ouvidas, de que esta vida será uma fonte em que outros virão beber: certeza de uma vocação..." Exaltei-me quase tão apaixonadamente como no tempo de meus impulsos místicos, mas sem perder contato com a terra. Meu reino se situava definitivamente neste mundo. Quando minha irmã voltou, felicitou-me por ter ficado em casa. Sartre engolira cortesmente a mentira; levara-a ao cinema e mostrara-se muito amável; mas faltara entusiasmo à conversa. "Tudo o que ele conta de Sartre é o próprio Herbaud que inventa", disse-me minha irmã, que conhecia um pouco Herbaud e o achava muito engraçado.

Simone de Beauvoir

Aproveitei meu descanso para reatar relações um tanto esquecidas. Visitei Mlle Lambert, que se assustou com minha serenidade, e Suzanne Boigue, que a felicidade conjugal tornava insossa; aborreci-me com Riesmann, cada vez mais sombrio. Stépha se eclipsara há cerca de dois meses: instalara-se em Montrouge, onde Fernando alugara um ateliê; suponho que viviam juntos e que ela deixara de me ver para dissimular sua conduta. Reapareceu com uma aliança no dedo. Veio me buscar às oito horas da manhã; almoçamos no Dominique, um restaurante russo inaugurado em Montparnasse semanas antes, e passamos o dia inteiro passeando e conversando. À noite, jantei no seu pequeno apartamento, forrado de claros tapetes ucranianos. Fernando pintava da manhã à noite, fizera grandes progressos. Dias depois, deram uma festa para celebrar o casamento: havia russos, ucranianos, espanhóis, todos vagamente pintores, escultores ou músicos. Bebemos, dançamos, cantamos, nos fantasiamos. Mas Stépha ia partir brevemente para Madri, onde pensava fixar residência com Fernando. Estava absorvida pelos preparativos da viagem e por preocupações domésticas. Nossa amizade, que iria se renovar mais tarde, se alimentava principalmente de recordações.

Eu continuava a sair frequentemente com Pradelle e Zaza, e era eu agora que me sentia um pouco intrusa: eles se entendiam tão bem! Zaza não confessava ainda a si mesma todas as suas esperanças, mas tirava delas a coragem de resistir aos assaltos maternos. Mme Mabille estava procurando arranjar um casamento para ela e sem cessar a provocava. "Que você tem contra esse rapaz?" "Nada, mamãe, mas não o amo." "Minha filha, a mulher não ama; é o homem que ama", explicava Mme Mabille, e se irritava: "Se não tem nada contra ele, por que se recusa a desposá-lo? Sua irmã bem que se contentou com um rapaz menos inteligente do que ela." Zaza me contava essas discussões com mais desânimo do que ironia, pois não menosprezava o descontentamento da mãe. "Estou tão cansada de lutar, que há dois ou três meses atrás talvez eu houvesse cedido", dizia-me. Achava o pretendente gentil, mas não podia imaginar que se tornasse amigo meu e de Pradelle; não estaria em seu lugar nas nossas reuniões; e ela não queria um marido que ela estimasse menos do que outros.

Mme Mabille desconfiou, sem dúvida, das verdadeiras razões da obstinação; quando batia à rua de Berri, ela me recebia com uma fisionomia hostil e, dentro em pouco, se opôs aos encontros de Zaza com Pradelle. Tínhamos projetado um novo passeio de barco. Na antevéspera, recebi uma mensagem de Zaza. "Acabo de ter uma conversa com mamãe, depois da qual me é absolutamente impossível ir remar com vocês quinta-feira. Mamãe parte amanhã pela manhã; quando ela está aqui posso discutir com ela e resistir; mas não sou capaz de aproveitar a liberdade que me deixa para fazer uma coisa que lhe desagrada profundamente. É muito penoso para mim renunciar a esse passeio de quinta-feira, do qual esperava momentos tão maravilhosos como os que vivi com você e Pradelle no Bois de Boulogne. As coisas que mamãe me disse me puseram num estado tão terrível que estava quase decidida a partir para um convento qualquer, em que me deixassem em paz uns três meses. Penso ainda em fazê-lo, me sinto imensamente perturbada..."

Pradelle ficou triste. "Fale à Mlle Mabille de minha grande amizade", escreveu-me. "Podemos, penso, sem que ela deixe de cumprir sua promessa, nos encontrar de dia e por acaso." Encontraram-se na Nacional, onde eu estava trabalhando novamente. Almocei com eles e eles passearam um pouco a sós. Tornaram a se ver, a sós, duas ou três vezes, e em fins de julho, Zaza me anunciou, em transe, que se amavam. Casariam depois que Pradelle obtivesse a "agrégation" e fizesse o serviço militar. Mas Zaza temia a oposição da mãe. Acusei-a de pessimismo. Não era mais uma criança e finalmente Mme Mabille desejava a felicidade dela: respeitaria sua escolha. Que poderia objetar? Pradelle era de excelente família e católico praticante; provavelmente faria uma bela carreira, a "agrégation" em todo caso lhe asseguraria uma situação decente; o marido de Lili não nadava em ouro, tampouco. Zaza sacudia a cabeça: "Não é essa a questão. No nosso meio, os casamentos não se fazem assim." Pradelle conhecera Zaza por meu intermédio: era um inconveniente. E depois, a perspectiva de um noivado longo inquietaria Mme Mabille. Mas, principalmente, Zaza me repetia obstinadamente: "Isso não se faz." Ela decidira aguardar o reinício das aulas para falar com a mãe. Entretanto, esperava se corresponder com Pradelle durante as férias: Mme Mabille poderia descobrir e o que aconteceria então? Apesar de suas inquietações, ao chegar a Laubardon, Zaza se sentia cheia de esperança. "Tenho uma certeza que me permite esperar com confiança, suportar, se ocorrerem muitos aborrecimentos e contradições", escrevia-me. "A vida é maravilhosa."

Quando retornou a Paris em princípio de julho, Herbaud me enviou um bilhete convidando-me para passar a tarde com ele. Meus pais não aprovavam que eu saísse com um homem casado, mas eu estava tão às vésperas de lhes escapar que tinham mais ou menos renunciado a intervir em minha vida. Fui, pois, com Herbaud ver *Le Pèlerin* e cear no Lipp. Contou-me as últimas aventuras do Eugène e me ensinou a "bisca brasileira", um jogo que ele inventara para ter certeza de ganhar sempre. Disse-me que os "coleguinhas" me esperavam segunda-feira pela manhã na Cidade Universitária: contavam comigo para estudar Leibniz.

Estava meio assustada quando entrei no quarto de Sartre; havia uma grande confusão de livros e papéis, pontas de cigarro por toda parte, uma espessa fumaça. Sartre me recebeu mundanamente; fumava cachimbo. Silencioso, com um cigarro no canto de seu sorriso irônico, Nizan me observava através de suas grossas lentes, com um ar de sabedoria. Durante o dia inteiro, petrificada pela timidez, comentei o "discurso metafísico" e Herbaud me acompanhou de volta a minha casa.

Tornei a ir diariamente e dentro em pouco degelei. Leibniz nos aborrecia e ficou decidido que o conhecíamos suficientemente. Sartre se encarregou de nos explicar o Contrato Social, acerca do qual tinha ideias especiais. Na verdade, acerca de todos os autores, de todos os capítulos do programa, era ele quem de longe sabia mais; nós nos limitávamos a escutar. Eu tentava, por vezes, discutir: esforçava-me, obstinava-me. "Ela é astuta!", dizia alegremente Herbaud. Nizan contemplava as unhas com um ar absorto; mas Sartre ganhava sempre. Impossível se ressentir: fazia tudo para que aproveitássemos seu saber. "É um maravilhoso treinador intelectual", anotei. Espantei-me sobretudo com sua generosidade, pois essas tensões não lhe ensinavam nada e durante horas ele consumia seu tempo sem proveito.

Trabalhávamos principalmente de manhã. À tarde, depois de almoçar no restaurante da Cité ou no Chabin, ao lado do parque Montsouris, nos dávamos ao luxo de longos recreios. Muitas vezes a mulher de Nizan, uma bela morena exuberante, juntava-se a nós. Havia a feira, na Porta d'Orléans. Jogávamos bilhar japonês, totó, tiro ao alvo; ganhei na loteria um grande vaso cor-de-rosa. Enchíamos o carrinho de Nizan e dávamos a volta em Paris parando nos cafés para tomar um chopinho. Visitei os dormitórios da Normal e as salas de estudos, subi ritualmente no telhado. Durante esses passeios, Sartre e Herbaud cantavam, aos berros, canções que improvisavam. Compuseram um motete sobre o título de um capítulo de Descartes: "De Deus. Novamente dito que existe." Sartre tinha uma bela voz e um vasto repertório: *Old Man River* e todas as melodias de jazz em voga. Seus talentos cômicos eram célebres em toda a escola: era sempre ele que, na revista anual, desempenhava o papel de Lanson; alcançava grande êxito interpretando *La Belle Hélène* e cançonetas de 1900. Depois de ter dado o máximo de si mesmo, punha um disco no fonógrafo e ficávamos ouvindo Sophie Tucker, Layton e Johnston, Jack Hilton, os Revellers e os Negro Spirituals. Diariamente, as paredes do seu quarto se enriqueciam com novos desenhos: animais metafísicos, façanhas do Eugène. Nizan se especializava nos retratos de Leibniz, que ele apresentava vestido de padre, ou de chapéu tirolês e com a marca do pé de Spinoza no traseiro.

Às vezes abandonávamos a Cité pelo escritório de Nizan. Ele morava na casa dos pais da mulher, num prédio todo de azulejos da rua Vavin. Viam-se na parede um grande retrato de Lênin, um cartaz de Cassandre e a *Vênus* de Botticelli. Eu admirava os móveis ultramodernos, a biblioteca bem cuidada. Nizan era o vanguardeiro dos três; frequentava os meios literários, estava inscrito no Partido Comunista; ele nos revelava a literatura irlandesa e os novos romances norte-americanos; estava a par das últimas modas e até da moda do futuro; conduzia-nos ao triste Café de Flore para "pregar uma peça no Deux Magots", dizia roendo maliciosamente as unhas. Preparava um panfleto contra a filosofia oficial e um estudo sobre a "sabedoria marxista". Ria pouco, mas sorria muitas vezes com ferocidade. Sua conversa me seduzia, mas eu sentia certa dificuldade em lhe falar, por causa de seu ar distraidamente zombeteiro.

Como me adaptei tão depressa? Herbaud cuidara de não me chocar, mas, quando estavam juntos, os "três coleguinhas" não se constrangiam. A linguagem deles era agressiva, seu pensamento, categórico, sua justiça, sem recurso. Zombavam da ordem burguesa; tinham-se recusado a prestar o exame de E.O.R.: nisso eu os acompanhava sem dificuldade. Mas em muitos pontos eu permanecia vítima das sublimações burguesas; eles liquidavam impiedosamente com todos os idealismos, ridicularizavam as belas almas, as almas nobres, todas as almas, os sentimentos, a vida interior, o maravilhoso, o mistério, as elites; em todas as oportunidades — em seus comentários, em suas atitudes, em suas brincadeiras — declaravam que os homens não eram espíritos, e sim corpos presos a necessidades e jogados numa aventura brutal. Um ano antes, eles teriam me assustado ainda; mas eu progredira desde o reinício das aulas e muitas vezes me acontecia ter fome de alimentos menos leves do que aqueles com que me alimentava. Compreendi depressa que, se o mundo a que me convidavam meus novos amigos me parecia rude, era porque eles não o fantasiavam; afinal não me incitavam senão a ousar o que eu sempre desejara: olhar a realidade de frente. Não me foi necessário muito tempo para me decidir.

"Estou muito contente por você se dar bem com os coleguinhas", disse-me Herbaud, "mas..." "De acordo", respondi, "você é você." Ele sorriu. "Você nunca será um coleguinha, você é o Castor." Era ciumento, disse-me, tanto na amizade como no amor, e exigia ser tratado com parcialidade. Mantinha com firmeza suas prerrogativas. Da primeira vez em que pensamos em sair em bando à noite, ele sacudiu a cabeça: "Não, esta noite vou ao cinema com Mlle De Beauvoir." "Está bem", disse Nizan sardônico, e Sartre atalhou displicente: "Que seja." Herbaud estava melancólico nesse dia porque temia ter fracassado no concurso, e por obscuras razões que diziam respeito à sua mulher. Depois de ter visto um filme de Buster Keaton, nos sentamos num pequeno café mas faltou vivacidade à conversa. "Não está se aborrecendo?", perguntou-me com um pouco de ansiedade e muito coquetismo. Não, mas as suas preocupações me afastavam dele. Tornou-se novamente próximo a mim durante o dia que passei com ele a pretexto de ajudá-lo a traduzir *A ética a Nicomaque*. Alugara um quarto num hotelzinho da rua Vaneau e foi ali que trabalhamos. Não muito tempo, pois Aristóteles nos entediava. Fez-me ler fragmentos de *Anabase*, de Saint-John Perse, de quem eu não conhecia nada, e mostrou-me reproduções das *Sibilas* de Miguel Ângelo. Depois me falou das diferenças que o distinguiam de Sartre e de Nizan. Ele se entregava sem pensar às alegrias do mundo: obras de arte, natureza, viagens, aventuras e prazeres. "Eles sempre querem compreender; Sartre principalmente", disse-me. E acrescentou num tom de pavor admirativo: "A não ser talvez quando dorme, Sartre pensa o tempo todo!" Admitiu que Sartre passasse conosco a noite de 14 de Julho. Após um jantar num restaurante alsaciano, contemplamos os fogos de artifício sentados num gramado da Cité. Depois, Sartre, cuja munificência era lendária, nos enfiou num táxi e no Falstaff, rua Montparnasse, nos encheu de coquetéis até as duas horas da manhã. Rivalizavam-se em gentilezas e me contavam uma porção de histórias. Eu estava no sétimo céu. Minha irmã se enganara: achei Sartre ainda mais divertido do que Herbaud. Contudo, concordamos os três que este conservava o primeiro lugar em minhas amizades e, na rua, ele pegou ostensivamente meu braço. Nunca manifestara tão abertamente sua afeição quanto nos dias que se seguiram. "Gosto muito de você, Castor", dizia-me. Como devesse jantar com Sartre na casa dos Nizan e ele não estivesse livre, me perguntou com autoridade carinhosa: "Pensará em mim hoje à noite?" Eu era sensível às menores inflexões de sua voz e também às suas carrancas. Uma tarde em que conversava com ele no saguão da Nacional, Pradelle se aproximou e eu o acolhi com bom humor. Herbaud me disse até logo com ar furioso e me largou ali. Durante todo o fim do dia eu me remoí por dentro. À noite o encontrei muito contente por ter alcançado o efeito que desejara. "Pobre Castor! Fui maldoso?", perguntou-me alegremente. Levei-o ao Stryx, que ele achou "deliciosamente funambulesco", e lhe contei minhas farras. "Você é um fenômeno", disse-me rindo. Falou-me de si, de sua infância camponesa, de sua vinda para Paris, de seu casamento. Nunca havíamos conversado com tanta intimidade. Mas estávamos ansiosos, porque devíamos saber no dia seguinte o resultado dos exames escritos. Se Herbaud tivesse fracassado, partiria imediatamente para Bagnoles-de-l'Orne. No ano seguinte, de qualquer maneira, aceitaria um cargo na província ou no estrangeiro. Prometeu ir me ver no Limousin durante o verão. Mas alguma coisa estava acabando.

No dia seguinte, me dirigi para a Sorbonne com o coração acelerado; na porta encontrei Sartre: eu fora admitida assim como ele e Nizan. Herbaud tinha fracassado. Deixou Paris na mesma noite. "Transmita ao Castor os votos de felicidade que desejo a ela", escreveu a Sartre num bilhete em que o avisava da partida. Reapareceu uma semana mais tarde, mas por um dia somente. Levou-me ao Balzar. "O que quer tomar?", perguntou-me. Acrescentou: "No meu tempo era limonada." "Seu tempo continua", disse. Ele sorriu: "Era o que queria ouvir de você." Mas sabíamos ambos que eu mentira.

"A partir de agora, tomo conta de você", disse-me Sartre quando anunciou minha aprovação. Tinha pendor pelas amizades femininas. A primeira vez em que o vira, na Sorbonne, usava chapéu e conversava animadamente com um varapau do curso de "agrégation" que achei muito feia. Ela logo lhe desagradara; ele se ligara a outra mais bonita, mas cheia de histórias e com quem rapidamente se desentendera. Quando Herbaud lhe falou de mim, quisera logo me conhecer e estava muito contente por poder me açambarcar. Quanto a mim, parecia agora que todo o tempo que não passava com ele era tempo perdido. Durante os quinze dias que os exames orais duraram, quase só nos separamos para dormir. Íamos à Sorbonne fazer nossas provas e assistir às aulas de nossos colegas. Saíamos com os Nizan. Bebíamos no Balzar com Aron, que fazia seu serviço militar na meteorologia, e com Politzer, que estava agora inscrito no Partido Comunista. O mais das vezes, passeávamos sozinhos. No cais do Sena, Sartre me comprava os *Pardaillan* e os *Fantomas*, que preferia à *Correspondance*, de Rivière e Fournier; levava-me à noite para ver filmes de *cowboys* pelos quais me apaixonei como uma neófita, pois entendia principalmente de cinema abstrato e de arte. Nos terraços dos cafés ou no Falstaff, bebendo coquetéis, conversávamos durante horas.

"Ele nunca para de pensar", dissera-me Herbaud. Isso não significava que ele enunciasse a todo instante fórmulas e teorias; tinha horror ao pedantismo. Mas seu espírito estava sempre alerta. Ignorava os torpores, as sonolências, as fugas, as esquivas, as trevas, a prudência, o respeito. Interessava-se por tudo e não aceitava nada como certo. Diante de um objeto, em vez de o escamotear em benefício de um mito, de uma palavra, de uma impressão, de uma ideia preconcebida, olhava-o; não o largava antes de ter compreendido suas causas, efeitos e múltiplos sentidos. Não perguntava a si mesmo o que se devia pensar, o que seria excitante ou inteligente pensar: mas apenas o que pensava. Daí decepcionar os estetas ávidos de uma elegância comprovada. Tendo-o ouvido dois anos antes fazer uma palestra, Riesmann, a quem o verbalismo de Baruzi deslumbrava, dissera-me tristemente: "Não tem gênio." Durante uma aula sobre "a classificação", sua boa-fé minuciosa pusera nossa paciência à prova nesse ano: acabara forçando o nosso interesse. Ele interessava sempre às pessoas a quem a novidade não chocava, pois, não visando à originalidade, não caía em nenhum conformismo. Obstinada, ingênua, sua atenção apreendia em sua profusão as coisas bem vivas. Como meu pequeno mundo era estreito diante daquele universo abundante! Somente alguns loucos, mais tarde, me inspiraram uma humildade análoga, loucos que descobriam numa pétala de rosa um labirinto de intrigas tenebrosas.

Falávamos de muitas coisas, mas, principalmente, de um assunto que me interessava acima de todos os outros: eu mesma. Quando pretendiam me explicar, as outras pessoas me anexavam ao seu mundo; me irritavam. Sartre, ao contrário, tentava me situar dentro de meu próprio sistema, me compreendia à luz de meus valores, de meus projetos. Escutou-me sem entusiasmo quando lhe contei minha história com Jacques; para uma mulher educada como eu fora, era talvez difícil evitar o casamento, mas não pensava que isso desse bom resultado. Em todo caso, eu devia preservar o que havia de mais estimável em mim: meu pendor pela liberdade, meu amor à vida, minha curiosidade, minha vontade de escrever. Não somente me encorajava nesse empreendimento, como ainda propunha me ajudar. Dois anos mais velho do que eu — dois anos que soubera aproveitar —, tendo tido, muito mais cedo, um melhor início, sabia muito mais acerca de tudo: mas a verdadeira superioridade que ele admitia e que saltava aos olhos era a paixão tranquila e violenta a um só tempo, que o impelia para seus livros futuros. Outrora, eu desprezava as crianças que punham menos ardor do que eu em jogar croqué ou em estudar: eis que encontrava alguém aos olhos de quem meus arrebatamentos pareciam tímidos. E com efeito, se me comparava a ele, que tepidez em minhas febres! Eu me acreditava excepcional porque não podia conceber viver sem escrever: ele só vivia para escrever.

Não imaginava, por certo, levar uma existência de homem de gabinete; detestava as rotinas e as hierarquias, as carreiras, os lares, os direitos e os deveres, todo o aspecto sério da vida. Resignava-se mal à ideia de ter uma profissão, colegas, superiores, regras a observar e a impor; nunca se tornaria um pai de família, nem mesmo um homem casado. Com o romantismo da época e seus vinte e três anos, sonhava com grandes viagens: fraternizaria em Constantinopla com os estivadores do porto, beberia nos *bas-fonds* com os cafetões; daria a volta ao mundo; e nem os párias das Índias, nem os monges do monte Athos, nem os pescadores da Terra Nova teriam segredos para ele. Não se enraizaria em nenhum lugar, não se prenderia a nenhuma posse: não para se conservar inutilmente disponível, mas para testemunhar tudo. Todas as suas experiências deveriam ser úteis à sua obra e afastava categoricamente todas as que pudessem diminuí-la. Nesse ponto, discutíamos com ardor. Eu admirava, em teoria pelo menos, os grandes desregramentos, as vidas perigosas, os homens perdidos, os excessos de álcool, de drogas, de paixão. Sartre sustentava que, quando se tem alguma coisa a dizer, todo desperdício é criminoso. A obra de arte, a obra literária eram a seus olhos um fim absoluto; elas traziam em si sua razão de ser, a de seu criador, e talvez mesmo — não o dizia, mas eu suspeitava de que estivesse persuadido disso — a do universo inteiro. As contestações metafísicas lhe faziam dar de ombros. Interessava-se pelas questões políticas e sociais, e mostrava simpatia pela posição de Nizan; mas seu destino era escrever, o resto só vinha depois. Aliás, era então mais anarquista do que revolucionário; achava detestável a sociedade tal qual era, mas não detestava detestá-la; aquilo que chamava sua "estética de oposição" se acomodava muito bem com a existência de imbecis e de salafrários e a exigia até: se nada houvesse para abater, para combater, a literatura não teria sido grande coisa.

Apesar de algumas pequenas diferenças, eu achava grande semelhança entre sua atitude e a minha. Não havia nada de mundano em suas ambições. Ele reprovava meu vocabulário espiritualista, mas era também uma salvação o que ele buscava na literatura; os livros introduziam nesse mundo, lamentavelmente contingente, uma necessidade que ressurgia em seu autor; certas coisas deviam ser ditas por ele e então ele estaria justificado. Era bastante moço para se comover com seu destino, quando ouvia uma melodia de saxofone depois de ter bebido três martínis; mas, se tivesse sido necessário, teria aceitado conservar o anonimato: o importante era o triunfo de suas ideias, não seus próprios êxitos. Nunca se dizia — como me acontecera fazê-lo — que era "alguém", que tinha "valor"; mas considerava que importantes verdades — talvez chegasse a pensar: a Verdade — haviam se revelado a ele e que ele tinha por missão impô-las ao mundo. Em cadernos que me mostrou, em suas conversas e até nos seus trabalhos escolares, ele afirmava com obstinação um conjunto de ideias cuja originalidade e coerência espantavam seus amigos. Fizera uma exposição sistemática dessas ideias quando de um "Inquérito junto aos estudantes de hoje" organizado pelas *Nouvelles Littéraires*. "Recebemos de J.P. Sartre páginas notáveis", escrevia Roland Alix ao apresentar a resposta de que reproduziu grandes trechos; com efeito, toda uma filosofia aí se delineava e ela não tinha nenhuma relação com a que nos ensinavam na Sorbonne.

"É o paradoxo do espírito que o homem, cuja missão consiste em criar o necessário, não possa se elevar a si mesmo até o nível do ser, como esses adivinhos que predizem o futuro dos outros mas não o de si próprios. É por isso que no fundo do ser humano, como no fundo da natureza, vejo a tristeza e o tédio. Não porque o homem não pense a si próprio como um ser. Ao contrário, põe nisso todos os seus esforços. Daí o Bem e o Mal, ideias do homem trabalhando sobre o homem. Ideias vãs. Ideia vã igualmente esse determinismo que tenta curiosamente fazer a síntese da existência e do ser. Somos tão livres quanto quisermos, mas impotentes... Quanto ao resto, a vontade de poder, a ação, a vida não passam de vãs ideologias. Não há em lugar nenhum vontade de poder. Tudo é fraco demais; todas as coisas tendem a morrer. A aventura principalmente é uma ilusão, quero dizer, essa crença em conexões necessárias e que entretanto existiriam. O aventureiro é um determinista inconsequente que se imagina livre." Comparando sua geração à que o precedera, Sartre concluía: "Somos mais infelizes, porém mais simpáticos."

Esta última frase me fizera rir; mas, conversando com Sartre, compreendera a riqueza disso que ele chamava sua "teoria da contingência", em que já se encontravam em germe suas ideias sobre o ser, a existência, a liberdade, a necessidade. Tive consciência de que ele escreveria um dia uma obra filosófica de peso. Só que ele não facilitava a própria tarefa, pois não tinha a intenção de compor, segundo as regras tradicionais, um tratado teórico. Ele gostava tanto de Stendhal quanto de Spinoza e se recusava a separar a literatura da filosofia. A seus olhos a "contingência" não era uma noção abstrata, e sim uma dimensão real do mundo: era preciso utilizar todos os recursos da arte para tornar sensível ao coração essa "fraqueza" secreta que percebia no homem e nas coisas. A tentativa era, na época, muito insólita; impossível se inspirar em alguma moda, em algum modelo. Tanto me impressionara o pensamento de Sartre pela sua maturidade quanto me desconcertaram, pela sua inabilidade, os ensaios em que ele o exprimia. A fim de apresentá-lo na sua verdade singular, recorria ao mito. "*Er l'Arménien*" apelava para a contribuição dos deuses e dos titãs: sob esse disfarce ultrapassado, suas teorias perdiam sua intensidade. Ele percebia esse erro, mas não se incomodava. De qualquer forma, nenhum êxito teria bastado para alicerçar sua confiança imprudente no futuro. Sabia o que queria fazer e tinha a vida diante dele: acabaria fazendo. Eu não duvidava um instante sequer; sua saúde, seu bom humor supriam todas as provações. Visivelmente, sua segurança recobria uma resolução tão radical, que um dia ou outro, de um modo ou de outro, daria frutos.

Era a primeira vez na minha vida que me sentia intelectualmente dominada por alguém. Muito mais velhos do que eu, Garric e Nodier tinham-me impressionado; mas de longe, vagamente, sem que me confrontasse com eles. Sartre, todos os dias, a todas as horas, eu me comparava com ele e em nossas discussões não conseguia contrabalançá-lo. No Luxemburgo, certa manhã, perto da fonte Médicis, expus-lhe a moral pluralista que eu fabricara para justificar as pessoas que amava, mas às quais não gostaria de me assemelhar: ele a destruiu. Era importante para mim, porque me permitia tomar meu coração por árbitro do bem e do mal; debati-me durante três horas. Tive que reconhecer minha derrota; aliás, percebera durante a conversa que muitos de meus pontos de vista se baseavam em *partis pris*, na má-fé ou na tolice, que meus raciocínios eram defeituosos, que minhas ideias eram confusas. "Não estou mais certa do que penso, nem mesmo de pensar", anotei, desnorteada. Não punha nisso nenhum amor-próprio. Era mais curiosa do que imperiosa, preferia aprender a brilhar. Mas assim mesmo, depois de tantos anos de arrogante solidão, era um acontecimento sério descobrir que não era a única, nem a primeira: uma entre outras e, subitamente, incerta de suas verdadeiras capacidades. Porque Sartre não era o único a me forçar a ser modesta: Nizan, Aron, Politzer estavam muito à frente de mim. Eu tinha preparado o concurso às pressas: a cultura deles era mais sólida do que a minha, eles estavam a par de uma porção de novidades que eu ignorava, eles tinham o hábito da discussão; e, principalmente, me faltavam método e perspectivas; o universo intelectual era para mim uma vasta confusão dentro da qual eu me dirigia às apalpadelas; quanto a eles, suas pesquisas eram pelo menos, *grosso modo*, orientadas. Já havia entre eles importantes divergências: censuravam em Aron sua complacência pelo idealismo de Brunschvicg; mas todos tinham tirado, mais radicalmente do que eu, as consequências da inexistência de Deus e trazido a filosofia do céu para a terra. O que me impressionava também era que tinham todos uma ideia bem precisa dos livros que desejavam escrever; eu repetia sem cessar que diria tudo: era demais e muito pouco. Descobri com inquietação que o romance apresenta mil problemas de cuja existência eu não suspeitara.

Não desanimei, entretanto; o futuro me parecia subitamente mais difícil do que imaginara, mas era também mais real e mais seguro; em vez de informes possibilidades, via abrir-se à minha frente um campo claramente definido, com seus problemas, tarefas, materiais, instrumentos e resistências. Não indaguei mais a mim mesma: o que fazer? Havia tudo por fazer; tudo o que outrora desejara fazer: combater o erro, achar a verdade, dizê-la, esclarecer o mundo, talvez ajudar a mudá-lo. Precisaria de tempo, de esforços para cumprir uma parte que fosse das promessas que me fizera: mas isso não me assustava. Nada estava ganho: tudo permanecia possível.

Além disso, tivera uma grande sorte: diante desse futuro, bruscamente não me achava mais só. Até então os homens de quem gostara — Jacques e em menor grau Herbaud — eram diferentes de mim: desenvoltos, arredios, algo incoerentes, marcados por uma espécie de graça funesta; impossível me comunicar com eles sem restrições. Sartre correspondia exatamente aos meus sonhos de quinze anos: era o duplo, em quem eu encontrava, elevadas ao extremo, todas as minhas manias. Com ele, poderia sempre tudo partilhar. Quando o deixei no princípio de agosto, sabia que nunca mais ele sairia de minha vida.

Mas, antes que esta tomasse sua forma definitiva, era necessário tirar primeiramente a limpo minhas relações com Jacques.

O que iria sentir ao me encontrar de novo, face a face, com o meu passado? Era o que perguntava a mim mesma ansiosamente quando, voltando de Meyrignac em meados de setembro, fui bater à porta dos Laiguillon. Jacques saiu dos escritórios do andar térreo, apertou minha mão, sorriu e me fez subir ao seu apartamento. Sentada no sofá vermelho, escutei-o falar de seu serviço militar, da África, de seu tédio; eu estava contente, mas de modo algum comovida. "Como nos reencontramos facilmente!", disse-lhe. Ele passou as mãos nos cabelos: "Bem o merecíamos!" Eu reconhecia a penumbra da galeria, reconhecia seus gestos e sua voz: o reconhecia demais. Escrevi à noite em meu diário: "Nunca me casarei com ele. Não o amo mais." Em suma, essa liquidação brutal não me surpreendia: "É demasiado evidente que nos momentos em que mais o amei houve sempre entre nós um desacordo profundo que eu só superava renunciando a mim mesma; ou então me insurgia contra o amor." Mentira a mim mesma, fingindo aguardar essa confrontação antes de empenhar meu futuro: há semanas que tudo estava decidido.

Paris ainda se achava vazia e eu revi Jacques muitas vezes. Ele me contou sua aventura com Magda de um modo romanesco. De meu lado, lhe falei de minhas novas amizades: não pareceu apreciá-las muito. Teria ciúme? O que eu era para ele? Que esperava de mim? Era difícil adivinhar porque, na casa dele como no Stryx, havia sempre alguém entre nós; saíamos com Riquet, com Olga. Eu me atormentei um pouco. De longe, eu dera a Jacques todo o meu amor e, se me pedisse agora, tinha as mãos vazias. Não me perguntava nada, mas evocava por vezes seu futuro num tom vagamente fatal.

Convidei-o a vir uma noite com Riquet, Olga e minha irmã inaugurar meu novo domicílio. Meu pai financiara minha instalação e meu quarto me agradava muito. Minha irmã me ajudou a colocar na mesa umas garrafas de conhaque e vermute, com copos, pratos e biscoitos. Olga chegou um pouco atrasada e sozinha, o que nos decepcionou muito. Entretanto, depois de dois ou três copos, a conversa se animou bastante. Interrogamo-nos acerca de Jacques e de seu futuro. "Tudo dependerá de sua mulher", disse Olga; suspirou: "Infelizmente não creio que ela tenha sido feita para ele." "Quem?", perguntei. "Odile Riaucourt. Não sabia que ele vai casar com a irmã de Lucien?" "Não", respondi com o maior espanto. Ela me deu de boa vontade todos os pormenores. De volta da Argélia, Jacques passara três semanas na propriedade dos Riaucourt; a menina tinha se apaixonado por ele e declarado imperiosamente aos pais que o queria por marido! Jacques, consultado por Lucien, concordara. Mal a conhecia, e, a não ser por um dote considerável, ela não tinha, segundo Olga, nenhuma virtude particular. Compreendi por que nunca via Jacques a sós: ele não ousava falar, nem se calar; e, se dessa vez não viera, fora para deixar a Olga a tarefa de me pôr a par. Fiz-me de indiferente do melhor modo que pude. Mas, logo que ficamos sozinhas; minha irmã e eu demonstramos nossa consternação. Andamos durante muito tempo por Paris, desoladas por vermos o herói de nossa juventude se metamorfosear num burguês calculista.

Quando retornei à casa de Jacques, ele me falou, com certo embaraço, da noiva e, com importância, de suas novas responsabilidades. Uma noite recebi dele uma carta enigmática: dizia-me que ele é que me mostrara o caminho e que agora ficava para trás, lutando contra o vento, sem poder me seguir: "Acrescente que, juntando-se à fadiga, o vento quase sempre faz chorar." Comovi-me, mas não respondi; não havia o que responder. De qualquer modo, era uma história acabada.

O que ela significara para Jacques? E ele próprio, quem era ele? Enganei-me quando pensei que seu casamento me revelaria sua verdade e que depois de uma crise de romantismo juvenil ele iria tornar-se tranquilamente o burguês que era. Vi-o algumas vezes com a mulher: as relações entre eles eram agridoces. Nossos encontros cessaram, mas posteriormente o encontrei muitas vezes nos bares de Montparnasse, solitário, de olhos lacrimejantes, rosto inchado, visivelmente alcoolizado. Teve cinco ou seis filhos e se envolveu numa especulação perigosa: transportou todo o seu material para a fábrica de um confrade e mandou demolir a velha manufatura Laiguillon a fim de substituí-la por um grande edifício de apartamentos para alugar; infelizmente, derrubada a casa, não conseguiu o capital necessário para a construção do imóvel; brigou com o pai da mulher e com sua própria mãe, porque ambos tinham se recusado a acompanhá-lo nessa aventura; gastou até seu último centavo, teve que hipotecar e em seguida vender seu material.

Memórias de uma moça bem-comportada

Trabalhou durante alguns meses na fábrica do confrade mas depois foi despedido.

Mesmo se tivesse agido com prudência, e vencido, seria o caso de perguntar por que Jacques quis liquidar a casa; não é, sem dúvida, indiferente ao fato de terem aí fabricado vitrais e não quinquilharias. Durante os anos que se seguiram à exposição de 1925, as artes decorativas tiveram um grande impulso; Jacques se entusiasmou pela estética moderna e pensava que o vitral oferecia imensas possibilidades; abstratamente era verdade, mas na prática fora necessário se desiludir. No mobiliário, na vidraria, no tecido, no papel pintado, podia-se, e mesmo devia-se, inventar, pois a clientela burguesa andava ansiosa por novidades; mas Jacques precisava atender aos padres da província, de gostos atrasados; ou se arruinava, ou perpetuava em sua fábrica a tradicional feiura dos vitrais Laiguillon. A feiura lhe repugnava. Preferiu dedicar-se a negócios que nada tinham a ver com a arte.

Sem dinheiro, sem trabalho, Jacques viveu algum tempo às expensas da mulher, a quem o velho Riaucourt dava uma pensão; mas entre eles as coisas iam de mal a pior; vagabundo, pródigo, mulherengo, bêbado, mentiroso — e deixo muita coisa de lado —, Jacques era sem dúvida um péssimo marido. Odile acabou solicitando uma separação de corpos e rejeitando-o. Fazia vinte anos que eu não o via quando o encontrei por acaso no bulevar Saint-Germain. Com quarenta e cinco anos, aparentava mais de sessenta. De cabelos inteiramente brancos, olhos injetados, o abuso do álcool tornara-o quase cego; não tinha mais olhar; nem sorriso, nem carne, a ponto de seu rosto, reduzido a simples ossatura, se assemelhar impressionantemente ao de seu avô Flandin. Ganhava 25 mil francos por mês para tratar de uma vaga escrituração de um posto alfandegário à margem do Sena: nos papéis que me mostrou era assemelhado a um operário. Vestia-se como um mendigo, dormia num quarto de aluguel, mal comia, e bebia o máximo possível. Pouco tempo depois, perdeu o emprego e ficou sem recurso algum. A mãe e o irmão, quando ia pedir comida a eles, lhe censuravam a falta de dignidade; só a irmã e alguns amigos o ajudaram. Não era fácil ajudá-lo: ele não erguia um dedo para ajudar a si próprio e estava na lona. Morreu com quarenta e seis anos, de inanição.

"Ah! Por que não me casei contigo!", disse-me efusivamente no dia em que nos encontramos. "Que pena! Mas minha mãe me repetia sempre que os casamentos entre primos são malditos!" Pensara então em casar comigo. Quando mudara de ideia? Por quê, ao certo? E por que, em vez de continuar a viver solteiro, se precipitara, tão jovem ainda, num casamento absurdamente interesseiro? Não consegui saber e talvez nem ele o soubesse mais, a tal ponto tinha o cérebro enevoado. Também não tentei interrogá-lo acerca da história de sua decadência, pois sua preocupação principal era fazer que me esquecesse dela; nos dias em que punha uma camisa limpa e comia o necessário, me lembrava de bom grado o glorioso passado da família Laiguillon e falava como um grande burguês; acontecia-lhe dizer-me que se tivesse tido êxito não valeria mais do que qualquer outro; mas essa severidade era injusta; não fora por acaso que fracassara tão espetacularmente. Não se contentara com um fracasso medíocre; puderam lhe criticar muita coisa, em todo caso nunca foi mesquinho; caíra tão baixo que era preciso que tivesse sido possuído por aquela "loucura de destruição" que eu imputava à sua juventude. Casou-se evidentemente para se aliviar de responsabilidades; pensou que, sacrificando seus prazeres e sua liberdade, faria nascer em si mesmo um novo homem, solidamente convicto de seus direitos e deveres, adaptado a seus negócios e a seu lar; mas o voluntarismo não compensa, continuou o mesmo, incapaz a um tempo de entrar na pele de um burguês e dela se evadir. Foi para os bares fugir de sua personagem de marido e pai de família; ao mesmo tempo, tentava subir na escala dos valores burgueses, mas não graças a um trabalho paciente, e sim de um pulo; e o arriscou com tamanha imprudência que seu desejo secreto parece ter sido o de dar com o costado na cerca. Sem dúvida alguma, esse destino se implantou no coração do menino abandonado, assustado, que aos sete anos perambulava como um patrão em meio às glórias e à poeira da fábrica Laiguillon; e se em sua mocidade nos exortou tantas vezes "a viver como todo mundo", foi porque duvidava de consegui-lo.

Enquanto meu futuro se decidia, Zaza por seu lado lutava pela sua felicidade. Sua primeira carta irradiava esperança. A seguinte era menos otimista. Depois de me ter felicitado pelo êxito na "agrégation", me escreveu: "É particularmente penoso para mim estar longe de vocês neste momento. Precisaria tanto conversar com vocês, assim sem nada de especial, nem de muito refletido, acerca do que constitui minha existência há três semanas. Com alguns momentos de alegria, conheci, até sexta-feira última, uma terrível preocupação e muitas dificuldades. Nesse dia, recebi de Pradelle uma carta mais longa em que muitas coisas são ditas, em que um maior número de palavras permite que me apegue a testemunhos irrecusáveis, para lutar contra uma dúvida da qual não consigo me desvencilhar inteiramente. Aceito, relativamente sem mágoa, dificuldades bastante pesadas, a impossibilidade de falar disso com mamãe, por enquanto, a perspectiva de ver passar muito tempo ainda, antes que minhas relações com P. se precisem (e nem isso importa em absoluto a tal ponto o presente me faz feliz e me basta). O mais difícil são essas dúvidas, essas intermitências, esses vazios tão completos, que eu por vezes pergunto a mim mesma se tudo o que aconteceu não terá sido um sonho. E, quando a alegria volta em toda a sua plenitude, tenho vergonha de ter tido a covardia de não acreditar. É difícil para mim, aliás, ligar o P. de agora ao de três semanas atrás, associo mal suas cartas a encontros relativamente recentes em que éramos ainda um e outro tão distantes, tão misteriosos; parece-me por vezes que tudo não passa de um jogo, que tudo vai recair subitamente no real, no silêncio de três semanas atrás. Como farei para revê-lo sem ser tentada a fugir, esse rapaz a quem escrevi tantas coisas, e tão facilmente, e diante do qual não ousaria agora abrir a boca, de tal modo sua presença — bem que o sinto — me intimidaria. Ah!, Simone, que é que estou lhe escrevendo, como explico mal tudo isso. Só uma coisa mereceria ser dita. É que há momentos maravilhosos em que todas essas dúvidas e essas dificuldades saem de mim como coisas sem sentido, em que eu só sinto a alegria inalterável e profunda que, acima dessas misérias, permanece e me penetra. Então o pensamento de sua existência basta para me comover até as lágrimas, e, quando penso que é um pouco por mim e para mim que ele existe, sinto o coração parar quase dolorosamente sob o peso de uma felicidade grande demais. Eis, Simone, o que acontece. Da vida que levo não tenho coragem de falar hoje. A grande alegria que se irradia de dentro dá por vezes muito valor a coisas insignificantes nestes dias. Mas estou principalmente cansada de ter de continuar, apesar de uma intensa vida interior e de uma imensa necessidade de solidão, os passeios pelas redondezas, o tênis, os chás, as distrações. A hora do correio é o único momento importante do dia... Nunca lhe quis tanto, querida Simone, e estou perto de você de todo o coração."

Respondi-lhe longamente, tentando reconfortá-la, e na semana seguinte ela me escrevia: "Serenamente feliz, começo apenas a sê-lo, querida Simone, e como é bom! Tenho agora uma certeza de que nada pode me arrancar, uma certeza maravilhosamente suave que triunfou de todas as hesitações, de todas as revoltas. Quando recebi sua carta... não tinha saído ainda da inquietação. Não tinha bastante confiança para saber ler direito as cartas muito doces e também muito silenciosas que Pradelle me escrevia, e acabava de enviar-lhe, cedendo a um impulso insensato de pessimismo, uma carta que ele pôde qualificar, depois e sem exagero, de algo feroz. A sua veio me fazer reviver... Fiquei silenciosamente com você desde a sua carta, com você é que li a carta que recebi de Pradelle sábado e que veio completar minha alegria, torná-la tão leve, tão jovem, que a ela se junta há três dias uma jovialidade de criança de oito anos. Temia que minha carta injusta turvasse novamente o horizonte; ele respondeu tão inteligentemente que, ao contrário, tudo se tornou fácil e maravilhoso. Não creio que se possa repreender alguém mais deliciosamente, processá-la, absolvê-la e persuadi-la com mais alegria e gentileza de que tudo é simples, de que tudo é belo e de que é preciso acreditar em tudo."

Mas muito em breve outras dificuldades mais temíveis surgiram. No fim de agosto, recebi uma carta que me entristeceu: "Não me queira mal por tão longo silêncio... Você sabe como é a vida em Laubardon. Foi preciso ver uma porção de gente e ficar em Lurdes cinco dias. Voltamos de lá domingo e amanhã Bébelle e eu tomaremos o trem para ir encontrar os Bréville em Ariège. Dispensaria de bom grado, como você bem pode imaginar, todas essas distrações. É tão aborrecido se divertir, quando não se sente nenhuma necessidade disso. E tenho ainda maior sede de tranquilidade, porque minha vida, sem deixar de ser 'maravilhosa', se anuncia bastante difícil por uns tempos. Certos escrúpulos que acabavam envenenando minha alegria me decidiram a falar com mamãe, cuja atitude interrogativa, inquieta e mesmo desconfiada me fazia sofrer demais. Só que, como não lhe podia dizer senão uma meia verdade, o resultado de minha confissão foi ter mamãe exigido que não escreva mais a Pradelle e não o veja até nova ordem. É duro, é mesmo atroz. Quando penso no que eram para mim essas cartas a que sou forçada a renunciar, quando imagino esse longo ano de que tanto esperava e que será podado desses encontros que teriam sido maravilhosos, uma tristeza sufocante me aperta a garganta, e meu coração dói terrivelmente. Será preciso viver completamente separados, que horror! Resigno-me por mim, mas por ele me será muito mais difícil. A ideia de que ele possa sofrer por minha causa me revolta; eu há muito estou habituada ao sofrimento e o acho por vezes quase natural. Mas aceitá-lo por ele, que não o mereceu em absoluto, por ele, que eu gosto tanto de ver entregue à felicidade, como certo dia entre mim e você no lago do Bois de Boulogne, como é amargo! Entretanto, teria vergonha de me queixar. Quando se recebeu essa grande coisa que sinto em mim, inalterável, pode-se suportar todo o resto. O essencial de minha alegria não está à mercê das circunstâncias exteriores, seria preciso para atingi-la uma dificuldade vinda diretamente dele ou de mim. Não há mais como temer isso, o acordo profundo é tão perfeito que é ainda ele que fala quando me escuta, ainda eu que falo quando o escuto e não podemos mais, apesar das separações aparentes, ser desunidos realmente. E minha alegria, dominando os mais cruéis pensamentos, eleva-se ainda e expande-se sobre todas as coisas... Ontem, depois de ter escrito a Pradelle a carta que me era tão penoso escrever, recebi dele um bilhete transbordante desse belo amor à vida que até agora era menos sensível nele do que em você. Só que não era bem o canto pagão da cara 'senhora amoral'. Dizia-me a propósito do noivado da irmã tudo o que a frase '*Coeli enarrant gloriam Dei*' fazia jorrar de entusiasmo pela 'glorificação límpida do universo' e por 'uma vida reconciliada com toda a doçura das coisas terrenas'. Ah! Renunciar voluntariamente a receber páginas como as de ontem é duro, Simone. É preciso realmente acreditar no valor do sofrimento e desejar carregar, com Cristo, a cruz, para aceitar isso sem reclamar; não serei sem dúvida capaz. Mas deixemos isso de lado. A vida é apesar de tudo esplêndida, seria terrivelmente ingrata se não me sentisse neste momento transbordar de gratidão. Haverá muitas pessoas no mundo que tenham o que você tem e o que eu tenho, que venham a conhecer um dia algo semelhante? E será pagar muito caro sofrer por esse bem precioso, o que quer que seja, tudo o que for necessário e quando for necessário? Lili e o marido estão aqui neste momento; acho que não houve entre eles durante essas três semanas outro assunto de conversa a não ser o da instalação do seu apartamento e do preço em que ficará. São muito gentis e não lhes censuro nada. Mas que alívio ter agora a certeza de que nada haverá de comum entre minha vida e a deles, sentir que, embora não possuindo nada exteriormente, sou mil vezes mais rica do que eles e, enfim, que diante de toda essa gente, que me é mais estranha do que as pedras do caminho, por certos aspectos ao menos, nunca mais estarei só."

Sugeri uma solução que parecia se impor: Mme Mabille se preocupava com as indecisas relações de Zaza com Pradelle. Pois bastava que ele lhe pedisse a mão da filha. Recebi em resposta a seguinte carta: "Ontem, voltando de Ariège, onde passei dez dias, por todos os motivos exaustivos, encontrei sua carta, que esperava. Depois que a li, não fiz outra coisa senão responder, senão falar bem docemente com você, apesar das ocupações, do cansaço, de todo o exterior. O exterior é terrível. Durante os dez dias em casa dos Bréville, com Bébelle no meu quarto, não ficava só um minuto. Achava-me tão incapaz de sentir o olhar de alguém sobre mim, que, para escrever certas cartas, tive de esperar que ela dormisse e levantar-me das duas às cinco ou seis horas. Durante o dia era preciso fazer grandes excursões e responder, sem parecer ausente, às atenções, às brincadeiras amáveis das pessoas que nos recebiam. As últimas páginas que ele recebeu de mim se ressentiam terrivelmente de minha fadiga. Li a última carta dele num tal estado de exaustão que, o vejo agora, compreendi mal alguns trechos. A resposta que dei talvez o tenha feito sofrer, não soube lhe dizer tudo o que eu queria, tudo o que era preciso. Tudo isso me aflige um pouco; e, se até hoje não me reconheço o menor mérito, sinto que o adquiro nestes dias, tanto necessito de vontade para resistir ao desejo de lhe escrever tudo o que penso, todas as coisas eloquentes e persuasivas com que protesto do fundo do coração contra as acusações que ele persiste em fazer a si mesmo e contra os pedidos de perdão que tem a inconsciência de me dirigir. Não gostaria, Simone, de escrever a P. por seu intermédio; seria a meus olhos uma hipocrisia pior do que uma infração às decisões que não me cabe mais discutir. Mas rememoro certos trechos das últimas cartas dele, a que não respondi suficientemente e que continuam a me atormentar. 'Deve ter ficado desiludida com algumas de minhas cartas.' A sinceridade com que lhe falei deve lhe ter dado alguma tristeza e certo cansaço, e outras frases ainda que me irritaram. Você, Simone, que conhece a alegria que devo a P., que sabe que cada uma das palavras que ele me disse, me escreveu, longe de me decepcionar, não fez senão ampliar e solidificar a admiração e o amor que tenho por ele, você que vê o que fui e o que sou, o que me faltava e o que ele me deu com tão admirável plenitude, procure fazê-lo compreender um pouco que lhe devo toda a beleza que transborda neste momento de minha vida, que não há uma só coisa nele que não seja preciosa para mim, que é loucura da parte dele se desculpar pelo que diz e pelas cartas cuja beleza e profunda doçura entendo melhor cada vez que as releio. Diga-lhe, Simone, você, que me conhece inteiramente e acompanhou de perto, este ano, todas as pulsações de meu coração, que não há um só ser no mundo que possa jamais me dar a felicidade sem mácula, a alegria total que recebo dele e de que não poderei nunca senão me julgar indigna, mesmo se deixar de dizê-lo.

"Simone, se o pedido a que se refere pudesse ser feito, tudo seria muito mais simples este inverno. Pradelle tem, para não o fazer, razões tão válidas a meus olhos, quanto aos seus. Nas condições atuais, mamãe, sem exigir de mim um rompimento total, acenou-me com tantas dificuldades e restrições em nossas relações que, amedrontada por uma luta a ser constantemente recomeçada, acabei preferindo o pior. A resposta dele à triste carta que tive de lhe escrever me revelou a que ponto isso lhe seria um sacrifício. Não tenho mais a coragem agora de desejá-lo. Vou tratar de arranjar as coisas, de obter, à força de submissão e paciência, que mamãe nos conceda um crédito, de tirar da cabeça dela a ideia de me mandar para o estrangeiro. Tudo isso, Simone, não é simples, tudo isso é duro e me aflijo por ele. Duas vezes ele me falou de fatalismo. Compreendo o que quer dizer dessa maneira indireta e vou, por causa dele, fazer tudo o que puder para melhorar a nossa situação. Mas suportarei com entusiasmo o que for necessário, descobrindo uma espécie de alegria em sofrer por ele, achando principalmente que, qualquer que seja o preço, não pagarei nunca demasiado caro a felicidade que já possuo, a alegria que nada pode alterar... Desembarquei aqui morrendo de desejo de ficar só. Encontrei, além de meu cunhado, cinco irmãos e irmãs; durmo com a mais velha e as gêmeas nesse quarto em que estive tão bem com você e Stépha. Escrevi-lhe estas linhas em menos de quarenta e cinco minutos, antes de ir acompanhar a família ao mercado da província; amanhã todos os Du Moulin passarão o dia aqui, depois de amanhã Geneviève de Bréville chega e será preciso ir dançar na casa dos Mulot. Mas permaneço livre sem que ninguém o perceba. Para mim, todas essas coisas são como se não existissem. Minha vida consiste em sorrir às escondidas para a voz que não cessa de falar dentro de mim, consiste em me refugiar com ele, definitivamente..."

Irritei-me com Pradelle: por que recusava a solução que eu propusera? Escrevi-lhe. A irmã, respondeu-me, acabava de ficar noiva; o irmão mais velho — casado há muito tempo e de quem não falava nunca — ia partir para Togo; anunciando à mãe que ele também se preparava para deixá-la, lhe daria um golpe fatal. "E Zaza?", perguntei-lhe, quando ele voltou a Paris em fins de setembro. Não compreendia que ela se esgotava nessa luta? Ele replicou que ela aprovava sua atitude e, por mais que eu fizesse, não cedeu.

Zaza me pareceu muito abatida; emagrecera, empalidecera; tinha dores de cabeça frequentes. Mme Mabille a autorizara, provisoriamente, a rever Pradelle, mas em dezembro deveria partir para Berlim e aí passar um ano: ela encarava esse exílio com terror. Fiz uma nova sugestão: que Pradelle, sem que a mãe soubesse, se entendesse com Mme Mabille. Zaza sacudiu a cabeça: Mme Mabille não concordaria com as razões dele; ela as conhecia e não via nelas senão uma escapatória. Na opinião dela, Pradelle não estava disposto a se casar com Zaza; caso contrário, teria consentido o procedimento oficial; mãe alguma fica com o coração partido porque o filho fica noivo, essa história não tinha pé nem cabeça. Nesse ponto eu era da mesma opinião; de qualquer modo, o casamento não se realizaria antes de dois anos, o caso de Mme Pradelle não me parecia trágico, portanto: "Não quero que ela sofra por minha causa", dizia-me Zaza. Sua grandeza de alma me exasperava. Ela compreendia minha cólera, compreendia os escrúpulos de Pradelle e a prudência de Mme Mabille; compreendia todas essas pessoas que não se compreendiam entre si e cujos mal-entendidos recaíam sobre ela.

"Um ano, afinal, não é um século", dizia Pradelle irritado. Essa sabedoria, longe de reconfortar Zaza, punha à dura prova sua confiança. Para aceitar sem demasiada angústia uma longa separação, ela teria necessidade dessa certeza que muitas vezes invocara nas cartas mas que lhe cruelmente faltava. Minha previsão se justificava: Pradelle não era fácil de se amar, principalmente para um coração tão violento como o de Zaza. Com uma sinceridade que se assemelhava a um narcisismo, queixava-se a ela não ser um apaixonado e ela não podia deixar de concluir que ele a amava sem entusiasmo. Seu comportamento não lhe dava segurança: tinha para com a família delicadezas exageradas e não parecia se preocupar com a possibilidade de Zaza vir a sofrer com isso.

Não se tinham visto ainda senão rapidamente. Ela aguardava com impaciência a tarde que tinham resolvido passar juntos, quando pela manhã recebeu uma mensagem; ele acabara de perder um tio e considerava esse luto incompatível com a alegria que esperava do encontro: desculpava-se. No dia seguinte, ela veio em casa beber alguma coisa com minha irmã e Stépha e não conseguiu sequer sorrir. À noite mandou-me um bilhete: "Não escrevo para me desculpar por ter sido tão sinistra, apesar do vermute e da acolhida reconfortante. Você deve ter compreendido, estava ainda aniquilada pela mensagem da véspera. Caiu em cima de mim como uma bomba. Se Pradelle tivesse podido adivinhar em que estado de espírito eu esperava esse encontro, penso que não a teria mandado. Mas é muito bom que não tenha sabido, aprecio muito o que ele fez e não foi mal ver até onde pode ainda ir meu desânimo, quando estou inteiramente só para resistir às amargas reflexões e às lúgubres advertências que mamãe acredita necessário me fazer. O mais triste é não poder me comunicar com ele: não ousei lhe escrever. Se você estivesse sozinha, eu teria enviado algumas linhas num envelope com sua letra ilegível. Você poderia fazer a gentileza de lhe mandar logo um recado dizendo o que ele já sabe, espero, que estou perto dele na tristeza como na alegria, mas principalmente que ele pode escrever para minha casa quando quiser. Seria bom que ele não se abstivesse de fazê-lo, pois se não for possível vê-lo muito em breve, precisarei terrivelmente ao menos de uma palavra dele. Aliás, ele não precisa temer minha alegria neste momento. Se lhe falasse, mesmo de nós, seria com bastante gravidade. Ainda que sua presença me liberte, sobram na existência muitas coisas tristes acerca das quais se pode falar quando se está de luto. Nem que fosse somente de *Poussière*. Recomecei a ler esse livro ontem à noite, não me comoveu menos do que no início das férias. É verdade, Judy é magnífica e cativante, permanece contudo inacabada e principalmente muito miserável. Que seu amor à vida e às coisas criadas a salve da dureza da existência, eu o admito. Mas sua alegria não se sustentaria diante da morte e não é solução suficiente viver como se definitivamente só houvesse isso a fazer. Tive vergonha, ao deixá-la, de ter me queixado um momento, eu que sinto, às vezes, acima de todas as dificuldades e tristezas que podem dissimulá-la, uma alegria, difícil de usufruir e inacessível muitas vezes à minha fraqueza, mas à qual, ao menos, nenhum ser no mundo é necessário e que nem mesmo depende completamente de mim. Essa alegria não diminui nada. Os que amo não devem se preocupar, não estou fugindo deles. E me sinto neste momento ligada à terra e mesmo a minha própria vida como nunca estivera antes."

Apesar da conclusão otimista, apesar do assentimento crispado que concedia à decisão de Pradelle, Zaza deixava transparecer sua amargura; para opor às "coisas criadas" a alegria sobrenatural, "à qual, ao menos, nenhum ser no mundo é necessário" era preciso que, neste mundo, ela não esperasse mais poder definitivamente se apoiar em nenhum ser. Mandei um bilhete a Pradelle, que lhe escreveu imediatamente. Ela me agradeceu: "Graças a você, já no sábado me libertei dos fantasmas que me atormentavam." Mas os fantasmas não a deixaram muito tempo em paz e diante deles ela se achava muito sozinha. A própria preocupação que eu tinha com a felicidade dela nos afastava uma da outra, pois eu me irritava com Pradelle e ela me acusava de o depreciar; escolhera a renúncia e ficava contrariada quando eu a exortava a reagir. Aliás, sua mãe me proibira de ir à rua de Berri e se esforçava por retê-la em casa. Tivemos, contudo, uma longa conversa em minha casa e eu lhe falei de minha própria vida; ela me mandou um bilhete no dia seguinte para me dizer, com efusão, quanto se sentira feliz. Mas, acrescentava, "por razões de família, que seria muito demorado explicar, não poderei vê-la durante algum tempo. Espere um pouco mais".

Pradelle, por outro lado, avisou-a de que o irmão acabava de embarcar e que durante uma semana estaria ocupado em consolar a mãe. Dessa vez ainda ela fingiu achar natural que ele não hesitasse em sacrificá-la; mas eu tinha certeza de que novas dúvidas a corroíam; e lamentei que durante oito dias nenhuma voz pudesse se opor às lúgubres advertências prodigalizadas por Mme Mabille.

Dez dias mais tarde encontrei Zaza por acaso no bar Poccardi; eu estivera lendo na Nacional e ela, fazendo compras no bairro: acompanhei-a. Para grande espanto meu, transbordava de alegria. Refletira muito durante essa semana solitária e pouco a pouco tudo se ordenara em sua cabeça e no seu coração; nem mesmo a partida para Berlim a assustava. Iria se divertir, tentaria escrever o romance em que pensava há tanto tempo, leria muito: nunca sentira tal sede de leitura. Acabava de redescobrir Stendhal com admiração. Sua família o odiava tão categoricamente que ela não conseguira até então superar inteiramente essa prevenção. Mas, relendo-o nos últimos dias, compreendera-o afinal e gostara sem reticência. Sentia a necessidade de rever boa parte de seus julgamentos; tinha a impressão de que uma evolução séria se desencadeara bruscamente no seu íntimo. Falou-me com um calor, uma exuberância quase insólitos; havia algo alucinado em seu otimismo. Fiquei feliz, contudo; ela encontrara novas forças e parecia-me que assim estava se aproximando novamente de mim. Despedi-me com o coração cheio de esperança.

Quatro dias mais tarde recebi um recado de Mme Mabille: Zaza estava muito doente; tinha febre alta e terríveis dores de cabeça. O médico a mandara para uma clínica de Saint-Cloud; precisava de calma e solidão absolutas; não devia receber visitas; se a febre não cedesse, estava perdida.

Vi Pradelle. Ele me contou o que sabia. Dois dias depois de meu encontro com Zaza, Mme Pradelle estava só no apartamento quando tocaram a campainha; abriu e viu-se diante de uma jovem bem-vestida, mas sem chapéu, o que na época era inteiramente incorreto. "A senhora é a mãe de Jean Pradelle?", perguntou a moça. "Posso falar com a senhora?" Apresentou-se e Mme Pradelle a fez entrar. Zaza olhou em torno de si; estava muito pálida, e com as maças do rosto rosadas. "Jean não está? Por quê? Já se encontra no céu?" Mme Pradelle, apavorada, disse-lhe que ele ia voltar logo. "A senhora me detesta, madame?", perguntou Zaza. Ela negou-o. "Então por que não quer que nos casemos?" Mme Pradelle tentou acalmá-la como podia; Zaza estava mais serena quando Pradelle chegou pouco depois, mas as mãos e a testa queimavam. "Vou acompanhá-la", disse ele. Tomaram um táxi e se dirigiam para a rua de Berri, quando ela lhe observou em tom de censura: "Não quer me beijar? Por que você nunca me beijou?" Ele a beijou.

Mme Mabille a pôs na cama e chamou o médico; explicou-se com Pradelle: não queria a infelicidade da filha, não se opunha ao casamento. Mme Pradelle também não se opunha: ela não desejava a infelicidade de ninguém. Tudo se arranjaria. Mas Zaza tinha quarenta graus de febre e delirava.

Durante quatro dias na clínica de Saint-Cloud ela pediu "o violino, Pradelle, Simone, champanha". A febre não cedia. Sua mãe teve autorização para passar a última noite ao seu lado. Zaza a reconheceu e sentiu que morria. "Não fique triste, mamãe querida", disse-lhe. "Em todas as famílias há restos: eu sou o resto."

Quando a revi na capela da clínica, estava deitada entre círios e flores. Vestia uma camisola comprida de pano grosseiro. Seus cabelos tinham crescido, caíam em mechas rígidas em torno do rosto amarelado e tão magro que mal reconheci seus traços. As mãos, de longas garras pálidas, cruzadas sobre o crucifixo, pareciam friáveis como as de uma velha múmia. Mme Mabille soluçava. "Fomos apenas instrumentos nas mãos de Deus", disse-lhe o marido.

Os médicos falaram de meningite, de encefalite, nada se soube ao certo. Tratava-se de uma doença contagiosa, de um acidente? Ou Zaza sucumbira a um excesso de fadiga e de angústia? Muitas vezes à noite ela me apareceu, toda amarela sob o chapeuzinho cor-de-rosa, e me olhava com reprovação. Juntas havíamos lutado contra o destino abjeto que nos espreitava, e pensei durante muito tempo que pagara minha liberdade com a sua morte.

Direção editorial
Daniele Cajueiro

Editora responsável
Ana Carla Sousa

Produção editorial
Adriana Torres
Laiane Flores
Mariana Oliveira

Revisão
Luana Luz de Freitas
Mariana Oliveira
Julia Barreto

Diagramação
Marina Lima

Capa
Fernanda Mello

Este livro foi impresso em 2025
para a Nova Fronteira.